El Duro Trato

Richard Tucker como el Duque en *Rigoletto.*
(Con permiso de los Archivos de la Ópera Metropolitana)

El Duro Trato

❖

La Música, La Medicina y Mi Padre
(Richard Tucker, Leyenda de la Ópera)

David Tucker
y
Burton Spivak

Para realizar pedidos de este libro, contacte con:
Xlibris
1-888-795-4274
www.Xlibris.com
Orders@Xlibris.com
781487

Para mi padre – mi mentor y mi mayor maestro.
Y para todos los maestros que marcaron mi vida y mi carrera.

David Tucker

Para mi querida esposa, Marcia, quien falleció en 2015.
Siempre mi estrella guía, antes y ahora.

Burton Spivak

CONTENIDOS

AGRADECIMIENTOS

Nos gustaría agradecer a Mervyn Kaufman y a Producciones Girl Friday por su ayuda en los pasos preliminares de este proyecto, y a Jacques de Spoelberch, quien leyó nuestro manuscrito e hizo varias sugerencias útiles.

También nos gustaría agradecer a varios especialistas en informática por su asistencia especializada y oportuna en los varios borradores de este libro. Paul Enarsen, fundador de Bluewater Imaging LLC, y Michael Franco siempre estuvieron dispuestos a ayudar en nuestros esfuerzos en Connecticut. Leo Papp estuvo igualmente disponible a apoyarnos en Florida; y Meredith Emond facilitó el diseño de la portada del libro, destacando la imponente foto de mi padre.

Le debemos un agradecimiento especial a Jim Drake, el premiado biógrafo, que leyó el manuscrito completo para confirmar la precisión de la memoria de David Tucker.

David Tucker
y
Burton Spivak

SOBRE LOS AUTORES

El doctor David N. Tucker es un oftalmólogo retirado con títulos de la Universidad de Tufts y del Medical College de la Universidad de Cornell. Después de una pasantía en el Hospital Mount Sinai en la Ciudad de Nueva York fue un oficial en el Servicio de Salud Pública de EE. UU. En los Institutos Nacionales de Salud. Realizó investigaciones sobre enfermedades infecciosas durante la Guerra de Vietnam. Como residente jefe bajo el mando del Dr. Edward Norton en el Instituto Oftalmológico Bascom Palmer en Miami, aceptó una beca de un año con el eminente micro-cirujano colombiano Dr. José Barraquer y con otros prestigiosos cirujanos oftalmológicos en Europa. Durante más de treinta años, el Dr. Tucker realizó consultas privadas en Cincinnati y fue el director del Departamento de Oftalmología en el Hospital Judío de Cincinnati durante veintisiete años. Después de jubilarse en 2004, trabajó a jornada parcial como profesor clínico auxiliar de oftalmología en la Escuela de Medicina de la Universidad de Nueva York. Él y su esposa Lynda celebraron sus bodas de oro en 2013, tienen cuatro hijos y nueve nietos.

Burton Spivak recibió su PhD en Historia Americana en la Universidad de Virginia, donde fue becario Woodrow Wilson y becario Virginia–Danforth y enseñó en la Universidad de Texas en Austin, en la Universidad Brown, Bates College y en la Universidad de Virginia. Fue un antiguo ganador del Premio Stuart L. Bernath por sus sobresalientes logros y erudición, premio que es concedido anualmente por la Sociedad de Historiadores de Relaciones Exteriores de Estados Unidos. Su libro *Jefferson's English Crisis: Commerce, Embargo, and the Republican Revolution* (Charlottesville, Virginia, 1979) fue incluido en la lista de C–SPAN de Presidentes Americanos: Retratos de Vida de veinticinco libros recomendados sobre Thomas Jefferson. Spivak también recibió su diploma JD de la Universidad de Virginia, donde estuvo en el Law Review y Order of the Coif y ejerció el derecho tributario en la Ciudad de Nueva York durante muchos años. Actualmente es Profesor Adjunto de Historia en la Universidad del Sagrado Corazón en Fairfield, Connecticut.

PRÓLOGO

"Richard Tucker fue el mejor tenor que Estados Unidos ha producido jamás". Me dijo Luciano Pavarotti en 1983 cuando estaba escribiendo el prólogo de mi libro *Richard Tucker: Una biografía.* "En el escenario", continuó Pavarotti, "Tucker fue un auténtico tenor italiano, pero él era mucho más que eso, como le dije muchas veces: 'Richard, tú eres el gran maestro de todos nosotros.'"

Durante treinta temporadas consecutivas, Richard Tucker mantuvo el estatus de élite de *primo tenore* en la Ópera Metropolitana. Cuando hizo su debut en la Ópera Metropolitana en enero de 1945, fue elogiado por el crítico veterano Irving Koloding por tener la voz de tenor más bonita desde la de Beniamino Gigli, un cuarto de siglo antes. En 1950, (Sir) Rudolf Bing, que se acababa de convertir en el Director General de la Ópera Metropolitana, fue aún más lejos: "Caruso, Caruso, eso es todo lo que se escucha", dijo Bing. "Tengo la sensación de que un día, estaremos orgullosos de decir que escuchábamos a Tucker!" Para el año 1975, cuando el gran tenor falleció repentinamente durante una gira de conciertos, la predicción de Bing se había vuelto realidad: Richard Tucker fue universalmente aclamado como uno de los mejores vocalistas del siglo veinte.

Cuando Sara Tucker, su viuda, me eligió para ser su biógrafo, realicé cerca de doscientas horas de entrevistas con la familia, con los amigos, con colegas del mundo artístico, con agentes, con managers y con publicistas de Richard Tucker. Nunca nadie declinó mi petición para una entrevista – y sin excepción, gracias al respaldo de Sara Tucker hacia mi trabajo, nunca nadie me ocultó algo que sabía por su asociación con él, ya fuera sobre el escenario o sobre él mismo. Todas las personas que entrevisté hablaron de Richard Tucker con el mayor respeto, el mayor afecto y el mayor cariño.

Estuve especialmente agradecido de realizar varias entrevistas con el hombre que, según Sara Tucker, fue el amigo más cercano y confidente de su esposo: Ben Herschaft. "Mi esposo y yo estuvimos cuarenta años juntos", me contó Sara, "pero ni siquiera yo conocía tan bien a Richard como Ben".

"Conocí a Richard a través de su padre". Me contó Ben Herschaft durante mi primera entrevista con él. "Sam Tucker fue un cliente mío en el negocio de las pieles. Sam vendía seda para los forros de los abrigos de piel y cuando su hijo más pequeño, Rubin – o Ruby, como siempre le llamábamos – era solamente un adolescente, Sam lo puso a trabajar como uno de sus vendedores. Así es como conocí a Ruby. Él acompañaba a su padre cuando Sam me visitaba con sus nuevas marcas de seda.

"En ese momento", continuó el Sr. Herschaft, "no sabía que Ruby estaba estudiando para el cantorato, pero desde que me contó sobre su ambición de convertirse en un *chazzan,* ¡estuve tan orgulloso de él! Había puesto todo el empeño de escuchar a cada cantante de ese período, escuché a casi todos y tenía copias de sus grabaciones. Cuando Ruby me contó sobre sus estudios, le di esas grabaciones. También lo llevé a escuchar a Mordechai Hershman, quien se convirtió en el modelo de cantor de Ruby.

Ben Herschaft tenía quince años más que Tucker y su diferencia de edad fue un factor determinante en su amistad inusualmente cercana. "Creo que se puede decir que yo era algo entre su hermano mayor y un segundo padre para Ruby", dijo. "Y cuando Ruby conoció a Sara y se casó con ella, a cuya familia yo conocía bastante bien, me dediqué a ayudarle a perseguir una carrera en música litúrgica judía".

La mención de la familia de Sara Tucker (sus padres, Levy y Anna Perelmuth, tenían y gestionaban una de las salas de banquetes más grandes del Lower East Side de Manhattan) me llevó a preguntarle a Ben sobre la veracidad de un rumor que había rodeado a Tucker durante sus primeros años en la Ópera Metropolitana. Concretamente, que el hermano de su esposa, el prestigioso tenor Jan Peerce, había presionado persistentemente a Edward Johnson, el director general de la Ópera en el momento, para darle una audición al joven Tucker. Le hice esta pregunta porque en los círculos de la ópera era sabido por todos, que Peerce detestaba profundamente a Tucker y que sus respectivas familias no se hablaban.

Ben confirmó su profunda brecha, y también confirmó que Peerce no había levantado un dedo para ayudar al marido de su hermana a entrar en la Ópera Metropolitana. "¿Has hablado con Jan Peerce?" Preguntó Ben. "Si lo has hecho y fue sincero contigo, habrá admitido que nunca hizo nada para ayudar a Ruby como cantante".

En 1973, una década antes de que yo fuera elegido como el biógrafo autorizado de Tucker, tuve la oportunidad de entrevistar a Jan Pierce para un proyecto de historia oral que estaba codirigiendo en el Ithaca College, donde yo era profesor y administrador en ese momento. El proyecto se trataba sobre la cultura popular estadounidense y había sido financiado a través de Gustave Haenschen, un miembro veterano del consejo directivo de la universidad, quien en su día fue uno de los más conocidos presentadores de radio y quien, casualmente, había contratado a Peerce como tenor para programas de radio.

Cuando entrevisté al afable Peerce en su apartamento del centro de Manhattan (su vivienda principal era una finca en New Rochelle) introdujo nuestra conversación diciendo: "Sé que Gus ya te ha dicho que hay un tema del que no hablaré en esta ni en ninguna entrevista. Sabes cuál es el tema, así que estoy seguro de que respetarás mis deseos".

Yo asentí con la cabeza, mientras Haenschen y otros me advirtieron que no mencionara el nombre de Richard Tucker en presencia de Peerce. Pero cuando apagué mi grabadora dos horas después, Peerce estaba tan pletórico que decidí arriesgarme al referirme indirectamente a su cuñado. "En cuanto al tema que acordamos no mencionar", pregunté dudoso, "cuando lo escuchaste cantar por primera vez, ¿pensaste que podría tener una carrera?"

Esperaba que Peerce se erizara con mi comentario, pero para mi sorpresa, reaccionó de forma calmada y estuvo inusualmente comunicativo. "Esa es una buena pregunta", dijo, "y la responderé sólo si no me haces preguntas complementarias".

"Honestamente", comenzó Peerce, "no pensaba que tendría ninguna oportunidad. Cuando se casó con mi hermana, su voz no estaba afinada, por decirlo amablemente. Como dijo uno de mis hermanos, "Su voz era tan imperceptible que no lo podías escuchar desde la otra habitación de un apartamento de dos habitaciones". Tenía una voz baja, una voz entrecortada, y no sabía leer ni una nota de música. Solía pedirme consejo, pero nunca le di ninguno".

Peerce reconoció de mala gana que la voz de Tucker se volvió más potente y mejor con cada temporada de ópera que pasaba. Pero lo que me sorprendió sobre el tono de los comentarios de Peerce fue que su voz y su estado de ánimo mejoraron cuando comenzó a hablar sobre Richard Tucker, el hombre de la familia ("un buen padre", me dijo Peerce), y sobre David Tucker, su hijo mediano.

"Quizás sabes que David es un doctor", me dijo. "No sólo un doctor, sino un oftalmólogo – un *cirujano*".

Sabía que Peerce había sufrido toda la vida de una terrible visión, así que sentí que su admiración hacia la elección profesional de David era comprensible. Pero lo que ocurría iba más allá. Me llamó la atención que Jan Peerce, el enemigo mortal de Richard Tucker, se hubiera unido al padre de David en un profundo espíritu judío de reverencia y gratitud por una vida dedicada a la sanación.

"Ser doctor, ser cirujano, es el pináculo de una familia judía", dijo Peerce con reverencia. "No es sólo David Tucker, él es el doctor David Tucker".

"Quizás sabes esto", añadió, "pero David quería ser cantante. Como mi esposa Alice te contará, David nos pidió escuchar su voz". (Como se verá en los próximos capítulos, algunos de los episodios más divertidos y retorcidos son las repetidas negativas de Richard Tucker de que su hijo recibiera clases de canto.) Peerce continuó diciendo: "Invitamos a David a venir a nuestra casa y le hice cantar algunas escalas para calentar. Alice me quitó las palabras de mi boca cuando me dijo enfrente de David: '¡Suena igual que el joven Ruby!' Ella tenía razón. David sonaba muy parecido a como lo hacía su padre cuando era joven".

Cuando le pregunté a Peerce si creía que David podría haberse convertido en un cantante profesional y si su voz se podría haber desarrollado como la de su padre, él me dio una respuesta muy directa: "No creía que su padre pudiera llegar lejos y, obviamente, estaba equivocado porque él tuvo éxito en la Ópera Metropolitana. En cuanto a las posibilidades de David, quién sabe si podría haber tenido una carrera como cantante; quizás sí, quizás no".

Ben Herschaft confirmó lo que Peerce había dicho: "Es verdad que David quiso seguir los pasos de su padre". Ben procedió a describir el choque colosal entre el padre de fuerte carácter y su hijo con un carácter similar. "David quería cantar. Ruby insistía en que se convirtiera en doctor. Ruby pagó para que David fuera al Conservatorio de Música de Nueva Inglaterra mientras éste mantuviera sus calificaciones altas en pre–medicina en la Universidad de Tufts. Ruby pagó profesores y clases de canto en Nueva York, siempre y cuando ello no interfiriera con la Escuela de Medicina de Cornell. Por lo demás, no ayudó a David en nada. Lo desanimó. Ruby incluso me pidió que lo desalentara".

Muchas otras personas me confirmaron la pétrea negativa de Richard Tucker a ayudar a su hijo en un campo en el que el padre era un coloso. Alix Williamson, el publicista que ayudó a hacer de Tucker una celebridad internacional, también había sido arrastrado hacia la estrategia de mantener a David lejos del mundo de la música. "Él siempre ha sido mi favorito de los tres chicos de Tucker". Me contó el señor Williamson. "Y no era un secreto para Ruby que David era mi favorito. Tanto Ruby como Sara habían mencionado que David tenía aspiraciones teatrales. Pero Ruby me dejó claro que si ayudaba a David, sería el fin de mi relación profesional con él. Con un lenguaje sencillo y sin enojo, pero factualmente, me dijo que me despediría".

Aun así, el hijo, de carácter fuerte, se negó a rendirse. "Como Ruby", me contó Ben Herschaft, "David era implacable cuando tenía la vista puesta sobre una meta". Siendo un hombre joven con una esposa aún más joven, con tres hijos (algún día, serían cuatro) y con una carga académica aplastante en la escuela de medicina, David cantaba y cantaba. Cantaba en bodas y en bar mitzvahs, en restaurantes y en sinagogas, cantaba donde podía encontrar un público y un foco, y cantaba a pesar de la fría indiferencia de su padre. Los testigos que habían escuchado a David cantar me dijeron que tenía el destello de una fina voz de tenor lírico. Su madre me admitió (y más tarde repitió en una entrevista para la televisión) que la voz de David "era bastante buena, pero nosotros queríamos que se convirtiera en médico". Y Jan Peerce me dijo lo mismo.

En uno de los muchos sucesos narrados en estas memorias, se menciona que David cantó para el legendario tenor Giacomo Lauri-Volpi en su villa de Italia, donde él y sus padres estaban de visita. Para la gran sorpresa de los Tucker, Lauri-Volpi instó a Richard para que dejara a su hijo con él durante un año. "Le enseñaré la técnica para ser tenor". Prometió el maestro. Pero Richard Tucker se negó fría en inmediatamente y su hijo aceptó en silencio la sentencia de su padre.

En los siguientes capítulos, el conflicto entre padre e hijo se desarrolla alrededor del mundo. En busca de clases de canto y de amor paterno, David sigue a Richar Tucker en una odisea musical al Concord, al Fontainebleau, a Las Vegas, a Israel, a Roma y a Florencia. En busca de atisbos de la carrera elegida para su hijo, Richard Tucker sigue a David en su odisea médica en Tufts, en Cornell, en Mount Sinai Hospital, en los Institutos Nacionales de Salud, en Miami y en Bogotá. Estas travesías que no dejan de colisionar están contadas a través de una narrativa que representa, en mi opinión, la exploración más dramática de la vida privada del cantante legendario en los anales de la literatura de la ópera.

El título de este libro proviene de un trato que Richard Tucker impuso sobre su hijo para que David persiguiera su sueño musical. Las tres partes de estas conmovedoras memorias –"Antes de David Nello", "La corta vida de David Nello", y "Después de David Nello" – se derivan del nombre artístico que David Tucker acuñó para escapar a sus antecedentes en las audiciones para papeles musicales o teatrales, aunque su sorprendente parecido a su internacionalmente reconocido padre le hacía casi imposible pasar como su otro yo.

La intrigante pregunta del libro – ¿Quién mató a David Nello? – se revela en la narración de estas travesías vinculadas, pero en conflicto. ¿Fue Richard? ¿Fue el mismo David? O ¿fueron padre e hijo compañeros en el fallecimiento de David Nello?

Sin desvelar demasiado, puedo decir que en 1983 tuve la gran fortuna de entrevistar a David durante dos días en su casa, en su oficina y en un hospital de Cincinnati. En ese momento, él estaba en la cúspide de su carrera de medicina como jefe del Departamento de Oftalmología del Hospital Judío. Vi su pasión de ayudar y de curar. Fui testigo de sus turnos increíblemente largos cuando acoplaba mis entrevistas en su horario de casi 24 horas. Recuerdo a su encantadora esposa, Lynda, que me decía, "David es un esposo y un padre maravilloso, pero la medicina es su vida. La medicina le define y la medicina le consume".

Por mi parte, lo que observé cuando lo conocí en 1983 confirma las palabras de su esposa. En efecto, la singular pasión de David por la medicina trajo a mi mente el testimonio de varios testigos de la búsqueda de Richard Tucker de la absoluta perfección como cantante de ópera.

Igual que me sentí privilegiado de ser el biógrafo autorizado de Richard Tucker, fue un honor cuando David y su coautor, Burton Spivak, un historiador estadounidense que ha ganado premios, me invitaron a contribuir con el prólogo de su íntimo libro sobre la relación entre David y su padre. Puedo confirmar personalmente la precisión fáctica de la memoria de David; y también puedo atestiguar que Burton Spivak, con su prosa vívida y elegante, ha captado no sólo la voz, sino también el espíritu y el corazón de David Tucker, así como la relación eléctrica entre él y su padre. Creo que *El Duro Trato: La música, la medicina y mi padre (Richard Tucker, Leyenda de la Ópera)* encontrará su lugar de forma acertada en el estante superior de una gran estantería de recuerdos sobre hijos y padres.

James A. Drake
Merritt Island, Florida

PRIMERA PARTE

ANTES DE DAVID NELLO

Capítulo Uno

Brooklyn y Great Neck

Yo tenía quince años y pensaba que mi padre me iba a matar. Mi encuentro con la muerte comenzó una tarde mientras estaba en la casa de un amigo en Great Neck, Long Island, donde nos habíamos mudado en 1952 desde Brooklyn. Mi amiga había conseguido una caja de pólvora explosiva. "Lo pones en el cigarrillo de alguien". Me dijo. "Cuando enciendes el cigarrillo, este explota".

La única persona de mi familia que fumaba era mi madre. Le pregunté a mi amigo si podía llevarme algunas semillas. Él contó cinco de sus provisiones. Esa noche, mi madre, mi padre y mis dos hermanos (Barry, mi hermano mayor, y Henry, mi hermano pequeño) estaban en nuestra sala de estar, viendo la televisión. Mi padre se levantó para cambiar de canal y mi madre le preguntó si podía ir a la cocina y traerle su bolso con sus cigarrillos. Esta era mi oportunidad. "Yo te traigo los cigarrillos mamá". Le dije inocentemente y corrí hasta la cocina.

Tenía las semillas y las pinzas en mi bolsillo. Metí las cinco en la parte central del cigarrillo y corrí de regreso para ver el programa de televisión. Le ofrecí el cigarrillo manipulado y le dije, como un buen hijo: "Deja que te lo encienda, mamá". Ella me agradeció y yo lo encendí con la emoción por la expectativa. Después de cuatro o cinco inhalaciones, vi una luz brillante y escuché un fuerte chasquido.

"¡Mis ojos, Ruby!" Gritó con horror mi madre a su marido. "¡No puedo ver nada! ¡Estoy ciega!"

Mis dos hermanos estaban en la sala, pero mi padre me fulminó con la mirada sólo a mí. "¡Desgraciado!" Gritó, corriendo hacia mí. "Esta vez, te voy a matar".

3

Medio siglo después, todavía puedo sentir que me persigue desde la casa hasta el garaje, rodeando el carro como un predador, siseando maldiciones y prometiendo matarme si me agarraba. Él tomó una pala de la pared y me la lanzó a través del capó de su Cadillac. Sus golpes furiosos tallaban cortes profundos en el carro – y lo habrían hecho sobre mí si sus brazos hubieran sido más largos.

La ceguera de mi madre fue sólo momentánea y todavía puedo escuchar sus gritos. "¡Para, Ruby! ¡Para, Ruby!" Eso lo distrajo durante el instante que necesitaba para huir del garaje y desaparecer entre la noche del vecindario.

Mi padre me persiguió, arrojándome amenazas a voz en grito, gritos para despertar a los muertos que me hicieron temer por su voz de oro. La distancia, que aumentaba entre los dos mientras nos adentrábamos en la oscuridad, me permitió pensar que podría vivir un día más mientras que no volviera a la casa de mi padre.

Me estaba escondiendo entre los arbustos a una media milla de nuestra casa, cuando mi hermano mayor me encontró. Me dijo que mamá había calmado a mi padre y que podía volver a casa. Cuando entré en casa, mi padre comenzó otra vez, pero mi madre lo tomó del brazo con ambas manos y él cedió.

"Eres producto del diablo". Me espetó. "¿Quién hace eso a su propia madre? No puedes dormir en la misma habitación que tus hermanos nunca más para que no los contagies con tu maldad".

Mi padre no me habló durante un mes. No tenía permitido hablar durante la cena o sentarme en la misma habitación donde estaba él. Mi padre era Richard Tucker, quien, en el tiempo en que sucedieron estos acontecimientos, era el gran Richard Tucker, el tenor principal en la Ópera Metropolitana de Nueva York, un artista cerca de la cumbre de la fama y de la adulación mundial. Yo era su hijo mediano y, durante gran parte de mi infancia, no le traje nada más que angustia y decepción.

Crecí en el 919 de Park Place en Brooklyn. Vivíamos en el séptimo piso de un edificio de apartamentos de quince plantas, muy cerca de Ebbets Field, donde mis héroes Duke Snider, Jackie Robinson y el resto de mis adorados Dodgers jugaban. El béisbol era mi pasión cuando tenía seis o siete años y jugábamos todo el tiempo. No jugábamos béisbol de verdad porque no había un campo de béisbol cerca de nuestro apartamento. Jugábamos 'stickball' y 'sewer ball', considerados los primos urbanos del béisbol.

Jugábamos 'sewer ball' (también conocido como 'punch ball' cuando no teníamos un bate) en la calle. Al contrario que en las urbanizaciones donde las alcantarillas están en los bordillos, en Brooklyn estaban en el medio de la calle. En nuestro juego, una alcantarilla era la base del bateador y la otra era la segunda base. Poníamos los guantes en las alcantarillas para marcar la primera y la tercera base. Si le dabas a una pelota tres alcantarillas más allá al mismo tiempo, era un jonrón automático. Tenías derechos a presumir durante el día si hacías eso.

Jugábamos "sewer ball" más que "stickball" porque el "stickball" requería una pared en la que la base del bateador se marcaba con tiza como un cuadrado. Un lanzamiento era un *strike* anunciado si el bateador no se balanceaba y la pelota tocaba el cuadrado. El lanzador anunciaba los *strikes*, lo que funcionaba para nosotros porque desde Shoeless Joe, nadie se atrevía a hacer trampas en el béisbol.

Recuerdo tres cosas sobre nuestro apartamento. Nos solíamos sentar en las escaleras exteriores y hablábamos con amigos y con vecinos hasta bien entrada la noche durante el verano porque hacía mucho calor en el apartamento, incluso con nuestros ventiladores de ventana –que, en esos tiempos– eran un lujo. Recuerdo lo emocionado que estábamos todos cuando conseguimos nuestra primera televisión y cómo nos amontonábamos alrededor de la pantalla de doce pulgadas, hipnotizados con sus imágenes en blanco y negro. Y recuerdo mirar a través de las ventanas de nuestra cocina y de la sala de estar donde se agolpaban una multitud de personas en las veredas.

Antes del debut de éxito de mi padre en la Ópera Metropolitana en 1945, era el cantante del Centro Judío de Brooklyn, una de las más prestigiosas sinagogas de los cinco distritos de Nueva York. Como dignos hijos de un cantante, él insistía en que mi hermano mayor, Barry y yo nos inscribiéramos en el Crown Heights Yeshiva en Brooklyn. Allí, nos enseñaban todas las materias que eran obligatorias en la escuela pública, además de materias de religión para nuestra educación judía y para las preparaciones del bar mitzvah.

Yo era un terrible estudiante en la yeshivá porque no me importaba la escuela. Recuerdo vívidamente que los profesores (todos rabinos) escribían las preguntas de los exámenes en la pizarra y respondíamos las preguntas en pequeños cuadernos azules que nos repartían al principio del examen. Nunca hice las tareas y no podía responder ninguna pregunta, pero para parecer que estaba ocupado y evitar ser regañado en clase, me sentaba en silencio y escribía las preguntas una y otra vez en mi cuaderno de respuestas. Cuando mis profesores devolvían los exámenes, me fruncían el ceño y me golpeaban en la mano con una regla cuando me levantaba para alcanzar mi examen.

Un rabino, de corta estatura y de barba larga, me pegaba más que la mayoría, incluso en las raras ocasiones en las que aprobaba, me pegaba porque yo era zurdo. Un día, después de muchos golpes en los nudillos que hacían que mis manos se pusieran calientes y rojas, me harté, le agarré de su barba con ambas manos, le tiré al suelo y comencé a gritarle y a golpearle. Pensé que estaba actuando en defensa propia. Los demás estudiantes se quedaron en shock hasta que el gran alboroto atrajo a otro rabino de la sala contigua, quien entró corriendo y me separó de su compañero. El director me expulsó en el acto y llamó a mi madre para que llegara inmediatamente y me retirara del colegio.

Al día siguiente, mi madre y mi padre fueron al colegio sin mí. Mi padre se enteró con todo detalle de mi indignante comportamiento. Mi madre llegó a suplicar que me dieran otra oportunidad. "Imposible", dijo el director. "Tu hijo de ocho años es un violento delincuente juvenil y va en camino hacia una vida delictiva"

Mi padre, un pilar de la comunidad judía de Nueva York y el tenor principal de la Ópera Metropolitana, estaba enfurecido con mi comportamiento y mortificado por haber traído la humillación de la expulsión del yeshivá a la familia. Me infligió una severa azotada en la espalda cuando llegó a casa y al siguiente día me inscribieron en P.S. 138 para mi educación laica. También me obligaban a tomar clases de hebreo en la Sinagoga Judía de Brooklyn después de ir a la escuela pública para continuar con mi instrucción religiosa.

Las cosas fueron de mal en peor después de que me expulsaran de la yeshivá, para decepción de mi padre. Seguí siendo un mal estudiante, apenas pasando al curso siguiente y haciéndolo solamente para evitar la sentencia de ir a la escuela de verano obligatoria, sin "stickball" ni campamentos de verano. Para mi padre, era más preocupante mi continua proclividad hacia el combate, un presagio sobre el que quizás el rabino jefe del yeshivá tenía razón, estaba destinado a llevar una vida delictiva, pues lo que yo veía como una diversión inocente se convirtió en un comportamiento peligroso.

Las películas de la Segunda Guerra Mundial estaban en boga a finales de los años cuarenta y me encantaban las escenas en las que los pilotos aliados bombardeaban a los alemanes o a los japoneses. Vivíamos en una calle muy concurrida y las aceras por las mañanas se llenaban de madres que llevaban a sus hijos pequeños a la escuela y de padres que caminaban enérgicamente hacia el bus o hacia la estación del metro. Ellos se convirtieron en mis enemigos del Eje y yo dejaba caer alegremente mis armas sobre ellos: primero, globos de agua, y después, armas más avanzadas como zapatos e incluso patines. Los transeúntes eran golpeados y a veces heridos, afortunadamente, ninguno de gravedad.

Hoy me hubieran detenido. En el Brooklyn de 1948, el agente de servicio iba con el padre del chico y le decía que le diera una buena charla, o algo peor, a su hijo desobediente. Las charlas y los azotes no me hicieron recapacitar y mi amenazante comportamiento antisocial aumentó. No era un abusador, pero respondía a los desprecios y a los insultos con mis puños.

Al echar la vista atrás, pienso que la mayoría de mis peleas eran lamentables, pero a algunas las veía entonces, y las veo ahora, como honrosas.

Mi escuela religiosa estaba cerca de un vecindario cristiano en Prospect Park y un grupo de gentiles me esperaban después de la escuela para burlarse de mí y de otros estudiantes judíos con ofensas étnicas. Mis compañeros de clase se tapaban los oídos, se aferraban a sus libros y corrían a casa; pero yo me quedaba y peleaba. Intentaba dar lo mejor de mí, pero siempre me superaban en número y solía regresar a casa con un labio partido, con un ojo hinchado o sangrando por la nariz. En esos momentos mi padre nunca me reprendía, orgulloso de que su hijo se había enfrentado por ser judío.

Fue la fuerte fe religiosa de mi padre y el genocidio de Hitler en Europa el que le causó un fuerte dolor debido a un episodio de mi intolerable trato hacia un amigo. No me acuerdo qué hizo Kenny para disgustarme, pero, lleno de ira, planeé su castigo.

Había un conducto en cada planta que dirigía la basura hacia un incinerador en el sótano. Yo atraje a Kenny hacia el sótano con una historia sobre cosas interesantes en la zona del incinerador. Cuando llegamos allí, le dije: "No vas a creer qué hay allí". Señalé hacia una esquina. Cuando comenzamos a caminar, salté detrás de él y bloqueé la puerta. Gritando a pleno pulmón que el superintendente iba a encender el incinerador en cualquier momento (tengan en cuenta que no lo iba a hacer), subí las escaleras corriendo, ajeno a los gritos de mi amigo.

El superintendente del edificio escuchó mis burlas cuando pasé a su lado subiendo las escaleras. Desaparecí en el vecindario. Después me enteré de que el superintendente llevó a casa a mi amigo y Kenny le dijo a su padre y a *mi padre* lo que había hecho.

"¡Qué vergüenza!" Me espetó mi padre cuando llegué a casa. "¿Qué tipo de judío encierra a un hombre en un incinerador?" Me gritó. Por una vez en la vida, mi padre me dijo que estaba avergonzado de que yo fuera su hijo.

No sé si muchas personas conocen la frase "paseo dominical" aún, y ciertamente, nadie hoy en día menor de ochenta años pensaría en meter a la familia completa en un carro durante una tarde de domingo para hacer un viaje sin destino. Pero el paseo dominical era siempre el punto álgido de la semana para las familias que se amontonaban en ciudades de cemento y que anhelaban vislumbrar un paisaje verde. Así que después del almuerzo del domingo, nos montábamos en el Cadillac de mi padre y conducíamos desde Brooklyn hasta Long Island Connecticut buscando parques, caminos con árboles y la costa con sus hermosas playas y con su agua azul clara del estrecho de Long Island. En nuestra mágica ruta, conducíamos a través de los pueblos que estaban creciendo a pasos agigantados a causa de la explosión demográfica y económica de después de la guerra –a través de Roslyn, Port Washington, Manhasset y Great Neck.

Cuando tenía unos diez años, recuerdo que mis hermanos y yo nos sentábamos en la mesa de la cocina y escuchábamos emocionados hablar a nuestros padres sobre mudarnos de Brooklyn. Pronto nuestros paseos dominicales tuvieron el objetivo de una huida permanente en vez de un respiro temporal, en pocas palabras, ¡buscar una casa en el campo!

Mi madre y mi padre crecieron en Brooklyn, así que tenían profundas raíces y amigos cercanos allí. Mi padre no tenía ganas de mudarse, pero mi madre sí. Ella le decía en la mesa de la cocina lo que probablemente miles de madres decían a miles de padres en la década después de la Segunda Guerra Mundial cuando las urbanizaciones en Estados Unidos aparecieron en la escena social, nuevas ciudades (Levittown) florecieron como por arte de magia y las ciudades más antiguas (Manhasset, Great Neck) duplicaron y triplicaron su población. "Estás ganando muy buen dinero ahora, Ruby". Le decía. "Es hora de que compremos nuestra propia casa. Será mejor para los niños. Los colegios son mucho mejores y no tendrán que jugar en la calle".

Aunque probablemente no nos hubiéramos mudado en 1952 sin la gentil insistencia de mi madre, mi padre no se oponía y pronto se entusiasmó con la idea. Mis hermanos y yo estábamos eufóricos por las playas, los océanos y los campos de béisbol que habíamos visto en nuestras excursiones de domingo. Y no era que mis padres estuvieran dejando atrás a sus amigos cercanos de Brooklyn, ya que aquellos que se lo podían permitir también se mudarían a Long Island.

Mis padres compraron una casa de dos plantas en una finca de medio acre en Great Neck, Long Island en la Melville Lane, la cual llevaba el nombre del mejor novelista de Estados Unidos que se volvió famoso escribiendo sobre viajes de caza de ballenas en las costas de Nantucket y sobre peligrosos paraísos en los Mares del Sur, a pesar de que nació en el Empire State y de que fue un neoyorquino toda su vida. La casa estaba en una zona de Great Neck llamada Saddle Rock, un enclave de viviendas espaciosas, pero sin pretensiones, de clase media alta y un poco por debajo de King's Point, donde mis padres también habían visto casas, el más puntero de los barrios de Great Neck. La casa tenía 325 metros cuadrados aproximadamente, con una sala de estar formal (con un piano de cola), un salón comedor, una cocina, el cuarto de música de mi padre, una sala de estar, un dormitorio principal en la planta baja, varios dormitorios y baños en el primer piso, y un cuarto de juegos en un sótano terminado.

Todo esto era mucho más bonito de lo que nunca había imaginado, pero lo que me fascinó, y a mi padre también, fueron el porche privado, la terraza ¡y el gran jardín trasero! Cuando papá estaba en casa durante el día y no en su cuarto de música, pasaba el tiempo en el porche o en la terraza mirando hacia el jardín y hacia los árboles, intentando divisar a los pájaros, los cuales le apasionaban. Vivíamos a menos de un kilómetro de un bonito parque con piscina, y a menudo mi padre nos decía que buscáramos nuestros trajes de baño e íbamos a nadar. La casa de Melville Lane 10 fue la única casa en la que vivió mi padre. Cuando se volvió rico y famoso más allá de lo que nunca imaginaron él o mi madre, la casa de Melville Lane seguía siendo la única que él quería.

Mi madre una vez le sugirió amablemente que nos mudáramos a King's Point. "Eres una superestrella, Ruby". Le dijo. "Deberías vivir en King's Point".

"¿Por qué quieres hacer eso, Sara?" Le preguntó él. "¿No tenemos todo lo que queremos aquí mismo?"

Mi madre le había pedido mudarse a King's Point debido a la perspectiva de las alturas a las que su esposo había ascendido. Sus puntos de referencia eran la Ópera Metropolitana, los mejores hoteles y restaurantes de Manhattan, así como chóferes a su entera disposición. Mi padre le respondía a mi madre desde la perspectiva de Brooklyn. Sus puntos de referencia eran las bocas de incendios y las escaleras de emergencia características de Brooklyn, así que le dijo a su querida Sara que su bonita casa de Saddle Rock era todo lo que ellos deberían querer y que le haría sentir incómodo querer más. Mi madre sólo quería mudarse por él, por lo que aceptó la respuesta sin vacilar y nunca más le pidió que se mudaran.

Cuando su calendario de actuaciones y de grabaciones en Nueva York se volvió más demandante, mis padres compraron un apartamento de una habitación junto al Central Park South, cerca del Lincoln Center. Mi padre pasaba las tardes allí antes de sus actuaciones nocturnas, estudiando los librettos, viendo la televisión y relajándose solo, ahorrando tener que gastarse sus cuerdas vocales en conversaciones sin importancia gracias a la gozosa soledad del apartamento.

El lujoso apartamento de Nueva York nunca fue para mi padre más que un refugio temporal o un lugar donde reunirse con su manager o con su preparador vocal. La casa que quería y a donde siempre quería volver estaba en el número 10 de Melville Lane. A menudo, cuando cantaba en la Ópera Metropolitana y pasaba de la medianoche, tras la cena y algunos tragos, mis padres salían del restaurante hacia la limosina que los esperaba, una vez en ella, mi madre solía sugerir que se quedaran en el apartamento por la hora que era (sus hijos no eran problema porque siempre había una institutriz que vivía en Great Neck para cuidar de mis hermanos y de mí), pero mi padre le respondía invariablemente: "No, Sara. Si no te importa, es menos de una hora de camino, quiero ir a casa".

Mis padres en la casa de Saddle Rock, Great Neck,
Long Island, la única casa que mi padre quería. (De
la colección personal de David N. Tucker)

Nos mudamos a Great Neck a finales de octubre y entré a mi primera clase del quinto grado casi dos meses después de que comenzara el trimestre. Era la pieza cuadrada en un agujero redondo. Todos los demás chicos tenían el pelo rapado y se ponían ropa de niños bien. Yo tenía el pelo largo y terminaba en una DA (cola de pato) que recientemente se había puesto de moda para los chicos *cool* en Brooklyn.

La profesora me presentó a la clase e hizo un gesto para indicarme el asiento que debía tomar. Su nombre era Sra. Grace Warner y mi asignación fortuita a su clase fue uno de esos inmerecidos regalos de Dios para mí. Además de mi madre y de mi esposa Lynda, ella se convertiría en una de las mujeres más importantes de mi vida. Seguí siendo su defensor y amigo hasta que falleció el año pasado a la edad de noventa y seis años y no hay una semana que pase en la que no haya agradecido mi buena suerte por su influencia en mi vida.

La señora Warner era una mujer alta, unos pocos centímetros por encima del metro con ochenta y su apariencia era llamativa; con su cabello negro azabache y con su piel del color del alabastro. Imponía disciplina de forma estricta y yo me quedaba obedientemente en silencio durante su clase, pero sin interés por aprender. Mi trinidad todavía estaba compuesta por el béisbol, las chicas y las peleas, sin tiempo para los libros o para estudiar. Mis notas reflejaron mi esfuerzo hasta ser el último de la clase y esto se volvió en mi contra una noche de viernes de enero en una reunión de PTA (asociación de padres y alumnos) donde el profesor comentaba el progreso de cada estudiante con el estudiante y al menos uno de los padres de este.

Mi padre estaba en la recta final de una gira de conciertos, así que mi madre me llevó a la reunión. Recuerdo que la señora Warner le dijo a mi madre que no había sido capaz de motivarme en clase y, que transcurridos tres meses del año escolar, yo estaba lastimosamente atrasado. La señora Warner le explicó a mi madre que no sabía cómo podría ponerme al día y que se estaba inclinando considerablemente hacia la idea de recomendar al director que yo repitiera el quinto grado al año siguiente. Mi madre le dijo a la señora Warner que, si podía esperar a hablar con el director hasta la semana siguiente, ella vería un gran cambio en su hijo al lunes siguiente.

Mi profesora favorita, Grace Warner, en su clase de quinto grado en la Escuela Primaria Saddle Rock, de un artículo especial en *Life Magazine* en 1952. (Con permiso de Getty Images/LIFE Picture Collection)

En la clase de la señora Grace Warner, me convertí en un estudiante motivado y atento (De la colección personal de David N. Tucker)

"Yo no he podido hacer nada con su hijo en tres meses". Exclamó la señora Warner. "¿Qué puede hacer usted en tres días?"

Mi madre le respondió: "El padre de David viene a casa el domingo y tendrá una larga conversación con él. Verá que viene un joven diferente el lunes".

Mi padre me guió a su estudio de música esa tarde de domingo. Estaba enojado y exasperado. Permanecí ahí temblando con las arremetidas de sus diatribas. No había un límite para su furia o blasfemia. "¿No traje a mi familia a Great Neck con el fin de mejorar nuestras vidas, para que tú *me insultes* con tu apatía?" Vociferó. "Si me avergüenzas en esta comunidad reprobando el quinto grado, te mataré". Era la primera vez (pero no la última) que mi padre me amenazaba con una muerte temprana. Al abandonar su estudio de música temblando, no tenía la más mínima duda de que lo que dijo iba en serio.

Al siguiente lunes, mi madre me acompañó al colegio y le dijo a la señora Warner: "Verá que David es un joven cambiado".

Sin dejar nada al azar, la señora Warner implementó su plan maestro para mi salvación académica. Movió mi asiento a la fila del frente, al lado de un niño que se llamaba Richie Liberthson. Richie era el mejor estudiante de la clase, no muy popular con las chicas y poco interesado en los deportes.

"Durante el resto del trimestre", me dijo la señora Warner, "considerarás a Richie como si fuera tu hermano. Estudiarán juntos después del colegio y trabajarán juntos en los proyectos de clase". También me dijo que se reuniría conmigo una vez a la semana para evaluar mi progreso.

Bajo su mirada cariñosa, mis notas empezaron a mejorar – primero sacaba Cs, luego Bs y alguna A puntual. Richie fue también de mucha ayuda. Él y yo teníamos poco en común, pero bajo las órdenes de la señora Warner, nos convertimos en compatriotas académicos durante el resto de la escuela primaria. No nos veíamos tanto cuando fuimos a la escuela secundaria, pero le debo mucho. Después de la secundaria él ingresó en Harvard y se convirtió en un famoso cardiólogo.

En la última reunión del año entre padres y alumnos, la señora Warner informó a mi madre alegremente de que mi desempeño académico de la segunda mitad del currículum escolar era firmemente respetable y que podría pasar a sexto grado. "No sé lo que su esposo le dijo a David, pero funcionó". Le dijo radiante a mi madre.

Para ese momento, mi madre se había enamorado de la señora Warner debido a mi progreso académico y le preguntó si podría encargarse de que yo estuviera en su clase al año siguiente.

"Eso no depende totalmente de mí". Respondió la señora Warner.

Sin saber cómo llegó a pasar, la señora Warner estaba sentada en su escritorio al frente del aula cuando entré a mi clase de sexto grado al septiembre siguiente.

El año voló y mis notas siguieron mejorando. También aprendí algo sobre mí mismo. Me gustaba obtener buenas notas y me gustaba ser considerado inteligente. Todavía me gustaba el béisbol y hacer tonterías, pero con la ayuda de la señora Warner y de Richie, me estaba convirtiendo rápidamente en algo parecido a un ratón académico.

Pronto llegó la Navidad, yo quería conseguir un regalo super especial para la señora Warner. No sabía si esta era la norma en todos los colegios, pero en Saddle Rock, cada estudiante traía un regalo para el profesor el último día antes de las vacaciones. Yo había estado ahorrando mi asignación durante varias semanas, así que le pedí a nuestra institutriz –una atractiva mujer jamaicana de veinte años – si podía llevarme de compras y ayudarme a elegir algo. Creo que no tenía nada indecoroso en mente y probablemente le hubiera pedido a mi madre ir de compras si ella no estuviera de gira con mi padre.

Mi institutriz me llevó a la sección de ropa de mujer de unos grandes almacenes, estábamos caminando en la sección de lencería cuando vi un negligé transparente en un maniquí de la tienda. Yo tenía once años y eso me hizo parar en seco. "¿Crees que a mi profesora le gustaría eso?" Le pregunté a mi institutriz.

"A mí me gustaría". Respondió con una sonrisa.

No tenía suficiente dinero, así que ella me prestó la diferencia. Le pedí a la mujer de la tienda que envolviera mi regalo en el papel más bonito que tuvieran.

La señora Warner me contó posteriormente que cuando ella vio la caja envuelta en papel satinado con corazones, comenzó a sospechar. Miró rápidamente la tarjeta adjunta y vio que era de mi parte. Tenía miedo de abrir mi regalo enfrente de toda la clase, me contó años después, por lo que evadió hacerlo diciéndole a los estudiantes, después de abrir unos cuantos presentes, que era hora de volver a trabajar y que abriría el resto de los regalos el día de Navidad. Pero no recuerdo haber estado decepcionado.

El primer día después de las vacaciones de Navidad, la señora Warner me preguntó si me podía quedar un momento después de las clases. Cuando todos se habían ido, me cuestionó sobre si sabía lo que le había regalado por Navidad.

"Sí", dije, "un negligé".

Después me preguntó si mis padres sabían lo que yo le había regalado.

Le dije que no y que lo había elegido con mi institutriz porque ellos no estaban durante las vacaciones.

Me preguntó por qué había elegido ese regalo en particular.

Le dije que lo había visto en el maniquí de la tienda y "cuando lo vi, la vi a usted en él".

Ella esquivó mi comentario con desenvoltura y aplomo contándome con una sonrisa que había cambiado mi regalo por una bonita bufanda de invierno que le gustaba mucho ponerse. Cuando recordé mis modales en la puerta y me di la vuelta para agradecer su cumplido, ella estaba sentada en su escritorio con la cabeza entre sus manos.

Años después, me dijo que mi regalo fue completamente escandaloso y que mi comentario sobre haberla imaginado en el maniquí fue el cumplido más horroroso que había recibido nunca. Riéndose mientras hablaba de mi ofrecimiento décadas después, me contó que había pensado largo y tendido en contárselo a mis padres y al director para lavarse las manos.

"¿Por qué no lo hiciste?" Le pregunté.

"Sabes por qué, David. Te quería demasiado".

La señora Warner fue una profesora de primaria reconocida a nivel nacional. Durante el sexto grado en 1952, la revista *Life* (¡la revista *Life*!) le hizo un extenso artículo principal sobre sus métodos de enseñanza progresistas; artículo que estuvo acompañado de fotos de ella en la clase con sus estudiantes. Yo estoy en dos de las fotos y he guardado una copia de la revista durante más de sesenta años.

La maestra Warner enseñó en Great Neck durante treinta y cinco años, primero en Saddle Rock y después como directora del Colegio John F. Kennedy, un puesto que mantuvo hasta su jubilación en 1984; y como ya lo mencioné, permanecimos en contacto hasta que falleció el año pasado.

Cuando era estudiante en Tufts y en el Conservatorio de Música de Nueva Inglaterra, me enviaba una pequeña nota si veía algo sobre mi padre o sobre mí en el periódico local. Cuando me mudé a Connecticut desde el medio–oeste en 2002, iba al menos dos veces al año a visitarla en Manhasset. En 2009, la llamé y le pedí que me diera el honor de acompañarme a la reunión de cincuenta años de la escuela secundaria. Le dije que era importante para mí que ella asistiera porque sin ella, no habría llegado a la escuela secundaria y mucho menos a la universidad ni a la escuela de medicina. Ella me dijo que tenía que declinar mi invitación porque ya no podía manejar. Le dije que la recogería en una lujosa limusina. Se rió y aceptó.

La señora Warner fue el éxito de la noche y el centro de atención. Cada exalumno o exalumna que estaba allí y que había tenido la suerte de tenerla como profesora en quinto o sexto grado, llegó a hablar con ella y a agradecerle. Se lo pasó muy bien. Cuando la acompañé hasta su puerta al final de la noche, me dio un beso en la mejilla y me dijo que le había hecho sonreír cuando yo tenía once años y que todavía le hacía sonreír con casi setenta años.

Estaba en la escuela secundaria cuando comenzó mi fascinación por las pistolas. Mi primera arma fue una pistola BB por la que había ahorrado mi asignación durante meses para poder comprarla a través de un pedido por correo. (Mis padres eran muy generosos y las únicas dos cosas por las que recuerdo haber ahorrado y no haberles contado fueron el negligé de la señora Warner y mi primera pistola BB.)

Cuando llegó la pistola empecé a practicar contra blancos que pegaba a los árboles en el patio trasero. Muy pronto decidí que quería cazar y comencé a disparar a conejos, a ardillas y a pájaros. A mi padre le encantaban los animales pequeños y los pájaros – especialmente los pájaros –. Yo no heredé esta particular sensibilidad, así que me fascinaba en ese entonces dispararles y matarlos con mi pistola, además todavía tenía una personalidad vengativa y colocaba los restos de los animales muertos en los porches de los vecinos que me habían hecho enojar.

Como se podía predecir, un propietario indignado me vio salir corriendo de su porche y llamó a mi padre. Mi padre no sabía nada sobre la pistola y estaba horrorizado de que la hubiera utilizado para matar seres vivos. Todavía recuerdo que dijo: "¿El tiro al blanco no es suficiente, que tienes que matar conejos y pájaros, indefensos regalos de Dios?" Estaba más desconsolado que enojado con mi comportamiento.

Me dijo que trajera mi pistola y la rompió con su rodilla enfrente de mí. Antes de irse de la sala, me reprochó que ni siquiera hubiera tenido la decencia de enterrar a los animales que había matado. Estaba molesto de haber perdido mi pistola, pero agradecí que mi padre se fuera de la sala sin golpearme.

Cuando me calmé y caí en la cuenta de todo el peso de la reprimenda de mi padre, caminé por el vecindario buscando a mis víctimas en los botes de basura. Encontré algunas de ellas y las enterré en nuestro patio trasero. Mi padre me vio excavando y me puso el apodo Diggeer O'Dell, el amigable enterrador del exitoso programa *La Vida de Riley*. Fue su manera de reprenderme con humor.

Ya en la escuela secundaria, las semillas académicas que Grace Warner y Ritchie Liberthson habían plantado en mí habían tomado raíces profundas y mi deseo de llegar a ser el primero de la clase se volvió compulsivo. Mi padre estaba impresionado con mi nuevo rumbo. Si las tareas no eran compatibles con el béisbol o con las chicas, ganaban las tareas. Mi capacidad para el estudio continuo sin interrupción, confundía a mis hermanos, quienes empezaron a considerar un reto interrumpirme. Barry tenía tres años más que yo y era bastante mujeriego, además parecía que siempre estaba nadando en dinero. Nuestros padres no estaban durante seis meses del año y, en su ausencia, nuestra casa parecía la de Tom Cruise en *Risky Business*. Una vez, en un reto, hasta llegaron prostitutas. Nuestras institutrices eran casi siempre jóvenes y atractivas latinas, quienes hacían la vista gorda o se unían a la diversión. Si tenía trabajo por hacer, me quedaba en mi habitación estudiando mientras mi hermano mayor estaba en el piso de abajo, retozando. (Aclaro a nuestro favor, supongo, que sólo estábamos interesados en el sexo y en el alcohol, por lo que nunca fumamos marihuana ni consumimos drogas mientras nuestros padres no estaban en casa.)

Una vez, Barry le dijo a una de sus chicas que le daba veinte dólares si subía a mi habitación y me seducía para que bajara y me uniera a la diversión. Ella fue a mi cuarto, empezó a quitarse la ropa; yo seguí estudiando, luego me preguntó si podía sentarse en mi regazo; yo continué estudiando. Ella se quedó detrás de mí y frotó sus pechos contra mi cabello; yo seguí estudiando.

"Eres increíble". Me dijo. Se vistió y se fue de mi habitación. Pero cuando terminé mi trabajo, bajé corriendo y me uní a la diversión. Mi madre con su padre, Louis (Levi) Perelmuth, a quien llamábamos "Zadie" (la palabra yiddish para decir "abuelo"), quien vivió en nuestra casa y ayudó a criarnos a mis hermanos y a mí cuando nuestros padres estuvieron en Europa o cuando iban de gira con la Ópera Metropolitana. (De la colección personal de David N. Tucker)

El último vigilante de la puerta en nuestra propiedad cuando nuestros padres no estaban fue nuestro abuelo materno Zadie, un octogenario que vivía con nosotros y que, cuando no estaba estudiando la Torá o el Talmud, se relajaba leyendo el *Jewish Forward* o viendo la lucha los viernes por la noche en la televisión. Era relativamente fácil tratar con él cuando tenía grandes actividades planeadas. Nosotros preferíamos sacarlo de la casa completamente y Barry, nuestro hombre del dinero, alquilaba una limusina para llevar a mi abuelo a visitar a un amigo o a otra familia.

Zadie sospechaba cuando utilizamos en exceso esta táctica y los fines de semana que no quería salir de la casa, utilizábamos su ortodoxia religiosa en su contra para progresar en nuestros escandalosos planes. Zadie era un judío ortodoxo observador, lo que significaba que no podía hacer ningún trabajo físico desde el anochecer del viernes hasta el anochecer del sábado. Su ortodoxia le impedía realizar hasta el acto más pequeño, como encender las luces o la televisión.

Hay una novela conmovedora escrita por Pete Hamill, titulada *Snow in August*, es sobre un viejo rabino de Brooklyn que contrata a un escolano católico para ser el Shabbos goy que el rabino necesita para encender las luces de la sinagoga y para llenar el horno de carbón los sábados por la mañana. En las páginas de Hamill, el rabino y el chico católico desarrollan una amistad muy cercana. El joven le enseña al viejo rabino las costumbres estadounidenses y el béisbol. El rabino le enseña al chico sobre la historia judía y un golem mítico (que termina siendo bastante real y es convocado por el rabino para salvar la vida del chico). Nosotros nos convertimos en el Shabbos goy de nuestro abuelo, pero, tristemente, de una manera malvada y poco cariñosa.

"Zadie", anunciábamos firmemente los viernes por la noche, "a menos que te quedes en la sala de la televisión y mantengas la puerta cerrada, no te encenderemos las luces o la televisión. Y si sales de la sala de la televisión por cualquier razón, te apagaremos las luces y la televisión".

Era un comportamiento vergonzoso, pero nunca nos sentimos avergonzados cuando lo dejábamos solo en la sala de la televisión y nos íbamos a retozar con las chicas que Barry había reunido para la noche. (Nuestro hermano pequeño, Henry, estaba profundamente dormido en su habitación en el segundo piso y nuestras travesuras en el sótano nunca le molestaron).

La casa siempre estaba inmaculada y nos comportábamos lo mejor posible cuando nuestros padres volvían de la gira. Mi padre revisaba el correo y mi madre nos preguntaba si habíamos sido "buenos chicos" en su ausencia. Una vez, debió haber encontrado algo sospechoso en nuestras respuestas o en la pequeña sonrisa de la institutriz, porque al día siguiente la jamaicana desapareció y fue reemplazada por la primera de varias institutrices alemanas de cabello gris, todas de más de sesenta años. Nuestros días de retozas –al menos en casa– se habían terminado.

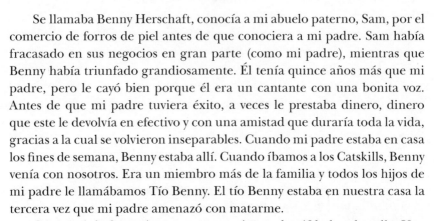

Se llamaba Benny Herschaft, conocía a mi abuelo paterno, Sam, por el comercio de forros de piel antes de que conociera a mi padre. Sam había fracasado en sus negocios en gran parte (como mi padre), mientras que Benny había triunfado grandiosamente. Él tenía quince años más que mi padre, pero le cayó bien porque él era un cantante con una bonita voz. Antes de que mi padre tuviera éxito, a veces le prestaba dinero, dinero que este le devolvía en efectivo y con una amistad que duraría toda la vida, gracias a la cual se volvieron inseparables. Cuando mi padre estaba en casa los fines de semana, Benny estaba allí. Cuando íbamos a los Catskills, Benny venía con nosotros. Era un miembro más de la familia y todos los hijos de mi padre le llamábamos Tío Benny. El tío Benny estaba en nuestra casa la tercera vez que mi padre amenazó con matarme.

Comenzó de forma inocente con un juego de sóftbol en la calle. Una chica joven remilgada –un año más joven que yo, el tipo de chica que nunca se mete en problemas, pero que causa muchos– permanecía en su jardín como un centinela, con los brazos cruzados, diciéndonos que, si la pelota llegaba a su patio, se quedaría con ella y nunca la devolvería. En efecto, alguien golpeó la pelota y cayó en su jardín. Ella la atrapó y empezó a correr hacia su casa. Yo la perseguí exigiéndole que me la devolviera. Cuando se negó, la atrapé, tomé la pelota de sus manos y le di un golpe en la espalda. Ella corrió hacia la casa llorando y yo seguí jugando.

Estábamos cenando pronto esa noche cuando sonó el timbre. El ama de llaves vino a la mesa y le dijo a mi padre que había un señor en la puerta que quería hablar solamente con él. Mi padre se levantó de la mesa, me lanzó una mirada y caminó hacia la puerta. Antes de que regresara al comedor, le escuché gritar: "Esta vez voy a matar a este chico despiadado".

Corrí hacia la puerta de atrás con mi padre persiguiéndome. Él agarró el bate de béisbol que yo había dejado en las escaleras y me persiguió en la penumbra gritándome amenazas de muerte una y otra vez –lo suficientemente fuerte, estoy seguro, como para que la mitad del vecindario pudiera escucharlo–. Me escondí detrás de algunos árboles y lo vi pasar corriendo. Volví a la casa y le supliqué al tío Benny que me ayudara. Le dije que no podía entender la furia de mi padre porque lo único que había hecho era recuperar mi pelota y darle un golpe en la espala a la niñata. El tío Benny me dijo que el padre de ella le había dicho al mío que yo la había golpeado hasta hacerla sangrar. Eso explicaba la histeria de mi padre. El tío Benny me dijo que me escondiera en el semisótano debajo del ático y que no volviera hasta que él subiera a buscarme.

Cuando él le contó mi versión de la historia a mi padre, se calmó, relativamente. El tío Benny fue a buscarme y mi padre me acompañó a la casa de la chica para que me disculpara con ella y con su padre y para que le ofreciera quedarse con la pelota. El padre aceptó mis disculpas y la chica se quedó con la pelota. Tenía quince años y esa fue la última vez que mi padre me amenazó con su furia mortal.

Durante el mismo año de la chica y la pelota, hice que mi padre se sintiera más orgulloso de lo que jamás había estado. Otra vez estaba relacionado con el béisbol – con el béisbol y con el judaísmo–. Nosotros pertenecíamos al templo conservador de Great Neck, pero mi padre nos llevaba a la sinagoga ortodoxa con bastante frecuencia, así que ya conocía de vista al rabino, que se llamaba Rabino Wolfe. Un día a finales de la primavera, reconocí al hombre vestido con traje de negocios que venía corriendo hacia mi entrenador de béisbol de la escuela secundaria que estaba en el terreno de juego a mitad de entrenamiento. El entrenador apuntó hacia donde yo estaba (el rabino me conocía, pero debimos vernos iguales con nuestros uniformes y gorras) y el rabino caminó hacia mí.

"David", me dijo, casi sin aliento, "necesito cinco más para un *minyan* para el servicio de las cinco y media". (En el judaísmo ortodoxo, los servicios formales de la Torá no pueden celebrarse a menos que asistan diez hombres judíos adultos. El quórum de diez se llama un minyan).

Recluté a cuatro de mis compañeros de equipo que eran judíos y los cinco caminamos hacia el entrenador. Le expliqué que teníamos que ir al templo para ayudar al rabino, pero que regresaríamos a tiempo para el partido. Cuando no aceptó, le dije a mi entrenador católico que un rabino era como un cura y que eso era sagrado. Nos dio permiso y caminamos hacia la sinagoga con nuestros uniformes. A mitad del servicio, llegaron suficientes feligreses como para hacer un minyan sin nosotros y el rabino nos hizo gestos para indicarnos que nos podíamos ir, así que estuvimos de regreso en el campo con tiempo suficiente para el juego.

No fue hasta varias semanas después que toda nuestra familia volvió a los servicios de Shabbat al templo ortodoxo. Al final del servicio, el rabino hizo un gesto con sus manos para pedir silencio y procedió a contarle a la congregación que quería anunciar "un acto de amor y de respeto que enorgullecería a cualquier padre". A continuación, comenzó a contar la historia sobre lo que él denominó "el minyan del béisbol" y me dio las gracias por mi nombre. Después, se dirigió a mi padre y le dijo: "Señor Tucker, tu hijo es un *mensch*".

Deben entender esto sobre mi padre: no había un mayor elogio en su vocabulario que la palabra *mensch*, una palabra en yiddish que significa "una persona de honor". Cualquiera, independientemente de su religión, podía ser un mensch, eso creía mi padre –cualquiera que honrara a sus padres, que prestara dinero a sus amigos y que nunca pidieran la devolución, cualquiera que fuera a la casa judía los fines de semana (en vez de a la cancha de golf) para visitar a los ancianos y a los enfermos, o los que dieran anónimamente a los pobres, así como los viudos y los huérfanos. A mis quince años, mi padre nunca se había referido a mí como un mensch y yo nunca había hecho nada para ganarme ese elogio especial. Pero ahora, en la sinagoga, miré a mi padre sentado a mi lado con lágrimas rodándole por las mejillas, más feliz de lo que podía expresar de que un rabino hubiera otorgado esa palabra a su hijo. Por primera vez en mi vida, mi padre me dijo que le había hecho sentir muy orgulloso.

Yo brillaba por dentro gracias a esas palabras. Como la mayoría de los padres de su generación, el mío mostraba más su enojo con sus hijos que su amor hacia ellos. Pero aquí en la sinagoga, enfrente del rabino, de mi familia, y de cien feligreses, me dio un abrazo cálido y apasionado y me besó en los labios por primera vez en mi vida.

La historia del Rabino Wolfe y yo no termina ahí. Aunque mi familia seguía perteneciendo a la sinagoga conservadora, mi padre le pidió al rabino Wolfe que oficiara mi boda cuando supo que el Rabino Waxman, el rabino conservador, estaría fuera del país el día de mi boda. Treinta años después, uno de mis tres hijos, Andrew, estaba haciendo su residencia en obstetricia y ginecología en el hospital Albert Einstein en Nueva York y fue uno de los varios doctores que estaba a cargo de una mujer anciana judía que estaba muriendo de cáncer de ovarios. Un día, el esposo de la mujer le agradeció a mi hijo por el cuidado afectuoso que le estaba dando a su esposa y le preguntó a mi hijo cómo se llamaba. Cuando Andrew dijo "Doctor Andrew Tucker", el anciano le preguntó si estaba relacionado con el famoso Richard Tucker.

"Él era mi abuelo", dijo mi hijo. "Quizás usted conozca a mi padre, el doctor David Tucker". Le comentó Andrew.

"Conocía bien a tu padre". Le dijo el anciano. "Yo lo casé a él y a tu encantadora madre en el Hotel New Yorker hace años".

Mis padres se ausentaban casi todos los veranos después de que nos mudamos a Great Neck, pues solían ir a Israel, a Roma o de gira por Estados Unidos. Desde que tenía seis o siete años, mi hermano Barry y yo (y más tarde Henry, cuando era lo suficientemente mayor) pasábamos ocho maravillosas semanas en el campamento High Point en West Shokan, Nueva

York. High Point era un campamento judío mixto y lo gestionaba Manny Sonnenreich (un amigo de mi padre) junto con su esposa, Faye. Era uno de los pocos campamentos que permitían los deportes de contacto y donde jugábamos al béisbol de verdad –con una pelota dura y con guantes, no con una pelota de sóftbol–. Pasé diez veranos de campamento, nueve como alumno y uno como supervisor en formación.

Durante los primeros cinco años, el béisbol dominaba todo. Cuando tenía doce o trece años, mi dirección y mi energía se dirigieron hacia el sexo opuesto. El ala de las chicas estaba en el lado opuesto de la gran propiedad del campamento y ser encontrado en el lado de ellas sin un pase o, Dios no lo quisiera, después de la inspección nocturna, era una gran ofensa. Por supuesto, varios de nosotros adquirimos el hábito de escabullirnos al lado de las chicas para besarnos y para toquetearnos con alumnas muy dispuestas. Fuimos amonestados la primera vez que nos pillaron y los chicos infractores tenían que dar su palabra de que no violarían el decoro del campamento otra vez. El señor Sonnenreich también nos dijo que, si rompíamos nuestra palabra, sufriríamos las graves consecuencias.

A cualquier edad, pero especialmente en el primer resplandor de la pubertad, la testosterona a menudo triunfa sobre el sentido común, por ello no prestamos atención a nuestra palabra de honor ni a las amenazas de Manny mientras planeábamos nuestro siguiente encuentro ilícito. Una supervisora nos pilló con la ropa desabrochada con nuestras coautoras de género femenino y se lo comunicó a Manny y a Faye. Nos escoltaron fríamente al lado de los chicos y nos mandaron inmediatamente a dormir.

En el jolgorio de la mañana siguiente, después del Juramento a la Bandera, el señor Sonnenreich pidió que los tres infractores diéramos un paso al frente. Nos dijo que habíamos puesto en peligro el campamento y la promesa de pureza que él le había hecho a los padres de las chicas que eran parte del campamento. Después nos arrojó al suelo y, con todo el campamento mirando con la boca abierta, nos golpeó varias veces en nuestras espaldas con el lado de las cerdas de un cepillo de pelo y nos pegó en las piernas. Los otros dos chicos empezaron a llorar. Yo recibí mi castigo sin lágrimas. Mi hermano mayor era un supervisor en formación y le escuché diciendo a sus amigos: "Miren a David. Ese hijo de puta nunca llorará". Nuestro castigo puso fin a los devaneos de mis cómplices y a los míos en el campamento durante los años que quedaban en High Point.

Los otros dos deportes de contacto eran el fútbol americano y el boxeo. Yo gravitaba hacia el boxeo y finalmente encontré un escape organizado y aceptable para mi agresividad. De hecho, ¡el campamento tenía un ring de boxeo! Varios de los supervisores sabían algo sobre boxeo, por lo que absorbí todo lo que podían enseñarme.

El Duro Trato

Los jueves por la noche era la "noche de lucha" en el campamento, noche en la que se presentaban una serie de peleas de tres rondas, dos minutos cada ronda. Nadie le ponía mucha atención a la edad o al peso y cualquier alumno podía retar a otro a luchar o ser retado a hacerlo. Muchos desacuerdos y resentimientos se resolvían en el ring de boxeo de High Point.

Me encantaba la emoción del boxeo, la exaltación de golpear e incluso la de ser golpeado. Gané más peleas de las que perdí y nunca fui derribado. Barry sabía que prefería morir a caer tendido en la lona, y en vista de ello comenzó a hacer apuestas de que yo duraría incluso contra alumnos más grandes y mayores. Él ganó todas sus apuestas. Nunca compartió sus ganancias conmigo, pero me daba una palmada en la cabeza y me compraba conos de helado como premio.

El Día de los Padres era un gran acontecimiento en el campamento, pero los míos normalmente estaban en el extranjero ese día especial, así que no podían asistir. Había una norma estricta en el campamento la cual indicaba que el Día de los Padres era el único que las madres y los padres podían ir al campamento, a no ser que sus hijos estuvieran enfermos o lastimados. Pero el campamento hacía una excepción con mis padres, sin duda debido a que mi padre era una famosa estrella de la ópera, así que les permitían visitar el lugar otros fines de semana para ver a sus chicos.

Llegaban al final de la tarde de un viernes y se quedaban en un motel cercano todo el fin de semana. Mi padre conducía el servicio del Shabbat del viernes por la noche, su voz resonaba a través de los pinos e hipnotizaba un salón lleno de niños que no diferenciaban la ópera, de un agujero en la pared. Después de la cena, todo el campamento caminaba hacia el salón social y mi padre nos dirigía para cantar animadas canciones de campamento.

Manny sabía que a mi padre le encantaba el béisbol, entonces preparaba un partido de sóftbol para la tarde del sábado cuando venían mis padres, enfrentando a los campistas varones contra los supervisores. Mi padre jugaba con los supervisores. Todavía puedo recordarlo en el centro del campo (donde mi querido Duque de Flatbush patrullaba), corriendo para atrapar un bateo muy bajo, gritando: "¡lo tengo! ¡Lo tengo!" Y atrapando la bola con la mano desnuda justo antes de que impactara en el suelo. Él corría en el campo radiante – mi padre, el mundialmente aclamado cantante de ópera – Se veía más feliz de lo que nunca le había visto.

Una de mis pequeñas decepciones de la infancia fue que mi cumpleaños caía en agosto, cuando solía estar en el campamento y cuando mis padres casi siempre estaban en Israel o en Roma. Por eso, nunca celebrábamos mi cumpleaños en familia. Ellos me recompensaban de otra manera. En cada uno de mis cumpleaños en el campamento, puntuales como un reloj, escuchaba resonar el altavoz en algún momento del día: "¿Puede venir

David Tucker a la oficina, por favor? Su madre y su padre están llamando desde Israel (o desde Roma) para desearle un feliz cumpleaños".

Creo que el lector moderno no puede llegar a apreciar la singularidad ni el gasto de las llamadas internacionales en los años cincuenta. Yo corría a la oficina con mis dos hermanos, seguido por miradas envidiosas de los campistas y también de los supervisores. Todavía recuerdo cuán importante me hacían sentir esas llamadas de cumpleaños desde tan lejos –y cuán amado–.

Aunque el campamento High Point era conocido por su duro atletismo, la cumbre de los eventos de verano involucraba a las artes escénicas y ocurría sobre un escenario, no en el campo ni en el ring. Durante la segunda semana del campamento se celebraban las pruebas para todas las partes del musical que los campistas realizarían dos veces en los dos últimos fines de semana. Todo el mundo se tomaba en serio esas pruebas y si se forma parte del reparto, al menos una parte de casi todos los días durante seis semanas, se dedicaba a los ensayos.

El primer verano tenía la edad suficiente, así que fui a las audiciones, principalmente para impresionar a las chicas, pero también porque me encantaba actuar en frente de un grupo desde que era pequeño (Creo que se podría decir que, para un judío, echaba toda la carne en el asador). Durante los años que fui al campamento, interpretamos casi todo el repertorio de musicales de éxito de Broadway, como *South Pacific, Paint your Wagon, ¡Oklahoma!,* y *The King and I.* Nunca tuve un papel protagonista, pero me tocaron partes buenas con bastante tiempo para cantar y para bailar en el escenario. Me enamoré del teatro. Tenía una buena voz y acogía con entusiasmo los cumplidos y los aplausos del público.

Cuando mis padres podían organizar una visita de fin de semana, Faye y los supervisores solían decirles que yo tenía una buena voz. "Igual que su padre". Decían. Mi madre les agradecía con sonrisas y abrazos, mientras que mi padre asentía secamente con una pequeña sonrisa y con los brazos cruzados –un indicio de las desavenencias que ocurrirían entre él y su segundo hijo–.

Tenía dieciséis años cuando me fui del campamento High Point por última vez y, aunque no sabía con seguridad qué quería hacer con mi vida, empezaba a pensar que podría ser algo relacionado con el teatro. En mi último año de la escuela secundaria, la idea se había convertido en determinación. El problema fue que, para entonces, mi padre había decidido que quería que yo fuera un doctor. Mi padre nunca perdió los estribos conmigo otra vez después de que me hubiera retorcido desde el semisótano a los expectantes brazos del ti

o Benny, pero el conflicto entre la música y la medicina nos situaría en un enfrentamiento más prolongado y preocupante que las tormentas periódicas violentas en las que nos sumergimos durante mi infancia.

Capítulo Dos

Rubin Ticker y Richard Tucker

Mucho antes de que Rubin Tucker se convirtiera en Richard Tucker, él era simplemente uno más de miles de estadounidenses de origen judío de primera generación, un niño nacido de padres inmigrantes en el gran Nueva York de las primeras décadas del siglo veinte.

De muchas maneras, los primeros años de mi padre no podían distinguirse de las historias de la mayoría de los chicos judíos de principios de siglo de origen humilde. Rubin (Ruby para sus amigos) tenía poco interés en la educación formal laica y dejó la escuela después del noveno grado, no para ganar dinero para su familia (sus padres eran pobres, pero respetables e independientes), sino para continuar con su vida. Era un adolescente en la década de los veinte y se necesitaba dinero para salir con las chicas guapas, para comprar ropa deportiva y para desplazarse.

Para hacer dinero, empezó una relación de por vida con las apuestas sociales y probablemente no ganaba mucho más que para cubrir los gastos del momento o los de después. Se atrevió varias veces con el comercio de la peletería y de la seda, pero no tuvo mejores resultados. Tomó prestado dinero de su familia para esta u otra oportunidad y, aunque siempre pagaba sus deudas, ninguna de sus empresas compensaba el esfuerzo. Así que nada en sus comienzos podía predecir su espectacular vida años más tarde y poco le distinguía entonces de tantos otros jóvenes que legaban poco más que gratos recuerdos a sus familias y a sus amigos.

En algún punto de su infancia, su padre cambió el apellido de la familia a "Tucker". ¿Fue eso lo que hizo a Ruby Tucker diferente? ¿Qué era lo que entonces dejaba entrever al mundo un poco de Richard Tucker?

Ante todo, estaba su identidad judía y su fe. Desde una edad temprana, Ruby las llevaba con orgullo y públicamente. Pese a todas sus apuestas y sus andanzas de juventud, su fe siempre lo atraía de vuelta a la sinagoga, el lugar más importante de sus inicios. Y después de que se volvió famoso alrededor del mundo, la sinagoga y su fe todavía eran los pilares centrales de su vida. Cuando estaba en lo más alto de su profesión, rechazó cientos de miles de dólares (millones en el valor monetario actual) porque no quería actuar en el Berlín Occidental, en Bonn, en Frankfurt o en otras ciudades alemanas, ni cantar delante de famosos directores de orquesta en Estados Unidos de quienes sospechaba que albergaban inclinaciones nazis.

En la década de los sesenta, Nikita Khrushchev extendió una invitación personal a mi padre para ir de gira en Rusia y actuar en sus famosas salas de ópera. Mi padre se ofreció a hacer la gira con dos condiciones. La primera era que Rusia donara una cantidad equivalente a sus honorarios a las pocas sinagogas que quedaban en ese país. La segunda, que tuviera permiso para cantar en las sinagogas al final de su gira. Cuando las autoridades rusas denegaron su petición, él rechazó la oferta de Khrushchev.

Yo supe poco sobre esto cuando era pequeño. Fue años más tarde que me quedé fascinado cuando escuché a Alan Dershowitz decirle a Ted Koppel en una retransmisión de *Nightline* dedicada al tema de hombres que habían vivido sus vidas a través del coraje de sus convicciones, que la primera persona que vino a su cabeza en este aspecto fue Richard Tucker, el cantante de ópera. Acababa de llegar a casa de un turno de quince horas en la práctica médica, pero había encendido la televisión a tiempo para escuchar a MR. Dershowitz informar al público nacional sobre el boicot permanente de mi padre a las ciudades alemanas, de su negativa a cantar ante directores de orquesta con presuntas inclinaciones nazis y de su rechazo a cantar ópera en salas y en auditorios rusos si no le permitían cantar las canciones de su fe en los templos de culto judíos en Rusia.

Yo soy el hijo de mi padre y el judaísmo y el destino de Israel han sido centrales en mi vida desde que tengo uso de razón. Me propuse en varias ocasiones hablar con mi padre sobre su amor por la fe judía y por las personas judías y sobre los actos de coraje similares a los que Dershowitz relató en *Nightline*. Él desdeñó el coraje especial de sus actos. "¿Cómo podría un judío hacerlo de otra forma?" Decía. Pero hablaba con su ira en aumento sobre los que, en el mundo de la ópera de los años de guerra, si no eran cómplices, se mostraban informales e indiferentes respecto al crimen más espantoso de la historia de la humanidad. Él vociferó sobre su indiferencia antisemita con una furia judía que brincaba desde su corazón judío.

Hasta donde yo sé, mi padre no perdió ningún familiar o amigo durante el Holocausto. Pero su relación con las víctimas –en efecto, con todas las personas judías – era profundamente personal. Él consideraba que todos los judíos eran su gente, su familia, sus hermanos y sus hermanas de fe, hermanos y hermanas de todo, excepto de sangre. No puedo destacar en demasía la importancia que otorgaba a sus obligaciones hacia todas las personas judías. Trataba a todos sus propios amigos –la mayoría, aunque no todos, judíos – con la misma devoción y respeto. "Vive de acuerdo a las reglas". Me dijo varias veces. "Suma amigos, nunca los restes".

Cuando se volvió más famoso y comenzó a moverse en círculos sociales enrarecidos, nunca hizo una operación de limpieza de sus antiguos amigos de épocas más humildes. Nunca lo vi descartando a alguien de su creciente armario de amistades. Los nuevos amigos eran más famosos: celebridades de alto nivel, de hecho. Robert Merril y otros prodigiosos de la ópera eran invitados habituales en nuestra casa. Personas famosas del mundo del entretenimiento, de los negocios y de los deportes nos visitaban con frecuencia. Bess Myerson, quien se convirtió en la primera Miss Estados Unidos judía en 1945 – el mismo año que mi padre cantó su primera ópera en el Metropolitan Opera House de Nueva York – era asidua a las grandes fiestas que mi padre organizaba a menudo en nuestra casa de Great Neck.

Richard Tucker siempre tuvo buen ojo para las mujeres atractivas (al igual que su hijo mediano) y ninguna mujer estadounidense captó más atención masculina en las décadas de los cuarenta y de los cincuenta que la ardientemente bella Ava Gardner. Recuerdo la primera vez que mi padre la conoció porque tuve un papel importante.

Mi padre me dejaba quedarme entre bastidores mientras que no diera problemas. Durante un entreacto, me dijo que Ava Gardner estaba entre el público (y dónde estaba sentada) y me pidió que fuera y le preguntara si le gustaría ir detrás del escenario porque Richard Tucker era su admirador y quería conocerla. Yo fui hasta su butaca y, al no encontrarla allí, me dirigí hacia Sherrie's, el bar y cafetería del antiguo Met donde los hombres famosos y desconocidos se congregaban durante el intermedio. Alejada a un lado con una bebida en la mano, estaba la resplandeciente Sra. Gardner. Me dirigí hacia ella, me presenté como el hijo de Richard Tucker y le comuniqué el mensaje de mi padre. Me dijo con entusiasmo que era una gran fan de Richard Tucker y que sería un honor conocerlo después de la actuación, pero ponía reparos sobre molestar la rutina de mi padre durante el entreacto. Estaba claro que era consciente de su propia celebridad y se comportó como una profesional para no poner en peligro el segundo acto de otra gran estrella. Con absoluto descaro, le dije que su visita sólo inspiraría a mi padre a alcanzar mayores cotas operísticas. Se rió con una risa gutural y me dijo que estaría encantada de venir conmigo y de conocer a mi padre.

Imaginen mi emoción cuando, con mis diecinueve años y lleno de testosterona, tomé el brazo de la mujer más bella del mundo y la acompañé hasta el auditorio principal, por el pasillo y alrededor del escenario hasta llegar al camerino de mi padre. La señora Gardner estaba entre dos matrimonios en ese momento y dejar a su cita esperando en Sherrie's hizo el acontecimiento incluso más emocionante para mí. Ava, aunque menos regularmente que Bess, se volvió parte del círculo creciente de amigos famosos de mi padre.

Mi padre disfrutaba de su fama y le daba gran satisfacción su espectacular ascenso desde sus humildes orígenes. Lo que le impresionaba más era que esos grandes hombres y esas grandes mujeres *le buscaban*. La de ellos era una sociedad para la que necesitabas invitación, y las invitaciones siguieron llegando. Él entendió su propio ascenso como la prueba viviente de que la fábula de Estados Unidos era cierta, que el valor, el atrevimiento y el trabajo duros eran los grandes niveladores y que, junto con un golpe de suerte oportuno, podía convertir en personas importantes a cualquiera. En ese entonces, él era un humilde chico judío de Brooklyn que sólo había llegado hasta el noveno grado. Ahora, se codeaba con primeros ministros y con presidentes.

Algo muy bueno en Estados Unidos es que el presidente electo democráticamente se sienta en la cumbre del registro social del país. Los artistas estadounidenses pueden decir enfáticamente que han "llegado" cuando son invitados para actuar y para cenar en la Casa Blanca. A mi padre lo invitaron para cantar en la Casa Blanca cinco presidentes: Truman, Eisenhower, Kennedy, Johnson y Nixon. Creo que su preferido era Truman por su rol en la creación de Israel, pero la visita a la Casa Blanca de la que más habló fue de la invitación personal del presidente y de la señora Kennedy. Como muchas personas alrededor del mundo, mis padres estaban fascinados con su elocuencia, su elegancia y su buena apariencia.

Mi padre era el solista principal que actuaba esa noche. Cantó durante treinta minutos para una audiencia de varios centenares de personas en el gran salón de la Casa Blanca con un acompañante y sin micrófono. Después de su actuación, un grupo mucho más pequeño cenó en la mesa principal con el presidente y con su esposa.

Mi padre nunca se jactó de sus veladas nocturnas con personas poderosas y famosas, pero su noche con los Kennedy fue la excepción. Posteriormente, nos contó todos los detalles sobre lo que cantó y sobre lo que cenaron. El señor y la señora Kennedy los recibieron en la puerta cuando llegaron a la Casa Blanca, los invitaron a que entraran, intercambiaron cumplidos y los acompañaron a la zona de recepción para el saludo y para el apretón de manos formal unos instantes después. Lo que más impresionó a mis padres fue su vibrante atractivo. Los Kennedy eran ciertamente el primer presidente y primera dama en la historia del país para quienes el atractivo – en efecto, la atracción física – eran puntos de referencia del encuentro de Estados Unidos con ellos. Además de sus abundantes dotes intelectuales, John y Jacqueline Kennedy eran glamurosos y esplendidos a nivel corporal. Mi padre me dijo por teléfono (con mi madre al otro lado del mismo) que Jackie era la mujer más hermosa que había visto y que no podía dejar de mirarla desde el primer saludo hasta el último adiós. Por su parte mi madre me dijo en la misma conversación que si el presidente la hubiera llevado a una habitación privada en la guarida de la Casa Blanca, ¡ella habría accedido de buena gana! Más tarde, mi padre me dijo que de cerca y en persona, su pura belleza física era abrumadora.

Su velada con el presidente en 1962 no fue el fin de la relación de mi padre con los Kennedy. A menudo le pedían a mi padre que cantara en la cena anual Alfred E. Smith en Nueva York, un acontecimiento bullicioso donde las élites políticas de ambos partidos se vestían de gala para ver a los principales candidatos brindar y criticarse entre ellos. La cena cuatrienal también servía como una sustitución al debate presidencial. Mi padre se reunió con Robert Kennedy varias veces durante esas cenas y le impresionaba su reticencia, que rozaba la timidez incapacitante. Mi padre también estaba impresionado por su amabilidad, pero pensaba que no tenía el dinamismo de su hermano.

Después de que asesinaran a Robert durante su propia campaña presidencial en 1968, Jacqueline Kennedy llamó a mi padre y le preguntó si podía cantar en la misa de funeral en la Catedral de Saint Patrick en Nueva York. Mi padre le dijo que era un honor para él. Cantó la adaptación de César Franck de "Panis Angelicus" ("Pan de Ángeles"), escrito por Santo Tomás de Aquino.

Mi padre cantó en la Casa Blanca de los Kennedy hacia el final de Camelot y en la Casa Blanca de los Johnson cuando la participación de Estados Unidos en Vietnam comenzaba a ir terriblemente mal. El acontecimiento era una cena de estado en honor a Haile Selassie, el emperador de Etiopía. Mi padre cantó varias selecciones y dedicó al emperador su interpretación de la famosa aria para tenor "Celeste Aida", de *Aida* de Verdi, la gran ópera sobre la captura de una princesa etíope y las lealtades rotas de su captor egipcio, quien se debate entre su amor por Aida y sus obligaciones con respecto a su faraón. La actuación de mi padre fue imponente, pero más imponente fue el gesto de respeto que hacia el presidente hizo mi padre.

Al final de su última aria, mi padre, interrumpiendo su propio aplauso, levantó sus manos y pidió silencio. Le dijo al público que quería interpretar el bis en honor al presidente Johnson. Después se dirigió al presidente y le dijo, en esos difíciles momentos en el país: "esta canción le dice desde mi corazón que *nunca caminará solo*". Entonces, cantó esta selección para un público cautivado que estalló al final en un aplauso ensordecedor, un aplauso que sólo se detuvo cuando el presidente Johnson, con su más de un metro noventa, dio unas zancadas hacia mi padre, de poco más de un metro setenta, lo envolvió en un abrazo de oso, lo levantó del suelo con una mano y saludó a los invitados presentes mientras le susurraba algo al oído a mi padre.

Robert McNamara, el secretario de defensa del presidente Johnson, estaba en la cena de estado en honor al emperador de Etiopía y le presentaron a mi padre durante la hora del cóctel. Mi padre se alegraba de que el secretario se hubiera acercado a él porque tenía algo en mente y pensaba que McNamara podría ayudarle. Durante varios meses mi padre nos había estado diciendo que quería ir al Sudeste Asiático y cantar para las tropas estadounidense, no sólo para los judíos, sino también para los soldados cristianos. Quería ir en abril y pasar suficiente tiempo en el sur de Vietnam para dirigir el Séder de Pascua de los soldados judíos (recuerden que mi padre era un cantor famoso antes de convertirse en una estrella de la ópera). Deseaba realizar varios conciertos para los soldados y para los marineros estadounidenses de todos los credos, visitar a los heridos en los hospitales y cantar para ellos. Le había contado a su amigo íntimo Bob Hope que quería ir a Vietnam durante la Pascua Judía, a lo que este le animó diciéndole que ir allá le cambiaría la vida.

Mi madre se oponía categóricamente a ese viaje debido a que mi padre había tenido hacía poco un ataque al corazón y le preocupaba el largo viaje al Sudeste Asiático, el clima húmedo, las altas temperaturas, la agotadora agenda que ella sabía que fijaría y el estrés de estar en una zona de guerra.

Recuerdo haber llamado a mi padre para decirle que no creía que estuviera físicamente preparado para la aventura. Él hizo oídos sordos a nuestras preocupaciones con bromas y con sonrisas. Y, en la noche de la cena de estado de Haile Selassie, le dijo al secretario McNamara que sería un honor si le permitieran visitar Vietnam durante la Pascua Judía para cantar y rezar con los soldados estadounidenses. El secretario le respondió que pensaba que el viaje de Pascua era una gran idea y que alguien del gobierno se pondría en contacto con él en poco tiempo.

Las ruedas de la burocracia giran con mayor lubricación cuando el gobierno quiere hacer algo, así que el itinerario se organizó sin demasiada demora. Mi padre estuvo en Vietnam durante casi tres semanas y actuó en alrededor de una docena de conciertos para las fuerzas armadas, tanto para hombres como para mujeres de todas las denominaciones, en Saigon, en Da Nang, en portaaviones y en hospitales.

Los dos Séders en Saigon fueron inolvidables. Mi madre participó activamente trabajando con el Departamento de Estado para asegurarse de que los alimentos judíos que se requerían fueran enviados con suficiente antelación. También trabajó con varias organizaciones filantrópicas judías para costear una buena parte de los alimentos. En total, más de dieciocho toneladas de pescado gefilte, arenques, pescado blanco, sopa, salsa de rábano picante, cordero asado, huevos duros, pan ácimo, pecho de res, compota de manzana y otros alimentos básicos judíos fueron enviados por vía aérea a Saigon.

Mi padre gozó inmensamente al dirigir los Séders de Pascua para cientos de soldados judíos vestidos con sus uniformes de combate y con sus kipás. Mi madre se situó al frente de la carpa más grande que jamás hubiera visto para estrechar la mano de todos los soldados al ingresar. Cuando le dio la mano a un soldado afroamericano, instintivamente le preguntó si era judío.

"No, señora, no lo soy", dijo el soldado, "pero he escuchado que la comida de Séder es increíble".

Mi madre se rió y le estrechó la mano.

Por casualidad, vio al mismo soldado después de que se hubieran acabado las celebraciones. Le preguntó si le había gustado la comida.

"La comida fue increíble", dijo, "y también el señor mayor que guió el culto. ¡Qué voz tiene!"

Mi madre sonrió y le agradeció por haber llegado, diciéndole que muchas personas compartían su visión sobre la comida y sobre el cantante.

Mis padres pidieron a cada soldado que conocieron en Vietnam que les dieran los números de teléfono y las direcciones de sus padres, de sus esposos, de sus mujeres, de sus novios o de sus novias. Deben haber recopilado la información de miles de soldados. Cuando regresaron a Estados Unidos, mis padres llamaron o enviaron cartas manuscritas a todos los padres y a todas las parejas de los soldados para decirles que sus seres queridos estaban bien y cuán orgullosos debían estar por su valentía y por su sacrificio. Si el soldado yacía herido en un hospital, elogiaban la atención médica que estaba recibiendo. "La mejor en el mundo". Decía mi padre.

Cuando él murió, mi madre recibió las cartas de condolencia más sinceras de las familias y de los amigos a los que habían escrito o con los que habían hablado después de su viaje a Vietnam, así que las compartió con sus hijos. En una de mis favoritas, los padres escribían cuán orgullosos estaban de que una estrella se tomara el tiempo de escribirles, y terminaba diciéndole a mi madre que su esposo era "un gran hombre además de un gran cantante". De las miles de condolencias por escrito que recibió mi madre después de la muerte de mi padre, las cartas de Vietnam fueron las que más llegaron a mi corazón.

El último presidente para el que mi padre, un demócrata de toda la vida, cantó fue para Richard Nixon, de quien le impresionó su controversial calidez y decencia. La Casa Blanca es tanto el centro neurálgico del gobierno como la vivienda privada del presidente y de su familia, y mi padre y mi madre quedaron profundamente conmovidos cuando el presidente llegó hasta ellos después de la actuación de mi padre y les invitó a que los acompañaran a él y a Pat a tomar el té en la vivienda presidencial. Mis padres accedieron orgullosos, el presidente los invitó a entrar en su casa y los acompañó a una bonita sala de estar donde las dos parejas se sentaron en cómodos sofás colocados frente a frente y a pocos metros.

El presidente Nixon le dijo a mi padre que conocía los extraordinarios pormenores de su carrera en la ópera, pero que no sabía nada sobre sus hijos. "Cuénteme sobre la vida de sus hijos", le dijo el presidente Nixon, "entiendo que tiene tres chicos".

Mi madre y mi padre se quedaron impresionados por la autenticidad del interés del presidente hacia nosotros.

Siempre había muchas celebridades en las fiestas de Richard Tucker, e igualmente siempre estaban los amigos de los viejos tiempos que a veces parecían estar extrañamente fuera de lugar. Por cada Robert Merrill, había un Murray del antiguo barrio de Williamsburg en Brooklyn. Por cada Bess o Ava, había una Sophie de la Sinagoga del Bronx o del Centro Judío de Brooklyn.

Yo estaba obsesionado con la fama de mi padre y una vez le pregunté, con la impertinencia propia de la juventud, quiénes eran esos desconocidos. Su voz expresaba decepción cuando me dijo: "Nunca olvides de dónde vienes ni olvides a tus amigos". No me tomó mucho tiempo darme cuenta de que las fiestas de Richard Tucker que recuerdo desde niño eran el vivo retrato del crisol de culturas estadounidense y del sueño americano (entonces era una realidad extraordinaria) de movilidad social. Eran esos hombres sencillos con pantalones de gabardina con asientos relucientes y esas mujeres sencillas en vestidos de confección del último año mezcladas y riéndose con hombres vestidos de esmoquin y con mujeres con trajes de noche y con estolas de visón. Mi padre los saludaba a todos calurosamente en la puerta y todos pasaban un buen rato empapados del amor de mi padre. Si eras amigo de Richard Tucker, lo eras de por vida. Yo adopté esa visión como máxima de vida.

Además de su fe judía, estaba su don – un regalo de Dios a Rubin Ticker de tener una inusual y preciada voz de tenor. En su temprana juventud, pocos entendían lo particular de su don porque, como la mayoría de las voces de tenores, primero fue una voz suave e insignificante. Y en el caso de Ruby, llevó un tiempo y una formación considerable hasta llegar a la magnífica promesa que llegó a ser.

Mi padre se casó con Sara Perelmuth en 1936. Su hermano era Jacob Pincus Perelmuth, más conocido como Jan Peerce. Jan era casi diez año más mayor que mi padre y ya era un destacado intérprete en las estaciones de radio locales de Nueva York y en el Radio City Music Hall. Más tarde se convirtió en un cantante de ópera famoso por cuenta propia. En la boda de mi padre, Jan Peerce cantó ante un público embelesado que le regaló un largo aplauso cuando terminó.

Para cuando se celebró la boda, mi padre ya era cantor a tiempo parcial y le había confiado a su novia y a algunos amigos cercanos su sueño de cantar ópera. Después de que su cuñado terminara de cantar en el banquete de su boda, varios de los amigos de mi padre comenzaron a corear para que cantara. Se vio obligado a cantar algunas canciones judías y la diferencia entre su pequeña voz y el firme canto de Jan fue muy marcado. Se bajó del escenario y recibió un pequeño aplauso nervioso y miradas avergonzadas de los amigos que le habían alentado a cantar e incluso de su nueva esposa y de su suegra. Su canto era tan débil que Jan Peerce le dijo a su hermana, entonces y más adelante, que Ruby debería contentarse con ser un buen (no gran, aclaró) cantante, que una carrera en la ópera era totalmente imposible. La voz simplemente no existía. (Jan le había dicho a su hermana muchas más cosas anteriormente. Le dijo que ella podía conseguir a alguien mucho mejor que Ruby Tucker y que debería cancelar la boda antes de que fuera demasiado tarde.)

Mi padre no hizo ver *nada* sobre su vergüenza y *no* internalizó sus limitaciones. Después de que terminó de cantar, saludó a sus amigos, bailó con su esposa, socializó con las personas que le deseaban lo mejor, sonriendo y riendo, divirtiéndose el día de su boda. Su reacción –más bien, su falta total de reacción a lo que otros vieron como un terrible fracaso –permitió a aquellos que se habían sentido avergonzados olvidarse de su incomodidad y les dejó entrever, si habían sido lo suficientemente receptivos para verlo, el tercer ingrediente de la mezcla que impulsaría a Ruby Tucker hacia la excelencia: su confianza suprema e insaciable en que su sueño de cantar ópera se convertiría un día en realidad. El día de su boda le dijo con audacia a su esposa, que él la haría sentirse orgullosa, primero por ser un gran cantante y después, ante su sorpresa al escuchar esto, por convertirse en un gran cantante de ópera, otro Caruso. Sus sueños se convirtieron en su ciudadela, una fortaleza que ningún incrédulo ni detractor podía romper, ni siquiera Jan Peerce.

El Duro Trato

De las dos promesas que mi padre le hizo a mi madre, convertirse en un cantante exitoso era la más fácil de mantener. Mi padre creció en el barrio ultraortodoxo de Williamsburg, en Brooklyn. Su padre, Israel Ticker, era peletero de profesión, uno no muy exitoso. Aunque la familia de mi padre no pasaba penurias, el dinero y los gastos extraordinarios eran escasos. Israel no parecía un hombre muy feliz y la relación con sus hijos era más fría y distante que cálida y afectuosa. Quizás era esa la razón por la que mi padre nos besaba cada vez que nos veía e insistía en que hiciéramos lo mismo. No recuerdo ninguna vez en la que haya entrado a una estancia en la que mi padre estuviera de pie o sentado sin darle un beso en la mejilla.

Sin embargo, algo grandioso que Israel hizo por su hijo más pequeño fue reconocer que tenía una bonita voz y le animó a desarrollarla cantando en el coro de la sinagoga. Y eso hizo Ruby. Aunque las chicas y el "stickball" competían por la atención juvenil de mi padre, la sinagoga y el coro ejercían una mayor atracción.

Durante años, estudió con cantores locales además de ser parte del coro y muy pronto se corrió la voz en los estrechos círculos judíos sobre cómo cantaba Ruby Tucker. El mundo era más sencillo y menos burocrático cuando mi padre era un hombre joven, y la distancia entre cantar en un coro y ser un cantor no era tremendamente grande. Que mi padre no tuviera ninguna formación vocal y ni siquiera hubiera terminado la escuela secundaria no era un problema insuperable. Su voz y su ética de trabajo eran sus pasajes de entrada.

Con poco más de veinte años de edad, le ofrecieron un pequeño empleo en una sinagoga de Passaic, Nueva Jersey. Pronto le siguieron ofertas en sinagogas más grandes de Brooklyn y del Bronx. Un lustro después de haberse casado con mi madre, le ofrecieron el prestigioso puesto de cantor en el Centro Judío de Brooklyn. Él aceptó rápidamente y, antes de su treinta cumpleaños, se convirtió en el vocalista principal de la congregación conservadora más grande y más importante del área metropolitana de Nueva York.

No hubo muchas oportunidades para progresar con los sueños operísticos de mi padre después de su desastroso debut en su propia boda en 1936. Para empezar, no había mucho tiempo entre escalar posiciones en el mundo de la música y comenzar una familia. Mi hermano Barry nació en 1938, yo nací en 1941 y Henry nació en 1946. A la madre de Sara, Anna, le gustó inmediatamente su nuevo yerno e importunaba a su propio hijo, Jan, para que éste promocionara a Ruby entre sus amigos y contactos en el mundo de la ópera y de la radio judía. Sus esfuerzos sinceros y los esfuerzos poco entusiastas de Jan dieron lugar a algunas oportunidades de cantar canciones religiosas (no ópera) en estaciones de radio judías de Nueva York.

Una de las características milagrosas de la carrera de mi padre fue que antes de su fantástico debut en el Metropolitan en 1945, apareció sólo dos veces en un escenario de ópera en vivo, ambas veces en una sala de ópera poco conocida de Brooklyn, donde cantó *La traviata* y donde recibió malas críticas ante un público poco entusiasta. No obstante, Jan Peerce fue fundamental para el paso más importante de la carrera operística de mi padre. En 1940, presentó a mi padre a un profesor vocal de nombre Paul Althouse. Aunque no hay una única influencia que sea inalterablemente soberana en la vida de cualquier persona, puede afirmarse con seguridad, que sin la influencia de Paul Althouse, no habría existido Richard Tucker.

Althouse era una eminencia en la ópera de principios del siglo veinte. Debutó en el Met en 1913 y tuvo su primer papel importante allí al siguiente año bajo la batuta de Toscanini. Como mi padre, Althouse era tenor – el primer tenor estadounidense sin experiencia en Europa que cantó en el Met –. Dio una gira nacional durante la década de 1920 y actuó en las salas de ópera europeas más importantes hacia el final de esa década. Su última aparición en el Met fue en 1940, año en el que conoció a mi padre, uno de sus primeros estudiantes y quien se convertiría en su estudiante más famoso. En el año en que mi padre debutó en el Met, Paul Althouse se retiró de la ópera para dedicarse a la enseñanza a tiempo completo.

Althouse fue el único profesor que tuvo mi padre. Fue el primer cantante de ópera importante que creyó en él y confirmó lo que sentía en su corazón, que tenía una voz especial, que era suave en ese momento, pero que se convertiría en una voz magníficamente poderosa y que todo lo que necesitaba era formación y tiempo; por lo que la formación sería de un tipo especial. Paul rogó a mi padre que nunca tensara su voz, que nunca estirara sus cuerdas vocales, que fuera despacio, que esperara a que llegara su momento que sin duda llegaría después de años de práctica y de crecimiento constante.

Por primera vez en su vida, mi padre escuchó el consejo que era totalmente contrario a su naturaleza llamativa y enérgica. Por primera vez en su vida, aceptó posponer su sueño y esperar su momento. Avanzaron poco a poco hacia su destino compartido, mi padre y Althouse. Practicaban dos o tres veces por semana. Aunque Althouse era un consumado tenor wagneriano, limitó a mi padre al *bel canto*, más suave y más lírico, durante su primer año, confiando en que su estilo libre y fácil sin fuerza ni tensión le permitiría a la voz de mi padre madurar sin riesgo de sufrir lesiones. Su repertorio inicial en el Met eran óperas francesas e italianas insertadas en la tradición lírica del *bel canto*.

Cuando la voz de mi padre empezó a ser más potente, comenzó a cantar, bajo la tutela de Paul, el repertorio *spinto,* el punto medio vocal entre la lírica y la más potente composición *dramática*. Después de la muerte de

Althouse, la voz de mi padre siguió creciendo en tamaño y en amplitud, permitiéndole cantar los papeles de tenor dramático (*Andrea Chénier, Manon Lescaut* y *Pagliacci*) que se convirtieron en su marca personal durante la cúspide de su carrera.

Althouse también le dio otras lecciones a mi padre. "Olvídate de otros cantantes de ópera". Le decía constantemente. "Olvídate de tu ídolo, Caruso. Nunca imites, nunca te hagas pasar por otra persona. Encuentra tu propia voz y canta como Richard Tucker".

Esta enseñanza se afianzó. No recuerdo a mi padre en casa escuchando grabaciones de otras leyendas de la ópera por placer después de que conociera a Paul Althouse. Su profesor también insistía en que relegara la ópera y la familia a distintas esferas separadas por altos muros. "Ambas prosperarán si se mantienen separadas". Le aconsejó. "Ambas sufrirán sin separación".

Quizás esa es la razón detrás de la fría respuesta de mi padre hacia el desarrollo de mis intereses en la ópera y en el teatro. En cualquier caso, mi padre nunca practicó o cantó en casa cerca de alguno de nosotros y se negaba, con una indignación manifiesta, cada vez que sus amigos famosos le pedían que cantara improvisadamente en entornos sociales. Cuando no estaba en un escenario o en un estudio de grabación, la única persona para a la que cantaba, además de mi madre, era a Paul Althouse. Hablaban casi a diario por teléfono y antes de la mayoría de sus actuaciones en el Met, Paul solía estar detrás del escenario antes de la presentación, escuchando a mi padre vocalizar. Hasta su muerte en 1954, Althouse fue el único profesor y la única persona de confianza en la ópera de mi padre. Su relación creció hasta llegar a ser tanto padre–hijo como profesor–estudiante.

El día antes de que el señor Althouse muriera, mi padre le visitó en el hospital, le besó y le llamó "papá". En su última visita, le dijo a su único profesor que iba a cantar el papel de Alfredo en *La traviata* al día siguiente en la transmisión nacional de Texaco del Met, un programa de la radio de los sábados por la tarde, y Le pidió que lo escuchara porque le dedicaría su actuación. La actuación comenzó a las dos de la tarde. El señor Althouse murió durante esta. La voz de mi padre pudo oírse en la radio al lado de la cama de su profesor en el momento de su muerte.

Después de dos años de la tutela metódica de Paul, vino, finalmente, una oportunidad arriesgada, la competición nacional del Metropolitan Opera en 1942 para encontrar a un aspirante a cantante a quien le ofrecerían un contrato. Mi padre ansiaba la oportunidad de poner a prueba su voz frente a los mejores aspirantes a cantantes de ópera del país. Althouse pensó que era una mala idea y le rogó que no lo hiciera. "Nada bueno podría salir de eso". Le advirtió.

Rubin Ticker y Richard Tucker

La competencia era muy extenuante, cinco concursos regionales en un período de tiempo relativamente corto y una competición emitida nacionalmente entre los finalistas. Además, incluso si mi padre ganaba, a Althouse le daba miedo que perdiera. El Met le ofrecería un contrato como cantante secundario. Estaría obligado a cantar con demasiada frecuencia, forzando su voz en papeles poco importantes. La dirección más acertada era continuar practicando mientras la fuerza y el brillo de su voz aumentaban.

Por primera y última vez, mi padre no escuchó a su tutor. Entró en la contienda (cambiando su nombre a "Richard" para aumentar sus posibilidades en una época en la que los cantantes judíos no eran muchos, particularmente en el mundo de la ópera) y ganó cinco competencias regionales antes de perder en las finales, emitidas nacionalmente, ante una voz soprano femenina que no llegó a tener una carrera significativa en el Met.

Mi padre se tomó la derrota con filosofía y continuó practicando con Althouse. Pero tenía una joven familia a la cual mantener y su carrera en la música judía en ese momento tenía prioridad. Aunque la instrucción de Althouse no dio frutos operísticos inmediatos, hizo que el timbre vocal de mi padre fuera más rico y profundo y le allanó el camino para su gran éxito en los círculos litúrgicos judíos. El reconocimiento de mi padre en la comunidad musical judía culminó en su exitosa audición con el Centro Judío de Brooklyn. Aceptar ese prestigioso puesto debió haber sido agridulce para él. Era un puesto de tiempo completo con muchas responsabilidades en la sinagoga, además de guiar los servicios religiosos. Este logro judío supremo aparentemente puso sus sueños sobre la ópera en espera permanente hasta que la suerte y la historia intervinieron para cambiarlo todo.

La Segunda Guerra Mundial tuvo un gran impacto sobre la historia de la ópera estadounidense. Muchos de los cantantes italianos y alemanes en el Met – no sólo los cantantes principales, sino también un buen número de cantantes secundarios fundamentales para la lista de espectáculos – decidieron regresar a sus países de origen. El Met estaba teniendo dificultades para encontrar suficientes cantantes con talento que representaran todas sus óperas.

Fue en una noche de viernes del otoño de 1943 cuando Edward Johnson, el director general del Metropolitan Opera de Nueva York y uno de sus anteriores tenores, junto con varios miembros de su comité ejecutivo aparecieron en el Centro Judío de Brooklyn, sin ser invitados y sin previo aviso, para escuchar cantar a Richard Tucker. Johnson se acordaba de mi padre por la competencia de 1942. No se podía imaginar él, mientras se preparaba para el servicio de esa noche de viernes en Brooklyn, que estaba a punto de hacer una audición para el Metropolitan Opera de Nueva York, a un barrio y a un mundo de distancia. El Metropolitan Opera era un sueño que mi padre había tenido desde que era un niño que se sentaba en las aceras frente a tiendas de música escuchando a escondidas al gran Caruso.

Después del servicio, Johnson y los demás – todos italianos o anglosajones protestantes de piel blanca – se acercaron a mi padre en el vestíbulo de la sinagoga; este se sobresaltó cuando reconoció a Johnson y dijo espontáneamente: "Señor Johnson, ¿qué está haciendo aquí?" "Vinimos para escucharte cantar". Respondió Johnson.

Otro miembro del grupo, impresionado por el estilo litúrgico de mi padre, le preguntó cuándo podrían escucharlo cantar otra vez. "Vengan mañana por la mañana para el servicio de Shabbat del sábado". Respondió él.

"¡Increíble", dijo el hombre, "un tenor que puede cantar dos días seguidos!"

Volvieron a la mañana siguiente. Esa vez, mi padre cantó sabiendo que ellos estaban allí. Muchos de los que asistieron dijeron después que cantó las canciones de su fe como nunca las había cantado. Después del servicio, el señor Johnson le pidió a mi padre que fuera a su oficina a la semana siguiente para conversar sobre un contrato. En la reunión, el señor Johnson le ofreció un puesto como tenor secundario, el callejón sin salida sobre el que Althouse lo había prevenido. Mi padre le dijo educadamente a Johnson que él sólo renunciaría al Centro Judío de Brooklyn si se le ofrecía un puesto como tenor principal.

"¿Hablas italiano?" Le preguntó Johnson. "No". Respondió él.

"¿Has cantado alguna vez en un escenario de ópera importante?" Le increpó Johnson. "No", respondió mi padre, "pero si me da seis meses para estudiar, cantaré en el escenario del Met cualquier ópera que quiera que cante y no se sentirá decepcionado".

Fue la fuerza de la voz de mi padre y su optimismo contagioso lo que hizo que Edward Johnson le ofreciera un puesto como tenor principal del Metropolitan Opera de Nueva York. Renunció a su puesto de cantor y dedicó todas sus energías a su futura noche inaugural. Estaba haciendo aquello para lo que consideraba que había nacido, lo que Dios tenía destinado para él. Paul fue su gurú local. El Met conservó a su famoso director de orquesta Emil Cooper, quien le enseñaría la ópera que habían elegido para su debut, *La Gioconda*.

Mi padre debutó en el Met un año más tarde, cantó el papel de Enzo Grimaldo y recibió críticas elogiosas por ser un joven tenor estadounidense desconocido con una brillante carrera por delante.

Cuando era adolescente, era el hijo de mi padre de muchas formas. Todos decían que, físicamente, era su vivo retrato. Como él, era seguro y trabajador. Como él, perseguía mis metas con una visión obstinada y firme, pues prefería fracasar que abandonar.

No he conocido una persona con mayor capacidad para dividir que mi padre; aunque nos quería a todos, ninguno de nuestros problemas al crecer podía penetrar en su mundo de la ópera ni robar un ápice de su tiempo de práctica, de su dedicación, de su completa atención ni de su concentración. Protegido por una confianza suprema y por un talento inmenso, mi padre normalmente decía lo que quería decir y hacía lo que quería hacer. Esperaba que el resto de nosotros nos ajustáramos, y si no lo hacíamos, buscaba la manera de que lo hiciéramos. Nada de esto lo hacía con mala intención; más bien, su comportamiento para con su familia y con sus amigos irradiaba la exuberancia de Richard Tucker siendo Richard Tucker.

Recuerdo una vez que estábamos de vacaciones y reuní el coraje para enfrentar a mi padre sobre algo que me molestaba. Para entonces, había decidido que quería una carrera en la ópera, pero mi padre se negaba reiteradamente a escucharme cantar o a darme una clase. Fui a verlo tan pronto como se despertó y le dije cuán dolido y decepcionado estaba.

"David", me respondió con una amplia sonrisa, "es una mañana maravillosa. Vamos a nadar".

¡Esto es compartimentalización a raudales! También fue el fin de la conversación. (Fuimos a nadar.) Este aspecto de la personalidad de mi padre se convirtió en una parte de mi perfil psicológico. Aunque intento tomar en cuenta los intereses de los demás, puesto que yo he perseguido mis metas, como mi padre, no dejo que las preocupaciones de los otros me distraigan y no me inquieto cuando se quedan desconcertados con mi camino.

La carrera de mi padre se disparó después de su extraordinario debut en 1945. Casi de un día para otro, Richard Tucker se convirtió en una palabra común. Cuando Rudolph Bing se convirtió en el director general del Met en 1950, su alta estima por mi padre consolidó su puesto como tenor principal del Metropolitan Opera e ídolo matinal. A raíz de esa notoriedad vinieron los accesorios comunes de la fama. Sus nuevos amigos eran los ricos y famosos de la política, del entretenimiento y de los deportes. Tanto como su apretada agenda le permitía, él era un habitual de Nueva York y Florida en los hipódromos, así como en los mejores hoteles y bares. Se convirtió en una importante estrella de Columbia Records y participaba regularmente en algunos de los programas importante de los primeros años de televisión, incluyendo *The Bell Telephone Hour, The Voice of Firestone* y *The Ed Sullivan Show.*

Para mí era obvio, incluso cuando era pequeño, que a mi padre le encantaba la fama y le encantaba vivir la vida desde el centro de la acción.

Cuando tenía diez años aproximadamente, pude probar de primera mano la fiebre de actuar en directo. En 1951, mi padre fue invitado a presentarse en un especial de televisión de Sam Levenson. El señor Levenson era un comediante atípico de Borscht Belt porque su verdadera especialidad eran los valores y el entretenimiento familiar, no las chicas de pechos grandes ni las bromas subidas de tono. Unos años después, tuvo mucho éxito con su propio programa semanal, *The Sam Levenson Show*.

Levenson quería que mi padre apareciera en el escenario con sus tres hijos. Él nos dijo que Levenson le iba a hacer preguntas a sobre sí mismo y sobre su familia, por lo que debíamos aparecer rectos, sonrientes y no decir nada. (Mi madre se quedaría sentada entre el público, al estilo de los años cincuenta, sonriendo orgullosamente para la cámara.)

Con mis hermanos Barry (*centro*) y Henry (*derecha*),
tocando las maracas bajo su dirección.
(Con permiso de Elizabeth Winston y James A. Drake)

Recuerdo estar emocionado por aparecer en el escenario con mi padre. Ya me gustaba cantar, bailar y hacer imitaciones, incluso, a menudo actuaba para mi familia cuando no había nada bueno que ver en la televisión. Mi repertorio incluía Sinatra, Perry Como, algunas canciones de ópera en francés o italiano inventado y el zapateado de José Greco con sonoros zapatos para hacerlo que eran populares en esa época. Pero eso era todo, unos cuantos minutos de jugar y de actuar en frente de mis padres y de mis hermanos en la privacidad de nuestra sala de estar.

Quince minutos antes del programa, el señor Levenson se acercó a nosotros detrás del escenario para preguntarle a mi padre si alguno de sus hijos había heredado parte de su talento y si alguno quería actuar brevemente en el programa. Aunque le tomó totalmente por sorpresa, mi padre dijo sin vacilar: "Mi hijo mediano, David, tiene mucho talento y hará lo que le pidas".

Quedé atónito, estaba emocionado, pero no nervioso. Tenía el entendimiento de un niño de diez años sobre la televisión – una caja que producía mágicamente imágenes – y no tenía ni idea de que millones de espectadores estarían viéndome.

El señor Levenson se volvió hacia mí y me preguntó qué quería hacer. Le dije que podía imitar a James Cagney. Después, sobre el escenario, tras la conversación con mi padre, me dijo que había escuchado que yo podía imitar a James Cagney. En el momento justo, le respondí: "Te voy a decir algo, Sam, rata sucia". y procedí con treinta segundos de verbosidad de mi mejor voz de criminal curtido de Cagney. Mi padre permaneció allí con una sonrisa forzada. Yo absorbí el aplauso. Mi propia vida en el centro del escenario había comenzado y, como mi padre, sabía desde siempre que me encantaba.

Desde ese momento inesperado en *The Sam Levenson Show,* no podía dejar de subirme a un escenario. Anhelaba la atención de actuar en público. Cuando mi padre organizaba una fiesta en nuestra casa de Great Neck, me vestía de punta en blanco y me movía a mi aire por la casa, a la búsqueda de cantantes famosos, de políticos y de estrellas del deporte. Ocasionalmente pillaba a mi padre mirando con desconcierto a su coanfitrión adolescente.

Fui de campamento cada verano al Camp High Point en los Catskills y, aunque los deportes eran lo principal, siempre era uno de los protagonistas para cantar o para bailar los éxitos de Broadway del momento en el espectáculo teatral del fin de temporada del campamento. Mis padres vinieron a visitarme al campamento todos los veranos, pero nunca durante una de mis actuaciones. Mi padre siempre lo atribuía a la presión de estar de gira o grabando, pero creo que en parte era por su aversión de toda la vida a ver a otras personas actuar, sin importar cuán grande o cuán pequeño fuera el lugar. Pero cuando me visitaban, los supervisores e incluso el director general del campamento le decían a mi padre lo bueno que era y lo contento que debería estar de tener un hijo que siguiera sus pasos. Mi padre siempre desviaba esas conversaciones con una sonrisa fija, esperando a que mi madre cambiara de tema.

Aproveché todas las oportunidades de actuar en la Escuela Secundaria Great Neck durante los espectáculos de talentos del colegio. Recuerdo cuando una de las cantantes me sugirió al final de mi tercer año de secundaria que cantáramos un dueto del primer acto de la ópera *La bohème*, de Puccini. Esa fue mi primera oportunidad de cantar ópera públicamente y quería que mi padre estuviera allí. Le pedí a mi madre que le convenciera de que fuera. Finalmente, él aceptó sin entusiasmo.

Entre bastidores en el Metropolitan Opera House, con
mi padre disfrazado del poeta Andrea Chénier, rodeado
por Barry (*primero por la izquierda*), mi madre, Henry y yo.
(Con permiso de Sedge LeBlang y James A. Drake)

Recuerdo que mi familia llegó justo antes de que se abriera el telón y se sentó en la última fila del auditorio de mi colegio. Mi parte del dueto terminó con un largo y difícil si natural y, hasta hoy, no recuerdo si lo canté o lo grité. Pero recuerdo el fuerte aplauso y lo bien que me sentí viendo a otros padres acercándose a los míos después de la actuación para elogiarme. Mi madre era la imagen de una madre amorosa, sonriendo y entusiasmada por el éxito de su hijo. Mi padre recibió todos los cumplidos sobre mí con una inclinación de cabeza rígido y mudo.

Cuando entré al carro para ir a casa, le pregunté qué pensaba sobre mi actuación. Él se volvió hacia mí, sonrió y dijo: "Hijo, has tenido muchas pelotas para cantar el papel de Rodolfo desde el principio". Yo estaba feliz de que al menos sonriera cuando me lo dijo.

En mi último año en el colegio, mi padre y yo ya habíamos discutido sobre mi futuro. Ya me había dicho varios años antes que sería doctor y que eso era todo lo que había por hablar. Pero durante mis años de secundaria, mi deseo de cantar profesionalmente aumentó y, para cuando solicité el ingreso a la universidad, había decidido, con la mente de un chico de diecisiete años, dedicarme a la ópera y al teatro. En medio estaba mi tío Benny, quien sabía lo importante que la música era para mí y lo importante que mi futura carrera médica era para mi padre. Posteriormente me enteré de que a menudo le advertía a mi padre que iba a ser difícil mantenerme en la dirección marcada por él, pero este no estaba nada preocupado y, para él, los miedos de Benny eran infundados. Mi futuro estaba firmado y sellado. Solicitaría ingresar a universidades con sólidos programas de ciencias y tomaría el plan de estudios de pre–medicina.

Mi padre se enteró de que Cornell y Tufts eran las mejores en estudios de pre–medicina, así que apliqué a esas universidades. Cuando me invitaron a Cornell para tener una entrevista con el decano, insistió en venir conmigo. En cuanto el decano salió de su oficina para saludarme, le dijo el honor que era conocerle. Hablaron sobre su carrera musical durante unos minutos y, cuando el decano me acompañaba hacia su oficina, mi padre nos siguió y entró sin vacilar. Si la entrevista duró treinta minutos, él habló durante los primeros veintinueve.

En el vuelo a casa, me dijo que mi admisión a Cornell era tarea fácil, a lo que le respondí que, dada la importancia de la entrevista con el decano, el único Tucker que tenía posibilidades de ser admitido a Cornell se llamaba Richard. Se quedó en silencio durante el resto del vuelo.

Semanas más tarde recibí una carta de rechazo de Cornell. Poco después de los desastrosos acontecimientos, fuimos a una entrevista a Tufts, la cual era mi primera opción por una razón (el Conservatorio de Música de Nueva Inglaterra estaba en Boston), razón que no le agradaba a mi padre. Esa vez, insistí en que me esperara fuera de la oficina del decano durante el tiempo que tardara la entrevista. Todo salió muy bien, me aceptaron en Tufts un mes más tarde.

El Duro Trato

El verano antes de ir a la universidad, tuve problemas para completar mi horario de clases. Quería tomar tantas clases en artes escénicas como fuera posible, pero sabía que mi padre quería que tomara cálculo, química, biología y física, entonces decidí hablar con él.

Una cosa era cierta sobre mi relación con mi padre, mientras le hablara educadamente y con consideración siempre podía decirle al menos lo que pensaba. Así que le dije que mi corazón estaba con la música, no con la ciencia, por lo que no quería ser médico. Nunca había visto a mi padre tan triste hasta ese momento. El inmenso amor y el gran respeto que sentía hacia él me invadieron en ese instante. De repente me escuché a mí mismo diciéndole que tomaría todos los cursos de pre–medicina obligatorios y prometiéndole que me iría bien.

También le dije que tenía que hacer algo por mí, debía encontrar un buen profesor de música del Conservatorio de Nueva Inglaterra, convencerlo de que me aceptara como estudiante y *pagar por todas mis clases*. Sabía que aprobar el riguroso programa de pre–medicina con notas excelentes y tomar clases regulares de medicina a veinte kilómetros de Tufts me iba a destrozar. Pero era la única manera en la que podía respetar los deseos de mi padre y mi propio sueño.

Mi padre aceptó. Nuestro duro trato sobre mi futuro estaba sellado. Pronto llamó al prestigioso tenor de ópera Frederick Jagel, que se había retirado de los escenarios en 1950 y era en ese momento el director del departamento de canto del Conservatorio de Nueva Inglaterra. Jagel y mi padre se conocían por la profesión, y él aceptó que yo fuera su estudiante. Posteriormente me enteré de que Jagel y yo también teníamos una pequeña conexión. Debutó en Italia en 1924 cantando el papel de Rodolfo de *La bohème*.

Todavía puedo ver a mi padre el día que me llevó a Tufts y caminamos por el campus. Puedo verlo caminando delante de mí – sonriendo, dando zancadas, haciendo señas, mirando los edificios con aulas y la biblioteca –. Puedo verlo volviéndose hacia mí diciéndome en voz baja: "Esto es un privilegio, David. Nunca lo olvides. Eres un privilegiado por estar aquí, por aprender de estos increíbles profesores, por leer estos excelentes libros. No debes desperdiciar este privilegio". Después se volvió y siguió caminando.

Quien sabe algo sobre mi padre, sabe esto. Su admiración por la vida de la mente – por lo que él llamaba las "profesiones aprendidas" – era reverencial. Fue distinguido por el Met, pero le impresionaba Tufts. Cuando era un chico pobre que crecía en Brooklyn, podía sentarse en la sinagoga o en la vereda enfrente de una tienda de música y soñar con los grandes cantantes y con el gran Caruso – soñar y verse a sí mismo en esos sueños. Pero no podía atreverse a soñar con las leyes, con la medicina o con la ciencia – con edificios cubiertos de hiedra y con profesores anglosajones educados en Princeton. Eran tan inconcebibles para un chico como él de Brooklyn, como ir a Marte. El enrarecido mundo académico en el que estaba entrando era, para mi padre, lo mejor que Estados Unidos tenía para sus hijos. Mi mundo sería el mundo del pensamiento, del intelecto y del servicio – un mitzvah para mí y para el país.

¿Cuántas veces me dijo mi padre que el talento para la ópera era un mero don y que el éxito en ella era principalmente cuestión de suerte y de estar en el momento oportuno? Los dones podían perderse y la suerte podía pasar de ser buena a ser mala, pero el aprendizaje era permanente. Mi padre pensaba que mis sueños operísticos eran un desvío del camino correcto. Quizás pensaba que mi voz era demasiado débil, demasiado pequeña. Pero no hubo "quizás" sobre esto: Richard Tucker pensaba que el mundo académico en el que me estaba entrando era mejor, más auténtico y más importante que el mundo que él dominaba. Quería que yo fuera doctor porque no había un objetivo más noble que éste y le haría sentir muy orgulloso.

Todavía puedo verlo en Tufts en ese espléndido día de otoño, sonriendo, dando zancadas, haciendo señas. Entonces pensé, y todavía lo pienso, que si hubiera optado por cantar una ópera en ese momento sobre ese verde pasto, hubiera sido la mejor ópera que habría cantado en una carrera llena de actuaciones grandiosas. Así de rebosante estaba su corazón de felicidad y de gratitud.

Capítulo Tres

Tufts y el Conservatorio de Música de Nueva Inglaterra

Sólo estuve en Tufts durante tres años porque terminé los requisitos para mi titulación antes de tiempo para comenzar mis estudios médicos en la Facultad de Medicina de la Universidad de Cornell en Nueva York. Durante el tiempo que estuve en Boston debo haber tenido montones de clases de canto con Frederick Jagel. Mi padre nunca asistió a una (aunque estaba frecuentemente en Boston para dar conciertos), nunca me hizo ni una pregunta sobre mi formación vocal y nunca me dio palabras de aliento. Me consiguió un gran profesor de música y pagó todas las cuentas, eso fue todo lo que hizo.

Siempre me he preguntado por qué mi padre hacía oídos sordos a mis sueños musicales. Descarto totalmente la idea de rivalidad padre–hijo y el miedo de un padre al desafío filial, era demasiado seguro y demasiado amoroso para eso. No se oponía realmente a que yo cantara, de hecho, volviendo la vista atrás, me convenzo de que se sentía un poco orgulloso. Pero se oponía con absoluta determinación a mi deseo de cantar ópera profesionalmente, creo que por dos razones.

La primera es que, a pesar del inmenso talento y de la incuestionable energía de mi padre, realmente creía que la suerte y la casualidad habían determinado en gran medida la trayectoria de su carrera. A menudo decía que se habría quedado como cantor toda su vida si no hubieran sucedido dos increíbles golpes de suerte. El primero fue la posibilidad de conocer a Paul Althouse, pues estaba convencido de que sin la casualidad de ese encuentro su voz se habría quedado aprisionada en su garganta. Era tan su convicción sobre ello que se ponía místico al hablar sobre la importancia de Paul Althouse en su vida. "Por cada gran cantante", me dijo en muchas ocasiones, "no hay cinco profesores en potencia, ni cuatro, ni tres, ni dos. Sólo hay un gran profesor para cada voz y si no tienes la suerte de encontrarlo, estás acabado". (También me dijo en más de una ocasión, a veces enfrente de mi madre, que era más difícil encontrar el profesor de canto adecuado que una buena esposa.)

La segunda fuerza que lo impulsó de Brooklyn al Met fue un golpe épico de la historia: la Segunda Guerra Mundial. Mi padre pudo haber sido vanidoso (llevó un tupé toda su vida adulta), pero también era inteligente. Sabía por qué Edward Johnson y el comité ejecutivo del Metropolitan Opera viajaron hasta Brooklyn esa noche de verano de 1944. El Met estaba desesperado por encontrar el talento suficiente para representar sus óperas en un mundo donde muchos incondicionales extranjeros de la ópera se habían marchado a su país. ¿Cómo, si no, se explicaba que Edward Johnson hubiera viajado a Brooklyn para escuchar a un cantor cantar en una sinagoga y que hubiera contratado a ese cantor casi en el acto a pesar de que no hablaba italiano, francés o alemán, a pesar de que no sabía ninguna ópera, a pesar de que su noche inaugural en el Met sería su primera actuación? ¿Cómo se explicaban esos increíbles acontecimientos, si no fuera por la pura suerte y por el funcionamiento de las incomprensibles articulaciones de la historia? Mi padre sabía en el fondo de su corazón que, pese a todo su talento, su éxito – en efecto, el éxito de cualquiera en la ópera – había sido una apuesta arriesgada.

Mi padre también comprendió que tenía que contar con la suerte, con los giros y con las vueltas de la historia porque no tenía otra opción. Pero su hijo, nacido con las ventajas de otros tiempos, no tenía que jugar el juego de la ópera con sus muchas contrariedades. Por eso, una de las cosas que hizo que mi padre estuviera muy en contra de que yo tuviera una carrera en la ópera fue la probabilidad real de que fracasara, con independencia del mérito. Aunque mi padre me permitía hacer mis pinitos en los márgenes del mundo de la ópera, se negaba a permitirme poner todas mis fichas en el centro de la mesa de esta.

Pero las raíces de la oposición de mi padre a la ópera como carrera, para mí eran aún más profundas: llegaban hasta su propia noción de lo que era una buena y meritoria vida. Mi padre tenía un respeto casi sagrado por las profesiones seculares y por la vida de la mente, vocaciones que por su época y que por sus circunstancias habían estado fuera de su alcance. Cuando me insistía en que me convirtiera en doctor, nunca pensó ni por un instante que me estuviera pidiendo que me conformara con algo menor a lo que él había conseguido. No, él me estaba diciendo que aspirara a más de lo que nunca pudo imaginar para sí mismo. Sabía que sus sueños para mí chocaban con mis sueños de juventud, pero nunca dudó de que su sueño fuera el más certero y el mejor.

Mantenía su trato y pagaba mis clases, pero nunca me dio palabras de aliento. Pagaba para que yo aprendiera a cantar, pero no me escuchaba cantar. Su indiferencia me dolería, pero esas decepciones se encontraban en el futuro. En ese momento, empezaba la universidad y estaba por comenzar en el Conservatorio de Nueva Inglaterra.

Cuando mi padre se fue para regresar a Nueva York, reflexioné sobre nuestras similitudes mientras lo veía alejarse. Tenía una voz de tenor pequeña y fina cuando era un hombre joven, al igual que yo. Le poseía una fuerza inmensa, como a mí y, encontró un gran profesor que desbloqueó su don natural, por lo que mis pensamientos mientras se alejaba ese día eran sobre mi Paul Althouse, Frederick Jagel, el profesor de canto que todavía tenía que conocer.

Si hubieran tenido la frase de 24 horas al día cuando estaba en Tufts, sin duda me describiría. No tenía ni una hora que perder. Juzgando por las exigencias del amor, la formación de canto clásico era lo primero, después el béisbol y, por último, en un lejano tercer puesto, mis clases de pre–medicina. Sin embargo, juzgando por la demanda de mi tiempo, las clases de pre–medicina y los laboratorios salían vencedores. Así que tenía que robar algunas horas de sueño que resultaban imprescindibles para la música y para el béisbol.

Toda mi vida me encantó el béisbol y se me daba muy bien. Yo era jardinero central y lanzador para el equipo de la Escuela Secundaria Great Neck North y los entrenadores me votaron para entrar al equipo de Long Island All–Star durante mi último año de colegio. Me enfoqué en el béisbol en Tufts y fui elegido para el equipo, pero tuve que jugar en el equipo junior porque no admitían a los estudiantes de primer año en deportes de los equipos de la universidad. La competencia era mucho más severa en la universidad y yo tenía menos tiempo para entrenar por mis compromisos con pre–medicina y con la música. Era bueno, pero no un gran lanzador para el equipo junior. Jugué dieciocho partidos durante mi primer año y perdí más de los que gané. Nunca bateé un jonrón, pero conseguí varios dobles y varios triples.

Los entrenamientos de béisbol empezaban en espacios interiores a principios de marzo y en exteriores a partir de abril, el mes más cruel en la zona de Boston para un joven lanzador que estaba más preocupado por dañar su garganta que por golpear su brazo en ese clima frío y húmedo.

Mi solución fue ponerme una bufanda de lana gris atada alrededor del cuello sobre mi uniforme de béisbol cuando entrenábamos o cuando teníamos partidos. En los días cálidos y húmedos me ponía una bufanda de seda, por lo que los jugadores de otros equipos se metían conmigo. Hoy diríamos que muchos de sus comentarios eran insultos homosexuales. En ese tiempo, tenía el pelo largo y me lo dejaba como Elvis Presley, por lo que los jugadores del equipo contrario también gritaban: "Ey, italiano, no te tropieces con tu bufanda de seda". Incluso mis propios compañeros de equipo se reían y negaban con la cabeza.

Tufts era una universidad exclusivamente masculina cuando yo estudié, y nuestra escuela hermana era el Jackson College for Women. Las chicas de Jackson venían a nuestros partidos y cuando se corrió la voz de mis bufandas, mis posibilidades de tener citas con chicas de Jackson quedaron prácticamente eliminadas. No era una gran pérdida porque para abril de mi primer año, estaba concentrado en mis clases en el Conservatorio de Nueva Inglaterra y me di cuenta de que me gustaban las chicas artísticas, bohemias y de espíritu libre mucho más que las rígidas chicas de Jackson. Alguna vez, mis amigas del conservatorio fueron a mis partidos para animar a su tenor que lanzaba con una bufanda alrededor del cuello.

Al final de mi primera temporada, mi entrenador me dijo que me había puesto en la rotación del año siguiente para el equipo universitario. Batallé con ello durante algunos días hasta que le dije que no podría jugar en el equipo de béisbol de la universidad al año siguiente. Él sabía que yo estaba en pre–medicina y que estudiaba canto en el Conservatorio de Nueva Inglaterra. (Lo sabía desde la primera vez que habló conmigo sobre la bufanda.) Le conté sobre la promesa que le había hecho a mi padre de sacar notas excelentes y que él no seguiría pagando mis clases de canto si no la mantenía; también le confié que no creía poder mantener el trato con mi padre y jugar béisbol al tiempo.

Dejar el equipo de Tufts, verdaderamente dejar el béisbol, fue una de las decisiones más difíciles que he tomado. Por naturaleza y por crianza, me parece doloroso alejarme de un desafío. También tenía pasión por el béisbol e incluso soñaba (*fantaseaba* es probablemente la mejor palabra) con jugar en la Liga Nacional de Béisbol.

Los rituales del béisbol dominaron mi infancia. En invierno, lubricaba mi guante con cuidado, colocaba una pelota en la cavidad, envolvía el guante y la pelota firmemente con una cuerda y dormía con el guante debajo de la almohada para formar un compartimento perfecto. Cada primavera y cada verano desde que tenía doce años, me ponía el uniforme de béisbol de uno o de otro equipo; mi equipo favorito era los Brooklyn Dodgers y mi héroe el número cuatro, el Duque de Flatbush.

Algunos de mis mejores recuerdos con mi padre tenían que ver con el béisbol. Jugábamos a atrapar la pelota en el patio y le encantaba llevarme a los partidos de los Brooklyn Dodgers cuando su calendario se lo permitía. Todavía recuerdo a mi padre sentado en las gradas, mirando a toda la gente y pidiéndome que mirara. "¿Qué ves, David?" Me decía. Y después me relataba lo que él veía: "Ebbets Field es Estados Unidos, David. Mira a la gente de aquí, negra y blanca, rica y pobre. No verás a la mayoría de esa gente en el estadio de los Yankees".

La pasión de mi padre por los desamparados y su noción de Estados Unidos como el gran experimento de unión le convirtió en un demócrata de por vida. "Un demócrata de Franklin Delano Roosevelt", presumía. Así que se quedó sorprendido unos años más tarde cuando anuncié que planeaba votar a Barry Goldwater en las elecciones presidenciales de 1964. Recuerdo que me hacía gestos y le dijo a mi madre: "¿Cómo puede haber nacido del vientre de una mujer judía y votar por un republicano?" Lo dijo sin enojo, pero con asombro. Fue otro recordatorio más para mi padre de lo impredecible de las vueltas de la historia y de la familia.

***

Mi compañero de habitación del primer año era un chico apuesto de Swampscott, Massachusetts, se llamaba Richard Carlson y le decíamos Dick. No creo que Tufts hubiera podido reunir a dos estudiantes de la generación del primer año más diferentes si lo hubiera intentado. Yo era judío; Dick era protestante. Su padre era un hombre modesto, un florista de profesión, cómodo a nivel económico; el mío era una estrella de la ópera que recientemente había comenzado a ganar cantidades significativas de dinero y a codearse con los ricos y famosos. Dick podía rastrear a sus antepasados hasta llegar, quizás, a *Mayflower*; yo podía rastrearlos hasta llegar a la isla de Ellis.

De orígenes diferentes, seguíamos caminos diferentes en la universidad. Yo era un estudiante motivado y casi nunca iba de fiesta; él era deportista (un nadador), estaba siempre de fiesta y casi nunca estudiaba. Mis estanterías y la parte superior de mi cómoda estaban cubiertas de gruesos libros de texto y de manuales de laboratorio; las suyas estaban llenas de latas de cerveza vacías – señales de nuestras prioridades diferentes –. Yo solía volver a la habitación a las diez de la noche de la biblioteca y estudiaba algunas horas más antes de irme a dormir. Si Dick estaba en la habitación, estaba con la mirada fija en sus libros con indiferencia o durmiendo, por lo que me habitué a estudiar en mi escritorio con una linterna para no despertarlo.

Una noche, se despertó sobresaltado y salió corriendo por la puerta murmurando algo sobre una fiesta. Cuando volvió unas horas después, yo todavía estaba estudiando. Me miró un tanto desconcertado y me dijo en voz baja y seria: "Eres el primer judío que he conocido". Luego me preguntó: "¿Todos los judíos estudian tanto como tú?"

Le dije que quizás sí lo hacían. Me preguntó por qué y le dije que probablemente había varias razones, pero que pensaba que la mayor razón es que los judíos tenían que trabajar más duro para salir adelante. (Mi padre, mi abuelo y mis tíos me habían dicho eso en más de una ocasión.) Dick bromeó (¿bromeó a medias?) en voz baja diciendo que quizás debería convertirse. Después, apagó la luz y dejó caer en la cama, quedándose dormido antes de que su cabeza tocara la almohada. Mi linterna permaneció encendida una hora más.

La madre de Dick y yo nos llevábamos muy bien y durante su primer año, cuando visitaba a su hijo, me pedía que pasara tiempo en el ámbito social y académico con él. Su esperanza era que parte de mi fuerza y de mi disciplina se le contagiaran a su caprichoso hijo. Incluso me invitó en varias ocasiones a pasar fines de semana en su vivienda en la costa en Swampscott. Yo llegaba con libros a remolque y estudiaba por las mañanas, pero el resto del día lo pasábamos bien, nadando, navegando y bromeando.

El edificio más grande de la ciudad era la iglesia y el segundo más grande era el hostal local. Cada domingo por la mañana, cuando era el huésped invitado, toda la familia de Dick iba a la iglesia, así que yo me quedaba estudiando. Al final del servicio, sonaba varias veces la campana de la iglesia. El mejor momento del día era un gran almuerzo familiar en el hostal local. La madre de Dick me decía que me encontrara con ellos en el hostal quince minutos después de que sonara la última campanada.

Su madre y yo intentamos ayudar a Dick a mantener su carrera académica a flote, pero no podíamos hacer mucho para cambiar su rumbo. Dick había perdido repentinamente a su padre antes de empezar la universidad y eso sin duda había contribuido a sus dificultades. Entendió que no tenía motivación académica y decidió dejar la universidad al final del primer año. Sin embargo, las cosas cambiaron para él unos años después de dejar Tufts. Consiguió un trabajo, asistió a la universidad por las noches y obtuvo un título. Se casó felizmente y tuvo éxito en los círculos de banca de inversión. Se convirtió en un pilar de su comunidad en el área de Boston. Fue un comisionado local de los Boy Scouts de Estados Unidos, presidente del Museo Peabody Essex (el museo de arte más antiguo del país) y presidente de la Escuela para Ciegos de Perkins. Seguimos siendo buenos amigos hoy.

En 2013 fuimos con nuestras esposas a Mónaco para celebrar nuestras bodas de oro, para contemplar las vistas y para apostar. Una noche, en las mesas de ruleta del majestuoso Casino de Monte Carlo, mis pensamientos se desviaron hacia mi padre. Nunca había estado en Mónaco, pero le hubiera encantado apostar por la acción que se sentía. También habría admirado que siguiera siendo un fiel amigo del joven chico que conocí hacía más de cincuenta años en la residencia de primeros años de Tufts.

"Recuerda, David. Añade amigos, nunca restes amigos".

Para mi primer año en Tufts, mi padre ya era una estrella estadounidense reconocida. Aunque siempre estaba ocupado en la universidad, seguía su carrera con la ayuda de mi madre. Ella me llamaba algunos días antes de que él tuviera previsto cantar ópera en la radio o actuar como invitado en un programa de televisión. Yo intentaba nunca perderme sus actuaciones. Mi madre me recortaba los artículos principales que escribían sobre él en los periódicos y en las revistas y me los enviaba por correo. Siempre los leía y a veces le contaba a mi padre por teléfono sobre algún artículo que era particularmente bueno. Sus respuestas eran bruscas y cortas. Aunque intentaba mantenerme a corta distancia de la carrera de mi padre, él veía mi primer año de universidad como si fuera a través de un telescopio.

Mis padres no me visitaron durante el primer semestre, pero hablábamos por teléfono cada semana o cada dos semanas. Las llamadas dieron lugar a un ritual predecible. Mi madre me preguntaba si tenía suficiente dinero y si había hecho buenos amigos. Mi padre sólo me preguntaba sobre mis clases de pre–medicina y si estaba obteniendo buenas notas. Mis notas habían sido su mayor preocupación desde la escuela secundaria. Entonces, las calificaciones se enviaban a los padres. En la cena, él abría las de cada hijo por turno. Se esperaba que todas mis notas fueran sobresalientes. Si satisfacía ese requisito, ponía mis calificaciones en la mesa de la sala de estar sin hacer comentarios y continuaba con las siguientes. Si sacaba todo sobresaliente y un notable, decía: "David, aquí se podría mejorar". Cuando recibía todo sobresaliente en el siguiente período, tampoco hacía ningún comentario.

El Metropolitan Opera Company hizo giras nacionales en los años sesenta (una política abandonada hace tiempo), representando óperas en paradas programadas en Atlanta, en Chicago, en Boston y en otras grandes ciudades. Cuando mi padre venía a Boston mientras yo estudiaba en Tufts, lograba encontrar el tiempo para asistir a sus representaciones reduciendo mis horas de sueño durante días antes de su llegada y organizándome con mis profesores para completar las tareas que me faltaban. Alguien del Met reservaba buenas entradas para mí en la ventana "Will Call". Mi padre se quedaba en Boston durante dos días, lo recogía en el aeropuerto y trataba de pasar todo el tiempo con él, incluso me quedaba en el hotel.

Recuerdo una vez que interpretaba *La bohème* con Anna Moffo, una joven soprano de Estados Unidos con un rostro y cuerpo que hacían juego con su hermosa voz. Le supliqué a mi padre que me dejara ir a buscarla al hotel y llevarla a la sala de ópera. Él puso un poco de resistencia, pero después sonrió y cedió. "Asegúrate de traerla a las seis", dijo.

Coqueteé con Anna descaradamente durante todo el camino. Ella iba a representar una ópera con Richard Tucker y no tenía tiempo para mis intenciones amorosas. Pero se lo tomaba con deportividad y me respondía con evasivas sobre una posible relación profesional conmigo en términos musicales, diciéndome (debió haber escuchado que yo estudiaba canto, quizás a mi padre) que ahora iba a cantar con Richard Tucker y más adelante sería un honor para ella cantar con su hijo. Anna fue el rechazo más elegante que recibí a mis intenciones amorosas.

Aprendí durante las visitas de mi padre a Boston que tenía sus rituales de preparación. Para mi sorpresa, sólo hojeaba el grueso libreto para refrescar su memoria; ya había dominado hacía tiempo la mayor parte de libretos que representó en el Met durante su carrera. Sabía que a mi padre no le gustaba hablar los días que cantaba, así que mucho de nuestro tiempo juntos lo pasábamos en silenciosa compañía. El día de la actuación, íbamos a una doble función en un cine cerca de la sala de ópera. Nos sentábamos en silencio en la oscuridad, un padre y su hijo, y veíamos películas y caricaturas, yo comiendo palomitas y mi él chupando caramelos mentolados *Vicks* para la tos porque pensaba que suavizaban su garganta. Eran buenos momentos para mí y creo que para él también.

Después de la ópera, salíamos a cenar. Me decía que estaba contento de que hubiera tenido tiempo de venir desde Tufts, pero nunca me preguntaba si me había gustado la actuación. Me preguntaba sobre mis estudios de medicina, escuchaba con interés mis respuestas y me hacía más preguntas. Cuando le cambiaba el tema para hablar del Conservatorio de Nueva Inglaterra, el tono y la intimidad de la conversación cambiaban. Era como si no me escuchara, como si mis afirmaciones sobre mis actividades de canto nunca llegaran a sus oídos, sino que se quedaran suspendidas entre nosotros en el espacio sobre la mesa del restaurante. Nunca pronunció una palabra como respuesta. Él era demasiado respetuoso para cambiar el tema, pero nunca extendía esas conversaciones unidireccionales sobre mis clases de canto con un comentario ni siquiera con un movimiento de cabeza. Se quedaba allí, comiendo en silencio o sorbiendo de su vaso de bourbon, esperando a que yo cambiara de tema. Yo lo hacía pronto y nuestra conversación se volvía animada de nuevo. Su completa falta de interés en mi incipiente carrera musical ya no era inesperada. Aunque no puedo decir que su desinterés no hería mis sentimientos un poco, puedo decir en voz alta que me hizo más fuerte y que echaba leña al fuego de mis aspiraciones operísticas.

Mis clases de ciencia y de matemáticas eran más difíciles de lo que pensaba que serían, en parte porque las veía como una distracción de mis clases de canto. Pero estudiaba mucho y mantenía el trato con mi padre. En secundaria, siempre estaba en busca de diversión y de juegos, pero en Tufts me forcé durante mi primer año para volverme organizado e hice que mi lema fuera nunca perder tiempo. Iba a la biblioteca después de clases, estudiaba entre ellas y no volvía a la habitación hasta bien entrada la noche.

No era un monje, tuve varias citas, pero me mantenía al margen de las fiestas alocadas que duraban hasta altas horas de la madrugada. Aunque no era abstemio, tampoco bebía en exceso, en parte porque todavía era jugador de béisbol y valoraba mi salud y mi condición física y en parte porque tenía mucho que hacer. Así que trabajé casi constantemente durante mi primer semestre y, cuando mis padres recibieron las notas, vieron que saqué sobresaliente en todas las materias de pre–medicina, así que mi padre omitió su sermón sobre mejorar cuando hablamos por teléfono.

Mi mejor experiencia musical durante mi primer año universitario ocurrió al final de este durante las vacaciones de Pascua, e involucraba, de entre todas las personas, a mi padre.

Aun cuando mi padre se convirtió en una estrella de la ópera, siguió cantando en las principales fiestas judías. Pese a lo conocido que se volvió en el escenario del Met, muchos judíos de Estados Unidos le conocían principalmente por ser un cantor hipnótico cuya voz (muchas veces sin micrófono) durante los servicios del *Kol Nidre* se elevaba sin esfuerzo hasta los techos y hasta las últimas filas de las sinagogas más grandes de Estados Unidos y se introdujo en el reino de las leyendas urbanas judías.

La experiencia de la que hablo aquí ocurrió en el famoso Hotel Concord en los Catskills. Cuando fui a Tufts en 1959, el Concord y varios resorts y hoteles de la zona eran centros de recreación para los judíos ricos de todo Estados Unidos y lo seguirían siendo hasta la integración. El avión permitía a los turistas salir de los Catskills hacia las guaridas de la Costa Oeste y de Florida una década después. Pero durante el auge del Concord, mi padre fue su cantor oficial durante las festividades de Rosh Hashanah, de Yom Kippur y de la Pascua Judía. Los judíos de todo el territorio estadounidense – en realidad de todo el mundo – llegaban en coche, en tren o en avión hasta el Concord y pagaban un precio alto para escuchar a mi padre conducir los servicios. Las festividades duraban una semana. Además de los servicios religiosos, había golf, tenis y artistas importantes. Pero mi padre seguía siendo la gran atracción.

Yo sabía que quería ir al Concord para las vacaciones de Pascua, así que conté con la aprobación de mis profesores y entregué todas las tareas que tenía pendientes antes de irme. Tenía un motivo especial además de una profunda fe religiosa y del deseo de ver a mi familia. Los servicios se iban a llevar a cabo en un auditorio gigante y un gran coro acompañaría al cantor. Quería cantar en el coro. Realmente, quería cantar junto a mi padre. Le pedí a mi madre que le rogara en mi nombre.

Unos días más tarde, mi padre me llamó y dijo simplemente: "Me dijo tu madre que quieres cantar en el coro, en el Concord. Estás dentro". Y después le pasó el teléfono a mi madre. Aun así, tenía que ir a Nueva York para hacer una audición con el maestro del coro, Sholom Secunda. Cumplí con esa formalidad y fui aceptado. Pero antes de ir a Nueva York, ya sabía que estaba dentro. Era el hijo de Richard Tucker.

La experiencia musical más emocionante de mis primeros veinte años fue cantar en el coro del Concord cerca de mi padre ese día de Pascua. Él coordinó para que yo estuviéramos cerca. Él nunca cantaba en casa, y verlo actuar en el Met no tenía comparación con escucharle cantar las oraciones que tanto le gustaban a unos metros de distancia. En cada servicio, cantaba durante horas, con su poderosa y dulce voz llenando un auditorio con miles de personas, cantando apasionada y elegantemente, conectado a Dios, a la congregación y a su familia, a través de los acordes religiosos. Antes del servicio, no me preparó ni me dio palabras de aliento. El coro miraba hacia el cantor y, de vez en cuando, pensé que lo había visto mirándome. Después de la presentación, no dijo ni una palabra.

¿Por qué mi padre me hizo ese gran favor, cuando se oponía completamente a mis aspiraciones musicales? Creo que la respuesta es clara. Para él, el canto religioso judío era una zona segura, un escape musical benigno. Una semana en el Concord no planteaba una amenaza para las aspiraciones que tenía para mí. Yo no tenía ningún interés en ser cantor y mi padre lo sabía. No había un conflicto ni un choque y mi padre podía complacer mi pequeño sueño de cantar en el Concord sin poner en peligro su gran sueño para mi futuro. Así que canté al lado de mi padre y estaba tanto entusiasmado como intimidado por la experiencia. No puedo poner en palabras lo majestuoso y lo mágico que fue oírlo cantar.

La semana en el Concord tenía otras ventajas. Me acosté con una de las chicas del coro y también con la hermosa hija de una pareja de judíos adinerados de Milwaukee. Mi madre entró a mi habitación, que conectaba con la suya, y me halló en el acto con la chica de Milwaukee, se dio la vuelta con sus tacones y se alejó rápidamente sin decir nada. La chica de

Milwaukee saltó de la cama, se vistió rápidamente y superó a mi madre al llegar a la puerta.

Cuando fui a ver a mi madre a su habitación, me dijo con enojo: "Nunca más hagas eso. No hagas nada aquí que pueda avergonzar a tu padre".

Volví al Concord durante mi segundo año de universidad y realicé mis aventuras amorosas con total discreción, sin avergonzar a mis padres.

La Universidad de Tufts que se encontraba en Medford, Massachusetts, estaba a unos veinte kilómetros del Conservatorio de Música de Nueva Inglaterra, que estaba en Boston, y cada viaje en el tranvía del Massachusetts Bay Transportation Authority (MBTA) duraba casi una hora. Hacía mis tareas de Tufts en las dos horas en el tranvía. Mis clases de canto con el señor Jagel solían ser al final de la tarde o en las primeras horas de la noche. Yo estudiaba mis cursos de pre–medicina en la biblioteca de Tufts durante un par de horas después de volver de Boston. Esa era la única manera en la que podía mantener la promesa hecha a mi padre.

El Conservatorio de Música de Nueva Inglaterra es la escuela de música independiente más antigua de Estados Unidos. Se ubica en la Huntington Avenue of the Arts, a la vuelta del Boston Symphony Hall, donde mi padre cantaría más tarde canciones populares y clásicas en el Boston Pops bajo la dirección del legendario director de orquesta Arthur Fiedler. Un amigo cercano de él. Robert Merrill, era otra estrella del Pop y a menudo hacían duetos allí.

Cuando me inscribí en el conservatorio, había casi mil estudiantes de música de grado y de posgrado. Yo me inscribí como estudiante especial sin grado. No tomaba ninguna clase formal y sólo iba para tomar clases de canto con Frederick Jagel, quien tenía unos sesenta años cuando fui su estudiante. Lo recuerdo como un hombre amable y paciente. Al igual que mi padre, había nacido en Brooklyn y hablaba sin acento. Tenía un cabello tupido, un bigote perfectamente recortado y siempre estaba vestido impecablemente con un traje de tres piezas y corbata. Su sala de música estaba en una de las plantas superiores. Era una habitación grande con un magnífico piano y con una ventana panorámica que daba a la calle. La habitación tenía un techo alto y muy buena acústica. Cuando entraba a la sala de música, el señor Jagel solía estar de pie, dándome la espalda junto a la ventana. Se volteaba, sonreía, y así comenzábamos nuestra clase.

Antes de mi primera clase, escuché todos los discos de Jagel que cayeron en mis manos. Desde mi inexperiencia, creía que tenía una brillante voz para la ópera. Después me enteré de que era un excelente tenor con una impresionante carrera en el Met, pero que no tenía el prestigio de mi padre o de otras leyendas de la ópera. Cantó en el Met durante los años veinte y treinta. Tenía unos veinte años más que mi padre y por esa razón nunca cantaron juntos.

Recuerdo con claridad mi primera clase. Me preguntó educadamente sobre mi padre y le hizo grandes cumplidos. Pero después dijo rápidamente: "Centrémonos en ti". Le conté sobre mi deseo ardiente de cantar, sobre la insistencia de mi padre en que me convirtiera en médico y sobre el trato por el cual estudiaría pre—medicina en Tufts y canto en el Conservatorio de Nueva Inglaterra. Me pidió que cantara para él. Canté una de mis canciones favoritas, "Younger Than Springtime". Después me pidió que cantara unas escalas para escuchar mi registro. Durante la siguiente hora, habló sobre cómo proyectar óptimamente mi voz para una mejor resonancia y sobre técnicas de respiración adecuadas que permiten que se expandan los pulmones. Me dijo algo sencillo y emocionante. "Cantar se trata de controlar el aire; cuanto más llena sus pulmones sin esfuerzo un cantante, más poderosa y rica será su voz".

Mi primera clase fue muy estimulante. Fui sintiéndome más ligero que el aire sobre el que hablaba con tanta insistencia. Yo ya pensaba que quería ser cantante de ópera antes de esa primera clase. Después de ella, lo sabía. Lo sabía hasta las puntas de mis pies que casi no tocaban el suelo mientras caminaba hacia la estación MBTA para regresar a Medford a estudiar química y biología antes de irme a dormir y a soñar que cantaba.

Tuve una o dos clases a la semana durante tres años con el señor Jagel. Me impactó inmediatamente que su estrategia conmigo era muy parecida a la de Paul Althouse con mi padre. Al igual que mi padre, yo quería ir rápido, e igual que el señor Althouse, Jagel insistía en que fuera despacio. Él creía, como lo hacían Althouse y mi padre, que la voz del tenor era el tesoro más excepcional, el diamante Hope de las voces. "Cada generación", me decía Jagel (una vez más haciéndose eco de mi padre) "Debe haber dos o tres grandes voces de tenor". Mi padre solía decir que Dios fue generoso con la humanidad en todo, excepto con el don de la voz de tenor. Algunas veces tomaba diez años o más, me dijo Jagel, para que una voz de tenor joven creciera y madurara. Así que insistía en que aguardara el momento.

Empezábamos cada clase con diez minutos de escalas. Después cantaba una canción popular, algunas canciones italianas ligeras y lieder alemanas (canciones de arte). Me interrumpía de vez en cuando para hacerme sugerencias en cuanto al fraseo o a la dicción. Pasaba casi todo el tiempo en la colocación de mi voz y en la transición a los registros agudos más allá del sol. El mayor riesgo en el registro agudo es la tendencia del cantante a gritar en vez de cantar, lo que produce un sonido delgado y estridente, corriendo el riesgo de dañar las cuerdas vocales. Él me enseño cómo "cubrir" mi voz en los registros agudos y cómo dirigir el aire desde mis pulmones hacia mis senos paranasales y hacia mi cabeza para después dejarlo salir por una garganta completamente abierta.

Después de cada clase, el señor Jagel me daba las gracias y me confirmaba la hora de nuestra siguiente cita. Al principio, nunca hacía comentarios sobre mi voz. Después de seis meses, finalmente le pregunté qué pensaba. Me dijo que creía que tenía un compromiso porque Dios me había dado un buen "instrumento". Dijo que no sabía cuánto crecería o dónde terminaría, pero me animó a seguir estudiando. Eso fue suficiente para mí, por ello me fui eufórico.

Pero mi profesor todavía no me dejaba cantar enfrente de un público, pues pensaba que era demasiado pronto para cantar una aria completa. Cada vez que le preguntaba, decía: "Cálmate, David. Todavía no estás preparado".

Finalmente, al final del primer año, aceptó y me enseñó a cantar mi primera aria, "Una furtiva lagrima", de la ópera *L'elisir d'amore* de Gaetano Donizetti. Me la enseñó durante varias clases, me dejó cantársela entera en la privacidad de su sala de música, pero no me dejaba cantarla enfrente de un público en directo en el conservatorio. Yo ansiaba cantar para un público, pero Jagel no cedía. Así que encontré mi primer público en vivo no en Boston, sino en Medford, en el espectáculo de talentos de Tufts de los viernes por la noche.

Estos espectáculos de talentos de los viernes por la noche eran muy divertidos. Se llevaban acabos en el espacioso Centro de Artes de Tufts y casi todo el público estaba lleno de energía y de cerveza. No había audiciones, cualquiera podía cantar. La mayoría cantaban los éxitos del rock–and–roll. Estos espectáculos se volvieron populares de repente, estimulados por el alcohol, por el alboroto y por el buen ánimo del final de las clases semanales. La calidad de los que actuaban variaba entre bastante talentosos a lamentablemente malos y había tantos aspirantes que las actuaciones individuales tenían un límite de cinco minutos.

Lo que me impresiona sobre esas noches echando la vista atrás es cuánto tiempo me tomaba para alistarme y cuán similar era mi preparación a la de mi padre ante un público en directo – todo para mis cinco minutos de fama la noche del viernes –. Comía muy poco el día del evento (como mi padre), bebía mucha agua y café caliente, chupaba caramelos duros (como mi padre) y me ponía una bufanda para proteger mi voz del frío (de nuevo, como mi padre).

Debo haber actuado en una docena de esos espectáculos de talento durante mi primer año. Cantaba "Love Is a Many-Splendored Thing", "O Sole Mio", canciones de Broadway y canciones napolitanas. Probablemente me aplaudían más fuerte que a la mayoría de las demás actuaciones debido a mi seriedad. Todos los demás intérpretes llevaban tejanos, pantalones cortos, sudaderas y otros atuendos propios de la época universitaria. Yo me vestía con chaqueta y corbata, me peinaba y lustraba mis zapatos hasta que relucían.

El aplauso que escuché pudieron ser carcajadas. No me importaba. Estaba actuando frente a un público. En una velada especial, interpreté el aria que el señor Jagel me había enseñado. Pensé en invitarle a Tufts para la actuación, pero lo pensé mejor.

También canté en varios eventos de la comunidad judía del área metropolitana de Boston. Para que ello ocurriera, mis padres me ayudaron. Mi madre tenía familia lejana en la zona de Boston y mi padre era una leyenda en las sinagogas de allí desde sus días como cantor. Ambos hicieron correr la voz entre sus familiares, sus amigos y sus admiradores de que su hijo iba a la Universidad de Tufts y estudiaba música (esto era cosa de mi madre, estoy seguro) en el Conservatorio de Nueva Inglaterra. A menudo me invitaban a cenas y a servicios en varias sinagogas.

Una noche de viernes, el rabino Tanenbaum, un primo lejano, me invitó a su casa para la cena familias de Shabbat. Había escuchado que estaba estudiando canto en Boston y me preguntó si cantaba profesionalmente. Le dije que había cantado en varios espectáculos de talentos y que deseaba tener una carrera en canto clásico. Después me preguntó si quería cantar en bodas y en bar mitzvahs porque, de ser así, podría organizarlo. Yo acepté ilusionado. ¡Vaya oportunidad de cantar canciones religiosas en círculos judíos, como había hecho mi padre! Canté en seis bodas o bar mitzvahs durante mis dos primeros años en Tufts. Lo que debí haber sospechado es que la mayoría de los invitados sabían que era el hijo de Richard Tucker, por lo que estaban esperando escuchar una buena copia. Lo aprendí a fuerza de golpes.

Recuerdo mi debut como cantante de bodas. Para mi consternación, estaba previsto que cantara *después* de la cena. Estaba tan nervioso que dije educadamente que no tenía mucha hambre y me quedé esperando con nervios mientras tomaba una taza de café caliente. Cuando finalmente me presentaron, pude ver las miradas expectantes en las caras de más de 150 judíos de clase media reunidos allí, emocionados de que iban a escuchar al hijo de Richard Tucker. No me ayudaba el hecho de que yo era el vivo retrato de mi padre. Después empecé a cantar con mi suave voz lírica y pude ver que la expectación y el entusiasmo se disipaba de sus rostros. Con pequeñas variaciones, esta era la historia de mis actuaciones en círculos judíos durante mis dos primeros años en Tufts. Después de las actuaciones, solía pasar la noche con el rabino Tanenbaum y con su familia en lugar de regresar a Medford.

Una noche, mientras caminábamos por la vereda hacia su casa, puso el brazo sobre mis hombros y me dijo: "David, tienes una *stimma* ["voz" en Yiddish] muy bonita y confío en que Dios la dejará crecer". Lo dijo con amor y con compasión.

Mi decepcionante incursión como cantante no me desalentó ni hizo mella en mis aspiraciones. Encontraba consuelo en el ejemplo de mi padre. Él se casó con mi madre en 1936 y luchó contra grandes adversidades para cantar en el Met una década más tarde. Todavía tenía una fe total en que llegaría mi momento para ser David Tucker y no el hijo de Richard Tucker.

El señor Jagel enseñaba a cerca de cuarenta estudiantes de canto cada año y llegué a conocer a unos diez de mis compañeros. Todavía puedo sentir la emoción y la electricidad que vibraba en las aulas de música y en los lugares de encuentro del conservatorio en un claro contraste con las actitudes de aburrimiento y de simplemente pasar por el proceso de muchos de los estudiantes de pre–medicina y de ingeniería de Tufts. Mientras avanzaba mi primer año, sentía una descarga de adrenalina cada vez que me subía al MBTA en Medford y un dejo de tristeza cada vez que me subía al mismo en Boston. Los estudiantes del conservatorio eran interesantes y comprometidos. Las chicas eran románticas y fascinantes. Todas eran personas llenas de sueños. Me sentía completamente en casa.

Mi padre nunca vino a una de mis clases y cuando le contaba a mi madre algo sobre mis clases por teléfono, escuchaba a mi padre colgar por la otra línea. Una vez, mi hermano Barry me preguntó si podía venir a Boston para ver una de mis clases. Me impactó porque Barry y mi hermano más pequeño, Henry, se burlaban de mí sin piedad durante la escuela secundaria cuando cantaba. Una vez, cometí el error de confesarles mi frustración con mi voz, que todavía era suave y necesitaba madurar. Desde ese momento, caminaban por la casa, cada uno con una mano curvada en su oreja, gritando: "Canta más alto, David. No te oímos". Y después la parte más cruel: "Papá no puede oírte". Así que me sorprendió que Barry quisiera venir a escucharme cantar.

Hasta hoy en día, creo que mi madre contribuyó a que ello sucediera para compensar la completa indiferencia de mi padre. Él vino y me escuchó cantar. Valoré que viniera y lo llevé a cenar. Evidentemente, Barry se quedó impresionado porque mi madre me llamó a la semana siguiente y me informó que Barry le había dicho que pensaba que yo, "tenía algo ahí", señalando hacia su garganta.

Uno de los estudiantes del conservatorio con el que hice amistad era un tenor al igual que yo. Tenía mejor voz que la mía y, para ser sincero, me sentía bastante celoso. A veces iba con él a sus clases para escucharlo cantar. Tenía unos diez años más que yo y eso me permitía atribuir su madurez vocal a la diferencia de edad.

Mi amigo más cercano del Conservatorio de Nueva Inglaterra era un bajo que se llamaba Justino Diaz. Puesto que la voz de un bajo madura mucho antes que la de un tenor, no me sentía amenazado por su rica y hermosa voz y nuestra amistad prosperó. Le hablé a mi padre acerca de él durante mi primer año y le mencioné su nombre. Mi padre escuchó encogiéndose de hombros, sin registrar su nombre. Pero Justino conocía a mi padre. Él había crecido en Puerto Rico y siempre había querido cantar en la ópera. Me contó que cuando era joven, consiguió un trabajo en la sala de ópera más importante de San Juan, haciendo pequeños trabajos detrás del escenario. Cuando mi padre actuó allí, el joven Justino pulió sus botas e hizo otras tareas para él. Posteriormente trabajó en el Met como encargado de mantenimiento en las giras nacionales, y en varias ocasiones coincidió con mi padre en diferentes lugares, puliendo sus zapatos, desempacando su ropa u ofreciéndole un vaso de agua.

Mientras estaba en el Conservatorio de Nueva Inglaterra, Justino presentó una audición para el Met y le ofrecieron un contrato. Se lo conté a mi padre y esa vez recordaba tanto el nombre como a Justino y recordaba lo duro que trabajaba en Puerto Rico y en otros lugares donde se cruzaron sus caminos. Cuando se fue a Nueva York, Justino me dijo que no me preocupara, que llegaría mi momento. Él terminó teniendo una carrera de mucho éxito en el Met, donde un día cantaría con mi padre.

Cuando se cruzaron nuestros caminos posteriormente, Justino me dijo lo amable y lo alentador que era siempre mi padre con él. Me puse muy contento por Justino, pero me entristeció al mismo tiempo. La suya, era el tipo de relación que yo quería tener con mi padre. Pero no dije nada sobre mi pequeña envidia, ni a Justino ni a mi padre.

Al final de mi primer año en el conservatorio había desarrollado una relación cercana con Frederick Jagel. Creo que él admiraba mi tenacidad y mi ética de trabajo, cómo equilibraba un duro horario de pre–medicina con las demandas de una formación vocal rigurosa. Durante mis tres años en Boston, nunca falté a una clase, independiente del clima. Creo que sabía que, si un clima espantoso obligaba a suspender el MBTA, yo hubiera caminado hasta Boston. También admiraba mi entusiasmo. Me encantaba el conservatorio, me encantaba cantar, me encantaba ensayar y admiraba mucho a mis compañeros. Además creo que el señor Jagel pensaba que yo tenía algo de talento y, quizás, un futuro.

En cualquier caso, comenzó a invitarme a su casa para cenar, a veces una o dos veces al mes. Hablábamos sobre la vida y sobre la música. Se convirtió en mi confidente y en mi tutor, además de ser mi profesor. Al acercarse el final del primer año en el Conservatorio de Nueva Inglaterra, me permití tener confianza en que lo que Paul Althouse había hecho con mi padre, Frederick Jagel lo podía hacer con el tiempo por mí.

Capítulo Cuatro

Italia, Israel y el Fontainebleau

Planeé pasar el verano después de mi primer año de universidad en mi casa de Great Neck. Mi madre y mi padre estaban muy contentos con mis notas y mi padre me lo hizo saber. Pero no me preguntó nada sobre mis clases de canto con Frederick Jagel y no le ofrecí ninguna información al respecto. Casi no fui a mi casa de visita durante mi primer año en la universidad porque estaba muy ocupado y mis padres raramente venían a Boston desde Nueva York por la agitada agenda de mi padre.

Mis padres estaban planeando ir a Italia durante las tres primeras semanas de julio para las sesiones de grabación en Roma con RCA Records. Después de eso, iban a Israel, donde mi padre tenía previsto cantar en varios conciertos y guiar servicios religiosos en varios templos. Siempre lo hacía sin cobrar; era lo mínimo que podía hacer, decía, por el estado de Israel.

Mi madre sugirió que combináramos esas obligaciones con unas vacaciones familiares. Debido a que no había visto mucho a mis padres, decidió que los acompañara primero a Italia para reunirnos posteriormente todos en Israel. Estaba emocionado de ir. Nunca me imaginé que me ofrecerían una oportunidad entre un millón en Italia, oportunidad que mi padre rechazó bruscamente antes de que yo pudiera pronunciar una palabra.

Italia era increíble en muchos sentidos. Iba al estudio de grabación todos los días y me quedaba cautivado escuchando la voz de mi padre. Había estado cerca de él cuando cantó en el Hotel Concord, pero el poder y la magnificencia de su voz en el pequeño espacio de un estudio de grabación sobre una orquesta era incluso más impresionante. Fui a escucharlo grabar muchas veces durante ese viaje.

El Duro Trato

Un italo–estadounidense de cuarenta años que se llamaba Johnny Gualiani nos llevaba todos los días al estudio de grabación. Johnny había luchado con los Aliados en Italia durante la guerra y decidió quedarse allí de forma permanente cuando esta terminó. Era un tenor frustrado al que le encantaba escuchar las grabaciones de mi padre. Se conocieron de algún modo cuando estuvo en Italia y esencialmente lo "adoptó". Cada vez que mi padre regresaba a Italia, Johnny era su chófer, su intérprete y su "hombre para todo".

Mi padre y yo teníamos mucho tiempo para hablar en el asiento de atrás durante nuestros viajes al estudio de grabación, pero nunca me preguntó sobre mis clases de canto en Nueva Inglaterra ni me dijo que estuviera atento a algo que me pudiera ayudar durante sus sesiones de grabación.

Yo también me hice amigo de Johnny. Salíamos juntos por la noche y era un guía dispuesto y apto para la noche de Roma y sus hermosas mujeres. A diferencia de mi padre, él se interesaba en mi voz y a menudo me preguntaba sobre el tema.

Un día, Johnny le dijo a mi padre que el renombrado Giacomo Lari–Volpi había llamado y lo había invitado con su familia a su hacienda palaciega en la campiña, a las afueras de Roma. Su invitación era para un almuerzo al sábado siguiente, mas nos pidió que llegáramos hacia las nueve de la mañana. Johnny nos llevaría y sería nuestro intérprete.

Lauri-Volpi era una leyenda de la ópera. Nacido en Italia en 1892, luchó por su país en la Primera Guerra Mundial y recibió la Cruz de Guerra, la condecoración militar más alta de Italia, por su excepcional valentía en combate. Hizo su debut en la ópera en 1919 y, tres años después, fue catapultado asombrosamente al Met. A excepción del debut inesperado de mi padre en el Met, la partida de Lauri-Volpi pudo haber sido una de las más rápidas en la historia de esa venerable institución.

Mi padre estaba sorprendido y encantado con la invitación de Lauri-Volpi, además de satisfecho de que se le otorgara ese honor a un estadounidense judío. La casa estaba en el centro de muchas hectáreas de bosque en la periferia de Roma. Recuerdo que estaba cubierta de hiedra y lujosamente amoblada y diseñada. Había un estilo antiguo en la casa del maestro por lo que emanaba una combinación rara de encanto y de formalidad.

Nuestro anfitrión nos saludó en la puerta, después de intercambiar cumplidos, nos acompañó a su estudio, se sentó al piano y comenzó a tocar. Después se volvió hacia mi padre y dijo: "Señor Tucker, sería un honor si pudiera cantar para mí el primer acto del aria para tenor de *Tosca*".

Me quedé sorprendido por dos cosas: Primero, ¿por qué le pedía el señor Lauri-Volpi a mi padre que cantara una obra en específico, "Recondita armonía", del primer acto de *Tosca*? Segundo por la mirada molesta en el rostro de mi padre. Él nunca cantaba de forma espontánea para nadie y su firme resistencia a esas peticiones era extensamente conocida en los estrechos círculos de la ópera. Aunque nunca le pregunté, estoy seguro de que Johnny – quien organizó los detalles del almuerzo y conocía las rarezas de mi padre – le habría sugerido de forma educada a nuestro anfitrión que no le pidiera a que cantara. Yo estaba atónito de que Lauri-Volpi lo hubiera puesto en esa situación, especialmente tan temprano.

Mi padre rechazó la invitación educadamente, pero Lauri-Volpi insistió. Después de un par de minutos incómodos, mi padre aceptó, nuestro anfitrión se sentó al piano y comenzó a tocar el acompañamiento. Lo que siguió fue milagroso.

Cantando escalas a petición del legendario tenor italiano, Giacomo Lauri-Volpi, en el piano de su hacienda palaciega en Roma, con mi madre mirando esperanzada y mi padre sintiéndose impaciente. La invitación de Lauri-Volpi fue organizada por John Gualiani (*segundo por la derecha*), el representante europeo de mi padre. (De la colección personal de David N. Tucker)

Yo estaba al lado de mi padre en una gran sala con techos altos y, cuando comenzó a cantar, toda la sala empezó a vibrar y a temblar. Cuando alcanzó su última nota alta, pensé que las paredes iban a venirse abajo. Me quedé paralizado y mudo, impresionado con su voz más de lo que nunca antes había estado.

El Duro Trato

Cuando terminó, el maestro se levantó del piano y exclamó: "¡Magnifico, alla Caruso!" Mi padre sonrió y le dio las gracias con un murmullo. La respuesta a mi pregunta sobre por qué nuestro anfitrión le había pedido cantar una obra en particular llegó cuando Lauri-Volpi le dijo, en lo que sólo puede considerarse un acto de descortesía: "Ahora me escucharás cantar la misma aria".

Probablemente había ensayado con antelación el aria que le había pedido a mi padre que cantara de improviso.

Lauri-Volpi cantó "Recondita armonía" espléndidamente para un hombre de cualquier edad, y mucho más para un hombre que superaba los ochenta años. Pero la sala no tembló y las paredes no se tambalearon.

Mi padre dijo: "Bravo. Todavía tienes un gran don".

Nuestro anfitrión asintió, después me dejó estupefacto por tercera vez cuando se volvió hacia mi padre y dijo: "Ahora quiero escuchar a tu hijo cantar. He oído que estudia canto con el gran Frederick Jagel". (Hasta hoy no tengo idea de cómo llegó a conocer esa información. Quizás Johnny le contó).

Me quedé horrorizado. ¡Estaba a punto de cantar después de dos de los tenores más importantes del siglo veinte! Si Lauri-Volpi no hubiera hablado otra vez, yo no habría sido capaz de abrir la boca. Me preguntó cómo iban mis clases, elogió a Frederick Jagel como el gran tenor y el gran profesor que era y me preguntó qué quería cantar.

Antes de que pudiera responder, sugirió que comenzáramos con algunas escalas. Vi que mi padre me miraba fijamente con atención. A continuación, el maestro me preguntó si conocía cierta canción napolitana. Conocía la canción y la canté. Cuando terminé de cantar, se dirigió a mi padre y dijo: "Señor Tucker, su hijo tiene talento. Déjelo conmigo durante un año y le daré la técnica necesaria para convertirlo en un tenor de ópera".

Me podrían haber derribado con una pluma en ese momento.

Mi padre habló bruscamente: "No, maestro", su voz sonó con rígida cortesía para terminar la conversación, "Mi hijo está estudiante en Estados Unidos para ser médico. Gracias por una mañana maravillosa. Ahora, ¿podríamos ir a almorzar?

Comimos durante una hora. El ambiente se aligeró con la buena gastronomía y con el buen vino. Nuestro anfitrión nunca mencionó su oferta de convertirse en mi profesor otra vez y mi padre pasó casi todo el tiempo hablando sobre ópera e intercambiando cálidos cumplidos profesionales. Mi madre sonreía ampliamente cuando nuestro anfitrión elogiaba la voz y la carrera de mi padre. No recuerdo haber hablado mucho, si acaso hablé. Sólo podía pensar en que una de las leyendas de la ópera había pedido ser mi profesor.

Italia, Israel y el Fontainebleau

En el camino de regreso a casa, mi padre no dijo nada. Esa noche le supliqué a mi madre, implorando una oportunidad porque Lauri-Volpi me había ofrecido la oportunidad de mi vida. Ella me recordó serenamente el trato con mi padre. Le había prometido hacer pre–medicina en la universidad e ir a la Facultad de Medicina en Estados Unidos. Me dijo que no podía romper mi promesa sin romper el corazón de él. Yo ya sabía eso sin que mi madre me lo dijera.

Así terminó mi oportunidad de estudiar canto con Giacomo Lauri-Volpi, quizás uno de los más grandes tenores del mundo en la generación previa a la de mi padre. No importaba. La invitación todavía fue un acontecimiento fundamental en mi vida. Un gran tenor me había pedido que fuera su estudiante.

Me fui de Italia a Israel lleno de esperanza en mi futuro como cantante.

Llegamos a Israel a finales de julio y nos quedamos casi un mes. Mi padre estaba enamorado del estado de Israel, a menudo refiriéndose al mismo como el mayor milagro del siglo veinte. Él creía que, si el mundo hubiera sido lo suficientemente sabio como para crear Israel una década antes, el Holocausto podría haberse evitado. Iba a Israel todos los años y realizaba conciertos gratuitos en Jerusalén y en Tel Aviv. Cantaba con la Orquesta Filarmónica de Israel en el Auditorio Mann y hacía viajes especiales para entretener a las tropas. Convencía a otras estrellas de la ópera del Met para que fueran a Israel a cantar con él. El Estado de Israel pagaba sus gastos y sus honorarios, pero, como dije, mi padre nunca aceptaba ni un centavo. Durante la guerra de 1967, fue a zonas de combate para cantar a los soldados. Las otras estrellas de la ópera se opusieron a ello y regresaron a casa. Mi padre fue solo al frente para cantar.

Me lo pasé muy bien en Israel. La vida nocturna israelí, aunque no llegaba a los estándares de Roma, era bastante impresionante y las mujeres eran igual de hermosas, si no más. Una noche, mis padres estaban cenando con Moshe Dayan y con otros dignatarios israelíes en uno de los mejores restaurantes de Israel. El restaurante era contiguo a un bar y mi madre me vio con una hermosa mujer unos quince años mayor que yo. Mi padre estaba de espaldas al bar, así que él no me vio. Mi madre vino hacia mí, sonrió, saludó a la mujer y me pidió si podía hablar conmigo un momento en privado. Caminamos a unos metros de mi acompañante y dijo: "David, pensé que tenías una madre". Yo me reí. Entendí el mensaje y mi acompañante y yo nos fuimos por una entrada diferente, asegurándonos de que mi padre no me viera.

Aunque no perdí oportunidades de divertirme en Italia ni en Israel, Israel fue especial porque yo era, entonces y ahora, profunda y apasionadamente judío. Me conmovía tanto la resolución de los israelíes hacia su fe y hacia su país que me fui a un kibutz para una estancia de diez días. Llamé a mis padres poco después de llegar, con informes entusiastas de la vida comunitaria y casi militar en Israel. Aunque no les conté a mis padres, le daba vueltas a la idea de quedarme en Israel para establecerme allí de forma permanente.

Era una idea completamente fantástica y, muy probablemente, nada hubiera resultado de ella. Pero mi padre intuía que algo estaba en marcha. Él no estaba dispuesto a renunciar a sus sueños para mí, ni siquiera por su querido Israel. Conocía al director de mi kibutz, por lo que – me enteré después – lo llamó y le pidió que me pusiera un horario feroz. Durante tres días, me despertaban a las cuatro de la mañana y trabajaba hasta la noche. Mi entusiasmo por la vida espartana del kibutz se desvaneció rápidamente, entonces regresé gustoso a nuestro hotel la última semana del viaje.

En el vuelo a casa, mis pensamientos volvieron al inspirador voto de confianza de Lauri-Volpi y volví a la universidad al final del verano, esperando con entusiasmo mi regreso al Conservatorio de Música de Nueva Inglaterra.

Mi segundo año fue menos estresante y más productivo por el tiempo adicional que tenía al haber renunciado al béisbol. Podía tener al menos dos clases a la semana con el señor Jagel. Sentía que mi voz estaba creciendo poco a poco, pero él todavía no me dejaba actuar ante el público del conservatorio. Continuaba cantando en los espectáculos de talentos de Tufts cuando podía y el rabino Tanenbaum se aseguraba de que tuviera un flujo constante de bodas y de bar mitzvahs locales para perfeccionar mis habilidades escénicas. Esos eventos eran tristemente actuaciones repetidas del año anterior en el lamentable sentido de que me presentaban como el hijo de Richard Tucker y los rostros expectantes en el público se convertían en miradas decepcionadas cuando comenzaba a cantar.

Caí en la cuenta de que la carga de cantar como hijo de Richard Tucker me estaba presionando demasiado y, quizás, creando una barrera psicológica para mejorar. Comencé a pensar seriamente en cambiar mi nombre – no legalmente, sino profesionalmente. Durante varios años, había llevado mi cabello largo y lujosa ropa italiana. En efecto, muchas personas pensaban que yo era italiano. Empecé a jugar con varios nombres. Decidí italianizar mi segundo nombre. Me gustaba. Era demasiado tarde para cambiar mi nombre en Medford o en Boston – todos me conocían como David Tucker, el hijo de Richard Tucker. Pero cuando me fui de Tufts, sabía que me llevaría a David Nello conmigo.

Durante mi segundo año en Tufts, decidí solicitar la "decisión adelantada" en las escuelas de medicina de Nueva York. En el verano después de mi segundo año, tomé clases para cumplir los requisitos necesarios para la "decisión adelantada" en Cornell, Columbia y en la Universidad de Nueva York. Les había dicho a mis padres que iba a solicitar la "decisión adelantada", pero no que quería ir a la escuela de medicina en Nueva York. Mantuve esto en secreto porque tenía miedo de que mi padre llegara a la correcta conclusión de que estaba más interesado en las oportunidades musicales que en las médicas de las que ofrecía Nueva York y dejara de apoyar mi carrera musical financieramente si iba a la escuela de medicina en la ciudad de Broadway y el Met.

Pero le conté a Frederick Jagel mi decisión de ir a Nueva York y él aceptó ayudarme a encontrar un profesor adecuado. Decidí que le contaría a mi padre acerca de mi destino neoyorquino después de ser aceptado. Fue durante un viaje a casa después de la escuela de verano que mi tío Jan Peerce, para mi completa sorpresa, se ofreció a darme una clase de canto.

Las carreras de Jan Peerce y de Richard Tucker tenían trayectorias diferentes después del impresionante debut de mi padre en el Met en 1945. Para mi padre, había un éxito tras otro. Para Jan, aunque todavía era un buen cantante, los buenos encargos en el Met se volvieron cada vez más escasos y, después de que Rudolf Bing, un gran defensor de mi padre, se convirtiera en el director ejecutivo en 1950, se volvieron infrecuentes.

Había varias emociones en ambos lados de la división Peerce–Tucker. Jan, quien había subestimado tremendamente el potencial de mi padre, estaba claramente celoso. Mi padre nunca olvidó ni lo perdonó. Jan llevó sus celos más allá de la muerte de mi padre, negándose a alterar su gira para asistir al funeral de su cuñado; y en un impactante segundo acto de odio, prohibió a sus hijos, que querían mucho a mi madre y a mi padre, que asistieran.

Esas acciones fueron el punto culminante de la amargura acumulada de Jan que ya había comenzado a enfriar la relación entre los hermanos, cuando antes, en los primeros años del matrimonio de mis padres, había habido amor y adoración.

Antes de que las relaciones familiares se hubieran tensado permanentemente, la relación entre ambas familias, en gran parte por los esfuerzos de mi madre, había seguido siendo cordial con períodos esporádicos de gran afecto. Fue durante uno de esos períodos en el verano después de mi segundo año en Tufts que mi tío Jan se dirigió a mí en una reunión familiar. Estoy seguro de que no fue una coincidencia que mi padre estuviera al otro lado de la sala cuando mi tío Jan se me acercó. Me dijo que había oído que estaba estudiando en el Conservatorio de Nueva Inglaterra con Frederick Jagel y me preguntó si quería ir a su casa y cantar para él.

"Después de oírte cantar", dijo, "me gustaría mucho enseñarte un poco".

En ese entonces, yo no sabía nada del declive de la carrera de ópera de Jan Peerce y no pude negarme a la oportunidad de tomar clases con una celebridad de la ópera. A pesar de mis muchas peticiones, mi padre siempre se había negado a escucharme cantar, y más a darme clases de canto. Aunque pude haber querido agitar a mi padre al tomar clases en el campo enemigo, la decisión de aceptar la oferta de Jan era más bien pragmática: quería una clase y una evaluación de un peso pesado de la ópera del momento. Pero contárselo a mi padre iba a ser otra historia. Decidí no decírselo y clandestinamente viajé a la casa de su cuñado en New Rochelle un domingo de julio para cantar con mi tío.

El respeto que mi tío Jan concedió a mis aspiraciones ese día diferían en 180 grados de la fría indiferencia de mi padre. Cuando llegué por la mañana, me presentó a un acompañante que había invitado. Mi tío estaba terminando un ensayo y me preguntó si quería sentarme y escuchar. Él siguió cantando durante veinte minutos con una fina y rica voz de tenor. Después me pidió que cantara y sugirió que comenzara con unas escalas; me invitó a que siguiera con un par de canciones de Broadway y, finalmente, con una ligera canción napolitana.

Mientras cantaba, mi tía Alice llegó espontáneamente de la cocina y dijo: "Pinky [el apodo de Jan], David suena igual que un joven Ruby [el apodo de mi padre], un joven Richard Tucker".

Recuerdo estar entusiasmado por sus palabras. Aquí estaba la confirmación que tanto deseaba. ¡Sonaba como mi padre cuando era joven! Las palabras de mi tía me decían que estaba en el camino correcto y que, en efecto, podía ser cantante de ópera algún día.

Después de mi clase, mi tío me dijo, con menos efusividad que su esposa, que tenía talento y que debía continuar mi formación. También me dijo que lo llamara otra vez y que gustosamente evaluaría mi progreso. Después tuvimos un gran almuerzo.

Me fui de New Rochelle eufórico. Pero todavía no sabía cómo decírselo a mi padre.

Finalmente, recurrí a la vieja solución para los chicos que no pueden decir algo a sus padres. Le pedí a mi madre que se lo dijera. Ella lo hizo y, por primera y última vez, pensé que mi padre actuó de forma cobarde en mi presencia. Actuó dolido de que yo hubiera elegido al tío Jan en lugar de a él. "¿Cómo puedes cantar para tu tío y no para mí?" me dijo de forma acusadora.

Yo me sentí molesto y todos los años de frustración se desbordaron. "¿Alguna vez me pediste que cantara? ¿Alguna vez viniste a Boston a una de mis clases? ¿Alguna vez me dejaste verte estudiar los libretos en casa? ¿Alguna vez me diste una clase o quisiste hacerlo? ¿Alguna vez mostraste algún interés en que yo cantara? ¿Alguna vez me hiciste una sola maldita pregunta sobre eso?"

Por primera vez en mi vida, mis palabras se convirtieron en enojo y en falta de respeto hacia mi padre. A su favor, escuchó y después dijo sin pensar: "Te daré una clase si quieres".

Mi madre inmediatamente sugirió que fuera con ellos en diciembre a sus vacaciones de invierno en el Hotel Fontainebleau en Miami, Florida, donde mi padre se relajaría y tendría mucho tiempo para oírme cantar. Su sugerencia tuvo el efecto deseado de disolver las tensiones entre su esposo y su hijo y todos acordamos que iría con ellos a Florida.

Volé hasta Florida después de que se terminaron mis clases del primer semestre y lo que sucedió allí fue una de las mayores humillaciones experimenté a manos de mi padre, un episodio que pudo haber destrozado mi confianza si no hubiera sido tan gracioso.

Mi padre se adhería a una estricta rutina cuando estaba de vacaciones en Florida. Se levantaba hacia las ocho de la mañana, hacía algunos ejercicios de calistenia ligeros, se duchaba, se afeitaba, tomaba un baño de sauna y desayunaba. Después, iba a la piscina o a la playa para tomar el sol y luego almorzaba. Después del almuerzo, tomaba una larga siesta y se vestía para una cena elegante con mi madre. Luego se iban al hipódromo, donde le encantaba apostar por los ponis. Llegaban a casa alrededor de la medianoche y se iban directamente a dormir.

Esa era su rutina durante los primeros días después de que yo llegara a Florida. Nunca mencionó mi clase. Le preguntaba cuándo tendría lugar y él lo postergaba. Finalmente, el cuarto día, me dijo: "David, mañana tendrás tu primera clase".

Al día siguiente, hizo su rutina de la mañana, pero después del almuerzo, me dijo que me reuniera con él a las dos de la tarde en la suite del hotel para tener mi primera clase. La suite tenía una gran sala de estar que se abría hacia una espaciosa habitación que se conectaba por una puerta. En el lado opuesto de la habitación había una puerta que llevaba a un gran baño con ducha. Yo tenía mi propia habitación al fondo del pasillo y llegué a mi primera clase puntualmente a las dos de la tarde. Había llevado mis partituras y me senté en la sala de estar.

Mi padre salió de la habitación en su albornoz. Me saludó con la cabeza y me dijo que comenzara a cantar. En cuanto empecé, volvió a su habitación. Continué cantando y, cuando vi que no regresaba, grité: "Papá, ¿me estás escuchando?"

Él respondió desde la habitación: "David, sigue cantando. Escucho todo".

Pronto escuché el agua corriendo. Fui a su habitación y, al no encontrarlo, entré al baño. Estaba en el lavabo, ¡afeitándose! No se giró, pero me dijo mirando a mi reflejo en el espejo que volviera a la sala de estar y que siguiera cantando. Me tambaleé hacia la sala de estar y después escuché la ducha. Corrí al baño y le grité desde la puerta: "Papá, ¿cómo me puedes escuchar desde la ducha?"

"No te preocupes", dijo dándome la espalda, "Vuelve a la sala de estar y canta. Puedo escuchar todo".

Canté más fuerte hasta que escuché la ducha detenerse. Esperé unos minutos para que mi padre saliera, entré a su habitación otra vez y lo vi tumbado en la cama. "Papá, ¡estás en la cama!"

Él se dio la vuelta y dijo: "Apaga la luz cuando salgas, hijo. Tu primera clase ha terminado".

Me fui de su suite enojado y humillado.

Al día siguiente durante el almuerzo, mi padre me dijo que fuera a su suite para mi siguiente clase. Fui con cierto temor. Él se quedó impávido mientras yo cantaba varias canciones. Después me dijo bruscamente que mi proyección vocal era incorrecta. Cantó la misma canción durante un minuto aproximadamente. Fue glorioso. Después se levantó y se fue a su habitación para tomar su siesta vespertina.

Yo me quedé aturdido en su sala de estar durante unos minutos, sonó el timbre. Era un guarda de seguridad del hotel diciéndome que había recibido quejas de otros huéspedes debido a ruidos fuertes y molestos que provenían de nuestra suite en los dos últimos días. "Eso tiene que parar". Me dijo.

"No era ruido", dije, "yo estaba cantando".

Mientras se dirigía a la puerta, el guardia se volteó y dijo: "Algo más, los huéspedes me dijeron que otra persona cantó de forma sublime y que él puede cantar tanto como quiera".

Me fui a la habitación a ver para ver si mi padre todavía estaba despierto. Lo estaba, le conté mi conversación con el guarda. Se sonrió y dijo: "David, apaga la luz. Tu segunda clase ha terminado".

Los acontecimientos en la suite de mi padre del hotel Fontainebleau me hirieron. Mi padre había sido descortés y frívolo con mi sueño. Las clases habían sido una cruel pantomima motivada por poco más que evitar que volviera con mi tío Jan. Mientras que Frederick Jagel, Giacomo

Lauri-Volpi y mi tío me habían dado esperanzas y ánimo, mi padre se burlaba afeitándose, duchándose y yéndose a dormir. Los acontecimientos de su suite me reafirmaron la dura realidad de saber que no podía contar con mi padre para nada más que para el respeto de los estrictos términos de su parte del trato. Las ridículas clases de canto de mi padre también fortalecieron mi decisión de cantar con un nombre diferente, y puesto que él no tomaba seriamente al cantante David Tucker. Tenía que cantar como alguien más.

Mi flirteo con una nueva identidad – con David Nello – se consolidó por el comportamiento despectivo de mi padre en su suite del Fontainebleau. Le dije a mi madre que nunca volvería a recibir una clase de mi padre. Al recordar estos sucesos en el hotel desde el punto de vista de otra edad y de mi propia experiencia criando a mis cuatro hijos, me doy cuenta de que se puede explicar el comportamiento de mi padre – explicaciones que, para mí, ahora suenan a verdad –. Él creía con plena convicción que el camino de la medicina era mucho mejor para mí que el de la ópera. No dudó de ello ni por un instante. Hacía lo que fuera para mantenerme en ese camino y para desviarme de mis frívolas pretensiones con la música. Por eso, si acaso pensó algo sobre nuestras clases en Florida, creo que hubiera pensado que estaba siendo un buen padre, no un padre cruel. Y aunque dio la espalda a mi carrera de canto, también le habría dolido si yo hubiera abandonado la música debido a una pequeña humillación paternal, dado que él movió montañas para alcanzar su sueño.

La relación entre los Peerce y los Tucker siguió deteriorándose. (Nunca volví a cantar para Jan Peerce porque yo quería y honraba a mi padre demasiado como para enfrentarle con mi tío). La tensión de la relación le dolía a mi madre, quien amaba a ambos, y pensé que podía desempeñar el rol de mediador. Un día, cuando mi padre estaba con un humor excepcional, intenté hablar con él sobre mi tío. Para enfatizar los aspectos positivos, le pregunté qué había aprendido de su cuñado.

"Aprendí una lección muy importante de tu tío", me respondió, "todo lo que me dijo que hiciera, yo hacía lo contrario. Me convertí en una gran estrella siguiendo esa sencilla regla. Haz lo contrario de lo que Jan Peerce diga que hagas".

***

Cuando recibí mi carta de aceptación de la Escuela de Medicina de Cornell en marzo de mi tercer año, todavía no le había dicho a mi padre que había solicitado el ingreso en universidades de Nueva York. En cuanto la carta llegó a casa, mi madre llamó a mi padre al Met. La recepcionista le dijo que no podía molestarlo porque estaba en un ensayo general de *Il Trovatore* y que pronto saldría al escenario ante un público en directo con una orquesta completa. Mi madre insistió en que la recepcionista lo acompañara hasta el teléfono en ese instante, y ella obedeció. Mi madre le dijo a mi padre con alegría que su hijo había sido aceptado en la Escuela de Medicina de Cornell, en la que comenzaría durante el otoño siguiente.

Mi padre colgó el teléfono y caminó al centro del escenario agitando sus brazos para pedir silencio. Así anunció al elenco, a la orquesta y a la audiencia que su hijo mediano había sido aceptado en la escuela de medicina y que sería doctor. Mis amigos de la ópera que estaban allí en ese momento me dijeron posteriormente que mi padre estaba radiante de orgullo cuando se dirigió al público. Interrumpir un ensayo general para hacer un anuncio personal era inaudito, incluso si quien lo hacía era una de las mayores estrellas. Aun así, mi padre pensó que las noticias eran lo suficientemente importantes como para prescindir de esa tradición.

Mientras estudiaba para mis exámenes finales al final de mi tercer año en Tufts, mi madre me llamó con la desoladora noticia de que mi padre había tenido un grave ataque cardíaco. Llamé a mis profesores, les dije que me iba a casa de inmediato y ellos me permitieron realizar mis exámenes posteriormente.

Tomé un vuelo hacia Long Island y en cuanto aterricé me dirigí en taxi al Hospital Judío de la ciudad, cerca de nuestra casa de Great Neck. Cuando entré a la habitación del hospital vi a mi padre, un hombre gigante – mi héroe – reducido en total vulnerabilidad, tristemente acostado, con tubos en la nariz y con vías intravenosas en los brazos, además conectado a varias máquinas. Los doctores no sabían si viviría o si moriría.

Una semana después parecía que mi padre estaba fuera de peligro. Pero presentó otra crisis. Unas dos semanas más tarde, mi abuelo materno, Zadie, un querido miembro de la familia que vivía con nosotros en Great Neck, murió a los noventa años en la sala de recuperación después de pasar por una operación de cáncer de colon. Estábamos desconsolados y también asustados cuando mi padre insistió en asistir tanto el funeral como el entierro. Pidió el alta médica en contra del consejo de los doctores y sólo aceptó no ir al cementerio si le permitían ir al funeral. Mi madre me pidió que me quedara con él en casa mientras el resto de la familia iba al sepelio.

Cuando se pasó la amenaza inmediata por la vida de nuestro padre, empezamos a pensar en la amenaza para su carrera operística. Cantar ópera no es como cantar canciones populares. Cantar ópera es enormemente agotador, con actuaciones que duran entre tres y cuatro horas. Además, mi padre cantaba sin micrófono con la orquesta en grandes salas. En los años sesenta, lo que se recetaba para los ataques cardíacos era reposo en cama y una mínima actividad. La mayor parte de las personas que sobrevivían a un infarto tenían vidas sedentarias y tranquilas desde entonces. Así que a todos nos preocupaba lo mismo. ¿Richard Tucker volvería a cantar ópera? ¿Seguiría cantando como Richard Tucker?

Aunque cuidaban muy bien de mi padre en el Hospital Judío de Long Island, mi madre, preocupada por el futuro profesional de su marido, le pidió a su doctor el nombre del mejor cardiólogo de Estados Unidos para tener una segunda opinión, diciéndole que el mejor cardiólogo de Estados Unidos debía examinar al mejor tenor de Estados Unidos. Su médico sonrió y le dijo que estaba completamente de acuerdo.

En una semana, se organizaron los preparativos y mi padre insistió en que fuera a buscar al aeropuerto en compañía de nuestro chófer al doctor Paul Dudley White, el médico que había tratado al presidente Eisenhower por su infarto años atrás. Me sorprendió la insistencia de mi padre para que lo hiciera. No era su hijo mayor, pero estaba estudiando medicina y los sueños médicos de mi padre para mi futuro estaban en juego, lo digo por su insistencia en que desempeñara el papel de acompañante.

Las noticias del doctor White después de que examinó a mi padre fueron positivas. Le dijo que podría volver a cantar ópera, aunque no con la regularidad habitual de tres actuaciones por semana, en un principio. También le dijo que perdiera peso. Mi padre le dio las gracias y me pidió que acompañara al doctor White de regreso al aeropuerto.

Cuando me estrechó la mano y nos despedimos, el doctor White me dijo lo maravilloso que era que yo asistiera a la Escuela de Medicina de Cornell y que forjara una carrera en medicina. Recuerdo que pensaba de regreso que todavía no estaba seguro de anhelar ser médico. Pero de algo estoy seguro. El conmovedor deseo de mi padre para que yo estuviera de alguna manera involucrado en su cuidado médico marcó el principio de mi lenta aprobación de su sueño para mi futuro.

Volví a casa después de mis exámenes finales durante el verano previo a comenzar la escuela de medicina. Una mañana de domingo en el mes de julio, mis hermanos y yo estábamos armando jaleo en mi habitación en el piso superior. Mis padres habían recibido una carta el día antes del decano de estudiantes de Tufts, informándoles de que se lamentaban de que abandonara Tufts de forma prematura, pero que les complacía saber que iba a ir a la Escuela de Medicina de Cornell. El decano también mencionó en su carta que me situaba entre los tres primeros de ochocientos estudiantes de grado en Tufts, basándose en las notas de los tres primeros años.

Mi padre odiaba el jaleo ruidoso y nos regañaba irritado cuando lo hacíamos. Así que, esa mañana de domingo, cuando estábamos peleándonos en la cama, mi padre abrió la puerta y entró a zancadas. Nosotros saltamos y paramos inmediatamente. Él caminó hacia la cama; sosteniendo la carta en el aire, me miró y dijo: "David, Toscanini dijo una vez que la crema siempre se eleva hasta lo más alto". Sólo dijo esa frase. Su mirada estaba centrada en mí.

Mis hermanos estaban desconcertados y, en ese momento, podrían haber sido invisibles. Fue un instante especial de comunión entre mi padre y yo, instante que tuvo lugar ante la vista de mis hermanos, quienes no tenían idea de lo que ocurría. Mi padre dejó caer la carta hasta la cama. (Años más tarde, cuando vi a Michael Corleone dejar caer el arma del homicidio en el restaurante italiano en *El Padrino*, pensé al instante en mi padre dejando caer aquella carta).

Richard Tucker se dio la vuelta casi con precisión militar y de manera dramática salió de la habitación. Yo me quedé allí, sorprendido y emocionado. Ese era el mayor cumplido académico que me había hecho mi padre.

Tres meses después, me mudé a Nueva York para perseguir dos sueños: el mío propio y el de mi padre.

SEGUNDA PARTE

LA CORTA VIDA Y LA ESPECTACULAR MUERTE DE DAVID NELLO

Capítulo Cinco

La Escuela de Medicina de Cornell

La Escuela de Medicina de Cornell (que actualmente se llama Weill Cornell Medical College) se encuentra en el centro de un espléndido complejo médico entre la Avenida York y la Calle 69 y comprende algunas de las instalaciones más importantes de investigación y de atención al paciente del mundo. Casi todas las personas que vivían en Manhattan en esa época reconocían los nombres del Hospital de Cirugía Especial: el Centro Oncológico Sloan Kettering, el Hospital Psiquiátrico Payne Whitney, el Instituto Rockefeller para la Investigación Médica y el Hospital de Nueva York. Pero para un estudiante de primer año, esos lugares legendarios podrían haber estado ubicados en Los Ángeles, en París o en Londres. Los únicos edificios en los que entré fue en la biblioteca de Cornell, en las aulas y en los laboratorios. A veces iba al Instituto Rockefeller – que se encontraba en un campus parecido al de una universidad, con pasto y con árboles – a comer un almuerzo para llevar en uno de sus hermosos jardines. El instituto era la única parte del complejo médico que no era calles de ladrillo y ciudad, y el almuerzo allí me daba un respiro de los grises edificios y de la vida gris del primer año de un estudiante de medicina.

El único paciente humano que vi durante mi primer año ya estaba muerto, un cadáver que se le daba a cada par de estudiantes de medicina durante el primer mes para diseccionarlo paso a paso de la cabeza a los pies. No se nos permitía ver pacientes reales o seguir a los doctores durante sus rondas. No nos dieron estetoscopios. Ni siquiera nos daban un bajalenguas. El primer año de la escuela de medicina era un ejercicio inmenso y soporífero de memorización de las ciencias médicas básicas (anatomía, bioquímica, histología y fisiología) que, hasta hoy, me da dolor de cabeza sólo de pensarlo.

El Duro Trato

El único episodio que denotaba calidez y compasión durante mi primer año fue la clase introductoria de disección humana. El profesor nos dijo que los cadáveres fueron algún día seres humanos dinámicos que habían atravesado tiempos difíciles, se habían convertido en indigentes y murieron solos en las calles o en un albergue. Sus cadáveres habían sido donados a Cornell para la investigación médica porque ningún amigo ni familiar había reclamado el cuerpo para enterrarlo. Nos dijeron que tratáramos a nuestro cadáver con respeto y con reverencia. Nos dijeron que nunca bromeáramos sobre nuestro cadáver ni lo menospreciáramos. Nos dijeron que podíamos poner un nombre a nuestro cadáver, pero que tenía que ser un nombre adecuado, no un apodo cruel o con malas intenciones.

Mi compañero y yo llamamos al nuestro, Charles, quien se convirtió en Charlie cuando empezamos a conocerlo mejor. Yo hice caso estricto a las palabras de mi profesor, con una flagrante excepción. Utilicé a Charlie y a otros cadáveres para gastarle una broma de venganza a mi hermano Barry. Él, al igual que yo, vivía al borde del bandolerismo cuando éramos pequeños y solía estar dispuesto a todo. Fue a visitarme a mediados de mi primer año y, como era de esperar, quería que le enseñara la morgue. En vez de eso, lo llevé a un cuarto frío donde algunos de los cadáveres habían sido colocado sobre unas mesas bajo unas sábanas, en espera de las clases de disección a la mañana siguiente. El cuarto tenía pocas ventanas, cubiertas por gruesas persianas hasta abajo.

Mientras nos aproximábamos al cuarto, le dije a Barry que me dejara entrar primero para encender la luz para que los cuerpos se "calmaran". Él me preguntó de qué hablaba y le dije que los cuerpos de los muertos recientes, a veces se movían cuando el cuarto estaba a oscuras. Barry se puso visiblemente nervioso. Encendí la luz haciéndole señas para que entrara. Cuando caminaba delante de mí, apagué la luz, salí corriendo del cuarto y cerré la puerta. Entonces, grité desde fuera: "Barry, ¿ya se están moviendo? ¿Ya se están moviendo?"

Mi hermano empujó la puerta que estaba bloqueada y empezó a gritar. Yo también grité: "Barry, grita más fuerte. ¡Papá no puede oírte!"

Lo dejé salir segundos después, ya saldada una cuenta pendiente. Él todavía estaba demasiado asustado como para estar enojado.

Aunque esa broma no lo demostraba, las observaciones de mi profesor sobre la dignidad del cuerpo humano me parecieron conmovedoras e inspiradoras y he estado fascinado con esa dignidad elemental durante mis cincuenta años de carrera médica. Su discurso fue el punto álgido de mi primer año, un año que por lo demás se caracterizó por un trabajo duro y por una monotonía incesante.

Puedo decir francamente que nunca he trabajado tanto o con tanto estrés como durante mis primeros dos años en la escuela de medicina.

En el primer año, tomábamos todas las materias de ciencias básicas. En el segundo, añadíamos materias sobre patología (el estudio de enfermedades corporales) y sobre enfermedades infecciosas (el estudio de virus, bacterias y hongos). Cada materia tenía un componente de laboratorio. Y pasábamos tiempo extra en el cuarto de cadáveres, diseccionando meticulosamente al nuestro, tomando muchos apuntes y haciendo dibujos detallados de nuestros hallazgos.

La cantidad de información que se nos arrojaban era impresionante. Imaginar una cerca como defensa contra un huracán sirve para empezar a comprender el enorme volumen de información que caía sobre nosotros como torrentes. Yo llegaba a mi habitación proveniente de la biblioteca o del laboratorio hacia la medianoche, totalmente agotado de quince horas de clases, de laboratorios y de estudio. Cuando mi cabeza caía sobre la almohada, luchaba contra el sueño porque tenía miedo de olvidar durante la noche lo que había memorizado durante el día y me levantaba todavía más rezagado. Ese era el mayor temor que compartíamos todos, quedarnos tan atrás que ningún esfuerzo humano hiciera posible ponerse al día. Ochenta y tres estudiantes ingresaron a la escuela de medicina conmigo y dos intentaron suicidarse durante los primeros dos años, uno lo consiguió. Yo batallaba contra el pánico y nunca compartí las dudas que sentía con mis compañeros ni con mis padres. Pero en realidad, era una situación increíblemente estresante. Sentía que había caído en un abismo y que sólo con un esfuerzo diario incesante, – nunca faltar a una clase, nunca dejar de hacer una tarea, memorizar hasta que pensaba que me iba a explotar la cabeza – sólo con el puro afán de la voluntad de cada día, tendría la esperanza de ascender.

Las clases de anatomía me ofrecían un alivio de la aburrida monotonía del trabajo de las demás materias. En cada sesión, diseccionábamos uno de los muchos sistemas del cuerpo humano que funcionan en conjunto en perfecta armonía en una persona saludable, los cuales constituyen el logro más milagroso de Dios. (Echando la vista atrás, otro pequeño destello de interés en la medicina nació en mí durante las horas en las que aprendía meticulosamente sobre el cuerpo humano gracias a Charlie.) Varios de mis compañeros no tenían estómago para la disección y claramente no serían cirujanos. Mi único problema con la disección humana era el penetrante hedor de formaldehído que se aplicaba generosamente en el laboratorio de cadáveres para prevenir la descomposición y para disimular el olor de la carne en descomposición. Todos nos poníamos guantes de goma y batas de laboratorio que llegaban hasta el suelo y nos frotábamos con agua caliente y con jabón fuerte cuando terminábamos – pero, aun así, el hedor era abrumador.

El Duro Trato

Hoy, al caminar por el complejo de Cornell, la señal de un estudiante de medicina es el estetoscopio alrededor de su cuello, cuando yo estudié medicina, la señal que revelaba que éramos estudiantes de esa carrera era el olorcillo a formaldehído que llevábamos a todas partes.

De los ochenta y tres estudiantes en mi clase de medicina de primer año, sólo tres eran mujeres. Sin embargo, había un número sorprendente de estudiantes judíos – alrededor de quince –, significativamente mayor que en años anteriores. Mi compañero de cuarto era un estudiante de medicina de tercer año que ya había indicado la psiquiatría como su campo médico. Cada uno teníamos una habitación conectada a un cuarto de baño en común.

Una noche, le dije despreocupadamente que quería ser cantante de ópera, que tomaba clases de canto dos veces a la semana con un profesor cerca de Times Square y que sólo estaba en la escuela de medicina porque tenía un trato con mi padre.

Su mayor interés profesional era el análisis freudiano y cuando le dije que mi padre era Richard Tucker (un nombre que él reconoció al instante), dejé de ser su compañero de cuarto para convertirme en su caso de estudio. Cuando teníamos tiempo para charlas entre compañeros, él dirigía la conversación hacia mi infancia con mi padre y con mi madre y, a veces, incluso tomaba notas. Lo que era ligeramente interesante en las primeras dos conversaciones, pronto se volvió aburrido e irritante. Después de un par de meses, sólo nos saludábamos y teníamos conversaciones convencionales, pero nada más que eso.

Mi compañero de Tufts se convirtió en un amigo de por vida. Mi amistad con mi compañero de cuarto de la escuela de medicina no sobrevivió ni siquiera el primer año.

El resto de mis compañeros de medicina tenían ventaja con respecto a mí. La mayoría tenían uno o dos doctores en la familia. Igual que yo había escuchado incontables conversaciones sobre ópera desde pequeño, ellos sin duda alguna habían escuchado innumerables conversaciones sobre medicina y estaban tan familiarizados con los conceptos médicos básicos como yo lo estaba con el lenguaje de la ópera. Por eso, casi por ósmosis estaban mucho mejor preparados que yo para la escuela de medicina. Las palabras que a mí me sonaban a griego, ya hacían parte de su vocabulario.

Al principio, lo más duro sobre la escuela de medicina era el lenguaje médico. Cada frase de mis gruesos libros de texto contenía al menos tres o cuatro palabras que nunca había escuchado. Empecé a llevar a todas partes un pesado diccionario médico para ayudarme a descifrar ese extraño lenguaje, un libro que estaba desgastado por mi pulgar y roto por el lomo a mediados de mi primer año.

Gran parte de mi desaliento durante el primer año era las horas que me tomaba estudiar unas pocas páginas de un libro de texto. Además, mis compañeros de clase querían ser doctores. Su compromiso facilitaba la carga porque valoraban mucho lo que les esperaba al otro lado de tanto trabajo duro y de noches sin dormir. A mí no me reconfortaban esas cosas. Yo no quería estar en la escuela de medicina y no quería ser médico. No conocía a ninguna otra persona que cargara con el rigor de estudiar medicina como el precio a pagar para perseguir un sueño diferente.

Mientras yo estudiaba duro, mi padre no podía estar más feliz con cómo estaban saliendo las cosas. Su hijo estaba en una escuela de medicina de primera. Cuando mis padres no estaban viajando, venían a menudo a mi residencia (Olin Hall) cuando venían a la ciudad para ir a cenar. La seguridad era informal en ese entonces, por lo que podían sencillamente entrar a Olin Hall y pedir en la recepción que le dijeran a David Tucker que sus padres estaban allí. Normalmente les decían que yo estaba en la biblioteca, entonces me dejaban un mensaje y se iban.

En las pocas noches que yo estudiaba en mi habitación, bajaba al área de recepción, le daba un beso a mi madre y a mi padre y les decía, después de un rato de conversación, que tenía que seguir estudiando. Pronto dejaron de venir y sólo me visitaban las noches que mi padre cantaba en Nueva York. Venían tarde, después de la ópera y de la cena (y después de que la biblioteca de Cornell cerrara). Al haber terminado casi todo lo que tenía que estudiar, no sentía la necesidad de ahuyentarlos después de sólo unos minutos. Mi padre me preguntaba sobre mis clases de medicina, pero nunca sobre mis clases de canto.

A veces mis padres me visitaban cuando estaba en la sala de ocio del sótano. En una de esas salas, había un piano. A un compañero de clase le gustaba tocar el piano y pronto nos convertimos en un equipo. Yo cantaba canciones populares, música italiana y alguna aria ligera ocasionalmente. Cantaba con algo de éxito, por lo que atraje a un pequeño público de estudiantes de medicina, del personal y a algún miembro del profesorado. Mi madre me dijo posteriormente que mi padre se mostraba visiblemente disgustado cuando le decían que yo estaba cantando en el sótano, pero se lo tomaba con deportividad y siempre sonreía al entrar en la sala de piano. Yo estaba en la escuela de medicina, después de todo, y esa victoria probablemente motivaba su magnanimidad. Siempre le reconocían instantáneamente cuando entraba en la sala y su presencia hacía que finalizara la sesión rápidamente. Quizás esa era su intención. Subíamos al otro piso, donde hablábamos un rato, antes de que los despidiera con un beso.

Lo que más recuerdo sobre las visitas de mi padre durante el primer año fue el día en que me llamó al principio del semestre para preguntarme si podía comer conmigo en el Instituto Rockefeller. Yo le había contado a mi madre sobre lo hermoso que era el Instituto Rockefeller y que a veces mis amigos y yo íbamos allí con nuestras batas blancas para almorzar en el exterior y para escapar de la monotonía de la escuela de medicina. Ella le debió contar a mi padre, quien después me llamó para hacerme ese pedido.

Hay que entender lo increíble que era dicho pedido. Mi padre almorzaba normalmente solo y pasó toda su vida rechazando invitaciones para almorzar con los más ricos y famosos en los mejores restaurantes de Nueva York. En público, mi padre era formal y era tarea imposible verlo almorzando en el banco de un parque con una bolsa de papel. Además, no recuerdo que *me* preguntara nunca que lo incluyera *a él* en algún evento o en alguna reunión con mis amigos. Pero la descripción de mi madre debió haber calado hondo, por eso me llamó y me preguntó si podía venir con nosotros un día. Le respondí que me encantaría, así que hicimos planes para almorzar al día siguiente. Le dije que comíamos sobre la una de la tarde, pero que viniera a mi residencia hacia las 11:30 de la mañana y haríamos un recorrido por el complejo médico. Curiosamente, también me preguntó el nombre de la calle más cercana al lugar donde nos sentaríamos a disfrutar de nuestro almuerzo.

Mi padre vino a buscarme a las 11:30 en punto, vestido con un hermoso traje y con corbata conservadora. Tenía puesto un sombrero elegante de los muchos que poseía. Mientras recorríamos el complejo, su rostro tomó el aspecto de un católico devoto visitando el Vaticano por primera vez o el de un judío observador recorriendo las ruinas de Masada. Visitamos las aulas, los laboratorios vacíos (sabía que mi padre era aprensivo al ver sangre, así que evité las salas que le podían hacer sentir incómodo) y la biblioteca. Lo llevé a Sloan Kettering y a Payne Whitney. Caminamos por el anfiteatro del Hospital de Nueva York, donde importantes investigadores daban charlas ante un distinguido público (y donde su hijo, cuatro años más tarde, estaría dirigiéndose a los estudiantes de medicina y a los profesores en su presencia).

Antes de ir a almorzar, fuimos al centro de investigación Rockefeller, mi padre parecía impresionado cuando los doctores pasaban a su lado con libros y con papeles entre sus manos. Habló muy poco durante el recorrido, pero su profunda felicidad era palpable, asentía orgullosamente cuando los doctores nos saludaban. Cuando las personas lo reconocían y lo paraban para estrecharle la mano, él me presentaba y exclamaba que estaba estudiando para convertirme en médico.

Durante el almuerzo, mi padre fue un invitado perfecto. Era un día precioso de otoño y nos sentamos en el suelo comiendo sándwiches con servilletas sobre nuestro regazo. Mi padre preguntó a cada uno de mis amigos de dónde eran y cómo se llamaban sus madres y sus padres. Si conocía a una de las familias, decía que era afortunado de conocer a sus padres. Mis amigos se quedaron impresionados con él, quien desviaba educadamente todos sus esfuerzos para hablar sobre el canto y sobre su carrera, preguntándoles a cada de ellos cómo les estaba yendo en la universidad y qué tipo de médicos querían ser.

Después de una hora, vi una limusina con chófer estacionando a unos cien metros de donde estábamos sentados. Mi padre se levantó, estrechó la mano de cada uno de mis amigos y les deseó la mejor de las suertes. Me abrazó y yo le di un beso en la mejilla. Se dio la vuelta y caminó enérgicamente hacia el coche estacionado.

Después de un mes desde que empezaran las clases, tomé el metro hacia Times Square para mi primera clase de canto en Nueva York. Frederick Jagel y mi padre participaron en la selección de un profesor que se llamaba Earl Rogers, pero sospecho que mi padre jugó el papel más importante. Mi padre conocía a Rogers de sus días como cantor porque Rogers cantaba en varios coros cuando él hacía el canto litúrgico durante las Altas Fiestas judías en varias sinagogas de Nueva York y en el Hotel Concord. También sabía que Rogers no tenía ninguna formación o experiencia en la ópera.

Pero la reputación de Rogers era la de un talentoso profesor de canto. Fue el presidente de la Asociación de Profesores de Canto de Nueva York desde 1960 hasta 1962. Tenía una fina voz de tenor y una larga lista de discos, que incluían *Trouble in Tahiti*, de Leonard Bernstein, canciones de *Camelot*, selecciones de Haydn y Mozart y varias canciones alemanas (que eran parte de mi repertorio). Creo que mi padre pensó que Earl Rogers era una elección segura para mí – y para él –. Mi nuevo profesor no me presionaría demasiado, no tenía formación ni estaba equipado para impulsar mis aspiraciones operísticas y, desde el punto de vista del señor Jagel, no tensaría mi voz. Todo lo que sabía era que tenía un nuevo profesor de canto al que tanto mi anterior profesor como mi padre apoyaban. Caminé hacia el metro con paso ligero por primera vez desde que dejé el Conservatorio de Nueva Inglaterra.

La oficina del señor Rogers estaba en el cuarto piso de un pequeño edificio de oficinas en la esquina de la Quinta y de la Séptima Avenida. Recuerdo que tenía un piano, techos altos y suelo de madera que realzaba la acústica. Rogers era amigable, pero taciturno. Transmitía el respeto más profundo hacia mi padre. Estaba francamente asombrado de que yo estuviera tomando clases de canto y asistiendo a la escuela de medicina, por lo que me preguntaba sobre mis materias al principio de cada clase.

Siempre era su último estudiante al final de la tarde porque no podía permitirme perder ninguna materia, y sabía el día que había tenido clase de disección por el fuerte hedor a formaldehído que se colaba en la oficina antes que yo.

Nuestras clases duraban una hora aproximadamente. Sólo tenía veinte años cuando empecé con Rogers y mi voz todavía era pequeña, una voz de tenor lírico suave, me gustaba pensar. Empezábamos cada clase con escalas y después cantaba unas cuantas canciones de mi repertorio de música de Broadway, canciones de arte alemanas, música popular italiana y arias suaves. Earl Rogers no era apasionado por naturaleza, pero era alentador. Nunca desarrollamos la relación cercana que tenía con el señor Jagel, pero ello se debía a las demandas de la escuela médica de Cornell más que a otra cosa. Aunque con el tiempo llegué a la conclusión de que mi formación vocal necesitaba algo más de lo que el señor Rogers podía ofrecerme, comprendí esto dieciocho meses más tarde, al comienzo de nuestra colaboración, yo estaba bastante contento. Cuando terminaba mi clase, cantaba en voz alta en las calles de Nueva York mientras caminaba hasta encontrar un taxi, olvidando las miradas de la gente que pasaba a mi lado. Sabía a ciencia cierta que cantar era mi primer amor por la sensación de desaliento que caía sobre mí cuando regresaba a mi residencia para memorizar durante varias horas más, los libros de texto médicos.

Cuando mis clases de canto iban bien avanzadas, tuve una cita con uno de los decanos (Decano Hanlon) para saber si había alguna oportunidad de cantar en las funciones de Cornell. Resultó que la escuela de medicina tenía varias cenas de recaudación de fondos cada año. Alrededor de doscientas personas, entre profesores y exalumnos, asistían a cada cena. Se trataba de un asunto formal que se celebraba en grandes auditorios con mesas para cenar y con un escenario para expositores y para entretenimiento. El entretenimiento llegaba al final de la noche y duraba una hora aproximadamente. Cada actuación duraba entre diez y quince minutos.

Yo estaba extático cuando el decano respondió con entusiasmo a mi consulta. Sabía que era el hijo de Richard Tucker, Debió haber pensado que no podía ser un mal cantante y que probablemente se me daba bien cantar. Me presentó a la coordinadora de entretenimiento de la escuela de medicina. No le vendría mal, ya que necesitaba cuatro o cinco actuaciones para cada cena. Cuando me ofreció la oportunidad de cantar en la siguiente cena, le dije que me gustaría ser presentado como David Nello. Ella soltó una pequeña risa, pero dijo que no había ningún problema.

Tengo que decir algo más sobre David Nello. Sus orígenes y su relación con mi padre eran complicados y, sin duda, tenían trasfondos emocionales y psicológicos más fuertes de lo que yo mismo quería admitir a mi compañero de habitación freudiano de mi primer año. La creación de David Nello era básicamente una respuesta estratégica a los públicos con rostros decepcionados que esperaban una voz increíble del hijo de Richard Tucker. David Nello era mi intento por rebajar las expectativas y por aliviar la carga de actuar como el hijo de una estrella mundialmente reconocida.

Pero David Nello estaba arraigado a David Tucker porque yo no tenía el coraje ni el deseo de tener un nombre nuevo y, excepto al actuar, yo siempre me presentaba como David Tucker y no hacía ningún intento por ocultar mi ilustre parentesco. Además, me parecía mucho a mi padre cuando era joven y muchos en el mundo del canto y de la ópera de Nueva York sabían que el hijo de Richard Tucker estaba estudiando para ser un cantante clásico. Por esto, desde el principio hubo mucho en contra de la independencia de David Nello. También estoy seguro de que no habría recurrido a David Nello si mi padre hubiera aceptado mi futuro musical con el entusiasmo de Frederick Jagel o del Maestro Lauri-Volpi, pero nunca lo hizo y su oposición reforzó mi determinación de cantar como David Nello hasta donde su voz me llevara.

Canté en dos de estas cenas durante mi primer año y en cuatro durante el segundo. ¡Estaba entusiasmado de tener un público! Cantaba una canción de Broadway, una canción napolitana y una parte de una aria. Cuando terminaba, los invitados aplaudían con un respetuoso entusiasmo – menos de lo que esperaba –, pero mucho mejor que las caras vacías y el aplauso inaudible que acompañaron mis incursiones como cantante de bodas en la comunidad judía de Boston.

Un invitado siempre aplaudía con mucho entusiasmo, venía a todas las cenas, se sentaba en primera fila y se dirigía a mí después de cada cena para decirme lo mucho que había disfrutado mi actuación. Yo le consideraba mi fan de Cornell; su nombre era doctor John McLean, era el jefe del Departamento de Oftalmología. No tenía forma de saberlo en ese momento, pero el doctor McLean tendría un profundo impacto en el resto de mi vida profesional.

El coordinador de entretenimiento también me dio la oportunidad de actuar ante mi público más entusiasta en Cornell, los pacientes internos del Instituto Psiquiátrico de Payne Whitney. Aunque algunos estaban encerrados en su área, muchos eran ambulatorios y les daban pases para moverse por el hospital, incluso para abandonarlo por las tardes con el privilegio de caminar por todo el complejo médico de Cornell. Cada mes había un programa de entretenimiento para esos pacientes ambulatorios y el coordinador me preguntó si quería cantar para ellos.

Canté en tres de dichos programas durante mi primer año y en una media docena durante el segundo. Me dejaba pasmado su entusiasmo y su animado aplauso. Recuerdo llamar a mi hermano mayor después de mi primera actuación en Payne Whitney para contarle sobre la respuesta apasionada de los pacientes cuando escucharon mis canciones. Él me dijo que acababa de leer un artículo sobre el uso de mascotas en instituciones mentales para motivar a los pacientes a pensar que son queridos.

"Eso es interesante". Le dije. "Tú eres el perro, David". Respondió Barry riéndose entre dientes.

Uno de esos pacientes, una mujer joven llamada Florence, me daba cumplidos a menudo después de las actuaciones. Además, usaba su pase ambulatorio para venir al sótano de Olin Hall las noches en las que cantaba. (Nunca supe cómo se enteraba de cuándo iba a cantar yo.) Florence llevaba una bata de laboratorio hasta los pies el día que llegó al sótano, por lo que pensé que era un técnico médico. Después me enteré de que también llevaba una bata de laboratorio cuando caminaba por la escuela de enfermería. Allí, había conocido a una atractiva estudiante de enfermería de diecisiete años que también pensó que Florence era parte del personal del hospital.

Florence empezó a contarle a la joven estudiante de enfermería sobre un apuesto joven estudiante de medicina que tenía una gran voz y que era hijo de Richard Tucker. La chica se llamaba Lynda Schwartz. Florence empezó a llevar a Lynda al sótano para que me escuchara cantar. Siempre se iban antes de que yo terminara y nunca se acercaban a hablar conmigo. En menos de un año, Lynda Schwartz se convertiría en mi esposa.

Cuando conocía a Lynda, no fue amor a primera vista. El complejo médico tenía muchos comedores dirigidos a doctores y a estudiantes porque todos estaban demasiado ocupados como para abandonar el edificio para comer. Aproximadamente veinte de nosotros, divididos en partes iguales entre estudiantes de medicina y estudiantes de enfermería, nos juntábamos en varios lugares para cenar y para pasar el tiempo. Lynda era una de las enfermeras que se unió a nuestro grupo de forma regular. Recuerdo que parloteaba todo el tiempo. Antes de que supiera su nombre, ya pensaba que era muy parlanchina.

Un día, se acercó a mí y se presentó. (Esto debió ser después de que Florence le contara sobre mi existencia.) Ella era joven, atractiva, judía y alegre. Yo era cordial, pero un poco huraño porque esta chica alegre de ojos grandes no era mi tipo. Prefería las estudiantes de música, bohemias, inquietas y de carácter fuerte del Conservatorio de Nueva Inglaterra y las encontraba más atractivas e interesantes que a mis convencionales compañeras de Tufts. Antes de conocer a Lynda, salí con una joven mujer a la que conocí en el mundo de las artes y de la música de Nueva York, una escena más igualitaria y diversa que la aburrida sociedad de élite de la escuela de medicina. Era igual de probable que las mujeres con las que salían fueran asiáticas o afroamericanas que blancas. Una vez llevé a Great Neck una violinista nativa americana. Y si resultaba que mi acompañante era caucásica, era mucho más probable que fuera cristiana que judía. Todo esto era una constante decepción para mi madre por su fuerte deseo de que sus hijos se casaran con chicas judías agradables. Así que fui frío con Lynda cuando se acercó a mí y, después de unos minutos de conversación, regresó a su lugar de la mesa.

Una noche, nos juntamos un grupo para cenar en un restaurante local cerca del hospital antes de los exámenes trimestrales a la mañana siguiente. Yo había estudiado anatomía y química todo el día y ya había terminado de repasar. Creía firmemente en dormir bien antes de los exámenes y nunca me quedaba estudiando toda la noche. Después de cenar, cuando estábamos tomando café, pregunté si alguien quería ir a ver una película. La mayoría de mis amigos me miraron como si estuviera chiflado y algunos dijeron: "¿estás loco?". Linda estaba sentada al final de la mesa, levantó la mano (como una tímida estudiante en clase pidiendo que le pregunte el profesor) y dijo que le encantaría ir a ver una película. Ella era la única que quería acompañarme. Le pregunté qué quería ver y me dijo que *Barabbas* – una película épica protagonizada por Anthony Quinn, la cual trataba de uno de los criminales crucificados con Jesucristo – había recibido buenas críticas. Le dije pasivamente que cualquier película estaría bien.

No podía permitirme un taxi, así que caminamos treinta manzanas hasta el barrio del cine. Conversamos todo el camino. Después de la película, hicimos una parada para ir al Stage Delicatessen mientras volvíamos a la escuela de medicina. Todavía no habíamos parado de hablar. Tomamos café y compartimos un pan danés. Lynda tenía diecisiete años y parecía de quince. Mi pelo era muy largo y parecía mucho más mayor de veinte años.

Una pareja de ancianos judíos estaba sentada en la mesa de al lado, la mujer le preguntó a Lynda qué edad tenía. Cuando nos levantamos para irnos, el hombre me apuntó con su dedo y me sermoneó: "Espero que no seas un asaltacunas".

Nos reímos y hablamos en nuestro camino a casa sobre toda nuestra vida. Le conté sobre mi amor por la música y sobre mi aversión a la escuela de medicina. Para ese momento, ya estábamos agarrados de la mano.

Empezamos a salir inmediatamente. Pronto comencé a admirar la franqueza, la decencia y la honestidad de Lynda – cualidades que nunca me habían atraído –. Pronto se volvió muy íntima nuestra relación. Nunca más volvería a salir con otra mujer.

Cuando hablaba con mi madre por teléfono, siempre me preguntaba primero por mi vida social, una abreviatura para hacerlo era: "¿Con quién estás saliendo?" Me lo preguntaba inquieta porque raramente salía con chicas judías.

A finales de noviembre me llamó y me hizo la típica pregunta. Cuando le respondí que estaba saliendo con una enfermera, dijo: "Por Dios". (Este era un "por dios" negativo, no positivo porque sabía que muy pocas chicas judías estudiaban enfermería en los años sesenta). Entonces preguntó, casi sarcásticamente: "¿Y cómo se llama?"

"Lynda Schwartz", le respondí.

"¡Tráela a casa!" gritó mi madre en el teléfono.

Pronto quedamos en que llevaría a Lynda a una cena de Shabbat un viernes por la noche dos semanas más tarde, después de que mi padre regresara de una gira de conciertos.

Lynda estaba reticente a conocer a mis padres, creo que porque se sentía abrumada al pensar en conocer al famoso Richard Tucker. Su padre era un hombre de negocios de clase media–alta. Mi padre tenía fama mundial.

Las cenas de Shabbat de los viernes por la noche en la casa de Richard Tucker no eran siempre de índole familiar simplemente. Cuando le conté a Lynda que Robert Merrill y su esposa, Sholom Secunda (un importante compositor judío) y otras personas del mundo de los cantores judíos y de la ópera estadounidense también estarían allí, su vacilación se convirtió en histeria. Al final cedió y tomamos un tren desde Nueva York hasta Great Neck.

El chófer de mi padre nos recogió en la estación de tren, llegamos aproximadamente una hora antes que los invitados. Cuando estábamos en la puerta, Lynda era un manojo de nervios, pero todo cambió en los siguientes quince segundos en cuanto mi padre abrió vestido con calzoncillos de corazones y con una camiseta popularizada por Marlon Brando en *A Streetcar Named Desire,* tampoco llevaba su tupé. Mi nueva novia conoció al gran Richard Tucker como sólo su valet debería verlo. Nos saludó amablemente con una gran sonrisa en la cara, me dio un fuerte abrazo y a Lynda otro afectuoso y apropiado. La naturalidad de mi padre sirvió para hacer desaparecer la tensión de Lynda antes de entrar en la sala de estar para saludar a mi madre. Ella estaba majestuosa con un vestido y con joyería a juego, aunque apenas podía ocultar su irritación por el atuendo informal de mi padre.

La noche fue perfecta (aunque Lynda no habló mucho y casi no comió). Mi padre intuyó su timidez y le preguntó a si le podría hacer el honor de leer la primera selección de gracia después de la cena. También le pidió a ella (y a los demás) que leyera en inglés, abandonando su insistencia habitual de que todos los aspectos religiosos de la cena del Shabbat debían ser realizados en hebreo – una concesión, que estoy seguro, fue motivada por su deseo de hacer que Lynda se sintiera cómoda –. Para cuando nos íbamos de regreso a la ciudad, Lynda y mi madre ya eran amigas. Estoy convencido de que mi madre se dio cuenta de lo cariñosa y lo atenta que Lynda era conmigo y le encantó por esa razón. Además, mi madre siempre quiso tener una hija, pero sólo tuvo hijos. Creo que Lynda se convirtió rápidamente en la hija que mi madre no concibió.

Mi madre encendiendo las velas en Shabbos Eve en nuestra casa de Great Neck, Long Island, conmigo, mi padre y mis hermanos, Barry y Henry (*de izquierda a derecha*). (De la colección personal de David N. Tucker)

Mi padre pensaba que era un poco joven, pero un buen partido. También estaba entusiasmado con que fuera una estudiante de enfermería y no una cantante. ¿Quién mejor, le dijo a mi madre, para mantener el rumbo de su estudio de medicina que una estudiante de enfermería?

De vuelta en la universidad, Lynda y yo nos volvimos inseparables. Comíamos juntos, estudiábamos juntos, y en nuestro limitado tiempo libre lejos de los libros, monopolizábamos la tarjeta de baile del otro. Venía a escucharme cantar al sótano de Olin Hall y siempre elogiaba mi voz. Ella y Florence se convirtieron en mis mayores seguidoras.

Durante todo nuestro noviazgo, sólo hubo un momento difícil. La hermosa mujer mayor que hizo enrabiar a mi madre en Israel vino a Nueva York y me llamó. Yo fui a su hotel. Nos besamos y hubo algo más, pero no llegamos a hacer el amor. Me sentí mal por eso, pero no lo suficiente como para decírselo a Lynda.

Cuando volví a la residencia hacia las cuatro de la tarde, me preguntó dónde había estado. Le dije que había tenido una clase de canto. Ella conocía perfectamente mi horario, me dijo que nunca había tenido lecciones de canto a una hora tan temprana de la tarde y comenzó a llorar. Le confesé la verdad y le prometí que no volvería a pasar.

Para diciembre, estaba completamente enamorado de Lynda. Una noche en la ópera me recordó por qué la quería tanto. Mis padres nos habían invitado a escuchar a mi padre cantar *La bohème* en el Met. Su actuación dejó a Lynda sin palabras. Regresando a Cornell, no dijo nada durante varios minutos y después me mencionó de forma discreta, que, aunque le encantaba mi voz, pensaba que mi padre era un mejor cantante. Qué honesta, dulce y gentil fue esa frase: "Creo que tu padre es un mejor cantante". Me honró con esa comparación. (Si ella hubiera estado enamorada de Danny Mantle, le habría dicho: "Eres un gran bateador, pero creo que tu padre es aún mejor").

En enero, le propuse matrimonio. Lynda era más cautelosa por naturaleza y me preguntó cómo dos estudiantes que tuvieron que caminar hasta el cine y compartir un pan danés para ahorrar dinero, podrían permitirse una boda. Yo era obstinado, estaba enamorado y no iba a aceptar un no como respuesta. Acordamos casarnos ese verano. Años más tarde, le pregunté por qué pensaba que nos habíamos casado cuando ella tenía dieciocho años y yo veintiuno y dijo: "Éramos muy apasionados y éramos jóvenes y tontos".

Convencer a nuestros padres fue mucho más difícil que convencer a Lynda. Me llevó a su casa para informar sobre nuestros planes a sus padres, Harry y Elaine Schwartz, quienes vivían en una modesta casa de Queens. Le dije al señor Schwartz que quería casarme con Lynda. Su primera pregunta fue cómo un estudiante de medicina a tiempo completo podría mantener a su hija, quien también era una estudiante a tiempo completo. (La fuente de las preocupaciones de Lynda sobre el estado precario de nuestras finanzas se volvieron claras en ese instante). Le dije al señor Schwartz que había residencias para estudiantes casados muy asequibles y que podríamos vivir frugalmente. Después me preguntó qué haría si me negaba su consentimiento y su bendición. Le dije que su negativa le causaría a su hija mucho dolor, pero que nos casaríamos sin su aprobación y, si así lo elegía él, sin su presencia. Él me dijo que admiraba mi coraje y nos dio su permiso para casarnos.

Le conté nuestros planes a mi madre por teléfono, estaba eufórica. Después le pregunté cuál era la mejor forma de decírselo a mi padre. Me dijo que tendría que ser en nuestra casa de Great Neck, en persona. Mi padre estaba cantando en ese momento en el medio−oeste, así que estaría en casa al domingo siguiente. Me pidió que fuera sin Lynda el sábado.

Mi padre tenía ciertos rituales cuando volvía a casa de una gira de conciertos. Colgaba su abrigo y su sombrero sin decir mucho más que un simple saludo. Después se iba al baño a lavarse y a cambiarse. Veinte minutos después, volvía refrescado para saludar a su familia. Raramente se desviaba de esa práctica.

Le pedí a mi madre que respetara sus rituales y que no dijera nada sobre mis planes hasta que mi padre hubiera realizado sus abluciones. Dijo que eso era una buena idea y aceptó. También me dijo que mis hermanos estarían en casa ese fin de semana.

Barry desempeñó un papel indeseado en el drama que comenzó a desarrollarse tan pronto como mi padre abrió la puerta principal. A pesar de mi advertencia, mi madre inmediatamente soltó: "Ruby, David y Lynda se van a casar".

Mi padre pasó a mi lado, rozando mi hombro, sin decir una palabra. Colgó su sombrero y su abrigo. Le dijo a mi madre con voz de acero que se iba a duchar y a cambiar. "Que todos estén en la sala de estar en media hora", rugió, "y les diré qué pienso sobre la tontería que acabo de escuchar".

Cuando mi padre entró a la sala de estar, no ocultó su decepción. Creo que intuyó que mi vida amorosa estaba sumando batallas a la artillería musical que ya estaba desplegada contra su sueño para mi futuro. Ya estábamos en la sala de estar – mi madre, mis dos hermanos y yo – cuando él entró. Dijo lo que tenía que decir. Me dijo sin rodeos que la escuela de medicina era lo primero, que el matrimonio era impensable y que ese era el punto final. Le respondí que el matrimonio no interferiría con la escuela de medicina y que me casaría con Lynda en verano con o sin su aprobación. Entonces me dijo que, si me casaba en ese momento, ya no seguiría ayudándome financieramente. Le rebatí con convicción que me mantendría a mí mismo sin su ayuda, incluso si tenía que pedir prestado para hacerlo.

Mi padre me miró fijamente y yo le devolví la mirada. Él conocía mi voz y mis gestos mejor que nadie y vio y escuchó que en este tema yo no iba a ceder. Para recobrar su autoridad como cabeza de familia, volvió su mirada hacia su primer hijo. "Barry", le preguntó, "¿amas a Elaine?" (Barry salía con ella desde hacía seis meses.)

"Creo que sí". Respondió Barry.

"¿Crees que podrías vivir con ella?"

"Creo que sí", dijo él, sin saber hacia dónde iba eso.

"Bueno", dijo mi padre, "llámala. Quiero que te cases en dos meses. El hijo mayor debe casarse primero".

Yo estaba encantado con ese rápido giro en los acontecimientos porque el nuevo problema de Barry significaba que Lynda y yo éramos libres. Al principio, Barry se quedó sin palabras. Mi padre hablaba en serio. Después de unos cuantos larguísimos segundos, Barry espetó: "Papá, ¿estás loco?"

"Ruby", dijo mi madre con una risa desdeñosa, "estás siendo ridículo". (No estaba claro si pensaba que mi padre estaba siendo ridículo por oponerse a mi boda con Lynda o por proponer una rápida boda a Barry y a Elaine.)

Después, mi padre jugó su última baza de viejo hombre judío en el Stage Deli y le advirtió a mi madre que Lynda era solamente una niña, demasiado joven para el matrimonio.

"Puede que tenga sólo diecisiete años", respondió mi madre, "pero tiene más cerebro que tú, Ruby".

Con esas últimas palabras, mi madre salió de la sala. Tentando a la suerte, le pregunté a Barry si podía casarse antes de junio, ya que yo me iba a casar en agosto. Barry salió de la sala hecho una furia. (Mi hermano Henry ya había salido cuando comenzó la primera pelea).

Al final, sólo quedamos mi padre y yo en la sala de estar, él continuó: "más te vale que esto no interfiera con la escuela de medicina". Y se fue.

Me quedé sentado durante algunos minutos, saboreando la victoria. Al cabo de una semana, mi padre estaba planeando una de las más grandes bodas que Great Neck, y quizás Nueva York, había visto jamás. Barry dejó de salir con Elaine. Conoció una maravillosa joven llamada Joan y se casaron dos años después. Han estado casados felizmente durante cuarenta y siete años.

Al volverse cada vez más famoso mi padre, disfrutaba enormemente su estatus como celebridad de Nueva York. Frecuentaba los mejores restaurantes, se quedaba en los mejores hoteles y finalmente compró un interés en uno de ellos, el Hotel New Yorker. Este hotel con estilo art decó abrió en la Octava Avenida en 1929. Por mucho tiempo, sus 2,500 habitaciones lo convirtieron en el hotel más grande de Nueva York. Uno de sus eslóganes era que sus botones eran "tan llamativos como los militares de la academia de West Point". Su botones más famoso se volvió conocido a nivel nacional por gritar *call for Philip Morris* en radio y en televisión.

Nuestra boda se planeó para el domingo 23 de agosto de 1963 y se celebraría en ese hotel. La tradición decía que el padre de la novia tenía que pagar la boda. El padre de Lynda mencionó a mi padre que pensaba que la novia y el novio debían invitar a cincuenta personas cada uno, diciendo un poco en broma que no conocía a más de cincuenta personas suficientemente bien como para invitarlas. Mi padre le dijo al señor Schwartz que la lista de invitados tendría que ser de al menos mil personas. Postergaron la discusión para seguir hablando al día siguiente.

Esa noche, Lynda rompió en llanto por la quiebra de su padre que era, sin duda, el resultado de los lujosos planes de mi padre. Le dije que mi padre nunca dejaría que eso ocurriera. Llamé a mi padre esa noche y me dijo que no me preocupara. Al día siguiente, le dijo a Harry que el Hotel New Yorker había ofrecido gentilmente un gran descuento si la lista de invitados se limitaba a seiscientas personas. Mi padre le dijo que los costos restantes serían muy razonables y que era justo que las dos familias los compartieran. El señor Schwartz aceptó. (Mucho después me enteré de que el gran descuento salió de los beneficios que le daba el hotel a mi padre, pero el señor Schwartz nunca supo eso. Era un hombre amable y maravilloso y estoy seguro de que hubiera pagado toda su parte si mi padre no hubiera cargado anónima y generosamente con la mayoría de los gastos. No hace falta decir a este respecto que tanto Lynda como yo tuvimos la suerte de tener padres maravillosos).

Un día antes de la boda, mi padre cantó en los servicios matinales de la sinagoga Ortodoxa de Great Neck. Cantó maravillosamente, su voz era perfecta, su corazón estaba lleno de felicidad por su hijo y por su nueva nuera. El clima ayudó y nuestra boda se celebró al día siguiente en una tarde del final del verano con suaves temperaturas y con poca humedad. Mis mejores amigos del colegio, de la universidad y de la escuela de medicina estaban allí. Parecía que todas las personas provenientes de la exitosa vida de mi padre habían asistido. Robert Merrill y otros cantantes de ópera le preguntaron a mi padre si podían cantar en la boda de su hijo. Lo hicieron espléndidamente. Había muchas personas importantes de los negocios y de la política. Pero no sólo había un grupo de personas vestidas de esmoquin, parecía que todo Brooklyn estaba allí con chaquetas deportivas y con marcados acentos. Mi padre nunca olvidaba a sus amigos.

Mi padre no quería que la celebración familiar terminara. Al final de la noche, me dijo que había reservado la suite del New Yorker al lado de la suya para mí y para Lynda y me preguntó a qué hora quería que nos viéramos para desayunar al día siguiente. Yo le dije que no me iba a quedar en el New Yorker y que desayunar juntos a la mañana siguiente era imposible. Me preguntó dónde me iba a quedar, pero no se lo dije. Se veía visiblemente afectado. No le di más vueltas a su dolor porque mi nueva esposa y yo estábamos preparándonos para ir al Hotel Plaza.

Bailando con Lynda en nuestro banquete de boda en Nueva York en 1963. (De la colección personal de David N. Tucker)

La Escuela de Medicina de Cornell

Antes de irme, mi padre me llevó aparte y me preguntó si quería hacer una parada de dos días en Las Vegas de camino a nuestra luna de miel en el Hotel Fairmont de San Francisco (el sueño de Lynda hecho realidad). Le pregunté por qué querría pasar dos días en Las Vegas. Fue entonces cuando me comentó por primera vez que tenía una pequeña parte del Hotel Flamingo y que pensaba que nos podíamos divertir allí. Me dijo que había llamado a uno de sus socios comerciales quien nos recibiría en el aeropuerto. Todo estaba preparado.

"Haz lo que quieras en el Flamingo", dijo, "ir a espectáculos, a restaurantes, a apostar. Lynda se lo pasará muy bien".

No necesitaba que me convenciera. Desayunar con mis padres después de la noche de bodas fue una de las peores ideas de mi padre. Dos días de tratamiento a cuerpo de rey en Las Vegas fue una de las mejores.

Nos recibieron en el aeropuerto de Las Vegas a primera hora de la tarde en una limusina blanca de nueve metros que ¡llegó hasta nuestro avión por la pista! Ahí comenzaron una serie de increíbles acontecimientos que llevaron a Lynda a preguntarse quiénes eran los socios comerciales de mi padre.

Cuando bajamos las escaleras del avión, un hombre alto y apuesto – de unos cincuenta años con una espesa y negra cabellera y vestido con un reluciente traje azul – nos saludó por nuestros nombres y le hizo un gesto a un hombre más bajo con una chaqueta deportiva para que nos ayudara con el equipaje. El hombre alto me dijo cuánto respetaba a mi padre. Después me llevó a parte. "Cualquier cosa que pueda hacer para hacer que tu estancia en nuestra ciudad sea agradable, sólo tienes que preguntar. Si no estoy disponible, dile a cualquier empleado del Flamingo que eres mi invitado personal". Le agradecí y nos subimos a la limo para ir hacia el hotel.

Nos lo pasamos muy bien el primer día, comprando, nadando en la piscina, almorzando en un buen restaurante y apostando en el casino. (Mi padre me había dado mil dólares para apostar. "Si pierdes, no te preocupes. Si ganas, lo repartiremos cuando vuelvas a casa").

Volviendo del casino a nuestra habitación, vimos un letrero de neón que mostraba que Pearl Bailey y el gran excampeón de boxeo retirado Joe Louis eran las principales atracciones del Flamingo esa noche. La señora Bailey era muy popular en ese momento y a Lynda le encantaba. Tristemente, pegado en rojo bajo su nombre estaba la gran palabra "AGOTADO". Lynda estaba decepcionada.

Al menos trescientas personas estaban esperando en la fila para que las puertas del restaurante principal del Flamingo se abrieran. Había un guardia más recto que un palo vigilando la fila con sus botas altas lustradas como si fueran espejos. Caminé hacia él, me presenté y utilicé el nombre mágico de nuestro anfitrión. Sonrió, nos llevó al frente de la fila y tocó la puerta.

Ya han visto la siguiente escena en cientos de películas. Un apuesto hombre y su hermosa mujer llaman la atención del maître con esmoquin en un restaurante abarrotado. El maître chasquea los dedos y tres camareros aparecen, uno con una mesa sobre la cabeza, el segundo con dos sillas y el tercero con un mantel blanco y un jarro con flores. El maître los ubica entre la multitud de clientes sin problemas. Aparece un espacio milagrosamente justo enfrente del escenario. Los camareros colocan la mesa y las sillas, el mantel y las flores y el apuesto hombre y su hermosa mujer toman asiento.

En ese momento, mi vida se pareció a las películas. La puerta del teatro se abrió ante el toque de un guardia y él susurró unas palabras en el oído de otra persona. Nos llevaron a la parte del frente a través de una multitud de espectadores. Dos camareros nos trajeron una mesa y sillas. Las flores eran rosas recién cortadas y la mesa con mantel blanco estaba colocada a tres metros del escenario.

"David, ¿qué está pasando aquí?" Me preguntó mi joven esposa.

Le respondí que los socios de mi padre eran muy influyentes.

"¿Qué tipo de hombres de negocio pueden aparcar limusinas en pistas de aterrizaje y chasquear sus dedos para una mesa al lado del escenario para una función con entradas agotadas?"

Yo tenía una pequeña idea de cuál era la respuesta, pero no dije nada. Nos giramos hacia Pearl Bailey y disfrutamos de la función.

Antes de subirnos al avión para dirigirnos al oeste, mi padre me comentó que quería que fuéramos a un suburbio a las afueras de las Vegas durante nuestra estancia para almorzar con otro socio de él. Me dijo que el hombre nos estaba esperando. Me dio su nombre y mencionó que el chófer sabría a dónde llevarnos.

Al día siguiente, nos dirigimos a una modesta casa en un barrio que se parecía a Levittown. El chófer de la limusina se quedó en el vehículo y nosotros nos dirigimos a la parte delantera de la casa. Nos recibió en la puerta un hombre mayor vestido con pantalones, con chaqueta deportiva y con una camisa de cuello abierto, mostrando una gruesa cadena de oro. Nos saludó a Lynda y a mí, nos acompañó a su casa y nos presentó a su esposa, mucho más joven que él. Después se dirigió a mí en tono formal. Recuerdo exactamente lo que dijo: "Gracias por pasar a saludarme en mi casa durante su luna de miel en su corta visita a mi ciudad. Su padre es un gran hombre que también honró mi humilde vivienda con su presencia".

Nos dirigimos hacia el comedor y comimos sándwiches de pastrami con ensalada de col y de patata. Estaba tan buena como en Nueva York. Me lo pasé muy bien con nuestro anfitrión. Me deleitó con historias sobre personas famosas y no pude nombrar una calle o un lugar en Brooklyn que no provocara un comentario divertido. Lynda conversó amigablemente con su esposa. Nuestro anfitrión nos agradeció gentilmente cuando nos fuimos y el chófer nos llevó de regreso al Flamingo. Esta vez, Lynda no dijo nada. Más tarde, tomamos un vuelo hacia San Francisco y pasamos el resto de nuestra luna de miel en el Hotel Fairmont.

Unos años después, mi padre finalizó su asociación empresarial con el Flamingo y nunca volvimos a ir.

Cuando volvimos a Cornell antes del comienzo de mi segundo año, nos mudamos a una residencia de estudiantes casados en el Livingston Farrand Hall en la Avenida Sesenta y Nueve y York. Ese edificio de pequeños apartamentos era conocido como "el útero" debido a la proclividad de los jóvenes estudiantes de medicina a tener hijos precozmente y a menudo. Nosotros demostramos no ser la excepción (dos hijos en mis tres últimos años de la escuela de medicina y uno más el año después de graduarme).

Nuestro matrimonio tuvo un comienzo inestable. Poco después de mudarnos, Lynda respondió el teléfono en varias ocasiones y escuchó la voz de una mujer del otro lado preguntando por David. Cuando Lynda me preguntaba quién llamaba, la mujer colgaba el teléfono. Lynda tenía sospechas y me pidió explicaciones. Yo me declaré inocente (esta vez, de verdad), pero Lynda me recordó mi devaneo con la israelí y estaba furiosa de que las llamadas seguían ocurriendo. Nuestras relaciones conyugales se volvieron frías. Si hubiéramos tenido un sofá en nuestro pequeño apartamento, me habría dicho que durmiera en él.

Sabiendo que era inocente, y desesperado por tener sexo, llamé a las escuelas de medicina cercanas preguntando por el número de otro David Tucker. Tuve suerte en Columbia. Cuando el otro David Tucker respondió el teléfono, le dije mi nombre y le pregunté si era soltero. Me dijo que sí. Le pregunté si podía ser franco con él y le conté mi situación. Él se rio y me dijo que sí había tenido bastantes citas y que se aseguraría de que sus novias tuvieran el número de teléfono correcto. Lynda estaba en la habitación de al lado, así que le pedí si podía repetir lo que había dicho a mi esposa. Lynda y él se rieron bastante y esa noche regresó el gozo del coito a nuestro lecho conyugal.

El estudio del cuerpo sano, la totalidad del programa del primer año, implicaba la memorización repetitiva de los hechos *conocidos* sobre los varios sistemas corporales, anatómicos, biológicos y fisiológicos. El reto consistía en la cantidad de información presentada, que era descomunal. Después de un tiempo, las clases se habían vuelto tediosas. El comienzo del segundo año de la escuela de medicina fue tan desalentador como el del primero, con interminables datos y abarrotado de memorización, pero las cosas comenzaron a cambiar para mejorar.

Empezamos a estudiar las enfermedades y las patologías humanas. ¿Por qué las células perfectamente sanas eran atacadas repentinamente por olas de agentes depredadores? ¿Por qué algunas tropas invasoras se retiraban después de algunas escaramuzas, mientras otras luchaban hasta la muerte de su huésped y de sí mismas? Esas fueron las preguntas que despertaron mi curiosidad y que más tarde captaron mi atención.

También nos dieron un pequeño bolso negro para doctor – emblemático de los atentos doctores de familia que llamaban a casa – al principio del segundo año. ¡Íbamos a empezar a ver pacientes! Pensamos todos. Estábamos equivocados. La distribución de los bolsos negros al principio del año era un ritual de burla y nos pasamos todo el primer semestre aislados en clases y en trabajo del laboratorio de patología. Nuestros bolsos negros se quedaron sin abrir en nuestras habitaciones.

Finalmente nos permitieron abrirlos en primavera en una clase sobre diagnóstico físico. Cada bolso contenía un estetoscopio, un esfigmomanómetro, un diapasón médico, un bajalenguas, una pequeña linterna, un oftalmoscopio para examinar los ojos y otros aparatos tradicionales que usaría un doctor en la cabecera de un paciente. Antes de comenzar a ver pacientes, nos pusieron en parejas y nos enseñaron a examinarnos unos a otros. Nos enseñaron a utilizar el estetoscopio para escuchar el corazón y los pulmones, cómo ver la parte de atrás de la boca y qué buscar, cómo percibir en el abdomen las señales de un agrandamiento del hígado y del estómago, cómo observar las extremidades para ver señales de una mala circulación y así sucesivamente. Al poco tiempo nos permitieron ver a pacientes indigentes bajo una estricta supervisión médica. Nos enseñaron cómo tomar una buena historia clínica y cómo hacer preguntas indagatorias sobre los antecedentes personales y familiares de forma digna y respetuosa.

Quizás esto no era abrumador para los estudiantes cuyos padres eran médicos, pero yo no sabía casi nada sobre cómo ser un doctor cuando empecé a atender pacientes. Si un paciente tenía tos, ¿qué debía preguntarle? Aprendí a preguntar si era tos seca o productiva, si era ronca, si dolía al toser, si la tos despertaba al paciente, si estaba acompañada por transpiraciones o por sudores nocturnos o si el paciente se despertaba por la noche sin aliento.

La Escuela de Medicina de Cornell

Veíamos pacientes de dos a tres veces por semana. Para el comienzo del verano, nos habíamos vuelto lo suficientemente expertos como para ir a la filial del hospital de Cornell para pacientes indigentes en Bellevue. Íbamos allí al menos una vez a la semana, haciendo dedo al hospital por el FDR Drive con nuestras batas de laboratorio blancas y siempre conseguíamos que nos llevaran. Trabajábamos en pabellones de unos cincuenta pacientes, examinando uno o dos pacientes por la mañana y uno o dos pacientes por la tarde. Recuerdo que los estudiantes de sexo masculino siempre se peleaban por ver a las jóvenes pacientes de origen hispano porque algunas eran increíblemente hermosas a pesar de sus enfermedades. La intervención con nuestros pacientes era enteramente de diagnóstico y nunca nos permitían recetar medicinas o tratamientos.

De manera lenta pero segura, mi conocimiento empezó a expandirse y gané confianza en mi capacidad para diagnosticar. Me sentía orgulloso de mi bata blanca y quería ayudar a esos pacientes. Cuando uno de ellos me agradecía o me daba un cumplido, me emocionaba profundamente. Se estaba haciendo evidente que mi apego emocional con la medicina estaba experimentando una transformación sorprendente.

Cuando Lynda y yo planeamos nuestra boda, mi padre me hizo prometerle que no tendríamos hijos hasta que terminara la escuela de medicina. Dos meses más tarde, le dije que Lynda estaba embarazada. Él me recordó la promesa. Le respondí que algunas promesas eran más difíciles de mantener que otras. (Lynda y yo tendríamos cuatro hijos en poco más de cinco años. Después del nacimiento de nuestro cuarto hijo, mi padre me preguntó en presencia de ella cuántos hijos pensábamos tener. Le contesté que seis. "Pensé que te había educado como judío, no como católico". Respondió medio en broma, y salió de la sala.) Mi padre se hizo rápidamente a la idea de ser abuelo y esperaba con ansias el nacimiento de su primer nieto.

Larry – que llevaba el nombre del difunto padre de mi madre, Louis – nació el 23 de julio de 1964. Mis padres estaban en Roma, donde mi padre estaba grabando una ópera con RCA Records. La ópera era *La forza del destino* (La Fuerza del Destino) de Giuseppe Verdi, y para RCA, era una gran producción, con muchas estrellas de la ópera, con una magnífica orquesta y con un apretado programa de producción. El director de orquesta era el brillante Thomas Schippers, quien moriría trágicamente diez años después a la edad de cuarenta y siete años.

Le envié un telegrama a mi padre el día en que nació Larry. Él me respondió diciendo que estaría en casa para el *bris* (la ceremonia judía de circuncisión), el acontecimiento que marcaba la entrada de un niño en la religión judía en un compromiso directo y doloroso con Dios. Tradicionalmente, la circuncisión tenía que ser realizada el octavo día después del nacimiento. Es importante saber esto sobre mi padre: con lo relativo a los principios fundamentales de la familia y de la fe, él non cedía, independientemente de las consecuencias. Creo que nada le podría haber impedido que volara desde Roma hasta Long Island para esa ocasión.

Inmediatamente le dijo al director musical de la producción que se iría de inmediato a Nueva York para asistir al *bris* de su primer nieto, pero que volvería en treinta y seis horas para terminar todas sus obligaciones en cuanto a las grabaciones.

El director le dijo que eso era impensable. Le recordó que RCA ya había invertido millones en el proyecto y que su contrato, en un lenguaje blindado, le impedía irse de Roma por cualquier motivo hasta que la grabación estuviera finalizada.

Hasta cierto punto, el director no estaba siendo irracional. El tráfico comercial transcontinental todavía estaba en sus inicios y un vuelo desde Roma hasta Nueva York a principios de los años sesenta tomaba más de doce horas. Los accidentes y los retrasos eran mucho más comunes de lo que lo son hoy en día. Además, el reciente ataque al corazón de mi padre era sabido en el mundo de la ópera y era posible que RCA tuviera conocimiento sobre él. Así que había *cierto* riesgo de que el avión tuviera un accidente, *cierto* riesgo de que el duro viaje fuera demasiado agotador para el corazón de mi padre (veinticuatro de las treinta y seis horas las pasaría en un incómodo avión), *cierto* riesgo de contraer un resfriado en los aviones y un riesgo mayor de que volviera del extenuante viaje con una voz no tan buena.

Mi padre le dijo al director que necesitaba ir a un lugar y que volvería en una hora. Cuando regresó, le dijo que había hecho sus reservas de avión y que volvería a Roma en un día y medio. El director le respondió que, si se iba, RCA lo demandaría y que Richard Tucker nunca más trabajaría para la compañía, además le advirtió que podría perder millones de dólares en derechos de autor y en perjuicios. Mi padre recogió su sombrero, se fue de la sala y se dirigió hacia el aeropuerto con mi madre.

El *bris* de mi hijo Larry se celebró en la casa de los padres de mi esposa en Queens. Mi madre y mi padre aterrizaron en el aeropuerto Idlewild (ahora JFK) y tomaron un taxi hasta el 88 Dumphries Place. Le pidió al taxista que estacionara frente a la casa y que mantuviera el taxímetro en funcionamiento.

Nosotros habíamos retrasado el *bris* una hora hasta que llegaran mis padres. Mi padre se quitó el sombrero, pero no el abrigo. Lo vi sonreír de orgullo y de felicidad, tenía una sonrisa de un millón de dólares. Después del servicio, nos besó a todos, comió algo, pagó al mohel y volvió al aeropuerto con mi madre. Estuvo de vuelta en Roma en treinta y seis horas, justo como había prometido y completó sus grabaciones sin problemas.

RCA lo demandó de todas formas. La junta retiró su demanda después de que el Maestro Schippers testificara que el desempeño de mi padre fue brillante y que la grabación no sufrió ningún perjuicio o costos adicionales debido a su corta ausencia.

La historia con RCA Records no terminó ahí. En la comunidad judía, mi padre era considerado uno de los mejores cantores contemporáneos. David Sarnoff (el "General" Sarnoff, desde su nombramiento como general de brigada de reserva en el Signal Corps en 1945) era el director general de RCA. También era judío. Sarnoff llamó a mi padre un día en 1970 y le preguntó si podían verse para tratar un asunto personal. Mi padre fue a reunirse con el señor Sarnoff en las oficinas de RCA en Nueva York. Sarnoff le dijo que tenía una enfermedad terminal y que moriría en menos de un año, así que le pidió cantar la "oración para los difuntos" en su funeral. Mi padre le respondió que le entristecía enterarse sobre su enfermedad, le deseó lo mejor y le prometió que cantaría en su funeral salvo que estuviera en la Costa Oeste o en Europa y no pudiera llegar a Nueva York a tiempo. (En la fe judía, el entierro se celebra lo más pronto posible tras la muerte, por lo que mi padre estaba planteando una preocupación genuina).

El general Sarnoff le pidió a mi padre que le mandara su calendario de viajes y de conciertos para el siguiente año y le prometió que un avión privado de RCA se estacionaría en el aeropuerto de cada ciudad de la lista en las fechas programadas. Tristemente, el señor Sarnoff falleció en diciembre de 1971 y uno de los aviones estacionados llevó a mi padre hasta Nueva York. Mi padre cantó la "oración para los difuntos" en el funeral del general Sarnoff en Temple Emanu–El en Nueva York. Sin embargo, la historia con RCA tampoco acabó con su funeral.

No hay una ópera más personal y adorada por los cantantes de la fe judía que *La Juive* (*La Judía*). Antes de la época de mi padre, esta ópera había sido cantada por cantantes tales como Caruso y Giovanni Martinelli, pero nadie la había cantado en un escenario de Estados Unidos durante más de tres décadas. La ópera llegaba al centro de la identidad judía de mi padre y no había otro papel que él quisiera cantar que no fuera el de Eléazar, el joyero judío; pero su principal discográfica, Columbia Records, no lo dejaba hacerlo, aduciendo el limitado atractivo comercial y la ofensa potencial a la Iglesia Católica. La junta de RCA Records se mantuvo fiel a una de sus amenazas y para la muerte de Sarnoff, mi padre no había grabado para RCA en siete años.

Unas cuantas semanas después del funeral de Sarnoff, mi padre llamó al hijo del general, Robert, quien era el nuevo director ejecutivo de RCA y le preguntó si podían reunirse. Organizaron un encuentro para esa misma semana. Por supuesto que Robert Sarnoff conocía el displicente acontecimiento de 1964, la demanda y la decisión de su propia junta de que Richard Tucker nunca volvería a grabar para RCA Records.

Mi padre fue al grano y posteriormente le contó a mi madre exactamente lo que dijo. "Estoy aquí para que me devuelvan los favores, mi pagaré". "Fue un honor cantar en el funeral de su padre. Ahora quiero que usted haga algo por mí. Quiero grabar *La Juive* y quiero hacerlo con RCA Records".

El hijo pagó la deuda de su padre. Unas semanas más tarde, Richard Tucker firmó un contrato con RCA para cantar y para grabar *The Jewess*. Fue la última grabación que haría para RCA.

Continuamos viendo pacientes durante nuestro tercer año y comenzamos un programa de estudio intensivo en las varias subespecialidades médicas. Rotábamos en cirugía general, en neurocirugía, en neurología, en cardiología, en dermatología, en oftalmología, en gastroenterología, en endocrinología, en urología, en ENT (oídos, nariz y garganta), en obstetricia y en ginecología. La mayoría de las rotaciones duraban un mes aproximadamente; algunas de ellas, como oftalmología, duraban sólo una o dos semanas. En cada rotación, asistíamos a clases y seguíamos a un doctor mientras atendía a los pacientes en sus rondas. Eran experiencias de aprendizaje increíbles y aumentaban enormemente nuestras capacidades para diagnosticar enfermedades en los pacientes que veíamos en Cornell y en Bellevue.

Las sinergias y las interconexiones entre todos los campos comenzaron a hacerse evidentes. Las relaciones entre los fenómenos generales y las enfermedades específicas empezaron a emerger. En las rotaciones quirúrgicas, observábamos la mayor parte del tiempo, pero a veces esperaban que jugáramos pequeños papeles (no para nosotros) como utilizar instrumentos especiales para mover órganos del área de disección quirúrgica. Usábamos nuestra experiencia en aumento para operar a perros y a gatos bajo supervisión médica. Un resultado importante de la rotación quirúrgica era medir la tolerancia de los estudiantes para ver una cantidad masiva de sangre y para permanecer largos períodos de pie. Los estudiantes aprendían muy al principio de la rotación si tenían el estómago o los pies para elegir cirugía para su carrera.

La Escuela de Medicina de Cornell

Hacia la mitad de mi tercer año, me debatía entre varios campos. Tenía que tomar una decisión porque todos nos preparábamos para solicitar prácticas para el año después de la escuela de medicina y residencias para los dos años después de eso. Consideré obstetricia y ginecología porque me fascinaba el milagroso proceso del nacimiento humano. Descarté este campo porque, francamente, los cuarenta exámenes pélvicos que realicé cada día durante mi rotación en obstetricia y en ginecología tuvieron un efecto desastroso en mi vida amorosa. También me llamaba la atención la neurocirugía, pero el temprano ataque al corazón de mi padre me hizo evitar un campo que era conocido por el estrés y por las extenuantes horas que implicaba. Pero me cautivaba el ojo humano y, finalmente, elegí especializarme en oftalmología, en gran parte debido a la influencia del doctor John McLean.

Recordarán que el doctor McLean había venido a todas mis actuaciones musicales en las cenas del cuerpo docente de Cornell y siempre había sido generoso con sus elogios – creo que sería justo decir que ese eminente y amable doctor me tomó bajo su ala –. Nos veíamos regularmente durante mi segundo año para charlas sobre música y sobre medicina. Llegué a tener mucho respeto y alta estima hacia el doctor McLean y creo que el sentimiento era mutuo.

Al comienzo de mi tercer año, hablábamos largo y tendido sobre mi futuro médico. Le dije que no estaba totalmente seguro de si quería ser doctor, pero que, si me convertía en uno, quería ser cirujano, aunque no tenía idea de qué tipo de cirujano deseaba ser. Sin presionarme, me alentó enérgicamente a que considerara la oftalmología. Me dijo que combinaba la capacidad de diagnóstico, el tratamiento médico, los procedimientos quirúrgicos y la investigación básica hasta un grado que no se encontraba en casi ninguna área de especialización. También me contó sobre los nuevos desarrollos en microcirugía, sobre el uso de láser, sobre los nuevos procedimientos para eliminar las cataratas, sobre los nuevos regímenes de medicamentos y sobre los nuevos descubrimientos para la investigación clínica. Me parecía que sus razones eran muy convincentes.

Además, todos los estudiantes de medicina en Cornell tenían que realizar una investigación independiente y escribir una tesis formal explicando sus hallazgos. La investigación empezaba a la mitad del tercer año y los trabajos debían entregarse a la mitad del cuarto. Yo empecé a pensar en un proyecto que combinara oftalmología y virología.

Mis conversaciones con el doctor McLean mataban dos pájaros de un tiro. Me especializaría en oftalmología y realizaría mi proyecto de investigación bajo su supervisión. Gracias a su sugerencia, le pedí al doctor Edwin Kilbourne – el jefe de virología en Cornell y un científico famoso a nivel mundial que, junto a otros grandes hombres, había desarrollado la mayor parte de las vacunas importantes contra la gripe, un hombre que salvó literalmente millones de vidas – si me podía supervisar la parte de virología del proyecto. El doctor Kilbourne aceptó ser mi codirector de tesis y, en pocas semanas, mi absorbente proyecto de investigación sobre cómo el virus del herpes simple dañaba la córnea del ojo de un conejo y las implicaciones de estos hallazgos para los ataques del herpes simple en la córnea humana, iba por buen camino.

Entre marzo y el final del verano, pasé casi todas mis noches después de las 8:00 de la tarde en el laboratorio con mis conejos. Seguía yendo a clase de canto dos veces a la semana y había cambiado recientemente de profesor. El tira y afloje entre la música y la medicina estaba desgastando la cuerda excesivamente sin un ganador o un perdedor claro. Pero lo miraba por el lado positivo. A pesar de las largas horas de estudio, el trato que había hecho con mi padre se había vuelto más fácil de mantener, no más difícil. Aunque la brecha se estaba estrechando, la música todavía era mi prioridad.

Richard Tucker en el estudio de grabación.
(Con el permiso de James A. Drake)

Capítulo Seis

David Nello y Skitch Henderson

Aunque las dos clases que me dio mi padre resultaron desastrosas, él era siempre mi maestro fantasma. Crecí con una de las más grandes estrellas de la ópera que jamás hayan existido y habría sido tonto si no hubiera observado cuidadosamente sus rutinas y sus peculiaridades musicales. Ello no era una idolatría filial o un ejercicio de imitación inconsciente; si le funcionaban a él, quizás podrían funcionarme a mí. Él se ponía una bufanda para proteger su garganta de la humedad y del frío, yo empecé a llevar bufanda en Tufts. Él nunca tomaba té por alguna razón, sólo café negro, yo tomé buena nota de eso. Evitaba el aire acondicionado como si fuera la peste, también comencé a hacerlo. Constantemente succionaba caramelos Vicks para la tos los días en los que actuaba, lo cual empecé a hacer yo también en el Conservatorio de Nueva Inglaterra. Nunca cenaba antes de una actuación por la noche por temor a una indigestión, yo tampoco cenaba antes de cantar en bodas y en bar mitzvahs en Boston. Rara vez hablaba a alguien los días que tenía que actuar, mis amigos competían entre ellos por hacerme hablar cuando tenía programado cantar en las cenas de profesores de medicina de Cornell. Mis intentos extremos de sacar tanto provecho como pudiera de las directrices de mi poco dispuesto profesor, casi arruinan uno de los conciertos de mi padre durante mi segundo año en Cornell.

Los mejores asientos en la sala de ópera estaban separados de los intérpretes del escenario por el gran foso de orquesta, pero mi padre también daba conciertos en entornos más íntimos y, a veces, aparecía sobre el escenario acompañado de un piano solamente. Cuando daba conciertos en Nueva York, yo asistía cada vez que podía y me sentaba con mi madre, con Lynda y con mis hermanos (si estaban allí) en los asientos reservados de la zona VIP, normalmente en la parte central del auditorio. Pensaba que, si me sentaba más cerca, podría aprender mucho más al ver a mi padre cantar.

Antes de un concierto en particular, le pedí a mi madre que le preguntara a mi padre si podía sentarme en la primera fila. Él le dijo que podía hacerlo. Cuando se apagaron las luces, caminó hacia el escenario vestido con un esmoquin y agarrando el programa doblado en sus manos. Recuerdo que me vio y me hizo una pequeña inclinación de cabeza. Todavía estaba mirando hacia mí cuando empezó a cantar. Yo le miraba cuidadosamente desde mi vista panorámica. Me quedé allí mirando (y practicando). Cuando él enderezaba los hombros, yo, sentado al frente, enderezaba los hombros bruscamente. Cuando expandía su pecho para poder tomar más aire, yo hacía lo mismo. Pronto mi padre dejó de mirar hacia mí. Miraba a cualquier parte – hacia mi izquierda, hacia mi derecha, más allá de mi cabeza – pero no a mí. Ajeno a su evidente incomodidad, continué con mi mímica. Cuando respiraba hondo, yo respiraba hondo también. Y mientras tanto, movía mis labios para practicar su fraseología.

Después de dos arias, mi padre salió del escenario abruptamente. La gente pensó que era un intermedio precoz. Segundos más tarde, un acomodador se acercó a mi madre y la acompañó al camerino. Tenía pavor de que mi padre hubiera caído enfermo – o peor, de que le hubiera dado otro infarto –. Unos minutos después, un acomodador se acercó a mí y me susurró que mi madre quería que me reuniera con ella en los asientos de la familia. Confuso, obedecí a pesar de todo. Mi padre volvió a entrar al escenario y siguió cantando. Cantó durante casi dos horas para terminar con un aplauso ensordecedor al final.

Cuando estábamos saliendo del auditorio, le pregunté a mi madre por qué había pedido que volviera a los asientos familiares.

"Tu padre no quería que estuvieras en la primera fila". Me respondió.

Le pregunté qué le había dicho mi padre detrás del escenario.

"Saca a ese jodido niño de la primera fila antes de que arruine mi concierto", dijo en tono cortante, sin titubeos.

Nunca más le pregunté a mi padre si podía sentarme en la primera fila.

Aunque mi padre ponía empeño en ignorar mi formación musical (excepto para pagar las facturas), yo era uno de sus mayores admiradores. Por eso, me molestaba cuando cantantes inferiores recibían ovaciones más fuertes que las que él recibía. El problema era que algunos artistas de la ópera utilizaban (y a veces pagaban) a aplaudidores profesionales (*claqueurs* en la jerga operística – para llevar al público a niveles más altos de aplausos y de gritos en su nombre –. Esta práctica surgió en Italia y se había extendido por Estados Unidos para el siglo XX. Incluso en el majestuoso Metropolitan Opera House, los claqueurs aplaudían descontroladamente a sus favoritos.

David Nello y Skitch Henderson

Era bien sabido que varias superestrellas de la ópera tenían a sus propios claqueurs. En cada actuación, asistían entre veinte y treinta de los mismos. Actuaban de dos maneras. Al final de un aria en particular, se levantaban de sus asientos, aparentemente de forma espontánea, y gritaban y aplaudían enérgicamente para su cantante, estimulando a los que estaban a su alrededor a aplaudir con más fuerza. Después, al final de la ópera, antes de las últimas reverencias, se apresuraban a ir cerca del escenario y tiraban rosas hacia su cantante favorito y gritaban a todo pulmón "brava" al objeto de su adoración femenino, o "bravo" si el cantante era un hombre. (Por supuesto, las grandes estrellas no solían tener claqueurs, pero toleraban esa práctica y se entendía por lo general que una compensación monetaria o en especie encontraría su camino para llegar a los estridentes seguidores). Creo que mi molestia con dicha práctica venía de mi madre, quien se quejaba mucho con mi padre sobre el tema e incluso le pedía que les pagara con la misma moneda y que contratara a sus propios claqueurs.

"Soy Richard Tucker", exclamaba, "y Richard Tucker no necesita claqueurs".

De hecho, mi padre tenía un claqueur aficionado, pero no por elección. Casi cada vez que cantaba en el Met, un anciano hombre judío se sentaba en su asiento de la última fila del palco superior. Al final de su aria y al final de la última escena, el hombre se levantaba con todo su peso y gritaba con un marcado acento yiddish "¡TUCKAH! ¡TUCKAH! ¡TUCKAH!" A veces mi padre mandaba un acomodador para que llevara a ese hombre a su camerino. Estrechaba la mano del caballero y le agradecía su generoso apoyo. En otras ocasiones, mi padre enviaba a un tramoyista con un sobre que contenía una entrada con un buen lugar para una actuación futura o efectivo para pagar una buena cena.

Cuando estaba en Cornell, mi padre siempre dejaba dos entradas para mí en la ventana Will Call. Solía estar demasiado ocupado con los estudios, pero a veces Lynda y yo hacíamos tiempo para ir al Met, al menos para ver los dos últimos actos.

Una noche, de camino al teatro, decidí ser el claqueur de mi padre. Estábamos sentados con mi madre en los asientos del palco de la "herradura de oro" (el anillo de asientos en la primera fila por encima de la orquesta reservada para las personas ricas y VIP) y aplaudí oportunamente después de que mi padre cantara. Pero cuando terminó la ópera, corrí al frente del escenario y grité "¡Bravo, Tucker!" tan fuerte como pude. Después miré hacia el público y grité "¡Bravo, Tucker!" aún más fuerte. Miré a los claqueurs pagados alrededor de mí y grité "¡Bravo, Tucker!" todavía más fuerte. Estaba tan entusiasmado que algunos rivales abandonaron sus estandartes y comenzaron a gritar "¡Tucker! ¡Tucker!" conmigo. Mi padre me escuchó haciendo esto y se giró hacia mí, con una pequeña sonrisa que reemplazó a su mirada de fastidio cuando reconoció a su claqueur. Me miró durante unos segundos e hizo una pequeña reverencia con su cabeza en mi dirección. Mis hermanos también estaban entre el público la primera noche que lo hice y pensaron que era un lunático. Cuando regresé a mi asiento, mi madre me dijo que le había avergonzado, aunque su sonrisa me decía otra cosa.

¿Por qué un estudiante de medicina de veintidós años de una universidad reconocida se rebajó a ese espectáculo? Primero de todo, yo no tenía inhibiciones por naturaleza. Segundo era un flagrante admirador de mi padre y no me importaba quién lo sabía o cómo lo expresaba. Pero creo que también quería mostrar a mi padre mi extraordinaria lealtad hacia su carrera musical con la esperanza de que él me correspondiera. Aplaudí a mi padre en cuatro o cinco óperas más durante mis primeros dos años en Cornell. Estaba tan ocupado durante mi tercer año en la escuela de medicina que tuve que retirarme de mi categoría de claqueur.

Las largas horas que me llevaba cada día salir del alud de datos médicos me dejaba poco tiempo para las clases formales de canto o para practicar. Pero iba religiosamente a mis clases de canto, incluso si tenía que saltarme el almuerzo o dormir menos. Para hacer tiempo para practicar, improvisaba. Cantaba en el baño y en la ducha. Cantaba en las calles de Nueva York cuando me dirigía a mis clases o cuando volvía de ellas. Cantaba en las calles y en los pasillos de Cornell. Subía a la azotea del Hospital de Nueva York para encontrar un lugar solitario para cantar. Le cantaba a Charlie durante nuestras disecciones. Busqué restaurantes italianos que no tuvieran entretenimiento en directo y les pregunté si les importaba si yo cantaba algunas canciones. A veces, rompían mi cheque después de cantar y esas noches se puede decir que cantaba por mi cena. Los clientes aplaudían y uno o dos propietarios me ofrecieron trabajo – los cuales, desafortunadamente, tuve que rechazar –. Creo que, si hubiera puesto mi sombrero en el suelo, habría ganado unos cuantos dólares. Esas improvisaciones me permitieron mantener la práctica de la música durante mi andadura médica los dos primeros años en Cornell.

Hacia mediados de mi segundo año, decidí cambiar de profesor de música. Me di cuenta de que la euforia que había sentido en mis primeros viajes al barrio del señor Rogers, se debió principalmente a la oportunidad de tener *cualquier* escape musical a la monotonía de las clases del primer año de medicina. Sentí que llegué tan lejos como podía con Rogers. Aunque había añadido canciones a mi repertorio bajo su tutela, incluidas varias

arias, pensaba que las clases se estaban volviendo repetitivas y no creía que me estuviera estimulando lo suficiente. Estaba desesperado por encontrar a un profesor de canto que fuera adecuado para mí (mi Paul Althouse) y las palabras de mi padre sobre que era más difícil encontrar a un buen profesor de canto que a una buena esposa hizo que fuera más fácil tomar la decisión de dejar a Rogers. También me había enterado por mis amigos del mundo de la música que un profesor en particular de Nueva York era muy respetado en conocimientos sobre dicción, pronunciación y proyección. La proyección de la voz era importante para mí porque, aunque mi voz estaba volviéndose más fuerte, todavía era relativamente pequeña. Aquel nuevo profesor tenía además una lista significativa de clientes de actores de Broadway, del cine y de la televisión que lo buscaban cuando sus papeles tenían una parte de canto. Subestimé su falta de formación y su experiencia operística porque lo que me urgía era la proyección vocal y, más superficialmente, porque me impresionaban los nombres en su lista de clientes.

No tuve el valor de decirle a Earl Rogers que le dejaba por otro profesor, así que le dije que se había vuelto muy difícil para mí compaginar la música con la medicina y que le debía a mi padre terminar la escuela. Creo que Rogers pensaba que yo estaba transitando por la música en camino hacia una carrera en medicina de cualquier forma, así que no se disgustó y me deseó suerte en mis estudios.

Estoy en deuda con Earl Rogers por un consejo en particular que me dio. Una vez me dijo, después de que terminé una canción, que disfrutaba demasiado cantando. Le pregunté qué quería decir con eso. Me dijo que él notaba que yo cantaba por mi propia felicidad y placer. "Lo veo en tu cara", comentó, "Cantas para ti, no para el público".

Después habló sobre Richard Tucker. "Tu padre", dijo con una reverencia que todavía recuerdo, "es el cantante menos narcisista que he tenido el privilegio de presenciar. Él canta para inspirar, para elevar el ánimo. Su voz es un instrumento de comunión con el público. Quizás es porque fue cantor antes de ser una estrella de la ópera. Ten en cuenta al público, David, y canta para ellos – no para ti".

La oficina de mi nuevo profesor estaba en su apartamento de la calle Cincuenta y Siete, cerca del Carnegie Hall. Entre semana, dejaba la puerta de su apartamento desbloqueada y sus estudiantes entraban y se sentaban, esperando su turno en una pequeña sala de estar contigua a su gran estudio de música. Recuerdo que el estudio no estaba enmoquetado ni tenía una sola alfombrilla. Todos hacían ruido al caminar, pero la acústica era muy buena.

Mi profesor era un afable hombre mayor, pero era alegre y energético. Sus métodos eran informales y, a menudo, los estudiantes se quedaban durante las clases de otros. Estos estudiantes eran aspirantes y reconocidos actores o actrices que se conocían y que se llevaban bien. Muchos de ellos llegaban antes de sus citas y se quedaban en la sala de estar, riendo y charlando. Eran un grupo alegre y su entusiasmo era tan infeccioso que empecé a llegar antes de mi clase cuando me lo permitía la escuela de medicina. Disfrutaba ser parte de su camaradería y también me encantaba observar a las hermosas actrices jóvenes.

Un día, cuando estaba sentado pacientemente en la sala de estar esperando mi turno, reconocí la voz de Peter Falk, una reconocida estrella de la televisión y del cine cuyo sello distintivo era una voz rasposa inconfundible. Había llegado a la fama en 1960 interpretando a uno de los asesinos en la película *Murder, Inc.* Me presenté, le dije que mi esposa era admiradora suya y empezamos a hablar.

Justo en ese momento entró a buscarme mi profesor para comenzar la clase. Me vio hablando con Falk, se acercó y le dijo al actor que yo era el hijo de Richard Tucker. Resultaba que a Falk le encantaba la ópera, así que expresó cuánto admiraba a mi padre. Me preguntó cuáles eran mis planes con el canto y le dije que quería ser cantante clásico. Entonces me sorprendió al preguntarme si me importaba si se quedaba a ver mi clase. "Quiero escuchar al hijo de Richard Tucker cantar", dijo. Iba con jeans, por lo que se sentó en el suelo escuchando durante los cuarenta y cinco minutos completos. Me dio un cumplido cariñosamente y fue a escucharme varias veces más. Sus elogios eran estimulantes para mí.

Un día, me hizo enrojecer de orgullo cuando me dijo que mi voz le había dado una gran satisfacción por lo que me preguntó si podía hacer algo por mí a cambio. Le solicité si podía llamar a mi esposa y decirle hola nada más. Me preguntó su nombre y nuestro número de teléfono y la llamó en ese momento. Por suerte, Lynda estaba en casa a esa hora y respondió al otro lado de la línea: "Dios mío, ¡es Peter Falk!" Años después de que el señor Falk llegara a tener fama mundial por interpretar al inspector de policía Colombo en una serie de televisión del mismo nombre, Lynda presumía con sus amigas de haber hablado con Colombo por teléfono.

Otro actor famoso que me preguntó si podía escucharme cantar fue Robert Shaw. Él ya era una estrella significativa, llegó a tener gran fama por ser el irlandés de *The Sting* y el Capitán Quint similar a Ahab en la superproducción *Jaws* –aunque en la comunidad judía, probablemente era mucho más valorado por escribir *The Man in the Glass Booth,* la historia de la captura y del juicio de Adolf Eichmann. El señor Shaw era un hombre tranquilo y elegante, a diferencia de los fascinantes personajes que solía interpretar. Llegó a agradarme mucho y me sentí muy triste cuando varios años después Lynda me dijo que había muerto repentinamente de un ataque cardíaco. Fue doloroso enterarme de que ese talentoso hombre había tenido un infarto mortal mientras conducía en su querida Irlanda.

Después supimos que se derrumbó fuera de su vehículo y que murió solo a un lado de la carretera.

Mis ocho meses en compañía de personas como Peter Falk y Robert Shaw hizo maravillas con mi confianza y revitalizaron mis deseos musicales que, a decir verdad, habían sido debilitados por las fuertes presiones de la escuela de medicina. También me revitalizó cuando mi profesor me alentó a que hiciera la prueba para la parte del tenor de una producción de Jones Beach del *South Pacific*. Me dijo a quién escribir y yo firmé la carta bajo el nombre de "David Nello". Me alegré muchísimo cuando, una semana después, recibí una respuesta invitándome a ¡mi primera audición profesional!

Me presenté junto a otros quinientos aspirantes en el lugar designado en el centro de Nueva York para realizar las pruebas vocales el día indicado. Era una audición abierta. Nos guiaron hacia un gran auditorio en un día muy caluroso y nos dieron un número a cada uno. Mi número era el 267. Yo iba vestido como un cantante de cabaret italiano, con pantalones ajustados y con una camisa abierta. Recuerdo que no había aire acondicionado en el auditorio, por lo que todos comenzamos a sudar como cerdos. Cuando llamaban a un número, le ordenaban al aspirante que se dirigiera a través de una puerta a un lugar más pequeño, donde se realizaban las audiciones.

Me quedé sentado durante dos horas, esperando mi turno. Mi asiento estaba cerca de la puerta y podía escuchar claramente a alguien que gritaba la palabra "siguiente" cada treinta segundos aproximadamente. La puerta era, en realidad, una puerta giratoria porque los aspirantes volvían a través de ella con caras de decepción tan sólo segundos después de haber sido llamados. Finalmente, escuché el número 267. Pasé por la puerta hacia el auditorio más pequeño. El escenario estaba exageradamente iluminado porque el resto de la sala estaba a oscuras. Si estaba el jurado entre el público, no podía verlo. Un hombre me dirigió hasta el pianista y yo le di la partitura que llevaba conmigo. Después, el hombre del escenario dijo en voz alta: "El siguiente es el número 267, el señor David Nello. Cantará 'Love is a Many-Splendored Thing'".

El pianista me hizo una señal y empezó a tocar. En la nota apropiada, comencé a cantar. Pensaba que en cualquier segundo escucharía la palabra temida, "siguiente", pero milagrosamente no escuché nada que no fuera el sonido del piano y mi propia voz. Debí haber cantado cinco compases. Estaba entusiasmado. Entonces escuché una voz que decía, "Señor Nello, puede dar un paso al frente".

Las luces se iluminaron y vi tres miembros del jurado en una mesa a lo lejos. Reconocí a uno de ellos, Skitch Henderson, un famoso director de orquesta – de hecho, uno de los directores de orquesta de Johnny Carson en el popular programa *The Tonight Show*. Había conocido brevemente al señor

Henderson hacía algunos años, cuando grabó algunas canciones populares con mi padre. Esperaba que no me recordara.

Cuando di un paso adelante, otro miembro del jurado dijo: "Señor Nello, tiene una buena voz de tenor lírico para un hombre joven". Las palabras "para un hombre joven" me sonaron a palabras mágicas. Era joven y le gustaba al jurado. ¿Dónde estaría unos años después de que mi voz se fortaleciera? Las palabras "David Nello" también fueron mágicas. ¡Al jurado le gustaba la voz de David Nello! No eran elogios sin fundamento por ser el hijo de Richard Tucker. Era de verdad. El juez me animó a seguir cantando, pero desafortunadamente me dijo que ya habían alcanzado su cupo para tenores. No me importaba. Recuerdo salir del escenario con una sensación de euforia. Estaba saliendo de ahí como David Nello.

No exactamente. Antes de llegar a la puerta, escuché al señor Henderson gritar en voz alta, "David, por favor dale recuerdos a tu padre". Nunca le transmití a mi padre los saludos de Henderson porque nunca le conté sobre la audición de Jones Beach.

Los acontecimientos que rodearon a la audición me convencieron de que necesitaba encontrar un profesor de canto clásico rápido. Sentía que el tiempo se estaba agotando. Estaba a punto de empezar mi tercer año de la escuela de medicina y pronto tendría que tomar grandes decisiones sobre mis prácticas y sobre mi residencia. Tenía una especie de presentimiento de que mi carrera musical era ahora o nunca. Skitch Henderson me recordó que todavía me veían como al hijo de Richard Tucker. Necesitaba desesperadamente encontrar el profesor que quizás aún pudiera desbloquear la voz de David Nello, como Paul Althouse había desbloqueado la de Richard Tucker.

Me había enterado hacía poco sobre otro profesor en la ciudad que utilizaba técnicas poco ortodoxas para explotar el potencial de la voz. Recuerdo que Lauri –Volpi le dijo a mi padre cuando estábamos en Italia que, si me dejaba con él un año, el maestro me podía enseñar la técnica para ser un gran tenor. Con un bebé de un año, otro en camino y entrando en la etapa final de la escuela de medicina, sentía que no tenía más elección que probar suerte con un profesor nuevo cuya reputación era la de tener métodos de enseñanza poco convencionales.

***

Varios amigos de Juilliard me recomendaron a mi nuevo profesor y se deshacían en elogios con tanto entusiasmo que fui a mi primera clase en su apartamento de la zona oeste lleno de optimismo. Me presenté y le dije que era el hijo de Richard Tucker. Aunque cantaba como David Nello en las audiciones o sobre un escenario, nunca escondí mi ilustre parentesco por miedo a hacer el ridículo. Físicamente era el vivo retrato de mi padre y no tenía sentido intentar ocultar que este era Richard Tucker. El mundo de la ópera clásica era muy unido y después de varios años en el Conservatorio de Nueva Inglaterra y con varios profesores en Nueva York, era bien sabido que el hijo de Richard Tucker estaba recibiendo clases de canto.

Mi nuevo profesor se mostró entusiasmado cuando le dije quién era mi padre. Ninguno de mis profesores de Nueva York podía dejar de lado mi origen familiar y eso se convirtió en una carga tanto para ellos como para mí. De hecho, el único profesor de canto que era ajeno a mi padre en gran medida fue Frederick Jagel, probablemente porque vivía en Boston, más lejos de la órbita de mi padre.

El método de mi tercer profesor hacía hincapié en el control de la respiración y en el uso adecuado del diafragma al cantar. Esas técnicas, me dijo, permitían llenar los pulmones con más aire, por lo que un mayor flujo de él podía pasar a través de las cuerdas vocales y llenar los senos paranasales produciendo un sonido más rico y con mayor resonancia. Esa era su teoría. Sin embargo, en la práctica, sus métodos producían un sonido cacofónico y desagradable. En retrospectiva, el sonido más parecido que me viene a la mente es el de Felix Unger (Tony Randall) sonándose la nariz en *The Odd Couple* – un sonido que su compañero de cuarto, Oscar Madison (Jack Klugman) comparaba con el sonido de los gansos. Después de unos veinte minutos practicando esta técnica, pasaba a cantar algunas ligeras arias de la ópera, así como canciones, luego él me hacía comentarios útiles. Quería confiar en sus métodos, pero estaba empezando a tener algunas dudas. Cuando escuchaba ocasionalmente practicar a mi padre en casa o cuando escuché a cerca de media docena de superestrellas de la ópera practicando en el Met los días que mi padre me dejaba acompañarlo, nunca había escuchado a alguien practicar de esta forma tan extraña. Entonces, con algo de aprensión, decidí preguntarle a mi padre si podía asistir a una clase.

Durante más de cuatro años, él pagó mis clases de música, pero nunca me hizo ni una pregunta sobre las mismas, por supuesto, tampoco fue a ninguna, y yo nunca se lo pedí durante ese tiempo, pero esa vez era diferente. Por lo que sabía, mi nuevo profesor podía ser pionero en esa nueva técnica, aunque yo no conocía tanto. Esa vez, no estaba esperando que mi padre me elogiara, sino que me informara. ¿Quién podía ser mejor que Richard Tucker para evaluar el enfoque poco ortodoxo de mi profesor? Le pedí que fuera varias veces, pero él siguió postergándolo. Al final, mi madre intercedió y, días más tarde, mi padre me dijo que estaría en Nueva York al sábado siguiente y que asistiría a mi clase a las 12:00 en punto del mediodía.

El Duro Trato

Le dije a mi profesor, de antemano, que mi padre estaría presente en la clase del sábado. Él se mostró encantado. Me dijo que prepararía un almuerzo para nosotros después de la clase y así se lo hice saber a mi padre. Puesto que yo estaba interesado en saber la opinión de mi padre sobre los métodos poco convencionales de mi profesor, le pregunté a este si podíamos empezar con varios minutos de escalas y seguir con una canción de Broadway, para pasar a una parte de un aria de una ópera de Mozart. También le pregunté si podía apagar el aire acondicionado en el estudio en deferencia a mi padre.

Mi padre llegó al mediodía de un día de verano de calor asfixiante, vestido con un bonito traje y un sombrero de verano de color claro. Mi profesor lo saludó respetuosamente y le dijo que era un honor recibirlo en su casa. Mi padre asintió e intercambiaron un par de cumplidos. A continuación, mi padre preguntó dónde podía sentarse. Mi profesor señaló hacia un cómodo sofá a unos tres metros del piano, pero mi padre lo ignoró y se dirigió a la mesa, tomó una de las sillas con respaldo recto y la colocó en el centro del estudio. Se sentó, puso su sombrero sobre el suelo, cruzó los brazos sobre su pecho y me dijo: "Canta". El dolor en la boca del estómago me indicaba que esa situación se estaba volviendo inquietante.

Empecé con mis entrecortadas escalas diafragmáticas. Al cabo de menos de quince segundos, mi padre dejó caer sus manos hacia sus piernas con una fuerte palmada, recogió su sombrero, se levantó y caminó hacia mí para decirme: "David, te veré en casa". Salió del apartamento sin decirle una palabra a mi profesor, quien se quedó boquiabierto al mirarme con una expresión dolida. "¿Qué hice?" Fue todo lo que pudo decir.

Todo lo que se me ocurrió responderle fue que a mi padre no debió gustarle lo que escuchó. Le dije que me tenía que ir y que lo llamaría al día siguiente. Me fui del apartamento avergonzado y furioso. Nunca volví a hablar con ese profesor.

Mi padre volvió a casa en su limusina. Yo había planeado regresar a la universidad después de la clase, pero en cambio, fui directamente a la Estación Pennsylvania para tomar un tren hacia Great Neck. Estaba tan irritado que no podía pensar con claridad. Todo lo que se me ocurría era que mi padre me había humillado cruelmente. ¡Quince segundos! ¿Por qué no me había dejado terminar las escalas? ¿Por qué no pudo dejarme cantar una canción?

A medida que el tren aceleraba hacia Great Neck y que mi cabeza paraba de dar vueltas, reconsideré los acontecimientos que acababan de ocurrir. Sabía que mi padre no era una persona cruel o malintencionada y que nunca me había hecho nada en presencia de otras personas, que se aproximara a lo que había pasado en el apartamento de mi profesor. Quizás fue la técnica de mi profesor, después de todo. Quizás era peligroso. Mi padre actuó de manera muy poco educada, pero quizás velaba por mis intereses. Todavía estaba irritado cuando llegué a Great Neck y quería escuchar las disculpas de mi padre por su descortesía. Pero lo que más quería escuchar era que había actuado como buen padre para evitar que se dañara mi voz en manos de un profesor renegado.

Mi padre llegó a casa mucho antes que yo, y era evidente que no le había dicho nada a mi madre porque lo primero que me preguntó cuando abrí la puerta fue cómo me había ido en la clase con mi padre. Le conté que él se había ido de la clase a los quince segundos. Ella sugirió que me refrescara en su habitación y se dirigió a la cocina para enfrentarse a él.

La puerta de la habitación estaba entreabierta y podía escucharlos discutir.

"¿Cómo le has podido hacer eso a David?" Gritó mi madre.

"¡Su profesor era un charlatán!" Gritó él en respuesta.

Escuché los pasos de mi padre alejándose de ella. Pero mi madre lo siguió, preguntándole una y otra vez cómo podía seguir tratando así a su hijo. Mi padre siguió sin decir nada y ella continuó persiguiéndole.

Al final, él alzó la voz y dijo: "Bueno Sara, te lo diré. Pero nunca más me preguntes esto".

Lo que dijo mi padre en ese momento me rompió el corazón.

"David tiene todo lo necesario para ser un tenor de ópera. Tiene la apariencia. Tiene la inteligencia. Tiene la disciplina. Tiene la ambición. ¡Tiene todo, meno *la voz*!"

Mi madre se quedó callada. Yo irrumpí en la habitación, vi que mi madre estaba en estado de shock y me volví hacia mi padre con rabia.

"No tenías el derecho de humillarme enfrente de mi profesor". Le espeté.

Después le grité responsabilizándolo por mis cuatro años de frustración y me quedé en silencio, agotado.

Él me miró con una sonrisa amable y dijo: "David, bajemos a la piscina y nademos un poco". Fue una respuesta tan inapropiada que todo lo que pude hacer fue reírme e ir a buscar mi traje de baño.

Caminamos hacia la piscina y nos dimos un baño. Después de secarnos, le pregunté sobre el terrible comentario que le había hecho a mi madre en la cocina. Me dijo que él pensaba que mi nuevo profesor era un visible farsante, un peligroso fraude. "Te estaba perjudicando. Tenía que pararlo. Por eso me fui". (Mi padre estaba en lo cierto y nunca volví a llamar a ese profesor).

Le contesté que no le estaba preguntando sobre su escena en la oficina de mi profesor. Le preguntaba acerca de la escena en la cocina con mi madre. De nuevo se desparramaron años de dolor.

El Duro Trato

"¿Qué me dices de Frederick Jagel, quien me alentó a seguir? ¿Y del Maestro Lauri-Volpi, que quería que *yo* fuera su estudiante? ¿Y de Peter Falk y de Robert Shaw, quienes me dijeron que te oían a *ti* cuando yo cantaba? Todos ellos dicen que tengo futuro. ¿Por qué sólo mi padre me subestima?"

Mencioné a todos los que me habían elogiado, excepto a su cuñado, Jan Peerce. Aunque estaba muy enfadado, no podía hacerle eso a mi padre.

Mi padre no dijo nada. Sin embargo, puso sus brazos a mi alrededor para darme un caluroso y envolvente abrazo que pareció durar eternamente. Después me besó en la mejilla y me dio un pequeño empujón, todavía sosteniéndome de los hombros. Me miró con un inagotable amor en sus ojos, me soltó de los hombros, se dio la vuelta y regresó adentro de la casa.

Mientras lo miraba alejarse, me di cuenta de repente de lo que él quería decir. No era que no tuviera una voz suficientemente buena para cantar profesionalmente, sólo que no tenía una voz *suficientemente buena* para tener un gran éxito. Las personas que habían alabado mi talento pensaban de forma mundana en mi futuro musical. Mi padre sabía que yo soñaba en grande (¡tan grande como mi padre!), pero también creía que yo nunca llegaría tan lejos. Las probabilidades musicales de llegar al escenario del Met eran una mala apuesta. Si quería lograr algo grande, la medicina, que también había aprendido a apreciar, sería mi futuro. Cuando me inscribí en la escuela de medicina, seguir los pasos de mi padre era mi pasión y la medicina era mi carga. Mientras miraba a mi padre alejarse, pude sentir cómo mis sentimientos sobre ambos se invirtieron. Extrañamente, no me sentía triste; me sentía más ligero. Me liberé de una pesada carga.

Al regresar hacia mi casa, mis pensamientos volvieron a la escuela de medicina y a las grandes oportunidades de servicio y de estatus que me esperaban. Empecé a caminar con más energía. Sucedió que la despiadada valoración de mi padre hizo bajar de la nube a David Nello. Mientras se precipitaba hacia su muerte certera (aunque el cuerpo nunca fue encontrado), David Tucker flotó de forma segura hasta alcanzar la tierra. Se levantó por sí mismo, se desempolvó el pasado, tomó un tren de regreso a la ciudad y literalmente corrió hacia el laboratorio para continuar su investigación sobre el virus del herpes simple.

Después de que mi padre y yo nos diéramos un baño en Great Neck, mi carrera médica empezó a florecer. Estaba viendo más pacientes en el hospital y haciendo investigación básica bajo la paternal orientación de mi mentor, el doctor John McLean, mi Paul Althouse. Por supuesto que todavía quería cantar, pero en el fondo de mi corazón, al final de mi tercer año de la escuela de medicina sabía que quería ser médico. Dos sueños divergentes se habían convertido en uno solo. Mi padre y yo estábamos ahora unidos en una causa común para mi futuro.

Entonces, ¿quién mató a David Nello? Si pudiera usar una metáfora sobre armas, la mejor respuesta sería que Richard Tucker compró y cargó el arma, pero David Tucker apretó el gatillo. La herida era grave y, al final, mortal. Nello perduró por un tiempo, reponiéndose ocasionalmente, a veces lo suficientemente fuerte para ponerse de pie, pero nunca tanto como para adelantar temerariamente o desafiar el camino médico de David Tucker. A veces volvía a cantar, pero existía como un nombre de escenario, como una vanidad musical, no como un señor Hyde entrando en una extenuante batalla con el doctor Jekyll sobre el destino de David Tucker.

A veces me permitía a mí mismo, en momentos de tranquilidad, sucumbir a las preguntas sin respuesta. ¿Y si mi padre me hubiera apoyado más? ¿Y si él no hubiera impulsado el duro trato que me forzó a encontrar tiempo para la música en mi ocupada vida? ¿Qué pasaba con las similitudes entre el joven Richard Tucker y yo? Su voz también era relativamente débil al principio. ¿No le dijo su famoso cuñado que no tenía ninguna probabilidad de alcanzar su sueño y que debería conformarse con ser un cantor promedio?

Esas ocasionales miradas retrospectivas nunca llegaron a convertirse en dudas. Había invertido demasiado tiempo en la medicina como para dar marcha atrás. No fue hasta que me retiré de la oftalmología, muchos años después, que David Nello lanzó su última gran ofensiva.

***

Me dieron veinte conejos para estudiar el virus y su aplicación en el ojo humano. Trabajaba con un grupo de tres o cuatro ratones cada vez. Los primeros pasos fueron crear una úlcera en la córnea de uno de los ojos del conejo y aplicar el virus en la úlcera. Cuando la enfermedad evolucionaba en un grado suficiente, yo sacrificaba al animal con una inyección sin dolor y le extirpaba los ojos. Utilizaba un microscopio electrónico – capaz de una amplificación mucho mayor al microscopio tradicional – para estudiar el desarrollo (histopatogénesis) de la enfermedad creada por el virus y los cambios morfológicos resultantes en las células de la córnea como consecuencia de la entrada del virus. El trabajo era meticuloso y pasé varios meses yendo al laboratorio por la noche, después de mis clases y de mis obligaciones con los pacientes. Tomé montones de notas e hice decenas de muestras que también fotografié de forma profesional. Mi informe final era de cien páginas, unas cincuenta páginas de texto y cincuenta páginas de fotografías y de gráficos. Lynda lo pasó todo a máquina.

Los tres mejores estudios serían reconocidos por el profesorado en una ceremonia de premios. Lynda dijo que no ganaría porque los premios tenían una asignación monetaria y Cornell nunca le daría dinero de un premio al hijo de una persona rica.

En febrero de mi cuarto año, el comité encargado del premio me informó que mi ensayo había ganado uno de los tres premios. Había puesto cuerpo y alma en el proyecto y estaba emocionado de que mi tesis hubiera sido seleccionada como una de las tres mejores de entre más de ochenta propuestas. También me pidieron, al igual que a los otros dos ganadores, que presentara mis resultados de la investigación a toda la promoción de medicina y a los profesores en una cena de gala en el majestuoso anfiteatro de la escuela de medicina.

Mi padre estaba exultante cuando le conté esas buenas noticias y dijo que quería ir y escucharme presentando mi trabajo. Le dije que me encantaría que asistiera con mamá. Vinieron y socializaron con el panteón de grandes doctores de Cornell.

Antes de que los ganadores presentaran sus ensayos, fue la hora del cóctel. El doctor Kilkbourne – probablemente uno de los virólogos de la gripe más distinguidos en el mundo – se acercó a mi padre, se presentó y le dijo que él pensaba que mi ensayo debería haber ganado el primer premio porque incorporaba la investigación más original. Mi padre estaba muy orgulloso. El doctor Kilkbourne también le dijo a mi padre que, en las ciencias, la perseverancia y la disciplina eran tan importantes como el talento, quizás incluso más importantes. Mi padre asintió con aprobación. Su vida daba fe de eso.

Mi padre nunca se sintió cómodo sentándose entre el público de otro cantante y se escabullía de esas invitaciones cuando podía. Cuando me subí al podio para presentar mi investigación, podía ver a mi padre sentado entre el público, rodeado de quinientos doctores y estudiantes de bata blanca, sonriendo con gran atención. Después de haber presentado los tres ensayos, el distinguido público se levantó y aplaudió a los tres ganadores. Mi padre se levantó, aplaudió enérgicamente e hizo una pequeña reverencia en mi dirección. Si en ese momento el Maestro Lauri-Volpi hubiera aparecido milagrosamente a mi lado y me hubiera repetido su magnífica oferta de hacía seis años, me habría vuelto hacia él educadamente y, sin tristeza, le habría dicho, "No, Maestro, pero gracias".

Después de la ceremonia, mis padres nos llevaron a cenar a Lynda y a mí. Mi padre siempre me abrazaba cuando nos despedíamos, pero esa vez, me estrechó la mano.

En mi último semestre, mi relación con el doctor McLean se hizo más fuerte. Ya había decidido hacer mis prácticas de un año de duración en el Hospital Mount Sinaí de Nueva York, pero quería hacer mi residencia en oftalmología en Cornell. Cuando le pregunté sobre ese tema un día, me dijo que iba a recomendar mi candidatura al doctor Edward Norton del Bascom Palmer Eye Institute, en el Hospital Jackson Memorial de Miami. Me dijo que Norton había estudiado con él y que era una futura promesa del mundo académico de la oftalmología.

Me dolió que no quisiera tomarme como residente, por lo que le pedí que lo reconsiderara. Con ciertas vacilaciones, me contó la devastadora noticia de que tenía cáncer y que por tal no pensaba que viviría lo suficiente para que yo completara mi residencia. Yo veneraba a ese alto, robusto y respetable doctor y me quedé impresionado con la noticia. Le dije lo mal que me sentía; él me pidió que respetara su privacidad y que no se lo contara a nadie. La única persona a quien se lo conté fue a Lynda. Esa misma semana, solicité el ingreso en Bascom Palmer.

Cuando le comenté a mi padre que pensaba hacer mi residencia en Mount Sinaí, me preguntó por qué tenía que ir a "Baskin–Robbins" (una popular cadena de heladerías) en vez de a uno de los mejores hospitales de Nueva York. Le expliqué que el doctor Norton era una promesa de la oftalmología y que yo era afortunado de poder estudiar con él. Mi padre se quedó satisfecho con mi respuesta y continuó planeando la lujosa fiesta que él y mi madre iban a hacer por mi graduación de la escuela de medicina.

La graduación fue un hermoso día de junio de 1966 en la explanada del Hospital de Nueva York. Después de que terminara la ceremonia y de que recibiera mi diploma, mi padre se socializó orgullosamente con mis compañeros, con sus padres y con los profesores de Cornell. Yo se lo presenté a mis profesores, quienes en su mayoría lo conocían de vista. Si empezaban a hablar sobre ópera, él levantaba la mano y decía: "No, este día es para David y para los demás graduados".

La graduación terminó a primera hora de la tarde y la fiesta en nuestra casa de Great Neck estaba programada para comenzar hacia las siete de la noche. Mi padre había insistido en que invitara a todos mis compañeros y a sus padres. Le dije que no haría eso y que sólo invitaría a unos veinte que conocía bien. Mi padre también insistió en que invitara a todos los profesores. Con algo de apuro, acepté y me impresionó cuántos de ellos aceptaron la invitación. La lista de asistencia estaba llena de eminencias: directores de departamentos, investigadores famosos a nivel internacional y miembros de la junta directiva del hospital. Supuse que las estrellas académicas también eran aficionados de la ópera.

Cuando llegaron los invitados a nuestra casa de Great Neck, vieron un gran cartel sobre el tejado que decía en letras grandes: "Bienvenidos,

Doctores del Hospital de Nueva York". *¿Por qué esas palabras?* Pensé. ¿Por qué no "Bienvenidos, graduados" o "Bienvenidos, promoción de la Escuela de Medicina de Cornell de 1966"? Creo que era porque, en la opinión de mi padre, todos éramos doctores en ese momento y todos nos merecíamos ese noble apelativo.

La fiesta fue un evento elegante y con servicio de comidas. Los camareros en esmoquin caminaban con bandejas con aperitivos y había un bar con camarero a cada lado de nuestro jardín. Los platos principales se colocaron en mesas con comida en abundancia. Mi padre y mi madre saludaban a cada persona en la puerta, dándoles la bienvenida a su casa. Cuando alguien empezaba a hablarle de música, mi padre, de forma gentil pero firme, les decía que "no", que esa noche era para los doctores en su casa.

Mi tío Benny estaba allí, el querido amigo que había advertido a mi padre hacía ocho años que sería difícil mantenerme en el camino médico que mi padre me había trazado. De vez en cuando, noté cómo mi padre y Benny se miraban a los ojos, ambos con una amplia sonrisa. Poco después de que mi padre muriera una década más tarde, mi madre me dijo que él le había confiado que el día de mi graduación de la escuela de medicina fue el día más feliz de su vida.

Tercera Parte
DESPUÉS DE DAVID NELLO

CAPÍTULO SIETE

El Hospital Mount Sinaí

Uno de los aspectos difíciles de la educación médica en Estados Unidos es el número de decisiones profesionales trascendentales que se tienen que tomar durante el tercer año de la escuela de medicina. Un año antes de graduarme de Cornell, tuve que decidirme (y ser aceptado) por un programa de prácticas de un año en medicina general y por un programa de residencia de tres años en oftalmología después de las prácticas. Esa decisión era aún más inquietante, ya que el país estaba en guerra. La promoción de medicina de 1966 estaba sujeta a lo que los libros de historia denominan el "reclutamiento de médicos". Sabíamos que todos los médicos que nos graduábamos teníamos que cumplir dos años en uno de los cuerpos médicos del servicio militar, ya fuera en el país o en el extranjero, muy probablemente en Vietnam. Sólo aquellos doctores recién nombrados que fueran aceptados en una de las instituciones de investigación de élite del gobierno para estancias de investigación de dos años eran eximidos del servicio militar.

Si esta excepción de investigación no hubiera estado disponible y me hubieran enviado a Vietnam, por supuesto que habría ido. Mi padre me crió para amar a mi país y para celebrar a su ejército. El año 1966 estaba a sólo dos décadas de los logros heroicos de la "Mejor Generación", y mi padre reverenciaba a los hombres y a las mujeres en uniforme que habían eliminado el nazismo y salvado de la extinción a los vestigios de la comunidad judía en Europa. Pero debo confesar que yo no quería ir al sudeste asiático, así que exploré las alternativas de investigación y decidí aplicar a uno de los puestos en los Institutos Nacionales de Salud (NIH, por sus siglas en inglés) en Bethesda, Maryland.

Tenía más probabilidades que la mayoría, pero aun así eran escasas. Las aceptaciones a esa institución se inclinaban en gran medida a favor de los graduados más destacados de las pocas escuelas de medicina de élite de la Ivy League, así que haberme graduado de Cornell era una ventaja. Pero mis notas, aunque bastante por encima de la media, no estaban en el porcentaje más alto. Sin embargo, entre los aspectos positivos estaba el arsenal académico de Cornell que opinaba sobre mí. El doctor John McLean, director del Departamento de Oftalmología, y el director Edwin Kilbourne, uno de los expertos en influenza más importantes del mundo, habían codirigido mi ensayo de investigación sobre el virus del herpes y las enfermedades de la córnea, así que escribieron cartas de recomendaciones muy buenas para mí; después me enteré de que hicieron decisivas llamadas al doctor Robert Chanock del NIH.

Chanock era un protegido del doctor Albert Sabin, famoso por su investigación sobre polio y uno de los virólogos vanguardistas por derecho propio, a quien se le atribuye el aislamiento de cuatro virus de la para–influenza y haber contribuido significativamente al descubrimiento de la hepatitis A y C y al desarrollo de vacunas para combatirlos. En su tiempo libre, también aislaba el virus de la neumonía y desarrollaba su vacuna. Kilbourne y Chanock eran compañeros cercanos y estoy convencido de que, más que cualquier otra cosa, su relación allanó mi camino para llegar a Bethesda, Maryland. (En la década de los sesenta, los contactos personales y las llamadas adecuadas eran más importantes que las notas y que los currículums, al igual que para las promociones en los negocios y en el gobierno).

Recibí un cargo de investigación de dos años en el Instituto Nacional de Alergias y Enfermedades Infecciosas (NIAID, por sus siglas en inglés) en el NIH, el cual pude aplazar hasta haber terminado mis prácticas en el Mount Sinaí. El profesor McLean me alentó a aplicar al Bascom Palmer Eye Institute en Miami, por su promesa académica, el doctor Edward Norton. Cuando el doctor Norton me llamó con la noticia de mi aceptación (la cual también acordó aplazar hasta que yo hubiera acabado mis prácticas y mis dos años en el NIH), la trayectoria de los siguientes seis años de mi vida fue establecida.

Me gradué de la escuela de medicina en junio de 1966 y comencé mis prácticas en Mount Sinaí en Nueva York el 1 de julio. Aunque había decidido antes de graduarme que sería cirujano oftalmológico, elegí unas prácticas en medicina general (cirugía y medicina general) porque creía en ese entonces – y todavía – que la pregunta más importante a la que se enfrenta un cirujano no es *cómo* operar, sino *si operar* y *cuándo* hacerlo.

En oftalmología, las enfermedades y las disfunciones del ojo pueden ser asociadas con factores generales (edad, género, dieta y estilo de vida) así como con condiciones médicas específicas (como la diabetes, las enfermedades autoinmunes y los trastornos genéticos). Un buen cirujano no debe tomar la decisión de programar una cirugía hasta que haya tomado en cuenta la totalidad del perfil médico del paciente. Para convertirme en un buen cirujano, sabía que tenía que convertirme primero en un buen doctor.

Como se vio con el tiempo, tomé una buena decisión porque mi rotación de tres meses durante las prácticas de cirugía general fue muy básica, pero mis nueve meses en cuidados intensivos de emergencia, pediatría y medicina general marcaron una gran diferencia para llegar a ser el médico en el que me convertiría.

Lynda y yo empacamos nuestras pocas pertenencias y, junto con nuestros dos hijos, nos mudamos de un apartamento de una habitación en las residencias de estudiantes de Cornell a un apartamento más grande de la Calle Sesenta y Nueve en Park Avenue que estaba a poca distancia a pie de Mount Sinaí.

Aunque sólo estaba a treinta manzanas de nuestro hogar anterior, nuestro nuevo apartamento cambió dramáticamente nuestra vida familiar. Durante casi cuatro años de matrimonio, habíamos vivido con nuestros hijos en un apartamento de una habitación. Nuestro nuevo hogar tenía una sala de estar y una espaciosa habitación – ¡nuestra primera habitación desde que estábamos casados! –.

Larry tenía casi cuatro años, así que decidimos cederle la habitación a él. Compramos un sofá cómodo con una cama plegable y dormíamos en la sala de estar. Jackie tenía unos meses y todavía dormía en una cuna, la cual metíamos en la habitación de Larry las noches que dormía bien o dejábamos cerca de nosotros cuando no dormía bien o cuando estaba enferma. Con o sin Jackie en la cuna, nuestra habitación/sala de estar nos permitió a Lynda y a mí tener más privacidad de la que habíamos tenido hasta ese momento desde que estábamos casados.

Como practicante, recibía una remuneración como médico. Mi sueldo inicial era de $2,000 dólares al año. Después de las retenciones estatales, de las federales y de otras deducciones, llevaba a casa $1,500 dólares. Ese fue el primer trabajo real que tuve. Mi padre había sido muy generoso con sus hijos durante la escuela secundaria y la universidad. Mis padres no esperaban que trabajara después de ir a la escuela o a la universidad ni durante el verano. Mi padre estableció dos condiciones para que gozásemos de esa generosidad. Tenía que sacar buenas notas y tenía que dedicarme a algún interés productivo fuera de clase. Él detestaba la vagancia más que ningún otro defecto en el carácter de sus hijos. Si nos encontraba tirados en el sofá viendo la televisión durante un tiempo desmedido, lo mejor que podíamos esperar era que apagase la televisión con una mirada que nos atravesaba. "Saca buenas notas, no pierdas el tiempo, da lo mejor de ti". – Esas eran las normas obligatorias que regían la crianza de sus hijos. La consecuencia más dura del incumplimiento, para mí, era la mirada en la cara de mi padre, si él pensaba que no había dado lo mejor de mí –. Nunca he sido un vago y no puedo atribuir ni un solo fracaso en mi vida a la falta de esfuerzo. Estoy eternamente agradecido con mi padre por las normas que se arraigaron dentro de mí desde que era joven.

El alquiler de nuestro apartamento era de $600 dólares al mes, así que era obvio que necesitábamos un apoyo financiero continuo por parte de mis padres. Nunca me quise aprovechar. Cuidábamos nuestros gastos, pagábamos todo con cheque y equilibrábamos nuestras finanzas hasta el último centavo. Cuando el saldo marcaba 0 dólares (a menudo a mediados de mes), llamaba a mi padre y él me preguntaba cuánto necesitaba. Intentaba estimar a la baja y él siempre me mandaba más de lo que le pedía. Sus preguntas siempre eran las mismas: "¿Cómo está Lynda?" "¿Qué tal el trabajo?" Y "¿Los niños tienen todo lo que necesitan?"

Antes de comenzar mis prácticas, me informaron que mi primera rotación sería una estancia de dos meses en la sala de emergencias de Mount Sinaí. La noche previa a mi primer día, Lynda me preguntó si estaba nervioso. A lo largo de mi vida, mi respuesta a esa pregunta – ya fuera que me la hiciera mi esposa, mi padre u otra persona – era siempre un "no" alto y claro. No soy una persona aprensiva por naturaleza; en todo caso, peco de un exceso de confianza. También modifiqué mi comportamiento con base en un dicho que escuché muchos años después: "Nunca dejes que te vean sudar".

Pero esa vez, *estaba* nervioso e incluso empecé a transpirar cuando mi esposa me hizo la sencilla pregunta. Pensaba sobre mi formación durante los últimos cuatro años. Era capaz de leer y de memorizar libros de textos en una cómoda habitación o en una biblioteca y tener buenos resultados en los exámenes. Podía examinar muestras bajo un microscopio en un laboratorio bien iluminado y, con suficiente tiempo, extraer conclusiones agudas sobre lo que había visto. Podía diseccionar un cuerpo humano metódicamente en una sala para cadáveres con aire acondicionado bajo la supervisión de un experto. Mi experiencia práctica con pacientes durante mi tercer y cuarto año de la escuela de medicina me preparó para tomar la historia clínica de un paciente, para tratar pequeñas enfermedades y para saber cuándo llamar a médicos con más experiencia. En otras palabras, tenía buenas credenciales médicas sobre el papel.

En la boca del estómago – donde, para mí, la ansiedad empieza a agitarse– sabía que esa formación no me podía haber preparado para los escenarios de vida o de muerte en tiempo real, los cuales tendrían lugar en la sala de emergencias de un hospital de una gran ciudad.

El caos de la sala de emergencias (ER, por sus siglas en inglés) era peor de lo que había imaginado. Había cientos de pacientes en todo momento con dolencias, desde resfriados hasta heridas de bala, y decenas de doctores tratándolos. La sala de emergencias era, en realidad, varias salas grandes separadas por paredes delgadas y comunicadas entre sí y cada sala tenía grandes cortinas para dividir los múltiples espacios para los pacientes. La sala de emergencia era el equivalente en cuanto a privacidad a la sala de estar de una casa de huéspedes. Los pacientes nuevos llegaban aparentemente en cualquier momento y los médicos tenían que trabajar a la velocidad de una locomotora.

Las cosas que más recuerdo sobre mi estancia en la ER son las ambulancias, las sirenas, la policía y los gritos de pacientes frustrados y los del personal del hospital. La mayoría de los pacientes de la sala de emergencias eran pobres y algunos de ellos, criminales. Ocasionalmente, los pacientes se tambaleaban debido a heridas de bala o de arma blanca y entraban esposados o escoltados por la policía. Varias ambulancias llegaban cada hora con el sonido de la sirena. Los pacientes que necesitaban cuidados intensivos y que no habían recibido un disparo ni habían sido apuñalados, venían con diferentes afecciones agudas: sobredosis; dificultades respiratorias graves asociadas con asma, enfisema y neumonía; y enfermedades de corazón e infartos. Había casi tantos policías, conductores de ambulancia y distintos tipos de asistentes como médicos y enfermeras. Junto a la calle había una gran sala donde los familiares debían esperar. Pero los familiares enfurecidos a menudo se esparcían por las salas de emergencia y sus gritos y los chillidos de la policía en la escena, eran en la sala de emergencia, tan constantes como los doctores gritando instrucciones a los practicantes y a las enfermeras. Las ambulancias paraban en una entrada contigua a la zona familiar y los practicantes y las enfermeras eran los primeros en correr hacia las ambulancias para seleccionar y determinar qué pacientes entrantes necesitaban asistencia inmediata al tener heridas o enfermedades que ponían en riesgo la vida.

Ninguna parte de mi formación de Cornell me preparó para ese caos. Era una época para probar nuestra entereza como jóvenes doctores. Los practicantes eran normalmente los primeros en llegar a escenas con situaciones de traumas agudos. Puede parecer extraño que en esa época los hospitales permitieran a los menos experimentados llegar primero en situaciones donde cada segundo contaba. Pero hay una explicación para ello. Los practicantes eran los primeros en llegar porque estaban obligados a estar en el hospital durante treinta y seis horas seguidas y la única sala en la que podían recostarse y dar una cabezada, cuando no estaban trabajando, quedaba cerca de la ER.

El Duro Trato

A las dos semanas, me sentía sereno y capacitado para intentar salvar vidas – un desarrollo milagroso en un corto período de tiempo ante el cual todavía me maravillo –. Les debo esto a los médicos y a las enfermeras con más experiencia, quienes literalmente corrían a la situación de una emergencia a pocos minutos de la llegada de un paciente. Ese enfoque de equipo era característico de los centros de atención médica de una gran ciudad. Aunque a veces los residentes abandonaban su puesto para tontear con las enfermeras (y algunos residentes veteranos en ocasiones nos decían que no los molestáramos a no ser que el estado del paciente se volviera grave), la gran mayoría de residentes y de médicos estaba totalmente dedicada a salvar vidas y a formar a los jóvenes doctores. Allí fue donde aprendí, bajo su manto de protección, cómo ser médico, cómo reconocer un traumatismo o una enfermedad potencialmente mortal, qué inyecciones poner y qué dosis, cómo hacer un lavado de estómago y cómo limpiar y suturar una herida de arma blanca o de bala. En sólo dos ocasiones durante mis prácticas, mi ansiedad se volvió extrema y las dos veces involucraban corazones humanos que habían dejado de latir.

En caso de paro cardíaco en el que el paciente deja de respirar, se deben llevar a cabo dos procedimientos de forma inmediata. Para inducir un ritmo vital en un corazón en paro, el doctor debe forzar el corazón a comenzar a latir, ya sea presionando fuerte y repetidamente en el pecho o aplicando choques al corazón con palas con electrodos (un desfibrilador) para dar una descarga de corriente eléctrica al corazón. Por otra parte, el doctor debe insertar un tubo endotraqueal por la boca a través de la garganta hasta penetrar en los pulmones, para permitir que llegue suficiente oxígeno al cerebro y a otros órganos vitales.

La primera vez, el estado médico extremo de mi paciente hizo imposible que esperara unos segundos para que alguien llegara a ayudarme y tuve que intentar salvar su vida por mí mismo. Para un médico sin experiencia, esos eran procedimientos difíciles de realizar incluso en un cadáver, y aún más en un paciente moribundo, rodeado de gente gritando y con las manos sudando. Si el médico no es cuidadoso, el tubo puede causar una hemorragia o una perforación con consecuencias desastrosas. Si el doctor es demasiado lento, la reanimación tarda demasiado y el paciente puede sucumbir a la falta de oxígeno.

Todos esos pensamientos pasaron por mi palpitante mente. A los treinta segundos de mis labores de emergencia, recé porque llegaran refuerzos. Segundos más tarde, mi plegaria fue escuchada y un anestesiólogo altamente capacitado llegó a la escena y tomó el control. Los anestesiólogos realizan esos procedimientos todo el tiempo, así que logró salvar la vida del paciente. Yo estaba bañado en sudor y agradecido de que mis súplicas hubieran sido escuchadas.

Unos días más tarde, fui el primero en llegar cuando trajeron a un paciente con una herida de bala en el pecho. El paciente tenía un ataque cardíaco con una arritmia. Aparentemente no había ninguna hemorragia grave, pero el paciente no estaba respirando y sus constantes vitales estaban en serio peligro.

Un anestesiólogo le insertó inmediatamente el tubo endotraqueal para aumentar el flujo de oxígeno hacia sus órganos vitales. Le conectamos múltiples vías intravenosas para administrarle varias medicinas intentando estabilizar el ritmo anormal de su corazón y su presión arterial. Las medicinas no le ayudaban. Le realizamos una desfibrilación con palas y no funcionó. Su corazón dejó de latir y estaba en paro cardíaco.

Desesperado, un residente con más experiencia tomó la dramática medida (no muy habitual hoy en día) de romper el esternón del paciente y abrir su pecho con un gran cuchillo mientras me gritaba que me pusiera guantes quirúrgicos. Puso sus manos sobre el enmudecido corazón y lo bombeó manualmente durante uno o dos minutos. Después, alcanzó mis manos y las guio enérgicamente hacia el corazón del paciente. "¡Bombea, maldita sea!" Me gritó. "¡Bombea!"

Por primera y única vez en mi vida, agarré un corazón humano entre mis manos para salvar una vida de la manera más visceral e íntima imaginable. Llevaba sólo un mes fuera de la escuela de medicina, y en un estado de semi–shock, pero a lo *zombi*, hice lo que me dijeron que hiciera. Después de un minuto aproximadamente, el residente me dijo que parara y también me dijo que el paciente ya había muerto antes de mi asistencia, pero que me hizo pasar por esa prueba para que la próxima vez pudiera llegar al límite con el fin de salvar una vida humana.

Cuando la policía llegaba con un agresor herido, la sala de emergencia se convertía en una extensión de la escena del crimen. Los prisioneros ingresaban a la sala esposados y, a menudo, los esposaban a la camilla o a la cama. En caso de detenciones por crímenes violentos, la policía acordonaba el área de tratamiento del paciente con la cinta amarilla de las escenas del crimen.

Hacia la mitad de mi rotación en la sala de emergencia, me llamaron para extraer una bala de la pierna de un paciente. Estaba engrilletado a su camilla, mientras intentábamos estabilizarlo se retorcía de dolor y gritaba que los grilletes le hacían daño y que no podía respirar. Llevaba seis semanas de mi rotación en la ER, estaba más cercano emocionalmente a los libros de texto que a los disparos y, desde ese punto de vista, le dije al oficial encargado de la detención que le quitara los grilletes de inmediato. El oficial me dijo que mi paciente era un delincuente habitual y violento y que los grilletes eran para protegerme. Insistí en que lo desataran. El oficial me dijo que estaba cometiendo un gran error y que no acataría la orden salvo que le dijera, en presencia de testigos, que creía que por necesidad médica debía retirar las sujeciones. Le ofrecí al policía la garantía que requería.

En el momento en que el policía le quitó las esposas, el paciente saltó hacia mí extendiendo los brazos y me agarró por el cuello. El oficial, un hombre grande, le pegó en el pecho un poderoso golpe al prisionero hundiéndolo de vuelta en la camilla, me miró, no dijo nada y volvió a ponerle las esposas.

Me di cuenta, en ese momento, que toda mi vida y mis orígenes estaban a mundos de distancia de la rabia y del odio que alimentaban la ira de los delincuentes reincidentes. Seguí tratando con delincuentes en varios entornos institucionales durante el resto de mi carrera médica. Nunca volví a cuestionar a un policía sobre las precauciones de seguridad que consideraba oportunas para cada situación.

Casi se podía reconocer a un practicante por su mirada de cansancio, cuyo origen se expresaba con la frase que todos los practicantes utilizaban para definir nuestro calvario del primer año, "36–12" – treinta y seis horas seguidas, doce horas de descanso. Los días y las noches ajetreados, literalmente trabajábamos durante treinta y seis horas seguidas. Cuando no lo hacíamos, aun así, no nos permitían irnos del hospital.

Durante mi rotación en la sala de emergencias, había una gran sala de estar con sillas y con sofás donde nos permitían dormir durante una o dos horas si la situación lo permitía. Nunca dormí más de dos horas consecutivas durante mi rotación de ER mientras estaba de guardia. Todos teníamos localizadores y buscapersonas y nos despertaban del letargo cuando era necesario ya fuera electrónicamente o sacudiéndonos para despertar. Esa era una manera agotadora de aprender a ser médico, aunque la práctica de la medicina con falta de sueño ha sido eliminada en gran medida hoy en día, era la norma cuando yo era practicante y muchos años después de eso. Llegaba a casa después de mis treinta y seis horas exhausto y me derrumbaba en la cama. Dormía durante la mayor parte de las doce horas de descanso o veía la televisión en la cama. Lynda me traía mi pequeño gusto favorito, helado de vainilla y galletas con chispas de chocolate y me las comía en la cama para después seguir durmiendo. En algún punto, el azúcar debió haber hecho efecto porque Linda quedó embarazada de nuestro tercer hijo durante mis prácticas en Mount Sinaí.

Mi vida era la medicina, además de dormir, por lo que no había tiempo ni disposición para la música. No canté una canción en la ducha, en un restaurante ni en ningún otro lugar durante mi año en Mount Sinaí, tampoco recibí una sola clase de música. Aunque no había tiempo para David Nello, nunca pensé en su ausencia, y la desaparición de la música de mi vida no estuvo acompañada de una sensación de pérdida ni teñida de arrepentimiento. Estaba comprometido emocionalmente con la medicina hasta el grado máximo. No sólo no tenía tiempo para David Nello – por primera vez en mi vida –, sino que tampoco había tiempo para Richard Tucker. Nunca estaba en casa cuando él y mi madre visitaban a Lynda y a los niños. Hablaba con él de manera amable, pero muy brevemente cada mes cuando nos quedábamos sin dinero. No estaba al tanto de su calendario de ópera. Estoy seguro de que actuó en Nueva York mientras yo estaba en Mount Sinaí, pero no tenía ni un minuto libre para escuchar a mi padre cantar.

Además de en su casa y en el escenario de una ópera, mi padre era el más feliz cuando estaba en una sinagoga o en el hipódromo. Sus actuaciones como cantor en las sinagogas más famosas del mundo son legendarias, pero él también iba a la sinagoga cuando podía para rezar y para sentirse reconfortado. (Cuando murió, mi madre me dio su tefilín, un conjunto de pequeñas cajas de cuero negro que contenían piezas de pergamino con versos de la Torá inscritos que los judíos practicantes llevan durante las oraciones de la mañana.) Para cuando mi padre cumplió cincuenta años, había pasado más tiempo en sinagogas que en escenarios de ópera.

La veneración de mi padre por la profesión médica, en gran medida surgía de su religión. En la fe judía, la insistencia de Dios para que su gente honrara el Sabbat tomaba un segundo plano tras la obligación sagrada de salvar vidas. Mi padre me decía que no había ningún rabino en Estados Unidos que reprendiera a un judío por conducir en Sabbat para salvar una vida. La insistencia de mi padre en que me convirtiera en médico estaba enraizada en su creencia de que la aspiración principal de un judío era sanar. Me dijo cuando estaba en la escuela de medicina que, en las antiguas ciudades y pueblos de Israel, curar a los vivos era un acto sagrado y que el médico era percibido como un instrumento de Dios. Me dijo una vez, con sus ojos brillantes, que el médico "se presentará ante los nobles", citando uno de sus pasajes favoritos de Eclesiastés.

Mientras que la sinagoga alimentaba el alma de mi padre, otros lugares satisfacían su deseo de toda la vida de estar en el centro de la "acción", esa intersección entre la emoción y el riesgo con un toque de peligro y con un olor a lo prohibido.

Cuando mi padre era joven, las chicas guapas eran parte de la acción. Cuando se convirtió en una superestrella, las mujeres lo encontraban atractivo, no sólo porque fuera guapo, sino porque su inmenso talento y su increíble confianza eran embriagadoras. Él correspondía su atracción y disfrutaba la compañía y los cumplidos de mujeres hermosas en los círculos de la ópera y de la actuación (recuerden mi participación para llevar a Ava Gardner entre bastidores en el Met).

Su coquetería era evidente, pero siempre estuve convencido de que siguió siendo inocente y de que no tenía ninguna razón para pensar que él engañaba a mi madre. Él dirigía toda su vida de acuerdo con un firme código moral – "respeta a tu esposa", "protege a tus hijos" y "recuerda a tus amigos" eran sus pilares centrales – y creo que confinaban sus galanteos dentro de unos límites adecuados. Pero tan interesado estaba en las mujeres, y esto fue mucho antes de Ronald Reagan, que mi madre adoptó su principio de "confía pero verifica" y comenzó a acompañar a mi padre cuando viajaba para cantar fuera de la ciudad.

En la época de mi padre, eran las apuestas de una manera u otra, las que ofrecían la máxima acción. A él siempre le gustó apostar en juegos de fútbol americano y de béisbol. Le encantaban Las Vegas y sus casinos. Pero sin duda, lo que más le gustaba eran las carreras de caballos. Se vestía de punta en blanco cuando iba al hipódromo, a veces con viejos amigos de su época en Brooklyn, otras veces con eminencias que se habían convertido en sus amigos después de que se volviera famoso. Le encantaban los rituales del hipódromo, desde estudiar la planilla de carreras hasta esperar en la ventanilla para hacer sus apuestas. El desarrollo de la carrera le entusiasmaba: los caballos echándose a correr en la puerta de salida, los jinetes compitiendo por la posición, los caballos galopando y compitiendo por llegar a la meta. Se ponía muy contento cuando su caballo llegaba hasta el final, un final apasionado, la expectación que puede dejar sin aliento y, a veces, traer la gloriosa chispa de la victoria.

Hablo sobre mi padre y sobre su afición por la *acción* porque creo que mis historias de la sala de emergencia le añadían emoción al placer que le daba que yo fuera doctor. Una noche, tomó un taxi con mi madre hasta la entrada de la sala de emergencias. Resultó ser una noche muy ajetreada en la que las ambulancias y los coches de policía llegaban uno detrás de otro. Recuerdo correr hacia una de las ambulancias y darle asistencia inmediata a un herido de bala. Después de mis atenciones, recuerdo gritar a la enfermera que lo llevara inmediatamente a la sala de operaciones, y luego advertir a mis padres a lo lejos. Mi padre me miró con una sonrisa y asintió en señal de aprobación.

Mi padre y mi madre llegaron en taxi hasta la entrada de la sala de emergencia unos cuantas veces más con la esperanza de verme realizar pequeños milagros. Para mi padre, la sinagoga y el hipódromo habían convergido. Su hijo estaba curando – curando entre la confusión y sus visibles símbolos de peligro estacionados en doble fila en la calle –. Le decía que estaba en la parte más baja del escalafón de la sala de emergencia y que los residentes y los médicos con experiencia llevaban a cabo el trabajo real para salvar vidas, pero él agitaba su mano con desdén. Mi padre observaba mi papel a través de las lentes de aumento de su fe y de sus sueños, no a través de las limitaciones de mi rango de novato y por eso estaba fervorosamente orgulloso.

Sólo vi a mi padre durante el comienzo de mis prácticas allí, en la entrada de la sala de emergencias.

Después de dos meses en la sala de emergencias, pasé a la rotación de pediatría y sufrí la primera muerte de un paciente bajo mi cuidado. Se llamaba Sheyndi, era una inteligente y hermosa niña judía ortodoxa de cinco años que hablaba inglés y yiddish, y tenía una leucemia aguda. Hoy en día, el pronóstico para niños con leucemia es optimista, en la década de los sesenta, no lo era.

Unos días después de conocerla, le pedí permiso para involucrarme más en su cuidado y también la visitaba cuando podía. Su cámara estaba en una sala de aislamiento libre de gérmenes y cuando la atendía o la visitaba, me ponía un gorro, una máscara, una bata hasta el suelo y guantes largos. Cuando estaba con ella, ella sólo podía ver mis ojos. Le estaban aplicando dosis fuertes de quimioterapia y radioterapia, su pelo empezó a caerse gradualmente por las medicinas, y su piel, previamente brillante, se volvió amarillenta por la enfermedad. Con el transcurrir de las semanas, se notaba su tristeza y yo sentía que estaba perdiendo la esperanza.

Sufría mucho con Lynda por el deterioro de Sheyndi y decidimos que debía llevarle una muñeca.

"A todas las niñas pequeñas les encantan las muñecas", dijo Lynda.

Al día siguiente, entré a su habitación, rogando que la muñeca, que estaba envuelta en una bolsa de plástico libre de gérmenes, le levantara el ánimo. Sobre todo, quería verla sonreír. Su habitación estaba perfectamente limpia – demasiado, sentí de repente. Ella no estaba en su cama.

Una enfermera estaba en la habitación, concentrada en una tarea. Después vi la almohada de Sheyndi – inmaculada, lisa como el cristal, sin rastro de arrugas – inflada y colocada en el mismísimo centro de la cabecera de la cama. Esa almohada me detuvo en seco, un símbolo de la muerte que instantáneamente se instaló en la boca de mi estómago. Y entonces, un segundo más tarde, golpeó mi cerebro con la fuerza de un martillo.

Actué en estado de shock y le pregunté a la enfermera si Sheyndi estaba en el laboratorio o en la sala de rayos X para recibir tratamiento adicional. Me miró amablemente y me contó los detalles de lo que yo ya sabía – que Sheyndi había fallecido por la noche y que su cuerpo había sido llevado a la morgue del hospital –. Salí de la habitación y lloré, fue la primera vez que lloré desde que era doctor.

A mitad del pasillo, tiré la bolsa de plástico en un cubo de basura de tamaño industrial.

Ha pasado medio siglo desde de que murió Sheyndi, pero todavía pienso en ella a menudo. Hasta hoy, cuando estoy con mis nietos, en mi imaginación a veces veo esa almohada de forma perfecta y lloro. Cuando los niños me preguntan por qué estoy llorando, les digo que son lágrimas de felicidad por su buena salud.

Aunque estuve involucrado en el cuidado de Sheyndi, no me pidieron que llamara a sus padres para darles la terrible noticia. Era demasiado joven y, por esa gentileza compasiva, estuve agradecido. Le dije a Lynda que si me hubieran pedido que se lo dijera a sus padres, no habría sabido qué decir. Si un hermoso niño pequeño hubiera muerto en mi último año de mi práctica médica, en lugar de en mi primer año, aun así, me habrían faltado las palabras.

Pasé de pediatría a las salas de medicina general, estuve los siguientes cuatro meses allí. Los pacientes eran generalmente pobres, mayores o ambos. Llegaban con cáncer, con enfermedades cardíacas, con enfermedades hepáticas y con enfermedades pulmonares, en especial con neumonía y con enfisemas pulmonares. La combinación de tener una edad avanzada, una nutrición inadecuada y una enfermedad avanzada aumentaba dramáticamente sus índices de mortalidad. Muchos de esos pacientes morían bajo nuestro cuidado y su muerte se convertía casi en rutinaria, y era recibida sin lágrimas y sin mucha tristeza. Sus muertes me parecían las últimas acciones inevitables de seres humanos que habían vivido vidas muy duras. Mi Sheyndi se había ido al comienzo de su vida, y yo lloraba por eso. Cuando llevábamos los cuerpos de los ancianos fallecidos desde las salas de medicina general hasta la morgue, si es que lloraba, lo hacía por las duras e infelices vidas que probablemente habían tenido, por lo que esperaba que su muerte los llevara a un lugar mejor y más bondadoso.

Pero esas muertes geriátricas nos hicieron a mi esposa y a mí un gran último favor. Yo participaba en sus autopsias y me di cuenta de que los pulmones de los ancianos de más de ochenta años que morían de enfermedades hepáticas todavía eran rosas, mientras que los pulmones de fumadores crónicos mucho más jóvenes que morían de cáncer de pulmón eran de color gris oscuro o negro. Mi esposa y yo fumábamos por entonces más de un paquete diario de cigarrillos sin filtro. Después de media docena de autopsias, llegué a casa y le dije a Lynda que teníamos que dejar de fumar y ambos decidimos dejar de hacerlo en el acto. Ninguno de nosotros ha vuelto a fumar un cigarrillo desde ese día. Agradezco a mis pacientes geriátricos de Mount Sinaí por eso.

Uno de mis pacientes era un hombre joven – no más de cuarenta años – que casi muere de un ataque cardíaco. Él me permitió amablemente hacerle preguntas personales sobre su experiencia cercana a la muerte.

El nacimiento y la muerte, los sujeta libros de la vida – uno milagroso y el otro misterioso – han fascinado a los doctores desde la antigüedad porque exponen los límites de la ciencia y fuerzan a los médicos a introducirse en el territorio de la fe y de lo incognoscible, no necesariamente como creyentes, pero al menos sí como exploradores. (Recuerden al gran Maimónides que, en el antiguo Egipto, era al mismo tiempo médico y rabino). La frase trillada "el milagro del nacimiento" todavía es cierta después de haberla pronunciado millones de veces. Lo que permite ese momento perfecto de coordinación divina en que el cerebro y el corazón de un recién nacido se activan para dar lugar a la acción independiente, cuando los pulmones gritan por la llegada de una vida nueva e independiente, sigue siendo tan misterioso hoy como en los orígenes de la humanidad. Y en el otro extremo lejano de la vida, en el instante en el que la vida física cesa, ¿qué siente o qué experimenta la persona que muere durante el último momento, en caso de que sienta algo? ¿Ese instante es final o es sólo transformativo? ¿Qué pasa en realidad con el alma humana, la parte de nosotros sin masa y sin peso, pero la parte que los filósofos desde Platón creen que dota a la vida de significado?

Nuestro paciente de cuarenta años llegó por un paro cardíaco. Dedicamos unos valiosos minutos bombeando su corazón manualmente y con palas eléctricas y forzando la entrada de oxígeno hacia su corazón y hacia su cerebro para su supervivencia. Él estuvo inconsciente y cerca de la muerte durante casi seis minutos. Al final, sus constantes vitales se hicieron más fuertes. Al cabo de un rato, recobró la consciencia. Para cuando me fui de su lado, estaba fuera de peligro.

Regresé al día siguiente, le dije lo feliz que estaba de que estuviera bien y me dio las gracias por mi ayuda. Le pregunté si podía molestarlo con una duda personal. Le dije que entendería totalmente si esta le parecía intrusiva o si, sencillamente, no quería responder. Él me dijo que disparara mi duda. Le increpé si podía contarme algo sobre los seis minutos en los que perdió la consciencia y estuvo con soporte vital.

Neurocientíficos, filósofos y seres humanos corrientes que lo experimentaron han escrito decenas de libros y de artículos sobre variedades del fenómeno de la "luz blanca" en una experiencia cercana a la muerte. En lo que he leído, la luz es increíblemente brillante, a veces enceguecedora, y el paciente suele sentir que se acerca a gran velocidad hacia ella. Algunos llaman a esa luz blanca, las puertas del cielo.

Por supuesto, debe haber explicaciones fisiológicas para la luz blanca. Los humanos vemos con nuestros cerebros, no con los ojos y la visión es en realidad un proceso fotoquímico que comienza en la retina del ojo y que continúa a través del nervio óptico hasta llegar al córtex visual occipital del cerebro. Es posible que, en una experiencia cercana a la muerte, cuando el corazón disminuye la velocidad, le falte oxígeno al córtex visual y esa carencia detone una actividad fotoquímica frenética, que podría estimular al cerebro con una gran energía, justificando de ese modo, los recuerdos de la luz blanca en las personas que estuvieron cerca de la muerte. Pero la ciencia no es definitiva y la explicación de las "puertas del cielo" puede ser atractiva para personas con espíritu creyente de todas las confesiones religiosas.

Mi rotación quirúrgica no contribuyó mucho a mi posterior carrera como cirujano oftalmológico. Los cirujanos residentes sólo permitían que los practicantes realizaran tareas médicas rutinarias. Aparte de pasar un instrumento al cirujano de vez en cuando, la mayoría del tiempo en la mesa de operaciones, lo pasaba observando de pie sin moverme. Nunca había estado de pie tanto tiempo en un solo lugar sin casi nada que hacer y me parecía agotador. Además, en la década de los sesenta las cirugías abdominales y las torácicas eran asuntos interminables – normalmente tomaban al menos tres horas, a veces incluso cinco o seis horas–.

Imagínese que le piden quedarse de pie en la esquina de una calle y mirar la luz del semáforo durante cinco horas seguidas, y puede empezar a entender mi rotación quirúrgica. Me encontré a mí mismo apretando los glúteos una vez por minuto para evitar quedarme dormido (un peligro real porque ya estábamos faltos de sueño antes de llegar a la mesa de operaciones). Desde mi rotación quirúrgica, he tenido la máxima empatía hacia las personas cuyos trabajos les obligan a estar de pie durante muchas horas seguidas con poco que hacer – como, por ejemplo, los guardias de los museos –. Estaba feliz cuando mi rotación quirúrgica terminó y pasé a mi última rotación en ginecología y obstetricia.

La ginecología y la obstetricia me atraían por el milagro del nacimiento y por la incorporación de una nueva vida a la comunidad humana. En algún punto de mi rotación, los doctores con experiencia empezaron a contarnos que estaban teniendo lugar un número excepcionalmente alto de nacimientos diarios en Mount Sinaí. Cuarenta nacimientos al día no era extraño, y ellos no podían explicarlo. Los médicos experimentados lo comprobaron con sus amigos de otros hospitales de Nueva York, quienes notificaron tendencias similares. Muy pronto, esa historia salió en las noticias nocturnas. Parece que parte de mi rotación de ginecología y obstetricia ocurrió nueve meses después del famoso apagón de Nueva York de 1965, el corte de energía más grande de la historia de Estados Unidos, el cual sumergió a todo el estado de Nueva York en una oscuridad total y dejó a los neoyorquinos con poco más en qué entretenerse en la noche, que hacer el amor.

La ginecología no era de mi agrado. Encontraba agotador examinar las zonas íntimas de diez o veinte mujeres al día. Creía que las partes íntimas de una mujer debían ser exploradas en la oscuridad, bajo las sábanas y en el fuego del amor y de la pasión – no con instrumentos, con luces brillantes y con largos guantes quirúrgicos –. Muchas de mis pacientes eran mujeres ancianas, enfermas o pobres, y, tristemente, no tenían los recursos o el conocimiento para tener buenos hábitos higiénicos. En resumidas cuentas, mi apetito sexual hacia mi querida esposa flaqueó en el transcurso de mis días en ginecología y obstetricia. Ambos nos pusimos muy contentos cuando esa rotación llegó a su fin.

Terminé mis prácticas el 30 de junio de 1967, y tenía programado presentarme ante el NIAID en el NIH el 1 de julio. Estaba tan ocupado que Lynda metió las maletas y los niños en el coche y se fue a Bethesda dos semanas antes. Encontró un lugar, organizó todo y me llamó justo antes de que me fuera, con la dirección de nuestro nuevo hogar en Rockville, Maryland, a pocos kilómetros del trabajo. Tomé un vuelo nocturno para presentarme en el NIH a tiempo.

Mis rotaciones en la sala de emergencia, en pediatría y en medicina general en Mount Sinaí habían contribuido a mi crecimiento como médico y también a mi crecimiento personal. Nuestras prácticas finalizaron sin algarabías. Todos trabajamos hasta el último día. No hubo graduación y ningún profesor se despidió de nosotros ni nos deseó buena suerte.

Unos seis meses más tarde, recibí un certificado por correo. Recuerdo haberlo colgado en la pared – sin marco, creo –. Habían pasado casi dos años desde que le dije al doctor McLean que quería especializarme en oftalmología y no había hecho ninguna práctica en ese campo durante ese tiempo. En ese momento, iba a postergar la oftalmología otros dos años. Pero estaba contento por la oportunidad única de hacer investigación sobre enfermedades infecciosas en una de las mejores instituciones de investigación del mundo.

Capítulo Ocho

Los Institutos Nacionales de Salud

Mi padre disfrutaba de su fama y le provocaba gran satisfacción su espectacular ascenso desde sus humildes orígenes. Él era un humilde chico judío de Brooklyn que sólo había llegado hasta el noveno grado. Luego, se codeaba con primeros ministros y con presidentes. La de ellos era una sociedad para la que necesitabas invitación y las invitaciones siguieron llegando. Mi padre entendió su propio ascenso como la prueba viviente de que la fábula de Estados Unidos era cierta –que el valor, el atrevimiento y el trabajo duro eran los grandes niveladores – y que, junto con un golpe de suerte oportuno, podían convertir en personas importantes a cualesquiera.

Sólo una vez mi padre puso su ego por encima de mi educación médica. Durante mi frenético tercer año en Cornell, me exigió que me saltara dos días de clase y que volara con mi esposa casi al otro lado del país para verlo recibir un título honorífico en una destacada universidad nacional. Anteriormente, había recibido una llamada del reverendo Theodore M. Hesburgh, presidente de la Universidad de Notre Dame, quien le dijo a mi padre que el consejo había votado para concederle a mi padre un título de Doctor en Bellas Artes en la ceremonia de graduación del 5 de junio de 1965. (Ocho destacados estadounidenses y líderes mundiales recibieron títulos honorarios de Doctores en Derecho ese mismo día, incluido McGeorge Bundy, el consejero de seguridad nacional tanto de John F. Kennedy como de Lyndon Johnson, y Roy Wilkins, el director ejecutivo de la Asociación Nacional para el Progreso de las Personas de Color (NAACP, por sus siglas en inglés), pero mi padre fue el único que recibió un título honorario en bellas artes).

Mi padre estaba muy contento por estas noticias. La educación superior era para él la cumbre del sueño americano. Al ser un joven pobre con muy poca educación formal, la universidad no sólo estaba fuera de su alcance, sino que estaba incluso más allá de su capacidad de soñar con ella. Se movía sin esfuerzo entre estrellas del cine, hombres de negocio e incluso, entre generales y presidentes, pero se maravillaba con esos brillantes académicos con títulos superiores que podían curar a los enfermos, defender a los inocentes, escribir un libro o inventar algo nuevo. Los hombres que se dedicaban a la vida de la mente y que tenían los credenciales y los logros para probarlo eran, en su opinión, la verdadera élite de Estados Unidos.

Yo solía decirle que a mis profesores más famosos de Cornell les temblaban las rodillas ante la posibilidad de conocerlo cuando me visitaba. Él se reía de eso. Cuando lo único sobre lo que querían hablar con él era de sus óperas y de su forma de cantar, se quedaba estupefacto y daba respuestas educadas, pero sin salida, y llevaba la conversación hacia sus descubrimientos, sus libros y sus artículos. Anteriormente, él había llegado a las filas de élite a través de sus hijos. Ese era su día para ponerse la toga y el birrete.

El 5 de junio era un sábado despejado y hermoso. Los que se graduaban de pregrado, de maestría y de profesionales de varios campos, así como los graduados honoríficos, todos con sus togas y sus birretes, recibieron sus títulos en una procesión solemne a través del amplio escenario engalanado con flores. McGeorge Bundy dio el discurso de graduación. Después de la ceremonia, había un almuerzo para los homenajeados y sus familias.

Los Tucker éramos seis, incluyendo a mi esposa y a mis dos hermanos. Recuerdo que me di cuenta de que había casi tantos curas en el almuerzo como personas invitadas. Uno de los curas se levantó para bendecir la mesa antes de empezar a comer y, por supuesto, invocó la bendición de Jesucristo por los alimentos que íbamos a recibir. Creo que mi madre y mi padre nunca olvidaron lo que pasó a continuación.

Antes de que los invitados empezaran a comer, el padre Hesburgh se levantó y anunció que uno de los honorables invitados era judío, apuntando hacia mi padre. Entonces, en voz alta, pronunció toda la bendición judía del pan en un perfecto hebreo. Se sentó e hizo un gesto para que todos comenzaran a comer. Esto nos emocionó profundamente. No sólo una universidad católica había elegido honrar el talento artístico de mi padre, sino que su líder había recordado su fe y la había honrado también.

El título honorífico de Notre Dame fue el primero de los varios que recibiría mi padre, pero siguió siendo su favorito. Eso puede haber tenido algo que ver con episodios desagradables al comienzo de su carrera operística.

Cuando mi padre, un don nadie de la ópera, saltó como Superman de la bimá de una sinagoga de Brooklyn, aterrizó un barrio más allá en el escenario del Metropolitan Opera House, y cantó como un dios, hubo envidias (y quizás peores emociones) de parte de algunos cantantes e incluso de unos cuantos rígidos y almidonados miembros de la junta, quienes eran cristianos. Sus murmullos y sus pequeños desprecios no pararon a esa estrella en ascenso, pero los recuerdos de esos antiguos golpes debieron endulzar la recepción de un título honorífico de una de las universidades católicas más importantes y veneradas de Estados Unidos.

El título honorífico vino desde Notre Dame. Un honor aún más grande llegó de parte del Padre Hesburgh personalmente, poco después de que mi padre falleciera. A finales de enero de 1975, él llamó a mi madre para darle el pésame y le dijo que quería celebrar una misa en recuerdo de mi padre en la Catedral de Saint Patrick en Nueva York. Mi madre escuchó la palabra "misa" y, al tomarle por sorpresa, le recordó a su interlocutor que Richard era judío, por lo que quizás una misa no sería apropiada.

"Déjame recordarte, Sara", respondió Hesburgh, "mi señor Jesús también era judío".

Sorprendida y desarmada, mi madre le agradeció por ese gran tributo y aceptó de inmediato en nombre de su familia.

La misa se celebró en octubre de 1975. Mis dos hermanos asistieron, pero yo no pude irme de Cincinnati debido a varias cirugías programadas con antelación. Fue la primera vez en la vida, que me molestó mi profesión.

El Padre Hesburgh figuraba como el único oficiante en el anuncio de la catedral y dirigió personalmente la misa que llenó el gran salón de esa maravillosa iglesia con un canto litúrgico católico para honrar a un cantor judío estadounidense que se había convertido en una de las grandes estrellas internacionales de la ópera. A petición de mi madre, un protegido de mi padre, Herman Malamood, cantó *El Malei Rachamim*, un himno tradicional judío para los fallecidos. Al final de la misa, el Padre Hesburgh cantó el Kadish en hebreo, la afirmación de la fe inquebrantable de los dolientes judíos en su Dios.

El *New York Times* señaló que esa celebración fue "la primera misa en conmemoración por un judío en la Catedral de Saint Patrick".

Los Centros para el Control de Enfermedades (CDC, por sus siglas en inglés) estimaron que en los treinta años posteriores a 1976, las muertes relacionadas con la influenza en Estados Unidos variaron de un mínimo anual de 3.000 muertes a un máximo anual de 49.000. Si tomamos el punto medio de ese intervalo como el promedio anual, más de 750.000 estadounidenses murieron de influenza entre las presidencias de Jimmy Carter y de George W. Bush. Un estudio estima que la vacuna de la influenza

El Duro Trato

posiblemente reduciría la tasa de mortalidad entre los estadounidenses mayores en un 50 por ciento y entre los adultos más jóvenes en riesgo (los que tienen dolencias de corazón o de pulmón, por ejemplo) en casi un 80 por ciento. Durante mis dos años en el Edificio Siete del NIH, trabajé principalmente en el desarrollo y en la verificación de las vacunas de la influenza y del rinovirus (el resfriado común).

Luchar contra la gripe es abrumador porque las personas la pueden contraer en cualquier lugar – en los aviones, en los taxis, en el cine, en los restaurantes – donde sea que los seres humanos se encuentren y se relacionen. En palabras sencillas, la vacuna de la influenza contiene una cepa debilitada del virus "salvaje" real, que causa una enfermedad seria y la muerte a los seres humanos. La inyección del virus debilitado despierta al sistema inmunitario del cuerpo para que produzca anticuerpos para luchar contra él. Estos anticuerpos pueden vencer el ataque del virus de la gripe, pero sólo si las personas están inmunizadas antes de entrar en contacto con el virus. La dificultad a la que se enfrentan tanto los científicos como los médicos es que hay varias cepas y mutaciones del virus de la influenza, pero la vacuna que se seleccione para la temporada de la gripe puede combatir exitosamente sólo su propio equivalente en su fase salvaje, proporcionando poca o ninguna protección contra otras cepas de la gripe. Así que una gran parte de la ciencia de la influenza se dedica a predecir qué cepa será la cepa dominante en determinada temporada de gripe. Por tanto, es muy difícil ajustar la vacuna con el enemigo invasor por adelantado.

La comunidad científica y la industria farmacéutica intentan identificar la cepa correcta de antemano y desarrollar la vacuna correcta para proteger la salud del país. Pero a veces, las compañías farmacéuticas y sus aliados médicos y científicos son derrotados por el número de virus de influenza diferentes y por sus mutaciones. Según el NIAID, por ejemplo, la vacuna que se creó en la temporada de la gripe de 1997–98 no era el debilitado primo lejano de su familiar "salvaje" que atacó a Estados Unidos ese año y sus efectos paliativos fueron esencialmente nulos. En otras palabras, eligieron el virus equivocado para la vacuna.

En los dos años que pasé en el NIH, fui teniente comandante naval en el Servicio de Salud Pública de Estados Unidos. Trabajé para un trío de gigantes en la batalla nacional contra la gripe y el resfriado común.

El doctor principal era Robert Huebner, quien se hizo famoso a nivel mundial por su investigación teórica sobre la relación entre los virus y el cáncer. Su teoría innovadora de que los oncogenes causaban que las células normales mutaran y se volvieran cancerígenas resultó ser cierta y llevó al desarrollo de tratamientos importantes para el cáncer y para otras enfermedades. También fue fundamental en el desarrollo de una vacuna para la hepatitis B. En 1970, recibió la prestigiosa Medalla Nacional de

Ciencia en Ciencias Biológicas del Presidente Nixon en una ceremonia en la Casa Blanca. Muchos científicos del NIH pensaron que era un error de criterio que nunca ganara un Premio Nobel.

Fuera de la medicina, era lo más cercano a un hombre del renacimiento que había conocido hasta ese momento. Era un científico, un amante de la ópera y un gran atleta. Era un hombre grande e imponente. Las historias que se escuchaban en el NIH decían que trabajó durante su carrera de medicina como portero de un prostíbulo. Durante mis primeros cuatro meses en el NIH, nunca lo vi, excepto al saludarlo por los pasillos. Él asentía y, a veces, decía hola. Si sabía mi nombre, nunca lo utilizó en esos breves intercambios.

El segundo en cuanto antigüedad era el doctor Robert Chanock, el hombre que me aceptó en el programa gracias al firme respaldo del doctor Kilbourne. Llegué al NIH en 1967, cuando el doctor Chanock estaba terminando su primera década allí. Esto fue lo que el director del NIH escribió sobre él en esa ocasión: "Nunca en la historia de la investigación de las enfermedades infecciosas ha desarrollado una persona tanta información concluyente sobre las causas de tantas enfermedades humanas en un período tan corto de tiempo".

Antes de 1967, había sido el jefe de la Sección de Virus Respiratorios, donde él y su equipo de trabajo identificaron varios virus de influenza nuevos. Aproximadamente en la época en la que llegué, lo promocionaron a jefe del Laboratorio de Enfermedades Infecciosas, donde siguió haciendo grandes avances en virología tanto para la influenza como para el resfriado común. Antes de que muriera en 2010, había recibido casi todos los honores que la comunidad científica estadounidense pudo otorgarle, incluyendo la Medalla Albert B. Sabin y la Medalla del Servicio de Salud Pública de Estados Unidos al Servicio Distinguido. A él también le encantaba la ópera y era pariente lejano de Felix y Fanny Mendelssohn, los famosos hermanos que fueron compositores alemanes. En el momento de su muerte, su colección musical clásica ascendía a un total de más de cuarenta mil cintas y discos – muchos de los cuales, me dijo una vez, contenían las arias o las óperas completas de mi padre –.

El tercero de estos grandes científicos era el doctor Albert Kapikian, el más cercano a mí en cuanto a edad, graduado también de Cornell y el único al que yo llamaba por su nombre. Al se convirtió en mi mentor y en mi amigo para toda la vida hasta su muerte en 2014. Cuando llegué al NIH, era el jefe de la sección de epidemiología del Laboratorio de Enfermedades Infecciosas. Dedicó su vida al estudio de virus que enfermaban o mataban a los niños. Su misión vital era eliminar la diarrea infecciosa vírica, una enfermedad que produce la muerte de un estimado de cuatrocientos mil niños al año, principalmente en países subdesarrollados. Según su esquela en el *NIH News*, fue el padre de la investigación de la gastroenteritis viral. Tres años después de irme del NIH, identificó el primer norovirus, ahora reconocido como uno de una familia de virus que causan la diarrea epidémica alrededor del mundo y que, a veces, hace estragos en cruceros vacacionales. (En el primer trimestre de 2014, el norovirus atacó ocho transatlánticos diferentes). Él y sus compañeros también identificaron el virus de la hepatitis A.

Al tenía treinta y tantos cuando lo conocí en el NIH, era un fanático del béisbol y un espectacular atleta. Jugábamos juntos en el equipo de sóftbol del NIH. Le encantaban los viejos Brooklyn Dodgers, al igual que a mí. Una vez me dijo que cuidó del gran Sal Maglie cuando estuvo enfermo – Sal, el "Barbero" (porque les daba a los bateadores un afeitado con su bola rápida hacia arriba) –, quien jugó tanto para los Dodgers como para los odiados Giants. Al recordaba que estrechar la mano de Maglie era como poner sus dedos en una gran morsa de banco.

Todos los años, los virólogos más importantes del NIH coordinaban con sus contrapartes de Europa y de Asia y hacían la mejor estimación científica de la cepa más probable de la influenza con la que los médicos estadounidenses tendrían que luchar en la siguiente temporada de gripe. Junto con otros médicos del NIH, mis tareas eran dos: desarrollar una vacuna para la cepa pronosticada de la gripe y probar la vacuna en un grupo de control formado por voluntarios. La parte de investigación se realizaba en los sofisticados laboratorios del NIAID. La parte clínica se llevaba a cabo en dos cárceles de máxima seguridad – la Institución Correccional de Maryland en Jessup, Maryland y la prisión del Distrito de Columbia (DC) en Lorton, Virginia – en grupos de internos que cumplían condenas por robo armado, violación y asesinato, entre otros crímenes.

Jessup era una prisión estatal notoriamente violenta, había sido inaugurada en 1878. Su laberinto de escaleras estrechas y de sinuosos pasillos angostos, la convertían en una trampa mortal para los guardias y para los presos, quienes quedaban en manos de prisioneros semiocultos llenos de resentimiento y de odio. En ella se produjeron grandes motines en 1965, tres años antes de que llegara yo, y en 1972, tres años después de que me fuera. El asesinato de un guarda en 2007 indujo a que el estado cerrara la cárcel. Para evitar grandes motines en otras prisiones, la clausura de Jessup se mantuvo en secreto y se realizó durante varias semanas, trasladando autobuses llenos de presos al amparo de la noche. Sólo hasta después de que los últimos de los 850 hombres peligrosos de Jessup hubieran sido trasladado a otras prisiones, el estado de Maryland anunció que la cárcel más infame había sido clausurada.

Lorton también tenía una historia interesante. Ubicada en el Condado de Fairfax, en Virginia, la cárcel era un gran complejo correccional que albergaba un asilo, un reformatorio de menores y los edificios penitenciarios. (Los edificios penitenciarios eran tan peligrosos como las instalaciones de máxima seguridad de Jessup). Lorton abrió sus puertas a los presos en 1910 y debido a su cercanía con la capital del país, había desempeñado un papel importante en la historia política de Estados Unidos. En 1917, más de 150 mujeres sufragistas fueron arrestadas después de exigir el voto en una manifestación en Washington DC y fueron encarceladas durante varios meses (y algunas maltratadas) en Lorton. Durante mi primer año trabajando con prisioneros allí, pude haber pasado por al lado de Norman Mailer después de que él y muchos otros fueran arrestados y enviados a Lorton por protestar enfrente del Pentágono contra la Guerra de Vietnam. Más adelante, Mailer hizo famosa su estancia en Lorton con su libro *Armies of the Night*.

Yo no lo sabía en ese momento, pero trece años antes de que empezara a trabajar en Lorton, se construyó allí una instalación subterránea de misiles antiaéreos para la defensa contra un ataque soviético, haciendo, sin duda, de dicho lugar un objetivo para un misil soviético específico durante mi estancia en él. Los pueblos y las ciudades que rodeaban a las instalaciones clamaban desde hacía tiempo por la clausura de Lorton. Los últimos prisioneros fueron trasladados a otros lugares en 2001 y el terreno de Lorton (más de 2,300 acres) fue vendido al Condado de Fairfax en 2002 para el desarrollo comercial y residencial.

Yo trabajaba directamente con el doctor Albert Kapikian, la estrella de la epidemiología en el trío de gigantes de la investigación de virología en el NIAID (Edificio Siete), desarrollando vacunas de influenza y de rinovirus en el laboratorio. Desarrollar la vacuna llevaba de seis a doce meses y el largo proceso tenía cuatro pasos diferentes. Primero, teníamos que cultivar el virus salvaje en cantidades suficientes. Lo segundo era atenuar el virus salvaje, lo cual era una tarea delicada de calibrado porque la vacuna inactivada tenía que ser lo suficientemente fuerte como para estimular el sistema inmunitario del receptor para producir los anticuerpos necesarios para combatir el virus salvaje durante la temporada de gripe, pero lo suficientemente débil para evitar una enfermedad grave o la muerte de nuestro grupo de voluntarios. En tercer lugar, teníamos que asegurarnos de que las vacunas estuvieran puras y libres de bacterias o de otros contaminantes. Y, en cuarto lugar, probábamos las vacunas en animales y después en humanos – específicamente, en prisioneros de Jessup y de Lorton –.

Después de desarrollar la vacuna, un equipo de tres o de cuatro doctores se dirigía a las prisiones de Jessup y de Lorton para solicitar a los presos que participaran como voluntarios en las pruebas experimentales de la vacuna contra la influenza del gobierno federal. Les explicábamos que esta prueba llevaría entre tres y cinco semanas y que, durante el período de prueba, vivirían separados y aislados en unas instalaciones parecidas a las de una residencia con mejor comida, con más horas de televisión, con caramelos, con palomitas y con cigarrillos. Para protegerlos contra la infección, no se permitiría que los guardias estuvieran a menos de treinta metros de los presos voluntarios. Nos vimos desbordados por la gran cantidad de voluntarios.

Para el primer estudio en el que estuve involucrado en Jessup, seleccionamos a un grupo poblacional de treinta presos después de revisar de antemano que no tuvieran ninguna dolencia o algún elemento en su historia clínica personal que los descalificara. Los voluntarios fueron aislados y puestos en cuarentena. Se les administró la vacuna a la mitad de ellos y un placebo a la otra mitad. Después de una semana aproximadamente, todos estaban expuestos al virus salvaje a través de la exposición intranasal o de garganta. Posteriormente, monitoreamos su salud para buscar cualquier indicio de fiebre, tos o secreción nasal.

Aunque hicieron desnudarse a los presos del grupo de prueba para revisar si tenían armas cuando entraron en la zona de cuarentena, ya que eran delincuentes peligrosos y las armas caseras pueden caer fácilmente en manos de algunos presos, incluso en los entornos más seguros, curiosamente, las medidas tomadas para nuestra seguridad física fueron relativamente laxas. La necesidad médica explicaba esto en su mayor parte. Los guardias no podían estar situados en la zona común del grupo de control sin comprometer potencialmente la integridad del estudio, aunque se les ordenó entrar a la primera señal de peligro. Por eso, había un nivel de riesgo que no se podía eliminar con la mayor seguridad. Pero durante mis dos años trabajando con presos de Jessup, nunca hubo ningún problema. Creo que los guardias con expresiones serias y adustas que constantemente patrullaban alrededor de una pasarela circular sobre el área de cuarentena con armas en sus cinturones y con rifles sobre sus hombros estaban sorprendidos de que nunca tuvieran que usar sus armas. Era increíble que los prisioneros con pasados tan violentos – hombres que desbordaban odio, hombres cuyas vidas anteriores habían demostrado, como mínimo, una increíble falta de criterio y, más probablemente, grandes dosis de pensamientos sociopáticos – se comportaran tan decorosamente durante las semanas que estuvieron con nosotros.

Mi propia explicación para su comportamiento ejemplar es que el entorno de violencia pura y de amenazas diarias a la vida y a la integridad física en esa prisión, en particular, era probablemente más peligroso que sus vidas en el exterior y ese agujero en el que habían caído, les hizo – quizás por primera vez en su vida – calcular de manera racional. Les ofrecíamos un mes fuera de los peligros constantes y del temor de la vida en la cárcel de Jessup. No iban a desperdiciar el regalo que les estábamos haciendo.

Durante el mes que pasamos con cada grupo de prisioneros, no es una exageración decir que forjé relaciones humanas con muchos de ellos. Lo fundamental de esto era su agradecimiento por el repentino revés de su suerte.

Nuestra estrategia para comenzar la conversación era predecible de ambas partes. La de ellos eran principalmente las burlas de los prisioneros: *"Soy inocente"*, *"Tuve un mal abogado"*, *"Mi abogado me vendió"*, o *"¿Me puede conseguir una baja médica?"* La mía era un penoso *"¿Cómo estás hoy?" "¿Cómo te encuentras?"* Y similares. Pero pronto, el contacto humano real empezó a suceder. Hablábamos sobre de dónde éramos, de nuestras familias (esposas, niños, novias), de nuestros equipos deportivos favoritos y, con alguno de ellos, de sus esperanzas para la vida después de la cárcel. Pronto nos conocíamos por nombre. Me tomaron la suficiente confianza como para hacerme preguntas sobre otras cuestiones de salud que tenían y yo siempre les respondía si podía.

Yo los visitaba dos o tres veces por semana en Jessup durante el período de prueba. Empecé a tener ganas de ver a los presos y de hablar con ellos. También empecé a darme cuenta de que, cuanto más cercanos nos volvíamos los doctores a los presos, más duras se volvían las expresiones y más apretados estaban los labios de los guardias que patrullaban por encima. Estoy seguro de que su cambio de conducta tenía que ver, en parte, con el mayor riesgo de seguridad que nuestras interacciones con los prisioneros entrañaban. Pero sentía que algo menos elogioso estaba ocurriendo con los guardias. *Nosotros* estábamos tratando a *sus* presos como seres humanos y creo que nuestra interacción con los reclusos chocaba con sus opiniones profundamente arraigadas sobre los negros americanos, especialmente sobre los negros americanos encarcelados.

El doctor Martin Luther King Junior fue asesinado en Tennessee el 4 de abril de 1968. Estallaron disturbios y saqueos en Washington DC esa misma tarde. El NIH cerró temprano y nos enviaron a todos a casa. En camino de regreso a Rockville, vi varios vehículos con conductores y con pasajeros agitando banderas de los Estados Confederados y enarbolando sus rifles y sus escopetas. Iban en coches y en camionetas. Conducían como jinetes nocturnos de su querida Confederación. Sus rostros brillaban con una perturbadora mezcla entre odio y felicidad. Estaban de caza en las calles.

Llegué a Rockville, Maryland, sobre las siete de la tarde. Lynda y yo vimos por televisión que Washington DC estaba ardiendo. (Para cuando finalizaron las revueltas una semana después, más de mil edificios habían sido reducidos a cenizas, doce personas habían sido asesinadas, otras mil estaban heridas y más de seis mil fueron detenidas).

Sobre las nueve de la noche, recibí una llamada de la prisión de Jessup. Me dijeron que no tenían un médico disponible esa noche y que un recluso había resultado gravemente herido en una pelea con navajas. (Después me enteré de que el oficial de Jessup no llamó al NIH para pedir permiso para comunicarse conmigo. Sinceramente, creo que me contactó por la sencilla razón de que había tenido atenciones humanas básicas con los presos de nuestros grupos). Mi esposa no quería que fuera, pero como médico, me sentía obligado a hacerlo.

Mientras me dirigía a Jessup, pensaba en las llamas que salían de los edificios incendiados por negros americanos iracundos en la capital del país y recordé a los estadounidenses blancos que había visto ese mismo día, agitando armas y gritando calificativos desde sus coches y camionetas. Esas escenas de violencia me llenaron de temor.

Mientras conducía hacia Jessup, no sabía a quién tener más miedo, si a los negros haciendo saqueos y disturbios en las calles, a los blancos en sus camionetas, cazando presas humanas para jugar, o de verdad, a los prisioneros negros que me esperaban en Jessup llenos de odio por la muerte de Martin Luther King, probablemente a manos de un hombre blanco o los guardias blancos de la prisión de Jessup, mis protectores, quienes, según mi prejuicio Yankee, no eran muy diferentes con sus uniformes, de sus parientes culturales que patrullaban por la noche y que pasaron a mi lado en la carretera, gritando y vociferando. Tenía miedo de todos ellos en la misma medida.

Llegué a la cárcel hacia las diez de la noche. Era un cuartel armado bloqueado totalmente. Pasé por la entrada y enseñé mis credenciales del NIH. El guardia de la puerta hizo una llamada y me permitieron continuar. Estacioné mi coche, un guardia armado me acompañó a la cárcel y me llevó a la enfermería de la prisión. Todos los guardias que vi eran blancos. El prisionero estaba tumbado sobre una camilla, atendido por un ordenanza. La herida de arma blanca era en la pierna, larga y profunda. Le limpié y le cosí la herida, luego le administré algunas medicinas para aliviar el dolor y para calmarlo. Todo el procedimiento me llevó unos treinta minutos.

Después de atender al recluso, mi guardia y yo nos fuimos de la enfermería y caminamos a través de una gran sala de estar donde los presos tenían permitido reunirse. Al fondo de esa sala había una salida que daba al exterior. No había guardias en la sala de estar, pero los guardias de la prisión con ametralladoras caminaban rítmicamente en las pasarelas que había encima.

Cuando estábamos por la mitad de la sala, un recluso negro se alejó de un grupo de internos que estaba en una esquina y se acercó a nosotros respetuosamente. Lo reconocí porque fue uno de mis anteriores voluntarios de la influenza y debió acordarse de mí porque se acercó para preguntarme si quería acompañarlo a él y a otros presos en un momento de oración. Estaba mirando más al guardia que a mí cuando me preguntó. Pensaba que el guardia diría que no por razones de seguridad. En cambio, este me miró y se encogió de hombros, diciéndome sin palabras que era mi decisión. Le dije que me gustaría ir y, sólo con eso, el guardia caminó hacia la puerta de salida. En ese instante, tuve un fuerte presentimiento de que su encogimiento de hombros fue una manera de dar su consentimiento a los acontecimientos que estaban a punto de ocurrir – la mayor aprobación que su color, su ascendencia y su uniforme le permitían expresar –.

Caminé con el preso que había sido mi paciente hacia el grupo de reclusos negros que se encontraba en la esquina de la sala. Él nos pidió que nos tomáramos de las manos y que formáramos un círculo humano conectado. Comenzó a cantar "We Shall Overcome" e hizo un gesto para que el resto nos uniéramos. Eché un vistazo hacia la pasarela y vi que los guardias estaban allí con las ametralladoras apuntando hacia nosotros. Estoy seguro de que, si algún preso hubiera hecho un movimiento para tomarme como rehén, las armas nos hubieran acribillado a todos y las autoridades de la cárcel habrían atribuido mi muerte a la ingenuidad liberal.

Cuando terminamos de cantar, varios presos me abrazaron y yo también los abracé. Los dejé allí, alcancé a mi guardia y caminamos al exterior de Jessup hacia un coche que me esperaba rodeado de más guardias. Mientras me acompañaba hacia el carro, caminó un poco más despacio y me choqué contra él, tocando brevemente su mano con la mía. Él dejó que nuestras manos se tocaran por una fracción de segundo y después caminó por delante de mí hacia el coche. ¿Caminó más despacio a propósito? Me preguntaba.

Ningún otro guardia detectó algo extraño, pero yo sentí la verdad de lo que acababa de suceder. Sin decir una palabra al guardia, me metí al coche. Mientras me alejaba, pensé en el homenaje del guardia en memoria de Martin Luther King, cómo su encogimiento de hombros y su contacto silencioso denotaban su humanidad en común con un recluso negro y con un doctor judío de Nueva York.

Unos días después, la Cruz Roja hizo un llamamiento para que médicos voluntarios fueran a Washington a ayudar a los heridos de la manera que pudieran. La petición fue anunciada en los edificios de NIH y yo me ofrecí – quizás fui el único doctor de NIH que lo

hizo –. Mientras íbamos en el coche de la Cruz Roja hacia la capital de nuestro país, pensaba sobre mi padre en Israel, cuando era el único intérprete que se ofreció a cantar a los soldados en el frente durante las hostilidades con los enemigos de Israel.

Todavía había edificios en llamas al acercarnos a la ciudad. A nuestro coche, en misión de socorro, le lanzaron piedras y botellas. Llegamos a una barricada policial y nos ordenaron que nos diéramos la vuelta y que nos fuéramos. Washington DC se había vuelto demasiado peligroso para la Cruz Roja.

Mis padres nos visitaban en Rockville para ver a sus nietos tan a menudo como les era posible. En cada visita durante mis primeros seis meses, mi padre me preguntaba si podía venir a verme al NIH. Yo siempre encontraba una razón para rechazar sus peticiones.

Las razones que le daba eran superfluas. Sabía que al doctor Huebner le encantaba la ópera y que el doctor Chanock tenía una colección legendaria de discos de ópera. Estoy seguro de que el doctor Kilbourne le había dicho a Chanock que yo era el hijo de Richard Tucker cuando escribió y hablo en mi nombre en mi solicitud. No quería que mi padre me visitara en el trabajo y conociera a esas eminencias hasta que yo hubiera dejado al menos una pequeña huella en el NIH.

Tras varios meses en mi cargo allí, sentí la confianza necesaria para decirle a mi padre que me encantaría que me visitara en el trabajo en su siguiente visita.

Lynda llevó a mi madre y a mi padre hasta el NIH un hermoso y soleado día del final del otoño. La noche anterior, mi padre me dijo que llegarían a las diez de la mañana. Yo estaba esperando cerca de la entrada del Edificio Siete cuando llegaron. El NIH parecía más un campus universitario de Nueva Inglaterra que un complejo médico. Vi a mi padre salir del coche y caminar por la vereda, flanqueado a ambos lados por un espacioso jardín que estaba, a su vez, rodeado de árboles que todavía tenían colores rojo y amarillo brillantes por el cambio de estación.

Estaba espectacular con su traje de color gris carbón y con su corbata de seda roja con un pañuelo a juego. Mi madre lucía hermosa con un traje azul, con un cuello de zorro.

Yo estaba esperando con un técnico de laboratorio cuando llegó a la entrada e hice las presentaciones. Muy pronto se acercaron varios doctores, incluido Al Kapikian y miembros de su personal. Debió haberse extendido la noticia y la multitud de médicos empezó a crecer.

Vi al doctor Chanock y a todo su personal acercándose. Le presenté a mi padre con elogios que esperaba que no fueran demasiado aduladores, él estrechó la mano de mi padre calurosamente y le expresó el gran honor que era conocerlo. Le preguntó sobre esta ópera y aquella, sobre esta actuación y aquella, y mi padre respondió con la misma calidez.

Justo en ese momento, una secretaria se dirigió a mí y me dijo que tenía una llamada. Era la secretaria del doctor Huebner diciéndome que el jefe del NIAID quería bajar para conocer a mi padre. Yo había visto a Huebner varias veces en los pasillos y asistí a algunas reuniones y conferencias con él. Era cordial, pero distante y estaba seguro de que no sabía mi nombre.

Unos minutos después, llegó con un séquito de médicos y de altos cargos y la multitud reunida se dividió como el Mar Rojo para dejarle pasar a saludar a mi padre. Mi padre se dio cuenta de la fanfarria alrededor de Huebner y me preguntó en un susurro quién era la persona que venía. Todo lo que le pude decir fue "¡Es grande, papá! ¡Muy grande!"

El rumor de la llegada de Huebner detonó una evacuación masiva de los laboratorios y de las oficinas del Edificio Siete. Muy pronto la multitud se esparció por el jardín, rodeando a mi padre y al doctor Huebner.

Durante los siguientes treinta minutos, todos nos quedamos paralizados viendo la conversación privada desde una distancia respetuosa. Mi padre hablaba educadamente y el doctor Huebner de forma más animada. Durante la conversación, los ojos de Huebner estaban fijos sobre mi padre. Para él, era una oportunidad única en la vida de conversar acerca de su amada afición con una verdadera leyenda de la ópera.

La mirada de mi padre pasaba de Huebner a mí, a una distancia de dos metros, y después hacia la multitud de doctores que estaban discretamente a unos dos o tres metros de distancia en cualquier dirección, y después regresaba hacia Huebner, confirmando que su hijo mediano estaba como en su casa en este mundo de genialidad médica. Con sus raíces de Brooklyn y con su limitada educación, mi padre no podía entender o apreciar realmente el pedigrí académico, las dotes intelectuales o los logros profesionales de los hombres que le rodeaban. Pero apreciaba el hecho de que habían aceptado a su hijo en su fraternidad especial – y pude ver que ello lo hacía sentir orgulloso –.

El Duro Trato

Yo estuve al lado de Al Kapikian todo el tiempo. Cada pocos minutos, Al agarraba mi brazo o tocaba mi hombro y susurraba, "Míralos, dos gigantes, justo enfrente de nosotros".

Alguien detrás de mí escuchó a Al y susurró, "Me pregunto quién está más nervioso".

Sin pensar, dije insensatamente, "Te diré una cosa. No es mi padre el que está más nervioso".

Unos minutos después, mi padre y el doctor Huebner se dieron la mano y se despidieron. La multitud regresó a sus oficinas y a sus laboratorios y yo les enseñé las instalaciones a mi padre y a mi madre.

Cuando terminamos y salimos afuera, mi padre me dio un beso en la mejilla y se dirigió hacia el estacionamiento con Lynda y con mi madre. Mis padres no esperaban que almorzáramos ese día, pero salimos a cenar esa noche.

Durante la cena, mi madre me dijo que un día, descubriría una cura que salvaría millones de vidas alrededor del mundo. Mi padre sonrió y asintió. Más tarde, cuando mi padre fue a pagar la cuenta, le dije a mi madre lo feliz que me había hecho su comentario. Me respondió que ella sólo repetía lo que le había escuchado decir a mi padre varias veces a sus invitados en las cenas tras sus actuaciones en el Met.

Mi relación con el doctor Huebner cambió notablemente después de su encuentro con mi padre. Cuando lo veía, me saludaba calurosamente, ya fuera con un "Hola, David" o con un "Hola, doctor Tucker". A veces me preguntaba sobre mi investigación o sobre mi trabajo en las cárceles. Pero siempre fue un profesional y nunca me preguntó sobre mi padre o sobre Lynda.

Los inviernos llegaban más tarde a Maryland que a Nueva York, pero aun así traían el frío, la nieve y el hielo. Mi plaza de aparcamiento estaba en un estacionamiento a unos veinte minutos del Edificio Siete, con gran parte del camino subiendo una cuesta pronunciada. Durante el invierno, el camino era lento y, a veces, traicionero.

Justo al lado del NIAID había un pequeño edificio administrativo y, enfrente de ese edificio, había un espacio de estacionamiento reservado para los "Generales". Empecé a percatarme, al final de mis largas caminatas subiendo la colina, que el espacio de los "Generales" nunca estaba ocupado. Un día de frío y de nieve, decidí con audacia estacionar en ese espacio. Estacioné durante varios días más y nadie parecía ser más inteligente.

El último día que estacionaría en ese lugar, Al Kapikian se acercó a mí con una mirada de preocupación en su rostro. Me dijo que el General quería verme en su oficina en el edificio contiguo al Edificio Siete. Me dijo que el nombre del General era doctor John Seal.

Le pregunté a Al si eso eran buenas o malas noticia y me respondió que raramente eran buenas noticias cuando el General pedía ver a alguien de mi rango. Le pregunté a Al si había algo más que me pudiera decir. Él contestó: "Tiene algo que ver con su espacio de estacionamiento".

Corrí hacia el edificio administrativo, encontré la oficina del General y me senté en una fría sala de espera. Unos minutos después, una secretaria salió y anunció que el General me atendería en ese momento.

Él era un hombre de aspecto severo sentado detrás de un gran escritorio y no se levantó cuando entré. Sin ningún comentario, hizo un gesto para indicarme que me sentara en una silla de madera frente a su escritorio, y así lo hice. Dijo: "Doctor Tucker, ¿cómo le está yendo en su estancia en NIH?" A lo que le respondí que la encontraba muy valiosa para mi formación. Después me preguntó si me gustaría quedarme. En mi cabeza, sonó una alarma mientras le respondía que en efecto, me gustaría mucho quedarme.

Después señaló, con una voz penetrante, mis alternativas. Podía encontrar mi propio espacio para estacionar y quedarme en el NIH o mi culo sería enviado a Vietnam la próxima vez que estacionara en su "jodido lugar". Me quedé helado en mi silla y logré responderle que había recibido su mensaje alto y claro y que no volvería a estacionar ahí nunca más. Él dijo "Puede retirarse" y miró hacia algunos papeles. No me vio saludarlo o caminar hacia la puerta. Afortunadamente, nunca volví a ver al General.

De vuelta en el Edificio Siete, le conté a Al lo que había pasado. Se rió y dijo: "El Cid, esquivaste una flecha". Después de esa aventura, siempre me llamaba El Cid, por el legendario héroe español al que le clavaron una flecha cerca del corazón y vivió para luchar un día más.

Al siguió siendo mi mentor y mi amigo hasta que murió en 2014. La última carta que me envió comenzaba con "Un saludo afectuoso para El Cid". En cuanto a John Seal, ciertamente se merecía su espacio de estacionamiento especial. Su carrera médica estuvo llena de investigación innovadora sobre enfermedades bacterianas infecciosas. Después de retirarse de la Marina en 1962, fue designado para liderar todos los programas de investigación preventiva en el NIH.

Unos meses más tarde, le conté a mi padre el incidente con el General, pensando que le haría reír. No le pareció divertido. Él vivía a menudo en la intersección entre la seguridad y la emoción, pero los riesgos que tomaba siempre estaban anclados en la prudencia. Pensó que arriesgar todo por un espacio donde estacionar fue una estupidez.

"Tienes una gran oportunidad en el NIH, David". Me dijo. "No la jodas".

Nunca más volvimos a hablar sobre ese tema.

Mis dos años en el NIH terminaron el verano de 1969. No tuve una despedida oficial con el doctor Huebner. El doctor Chanock pasó a saludarme mi último día y me deseó buena suerte en Bascom Palmer.

Al Kapikian y su esposa nos llevaron a cenar a Lynda y a mí. Fuimos a un restaurante italiano con un camarero que cantaba. Después de cenar, Al me pidió que cantara. Él hacía eso a menudo en restaurantes italianos después de volvernos amigos. Me levanté e interpreté algunos temas. Él sonrió y aplaudió efusivamente. Disfruté cantar, pero lo hice como David Tucker, no como David Nello.

Capítulo Nueve

Sobre los hombros de gigantes

Cuando le conté a mi padre, hacia la mitad de mi último año en Cornell, que había decidido hacer mi residencia en el Instituto Oftalmológico Bascom Palmer, su boca se estrechó y replicó: "¿Baskin Robbins? Pensaba que vendían helados ahí".

El año anterior a ese episodio, el doctor John McLean, jefe del Departamento de Oftalmología de Cornell, me había aconsejado postularme allí, en lugar de solicitar el ingreso a un hospital universitario más prestigioso del norte o del este del país. Aunque mi respuesta fue más educada y menos divertida que la de mi padre, no puedo decir que no me abrumó la sugerencia del doctor McLean de que hiciera mi residencia en un instituto oftalmológico sureño, incluso si estaba afiliado al Hospital Jackson Memorial, el hospital universitario más grande de la Universidad de Miami.

No me molestaba que mi padre nunca hubiera oído hablar de Bascom Palmer (¿por qué debería haberlo hecho?), pero me confundía que mi principal profesor quisiera que comenzara mi carrera ¡en un lugar del que nunca había oído hablar! La culpa, por supuesto, era mía – no del doctor McLean –. Después de escucharlo describir a los miembros del profesorado durante casi una hora, me convertí en un admirador entusiasta de esas instalaciones de un solo edificio metido en la Escuela de Medicina Miller, integrada de estrellas emergentes que, en cuestión de décadas, formarían un paseo de la fama de gigantes de la oftalmología.

Muy pronto se hicieron conocidos como los "Cinco Fundadores" de Bascom Palmer. El hombre que reclutó a los otros cuatro y que colocó a este centro sureño adormecido en el mapa internacional de oftalmología fue el doctor Edward Norton, quien estudió en Harvard y se formó en Cornell con el doctor McLean, quien, a su vez, se convirtió en el mayor defensor de Norton.

Como McLean –que era el hombre más joven dirigiendo uno de los principales departamentos de oftalmología cuando asumió la presidencia del programa de Cornell a los treinta y dos años – Norton comenzó rápido y escaló aún más rápido. Él era un brillante profesor, doctor y científico clínico. Se unió al profesorado de la Escuela de Medicina de la Universidad de Miami en 1958 y se convirtió en el director del Departamento de Oftalmología al año siguiente, antes de cumplir los treinta y seis años de edad. Fundó el Instituto Oftalmológico Bascom Palmer en 1962, antes de cumplir los cuarenta años. Hizo aportes trascendentales en más áreas de las que puede contarse con los dedos de ambas manos. Su trabajo sobre procedimientos en desprendimientos de retina cambió para siempre esta área de la cirugía oftalmológica. Por todo ello fue elegido para el Salón de la Fama de Oftalmología y recibió la Medalla Howe, el mayor honor de la Academia Americana de Oftalmología.

Pero, sus increíbles logros individuales palidecían ante su gran logro institucional. Él reunió sin ayuda de nadie, en el mismo lugar y al mismo tiempo, un extraordinario profesorado que haría de Bascom Palmer un centro de vanguardia en Estados Unidos, donde la investigación, la enseñanza y la atención médica se unían para proteger el regalo de la vista de las enfermedades y de las dolencias, especialmente para aquellos que no tenían los recursos para pagar un tratamiento.

Cuando el doctor Norton llegó al sur de Florida, el instituto que fundó estaba ubicado en un edificio único de casi 3,000 metros cuadrados con dos profesores. Hoy, las instalaciones oftalmológicas de Miami ocupan un espacio de 30.000 metros cuadrados para investigación y para clínicas, y cuenta con más de 1.200 personas entre personal clínico y profesores.

En 1994, el sueño infantil del doctor Norton clasificó, por primera vez, como el mejor hospital oftalmológico en Estados Unidos según el *US World and News Report*. En 2014, obtuvo el primer lugar por undécimo año consecutivo. En resumidas cuentas, Bascom Palmer ha ocupado el primer lugar más veces que todos los demás hospitales oftalmológicos en Estados Unidos juntos.

El primer fichaje de Norton en 1959 fue el doctor Victor Curtin, quien creó un banco de ojos reconocido a nivel nacional, el cual ha provisto de tejido ocular de donantes a más de treinta mil pacientes desde su fundación.

En 1962, Norton dobló la cantidad de profesores con tres nombramientos fundamentales: John T. Flynn, oftalmólogo pediátrico, fundó la clínica del instituto de niños.

J. Donald Gass, experto en enfermedades de la retina y de la mácula, desarrolló angiografía fluoresceínica, una herramienta de diagnóstico que revolucionó el diagnóstico y el tratamiento de enfermedades de la retina. En 1999, lo nombraron uno de los diez oftalmólogos más importantes del siglo veinte. J. Lawton Smith, estrella emergente en el campo altamente especializado de la neuro–oftalmología. A lo largo de su carrera, escribió más de trescientos artículos y se le atribuyeron más de veinte hallazgos clínicos nuevos. Fundó el *Journal of Clinical Neuro–Ophtalmology* y comenzó el primer programa de postgrado en neuro–oftalmología en Estados Unidos. Ellos fueron los cinco fundadores.

Otra hazaña de Norton, el doctor Robert Machemer, quien llegó hacia mediados de los sesenta. Desarrolló gran reputación a nivel internacional en el tratamiento de enfermedades vitreorretinianas y se convirtió en leyenda en 1969 (el año en el que yo me matriculé) al inventar el corte del vítreo para eliminar el humor vítreo a través de una pequeña incisión en el ojo. Dicho instrumento motorizado era el primero de ese tipo en la historia de la cirugía vítreo–retinal.

Para simplificar una historia compleja, el humor vítreo (un gel en la parte de atrás del ojo) es propenso a varios cambios que pueden causar que la retina se desprenda de su tejido de soporte en la parte de atrás del ojo. El doctor Machemer creía que podía prevenir los desprendimientos de retina, y otros problemas, quitando el humor vítreo anómalo y rellenando después el ojo con una solución salina. Pero, ¿cómo podía probar su hipótesis cuando en ningún lugar del mundo existía un instrumento con una sensibilidad tan eficaz para eliminar el humor vítreo sin dañar la retina ni el tejido que rodea al ojo? Así que Machemer lo inventó, un instrumento cortante y motorizado en miniatura, llamado *vitreous infusion suction cutter,* el cual lo llevó a su incorporación en el Salón de la Fama de la Sociedad Americana de Cataratas y Cirugía Refractiva y lo hizo merecedor de elogios por ser el "padre de la cirugía retinal moderna".

Fue de esos miembros del profesorado sobre los que el doctor Norton me contó mientras yo quedaba fascinado durante mi entrevista de admisión. Aunque el departamento era relativamente nuevo, ya estaba inundado de solicitudes para entrar. (Para cuando me fui, seis años después, Bascom Palmer estaba recibiendo cientos de solicitudes cada año para los siete puestos de residencia que tenía). No sé si habría sido aceptado sólo con mi expediente académico, pero eso en un sentido real era *académico,* porque entonces, las referencias y las llamadas por teléfono lo eran todo y las mías llegaban por la dorada cortesía del doctor John McLean, quien había enseñado a Norton en Cornell.

Aunque hablaba con modestia en mi entrevista, estaba abrumado por la amplitud y por la profundidad del conocimiento de Norton sobre medicina y cirugía. Su entusiasmo me deslumbró tanto que me hubiera caído de no haber estado sentado. Sobre todo, me sentí extasiado mientras explicaba la misión de la escuela de impulsar y de proteger la vista de la humanidad. Me fui rezando para ser admitido.

Llamé a mi padre esa noche y le dije que estudiaría oftalmología en el Bascom Palmer si era tan afortunado como para ser aceptado. Fue en ese momento cuando hizo su comentario sobre "Baskin Robbins". Le dije que sabía dentro de mí que ese era el lugar en el que debía estar. Lo aceptó sin ningún otro comentario y nos despedimos cordialmente.

Meses más tarde, recibí mi carta de admisión. Normalmente, las admisiones se aplazan un año para realizar las prácticas. Yo aplacé mi admisión por dos años adicionales para cumplir con mi servicio militar obligatorio en el NIH. Durante los cuatro años en el Bascom Palmer (tres en Miami y uno en el extranjero, estudiando con eminencias), aprendí mi oficio profesional –como lo expresarían las aptas palabras de Isaac Newton, el fundador de la óptica moderna – *subido sobre los hombros de gigantes.*

Tenía programado presentarme a mi residencia el 1 de julio. A mediados de mayo, Lynda contrató una compañía de mudanzas y supervisó el embalaje de todas nuestras pertenencias que irían a Florida para que yo pudiera concentrarme en mis últimas obligaciones médicas y de investigación en el NIH. También encontró un alojamiento temporal con la hija casada de un amigo de mi padre.

Lynda se mudó primero a Florida con nuestros hijos. Le llevó un mes encontrar una casa bonita para alquilar en Miami y organizó, también, esa mudanza. Hizo todo ese trabajo mientras estaba embarazada de nuestro cuarto hijo y con tres niños pequeños (de cinco, tres y dos años) a cuestas. Sólo tenía veinticuatro años y me recordaba a una esposa pionera del occidente que realizaba milagros sin quejarse para que su marido pudiera perseguir su sueño en el siguiente horizonte.

Al final de junio, volé hacia Miami. En el avión, pensé sobre los siete años anteriores y me dieron sudores cuando me di cuenta de que en mis cuatro años en Cornell, un año en Mount Sinaí y dos años en el NIH, la suma total de mi experiencia en oftalmología era una rotación de dos semanas durante mi tercer año en la escuela de medicina.

Si mis profesores eran gigantes, yo era un pigmeo en comparación con ellos. Decir que era un novato habría sido exagerar mis credenciales para la residencia en la que estaba a punto de embarcarme. Dado que la oftalmología se vislumbraba muy reducida en mi formación médica, pocos hubieran adivinado que dedicaría mi vida a proteger y a mejorar la visión humana. Pero aquellos que me conocían bien habrían entendido mi elección.

Todos somos producto de las fuerzas y de las experiencias de la vida, algunas poderosas y duraderas, otras nada más que ocasiones casuales, que llevan, sumergidas en sus pequeñas secuelas, olas y remolinos que cambian la existencia. La primera de esas experiencias fue mi religión. Para el judaísmo, lo central es la *Palabra* y la *Ley*. No puedo imaginar una vida como judío sin la capacidad de leer sus textos sagrados. Cuando era niño, tenía un miedo paranoico de perder la vista, de perder mi capacidad de leer. Cuando me convertí en un apasionado del béisbol en mi adolescencia, la idea de perder la vista, también me llenaba de temor de cuando en cuando.

Paradójicamente, David Nello también desempeñó un papel accidental que me dirigió hacia la oftalmología. Cuando estaba en Cornell, canté en un circuito improvisado de bodas, bar mitzvahs, restaurantes italianos y cenas de profesores.

Un miembro del profesorado siempre se sentaba en la primera fila en los eventos de profesores y siempre se acercaba a mí con amables palabras y con cálidos elogios. Cuando empecé a pensar más seriamente en la medicina durante mi tercer año en Cornell, lo busqué para que me aconsejara.

El doctor McLean se convirtió en mi mentor y, más tarde, en mi amigo. Era un evangélico de la oftalmología y debido a mi profundo respeto hacia él, yo era un oyente receptivo. Me dijo que pensaba que ningún campo de la medicina estaba listo para mayores avances en las siguientes dos décadas que la oftalmología y eso me pareció atractivo. Me dijo que un oftalmólogo tenía que ser un buen médico y un buen cirujano y eso también me atrajo. Cuando llegó el momento de realizar mi proyecto de investigación de tercer año, él aceptó codirigir mi estudio de virus en el ojo humano. El regalo más grande de David Nello hacia mí fue las muchas veces que canté con el doctor John McLean en primera fila. Su voz hizo posible mi encuentro fortuito con McLean. Ese encuentro fortuito cambió todo.

Me presenté en Bascom Palmer el 1 de julio sin saber casi nada sobre oftalmología. Habían pasado casi tres años desde que había volado a Miami para una serie de entrevistas fascinantes con el doctor Norton y con su cuerpo docente. El tiempo no había marchitado mi pasión por mi vocación médica. No se trataba de mero altruismo, conmigo, siempre hay una gran dosis de ego. Empezando desde cero, me fortalecía mi gran fe en mí mismo y la ardiente determinación de mi padre para que sus hijos nunca se conformaran con el segundo lugar.

"No me importa si remueven estiércol", nos dijo demasiadas veces, "sólo asegúrense que nadie lo remueve mejor que ustedes".

Cuando subí por las escaleras de la puerta principal de Bascom Palmer el 1 de julio, estaba decidido a ser el mejor residente de primer año y a levantarme más temprano e irme a dormir más tarde que cualquier otro residente.

Había tanto que aprender que el primer mes fue una lucha. Nunca me habían enseñado a realizar un examen oftalmológico. Nunca había utilizado ningún equipo oftalmológico sofisticado. Ahora tenía que dominar el lenguaje y las herramientas de la oftalmología hasta que se volvieran automáticos. Aprendí a examinar el ojo humano desde el frente hasta la parte posterior. Aprendí a utilizar la lámpara de hendidura oftálmica, un biomicroscopio que emite un delgado rayo de luz de alta intensidad, el cual revela, con un gran aumento, los componentes de la parte frontal del ojo – los párpados y las pestañas, la esclerótica (la capa protectora externa del ojo), la córnea, el iris y el cristalino. Cuando los soldados y los colonizadores del Lejano oeste gritaban: "No disparen hasta que vean el blanco de sus ojos", estaban hablando de la esclerótica –.

Después, aprendí a utilizar el tonómetro, un aparato que comprime mecánicamente la córnea para medir la presión intraocular. La presencia de una presión intraocular excesivamente elevada – llamado glaucoma – puede dañar al nervio óptico y causar ceguera con el tiempo. Aún más difícil fue aprender a usar lo que en los cincuenta y en los sesenta era un aparato nuevo y revolucionario, el oftalmoscopio indirecto, el cual hace posible una vista de 360 grados de la parte trasera del ojo, en particular del humor vítreo, de la retina y del nervio óptico.

Los humanos vemos con nuestro cerebro. El cerebro procesa instantáneamente un número infinito de fotos y de imágenes en movimiento tomadas por el ojo en tiempo real. La película de esa cámara es la retina, una capa de tejido sensible a la luz que recubre la parte trasera del ojo. Las imágenes de la película corren a cargo de la luz que pasa a través de la córnea, de la pupila y del cristalino. Gracias al milagro de la obra de Dios, la luz que bombardea a la retina desencadena una sinfonía perfecta de colaboraciones eléctricas y químicas que viajan a través del pasadizo del nervio óptico hasta el cerebro, donde se transforman mágica e instantáneamente en imágenes del mundo visible. Cómo examinar y proteger la valiosa película de la cámara, se convirtió en la misión del doctor Norton.

Cuando estaba en Harvard y en Cornell, las únicas herramientas de diagnóstico efectivas para los exámenes de la retina eran el oftalmoscopio directo y, más tarde, el indirecto. Aunque el instrumento directo podía conseguir un nivel suficiente de aumento, no podía escanear de forma efectiva la periferia de la retina, donde la mayoría de los agujeros de la retina suceden.

En los años cuarenta, un doctor alemán llamado Charles Schepens inventó el oftalmoscopio binocular indirecto. Aunque el equipo no tenía el nivel de aumento del instrumento directo, creó la capacidad de diagnosticar lágrimas y otras anomalías retinianas al permitir examinar toda la periferia de la retina.

El doctor Harvey Lincoff, un eminente especialista de la retina, se sintió abrumado cuando miró por primera vez a través del oftalmoscopio indirecto y "vio la periferia retiniana como nunca antes". Fundó el servicio de desprendimiento de retina del Hospital de Nueva York con la ayuda del doctor Norton y adquirió su primer oftalmoscopio indirecto en la década de los cincuenta. En esa época, era uno de los tres que había en los hospitales de Nueva York. Fue sólo hasta 1957 cuando un fabricante líder de equipo oftalmológico hizo que estuvieran disponibles comercialmente estos oftalmoscopios.

Cuando llegué al Bascom Palmer en 1969, la mayoría de los especialistas de la retina en Estados Unidos no tenían – y no sabían utilizar – el oftalmoscopio indirecto. El doctor Norton era uno de los mayores expertos mundiales en desprendimiento de retina y nuestra formación con él en el uso del oftalmoscopio indirecto y de otros aparatos innovadores era de un valor incalculable.

Había una tradición en Bascom Palmer que implicaba a los residentes de tercer año y a los neófitos de primer año. Poco después de nuestra llegada, el jefe de residentes nos dio un pequeño discurso. Recuerdo las primeras líneas: "Sólo pasarán por esto una vez. Tienen tres años como residentes. Después de eso, están por su cuenta. Sáquenle el mayor provecho".

¡Miren cómo predicar con el ejemplo! Me reí cuando escuché por primera vez estas palabras porque me transportaban a mi casa de Great Neck, a mi escuela secundaria y a mi padre, el máximo director de coro.

Todos lunes por la mañana, con la semana escolar ante nosotros, mi padre, cuando no estaba de gira, nos alineaba – a mí, a Barry y a Henry – tres niños en fila. Estaba demasiado ocupado para hablarnos uno a uno (esto lo reservaba para los fracasos). Nos alineaba y nos recordaba, en voz apenas más alta que un susurro, que la pereza era el peor pecado y que los niños vagos tenían una lacra moral que ni Dios ni él podrían perdonar.

Temblaba de rabia ante nosotros de sólo pensar que transitáramos en esfuerzos sin entusiasmo.

Mis dos primeros años en Bascom Palmer – mi entera vida adulta, de hecho – demostraron el impacto del desprecio verbal de mi padre con un miembro de la familia que lo insultara al pasar en modo automático por la vida.

Mi padre también creía firmemente en la suerte. Su escalada hacia la cumbre era, para él, la prueba viviente de ello. Sabía que se requería una guerra de proporciones bíblicas para voltear al mundo, para hacer girar la llave de la gruesa caja fuerte que encarcelaba su sueño y para abrirla de par en par hasta que todos vieran y escucharan lo que siempre supo que estaba en su corazón.

"¿Crees que los peces gordos del Metropolitan hubieran tomado un taxi hacia una sinagoga para oírme cantar durante los tiempos de paz?" Me dijo una vez. "La guerra me dio esa oportunidad y yo la agarré con ambas manos. Porque sin la guerra, seguiría siendo un *chazzan* en Brooklyn".

¿Cómo explicar la suerte en el destino humano? El gran Branch Rickey – el "Mahatma" – el director general de mis queridos Brooklyn Dodgers, quien alineó el arco del béisbol con el arco de la libertad cuando hizo firmar un contrato al primer negro americano, Jackie Robinson, en la Liga Profesional en 1946, afirmó que "La suerte es el residuo del diseño".

Por su parte, el jugador de golf Ben Hogan, ganador de tres US Opens en los años cincuenta después de que los médicos le dijeran que no volvería a caminar debido a las lesiones que sufrió en las piernas en un accidente frontal de coche, era legendario entre sus compañeros por sus entrenamientos de jornada completa. Él los llamaba "sacar a mi juego de la tierra". Dice la historia que una vez durante un partido, el lanzamiento en arco de Hogan, aparentemente contra la gravedad, rebotó directamente en la calle en vez de dirigirse hacia el bosque. Su contrincante se burló de su golpe de suerte. Hogan lo miró y dijo: "Cuanto más práctico, más suerte tengo", un fulminante reverso verbal.

Yo era el hijo de Richard Tucker, un joven que recibía comentarios como los de Hogan más veces de las que me molesto en recordar. La suerte y el trabajo, el trabajo y la suerte – ambos necesarios y, en una mágica combinación –, tenían las llaves al reino para mi padre y para su generación de clase trabajadora.

Los comentarios de mi padre se afianzaron. No me quedaría sin trabajo. Y estaría allí si la suerte elegía arrojar la luz sobre mí.

Poco después de empezar en Bascom Palmer, me di cuenta de que el doctor Norton ya estaba en su escritorio cuando yo llegaba por la mañana. Empecé a llegar más temprano y aun así, él estaba allí. Finalmente, caminé penosamente un día para llegar a las 6:00 de la mañana (lo que significaba que salía de casa a las 5:15) Y ¡todavía no había llegado! Él llegaba a las 6:30. Desde entonces, empecé a llegar todas las mañanas a las 6:15 a más tardar. Tampoco me iba por la noche hasta que Norton se hubiera ido, normalmente hacia las 9:00 pm.

Parte de mi rutina seguramente procedía de una actitud adquirida de respeto por mis superiores – mi madre, mi padre, los rabinos, los entrenadores y los profesores – que mi padre me había inculcado. "Nunca hagas que tu profesor te tenga que esperar. Si tu clase es a las ocho de la mañana, llega a las ocho menos cuarto", esa era su norma inflexible cuando era pequeño. Pero parte de mi horario "antes–de–Norton" era el resultado de un cálculo. Las cosas buenas – las cosas inesperadas – podían ocurrir, lo sabía, si era el primero en llegar y el último en irme. El señor Rickey lo dijo: "la suerte es el residuo del diseño".

Mi día de trabajo empezaba oficialmente a las 7:00 de la mañana, con rondas médicas en el hospital que duraban hasta las 8:30 de la mañana. Después veía a decenas de pacientes en la clínica oftalmológica, desde niños hasta ancianos. Casi todos eran indigentes, normalmente sin seguro, algunos con Medicaid, un programa de seguridad social relativamente nuevo para los pobres que era parte de las Reformas de la Gran Sociedad de Lyndon Johnson. Algunos de ellos sólo necesitaban exámenes de la vista y un par de lentes nuevo o el primer par de lentes. Muchos – especialmente los pacientes mayores – sufrían de cataratas, de diabetes, de presión sanguínea alta y de enfermedades cardiovasculares, las cuales tenían repercusiones sobre su vista.

Nuestra principal responsabilidad era distinguir los pacientes que podían ser tratados con métodos no quirúrgicos, de los candidatos para ser sometidos a cirugía. Esa era una decisión difícil para los residentes de primer año porque una recomendación incorrecta en cualquiera de los dos casos podía tener serias consecuencias.

Durante las cirugías, suplíamos y asistíamos a los residentes con más experiencia – inicialmente en las cirugías de cataratas y en la cirugía plástica, y más tarde en cirugía retiniana. No nos permitían tocar los instrumentos del tejido ocular hasta el segundo año porque no podía haber errores o dejar margen de error al cortar este pequeño órgano, *el ojo*. También teníamos rotaciones en la sala de emergencias para ayudar en el tratamiento de varios traumatismos oculares, una afección casi constante entre los pobres debido a las peleas y al abuso físico que a menudo eran parte de la pobreza. Entre nuestras tareas clínicas, asistíamos a charlas y a conferencias. No había tiempo ni para almorzar.

Todos los días, uno de nosotros corría al McDonald's y traía hamburguesas y patatas fritas para el grupo. A las 4:30 de la tarde, empezábamos la guardia de consultas con otros departamentos del hospital sobre pacientes ingresados con otras dolencias, pero que también se habían quejado de problemas visuales. También había conferencias nocturnas y sólo unos minutos para cenar algo en la cafetería.

Mis responsabilidades terminaban hacia las 8:00 de la tarde. Leía revistas médicas en la biblioteca hasta que veía al doctor Norton apagar la luz e irse. Llegaba a casa hacia las diez todos los días.

También trabajábamos la mitad del día los sábados. Entre la noche del domingo y el sábado posterior, nunca veía a mis cuatro hijos. Decir que era un padre ausente durante mi primer año de residencia sería exagerar mi implicación. No era un padre en absoluto.

Hacia el final de mi primer año, robaba una hora de mis hijos las tardes de sábado para jugar al tenis en las pistas locales por las que pasaba todos los días al regresar a casa. Una tarde vi a un joven profesor del instituto oftalmológico allí, un hombre que se llamaba Gordon Miller. El doctor Miller tenía treinta y tantos, no era mucho mayor que yo. A menudo intercambiábamos cumplidos en el instituto, probablemente más debido a nuestra edad parecida que a cualquier otra cosa. Él sabía mi nombre antes de que yo supiera el suyo y varias veces mencionó en el trabajo cuánto admiraba a mi padre. Había sido el jefe de residentes de Bascom Palmer y se decía que era muy cercano al doctor Norton, quien lo veía como uno de los mejores entre su grupo de sobresalientes estudiantes.

Tenía un gran respeto por el doctor Miller y quería conocerlo mejor sólo por eso. Pero, para ser honesto, sabía que era cercano al doctor Norton y eso fue también una consideración.

No me acerqué cuando lo vi esa tarde de sábado porque no quería parecer insistente o aprovecharme del apellido de mi padre. Pero ahí estaba él, acercándose a saludarme. Me observó jugar durante un rato. Yo era un buen tenista, por lo que sonría con aprobación mientras me miraba. Luego me pidió disputar un set, el cual se convirtió en dos.

Mientras nos íbamos, me contó sobre los habituales partidos de dobles los sábados por la tarde en casa del doctor Norton. El cuarto tenista había tenido que dejar de jugar, así que Gordon me pidió que fuera con él a casa de Norton al sábado siguiente a la una de la tarde. Me dio la dirección y me dijo que Norton estaría contento de haber encontrado un buen cuarto jugador. Mientras se alejaba, me dijo que probablemente el doctor Norton me querría como su compañero para dobles porque le gustaba ganar. Yo regresé a casa con una gran sonrisa.

Sobre los hombros de gigantes

El doctor Norton era cortés, pero profesionalmente distante con sus residentes de primer año. Mi único contacto era durante sus legendarios seminarios los martes por la tarde, en los que él y el doctor Donald Gass exponían hazañas de desarrollos recientes sobre el diagnóstico, las nuevas tecnologías y el tratamiento de las enfermedades de la retina. Después del seminario, pagaba la pizza y la cerveza para los residentes y para los profesores en el restaurante local. *Ahora*, iría a su casa para jugar al tenis y quizás sería su compañero de dobles.

Resulta que la diosa afortuna a veces recompensa la mala conducta. El sábado por la tarde era el único momento en el que veía a mis hijos durante la semana porque Lynda y yo intentábamos salir los sábados por la noche y pasaba la mayor parte del domingo intentando almacenar sueño para la semana que tenía por delante. Llegamos a un compromiso. Podía ir a jugar tenis el sábado; pero si me invitaban otra vez, tendría que llevar a mi hijo de seis años, Larry (la familia Norton tenían un chico de una edad parecida a la de Larry). Si no podía llevar a Larry, el primer sábado, sería también el último.

Llegué a casa del doctor Norton hacia la una, él y su esposa Mary Norton me dieron la bienvenida de forma calurosa en la puerta. La primera cosa que dijo fue que quería enseñarme algunos de sus libros oftalmológicos (muchos de ellos raros, incluyendo un tesoro de primeras ediciones) antes de que me pusiera mi ropa de tenis. Su amor por esos antiguos libros era palpable. Tenía miedo de tocarlos, pero él insistió porque, como dijo, los libros – incluso los antiguos – son herramientas, no ornamentos. Cuando el doctor Norton murió, legó su gran colección a Bascom Palmer, donde creó la base de su biblioteca de primera categoría. Después, me puse mi ropa de tenis y mis zapatillas deportivas y, mientras caminábamos hacia las pistas, Norton me dijo que sería su compañero de dobles ese día.

Jugamos tenis durante casi dos horas. El partido terminó cuando Mary Norton caminó hacia las pistas y nos invitó al porche para tomar algo y para comer unos entremeses.

Norton me dio una palmadita en la espalda mientras nos dirigíamos hacia la casa. Nos habíamos dividido los dos sets contra fuertes rivales y me dijo que esperaba que al sábado siguiente ganáramos ambos.

Palabras doradas. Iba a regresar.

Me las arreglé para quedarme a solas con la señora Norton, le expliqué embarazosamente mi situación y le pregunté si podía llevar a mi hijo al siguiente sábado. En una muestra de gracia espontánea que nunca olvidé, dijo: "¡Qué gran idea!" Y me agradeció por ayudarla porque su hijo más pequeño, Kevin, era abandonado por sus hermanos mayores los sábados, así que no tenía con quien jugar.

Después de la biblioteca, del tenis y de una hora social de bebidas y de conversación, los otros dos jugadores, como si fuera a propósito, se quedaron en silencio, entonces el doctor Norton empezó a hablar sobre Bascom Palmer. Habló sobre su fundación, sobre su misión y sobre sus sueños para el futuro. Habló sobre el regalo de poder ver, sobre innovaciones científicas y tecnológicas recientes para conceder ese regalo y sobre lo que la comunidad oftalmológica profesional todavía no sabía y todavía no podía hacer, pero que pronto sabría y aprendería a hacer a través de más investigación y de un mayor compromiso. Fue una interpretación sensacional.

Nadie dijo nada durante una hora. Me sentí como un joven estudiante Griego sentado a los pies de Sócrates o de Platón. Nos quedamos cautivados y sin habla, en silenciosa comunión con un gigante del campo de la oftalmología. Escuché la voz de mi mente decir que trabajaría aún más duro desde el lunes. Quizás esa era la intención del doctor Norton.

Mientras caminaba hacia mi coche, Gordon me dijo que había asistido a esas tardes de tenis durante seis meses y que, hasta donde recordaba, el doctor Norton todavía no había repetido nada durante sus soliloquios.

Éramos siete residentes de primer año en el programa. Tres eran sureños, de Arkansas, de Florida y de Mississippi. Dos eran de California y uno era de Inglaterra. Yo no socializaba con ninguno de ellos más allá de las ocupaciones de Bascom Palmer, principalmente porque todos estábamos muy cansados y había poco tiempo libre. Además se me cruzó la idea de que Lynda me dejaría si no pasaba el poco tiempo que tenía fuera del hospital con ella y con los niños. Después de Bascom Palmer, los residentes íbamos por caminos diferentes, encontrándonos ocasionalmente en convenciones oftalmológicas, pero nada más que eso.

Dos años después, cuando me convertí en jefe de residentes, era mucho más cercano a los residentes de primer año bajo mi dirección, incluso varios de ellos siguen siendo amigos cercanos hasta la fecha. La relación entre jefe de residentes y residentes es una relación cercana casi por definición, sin lugar para las rivalidades y menos, para la envidia. No se puede decir lo mismo sobre la relación entre los residentes del mismo año. Sólo uno de ellos – dos como mucho – sería seleccionado para ser jefe de residentes después de dos años y se le daría la oportunidad de estudiar en cualquier parte del mundo durante un año con los gastos pagados por Bascom Palmer. Además los residentes competirían por puestos golosos después de que se terminaran sus residencias. Así que, bajo la superficie, la rivalidad era el octavo residente, siguiendo los pasos de los otros siete.

Sobre los hombros de gigantes

Por supuesto que se corrió la voz de que me habían invitado a jugar tenis en la casa del doctor Norton. Se corrió la voz otra vez cuando se repitió dicha invitación. Eran rumores e indagaciones no muy buenas. Pero honestamente, debo decir que yo también habría murmurado con envidia si el doctor Norton hubiera alzado su acogedora mano en la dirección de otro merecedor residente en vez de en mi dirección.

Hay una escena conmovedora en la película ganadora de un premio Pulitzer de Larry McMurtry, *Lonesome Dove*, que describe el entierro de Joshua Deets, un miembro de una banda de vaqueros en un peligroso arreo de ganado desde el sur de Texas hasta Montana. El líder del arreo es Woodrow Call, un antiguo capitán del Texas Rangers. Deets, un hombre negro, muere por una lanza india al intentar salvar a un niño indio. Call entierra por sí solo a Deets después de cavar una tumba en tierra dura con una navaja. Los otros vaqueros se mantienen al margen a una distancia respetuosa y se asemejan a los dolientes de las iglesias presenciando cómo Call envía a un buen hombre al cielo con una bendición silenciosa al haber pasado medio día tallando la improvisada lápida de una tabla que arrancó de un vagón. Cuando Call se aleja, los dolientes se acercan al terreno santificado y miran las palabras que Call talló bajo el nombre de *Joshua Deets* junto al año de su muerte: "Él nunca eludió una tarea".

Esta escena en particular de *Lonesome Dove* se quedó conmigo porque Call eligió *no eludir*, como el más elevado cumplido que podía decir sobre un hombre. Mi padre murió diez años antes de que *Lonesome Dove* fuera escrita, pero vivió su vida conforme al testimonio duramente tallado por Woodrow Call sobre su amigo fallecido, e insistió en que sus hijos viviéramos la vida bajo esa ideología. Además de la falta de respeto hacia nuestra madre, que era un pecado mortal, nada llenaba de más ira a mi padre hacia sus hijos, que cuando eludíamos las tareas asignadas.

Por eso, los murmullos que escuchaba de otros residentes sobre mi buena suerte no me molestaban ni un poco. Aproveché la oportunidad y renové mi promesa de trabajar más duro que cualquiera. Si el doctor Norton sonreía en mi dirección, esa buena suerte, si no era merecida, al menos no era injustificada o injusta porque nunca eludí mis responsabilidades. Ni una sola vez.

Los sábados en los que el doctor Norton nos inspiraba con su visión para el instituto oftalmológico, hablaba de nuevas instalaciones clínicas y de investigación, de nuevos edificios para aulas y de una biblioteca para competir con aquellas en las que se sentaba a leer en Harvard y en Cornell.

El problema obvio en esas tardes especiales era el dinero – las montañas de efectivo que necesitaba para hacer de sus sueños una realidad –. Un amigo, presidente de una universidad prestigiosa de Nueva Inglaterra, me dijo una vez que lo único que un presidente universitario necesita llevar en su maletín es una taza de latón.

Una noche, al principio de mi segundo año, el doctor Norton se acercó a mi escritorio en la biblioteca en lugar de irse a casa. Me preguntó si podíamos ir a su oficina para hablar sobre un asunto personal. Parecía dubitativo, por lo que me di cuenta de que quizás no me habría pedido que habláramos si yo no hubiera estado solo en la biblioteca.

Habló durante varios minutos sobre sus planes para Bascom Palmer y sobre los enormes costos para implementarlos. Me dijo que tenía en mente una gran inyección de capital y una gala para recaudar fondos para empezar. Sabía, me dijo, que la inyección sería insuficiente para sus metas si se concentraba en la comunidad local de médicos, pues era consciente de que tenía que involucrar al grupo de personas adineradas de Miami. Para ser honesto, dijo que en la comunidad judía de Miami estaba la clave.

Después me preguntó si pensaba que mi padre estaría dispuesto a hacer un concierto en Miami en beneficio del Bascom Palmer. Antes de que pudiera decir algo, se le escapó: "Sabe David, su admisión aquí no tuvo nada que ver con nuestro deseo de pedir a Richard Tucker que nos ayude a recaudar fondos".

Me pregunté por qué Norton se sintió obligado a hacer esa aclaración. La historia del chico al que se le escapa: "No sé nada sobre cómo se rompió el jarrón", ante la inocente pregunta del padre sobre cómo fue su día, me llegó de inmediato a la mente. Pensé en el comentario de Norton después y me pregunté durante uno o dos minutos si toparme con Gordon Miller y el tenis en casa del doctor Norton fueron golpes de suerte o algo más. Llegué a Bascom Palmer desde Tufts y Cornell e incluso con unas notas intermedias de mi promoción, por lo que me imaginé a mí mismo como un pez gordo.

Pero quizás ni siquiera era un pez. Quizás yo era el cebo para atrapar a un pez más gordo – mi padre, quien en 1970, estaba en la cumbre de su popularidad internacional –.

Ese tipo de pensamientos no me llevaban a nada bueno, por lo que raramente regresaba a ellos después de que se me cruzaban por la mente la primera vez. La conclusión que me parecía verdadera cuando pensé más tarde sobre el tema no fue diferente de mi respuesta inmediata a la avergonzada afirmación del doctor Norton. "Incluso si mi admisión tuvo algo que ver con mi padre", le dije, "no me molesta, soy privilegiado por estar aquí".

El doctor Norton dejó el asunto en paz en ese momento, luego me preguntó cómo Bascom Palmer podía acercarse a mi padre. Le pregunté si podía ser franco y él dijo: "Por supuesto".

"Yo no puedo preguntarle de parte suya", le dije. "Debe llamarlo e invitar a mi padre y a mi madre y decirle a mi padre el honor que su presencia sería para su inyección de capital".

También le dije que todas las reservaciones de viajes y del hotel tenían que ser de primera clase. "Asegúrese de que le dice que reservará la mejor suite del mejor hotel de Miami para ellos y que le enviará dos billetes de avión de ida y de vuelta directos en primera clase de Nueva York a Miami". (Norton me dijo que estaban planeando organizar el evento en el Hotel Fontainebleau – casualmente, el hotel favorito de mis padres cuando visitaban Miami –).

Norton me preguntó si debía ofrecerle a mi padre sus honorarios.

"Por supuesto que no. Él no lo recibiría y la oferta puede ofenderle, pero debe ofrecerle el pago de su pianista". Le respondí.

Me dio las gracias por mi ayuda, acompañadas de las buenas noches.

Esa misma noche me comuniqué a mi padre. Le dije que el doctor Norton lo llamaría con el objetivo de hablar sobre un concierto en Miami para recaudar fondos para construir un nuevo complejo en el Bascom Palmer. Le pregunté si tenía tiempo de hacerlo y él me preguntó si eso me ayudaría. Le dije que desde luego no estaría de más.

"Dile a tu profesor que estaré encantado de hacerlo". Respondió.

Le pedí que no le mencionara mi llamada cuando hablara con el doctor Norton. A lo que él no respondió nada, luego me preguntó sobre Lynda y sobre los niños, después colgó.

Una foto casual de mi padre y yo en Miami en 1969, durante
mi residencia en el Instituto Oftalmológico Bascom Palmer.
(De la colección personal de David N. Tucker)

El concierto con lleno total se celebró en el salón principal del Hotel
Fountainebleau a principios del otoño de 1970. El salón estaba lleno de
grandes empresarios de Miami y del círculo artístico, vestidos con esmoquin
y con trajes de noche. $1,000 dólares costaba el cubierto (más de $6,000 en
dólares de 204), no muchos profesores estuvieron presentes. El concierto se
celebró un día laborable y, sorprendentemente, el doctor Norton me dijo
que podía tomarme el día entero para pasarlo con mis padres.

El doctor Norton hizo todos los preparativos. Mis padres llegaron la
noche anterior y tomaron una limusina hasta el hotel. Lynda, los niños y yo
llegamos tempano a la mañana siguiente al hotel, mis padres se alegraron
mucho de poder pasar tiempo con sus nietos. Tuvimos un almuerzo ligero
y después mi padre hizo la siesta.

Los eventos nocturnos comenzaron con la hora del cóctel, después se
realizó el concierto, luego del cual hubo una elegante cena. Mi padre nunca
se tomaba una actuación de manera informal, por lo que siguió fiel a todos
sus rituales de preparación. Le había advertido al doctor Norton que no
se permitiera fumar en el salón principal y que el aire acondicionado no
estuviera a menos de veintidós grados. También se disculpó con él por no
asistir al cóctel ya que nunca hablaba extensamente antes de cantar.

Sobre los hombros de gigantes

Al final de la hora del cóctel, justo antes de las presentaciones, mi padre caminó en silencio hacia su asiento en el escenario, donde se unieron mi madre, el doctor Norton, su esposa y un puñado de eminencias del Bascom Palmer y de la sociedad de Miami. Yo estaba sentado en una mesa entre el público con Lynda, con mi amigo Gordon Miller y con su novia.

El doctor Norton le brindó a mi padre una cálida y emotiva presentación. Antes de sentarse, se volvió hacia mí y dijo: "Somos afortunados de tener al hijo de Richard Tucker en nuestro programa de residencia en Bascom Palmer, y me gustaría pedirle que se levante. *Richard, por favor póngase de pie*".

Después, al darse cuenta de su error, suspiró. "Por Dios. ¿Cómo pude hacer esto? David, perdóneme, y por favor póngase de pie".

Cuando me senté, le dije a Gordon que sabía que el doctor Norton cometería ese error porque otros ya lo habían hecho antes. "Cuando Richard Tucker está en la sala", le dije, "él es el único Tucker ahí".

Mi padre, luciendo resplandeciente en un esmoquin negro, caminó hacia el piano con su pianista de muchos años. Cantó varias arias y algunas canciones populares. Su voz pura y perfecta llenó el salón principal y el aplauso fue ensordecedor.

Después de cantar durante casi una hora, paró, caminó hacia el frente del escenario y pidió silencio. Miró a mi esposa y le dijo a todos los presentes que le gustaría dedicar la siguiente aria a su encantadora nuera, Lynda, quien había estado al lado de su hijo durante todos sus estudios haciendo posible que él asistiera a esa magnífica universidad con magníficos profesores. Mi esposa empezó a llorar por el testimonio público de mi padre sobre su papel central en mi vida académica.

El doctor Norton parecía encantado – quizás escuchaba cajas registradoras sonando con las palabras de elogio de mi padre sobre su instituto oftalmológico –. Mi padre cantó "Nessun Dorma" ("Nadie Duerme"), un aria del último acto de la ópera de Puccini *Turandot*. Una de las arias para tenor más famosa y emotiva, jamás escrita, y sin duda la más romántica. La cantó con brillantez y con pasión y, si no fuera por la fuerza de su voz, que podía llenar cualquier auditorio del mundo, el llanto de mi esposa habría sido audible. Llamé a mis hermanos al día siguiente y les comenté que cuando nuestro padre terminó "Nessun Dorma", "los cielos se abrieron y la casa se derrumbó".

Esa fue la última canción que interpretó, se inclinó y agradeció a su público por el interminable aplauso que tuvo lugar a continuación. Cuando sirvieron la cena, mi padre no comió, sino que caminó alrededor de la sala principal, agradeciendo a todos y disculpándose por no haber asistido a la hora del cóctel.

Lynda y yo en un evento de recaudación de fondos para
el Instituto Oftalmológico de Bascom Palmer en Miami
durante mi formación oftalmológica como cirujano
(De la colección personal de David N. Tucker)

Esa noche fue un éxito financiero para el instituto oftalmológico. El doctor Norton me dijo posteriormente que aparte del dinero recaudado, el concierto de mi padre había desatado un flujo de donaciones regulares y generosas para el centro oftalmológico. La noche terminó hacia las diez, mis padres se fueron a sus habitaciones y tomaron un vuelo hacia Nueva York a la mañana siguiente. Mi padre estuvo en Miami durante treinta y seis horas, pero no tuvo tiempo de visitar el Instituto Oftalmológico Bascom Palmer, el cual nunca había visto.

Cuando mi padre falleció cinco años después, el doctor Norton escribió a mi madre una hermosa carta para darle el pésame. Le dijo que quería hacer algo para conmemorar el gran impacto de su esposo en la realización de su sueño. Le preguntó si tenía un retrato grande de su esposo. Cuando mi madre le dijo que sí lo tenía, él le preguntó si le importaba enviárselo. Mi madre le envió un bonito retrato que debió haber medido al menos un metro de largo. El doctor Norton lo enmarcó y hoy está colgado sobre una placa conmemorativa en el atrio de la nueva biblioteca que el canto de mi padre ayudó a erigir. Dicha biblioteca era el lugar favorito del doctor Norton y contiene los hermosos libros que le llevó toda una vida coleccionar.

Por razones que nunca llegué a comprender completamente, la noche de los martes era el momento en el que todos los residentes y algunos de los profesores se desahogaban. Estoy seguro de que tenía algo que ver con los seminarios nocturnos regulares del doctor Norton sobre la retina, los cuales siempre terminaban con pizza y con cerveza.

La noche del martes se afianzó como el momento de la diversión y de la frivolidad. Tenían lugar acontecimientos escandalosos e indecentes, especialmente después de que la cerveza comenzaba a fluir a borbotones. Había gritos y carcajadas y alguien siempre cantaba una canción obscena, unos de los sureños cantaba *Dixie* o algún otro himno de la Confederación.

En algún punto de la noche, el doctor Norton se levantaba y decía: "Es el momento de que el doctor Tucker le brinde algo de elegancia a las festividades". Después se volvía hacia mí y me preguntaba si podía regalarle al grupo algunas canciones clásicas. Entonces yo empezaba a cantar con un acompañante al acordeón.

Después de unos meses en Bascom Palmer, más o menos sabía que cantaría la mayor parte de los martes por la noche. Si el doctor Norton me pedía que cantara relativamente pronto, antes de que la embriaguez colectiva se hiciera presente, cantaba algunas arias y una o dos canciones estadounidenses antes de que alguien gritara: "Ya es suficiente". Si me pedía que cantara más tarde, era afortunado si terminaba un aria antes de que me quitaran el anzuelo. Pero no me importaba. Cantaba por el puro placer de cantar, sin expectativas y sin motivaciones. Cantaba todo lo bien que sabía hacerlo. Se lo debía a Frederick Jagel, a Lauri-Volpi y a David Nello – especialmente a David Nello –.

Sus símbolos y rituales ya no estaban: ni el cabello largo y engominado, ni las camisas de seda, ni las corbatas italianas, ni las bufandas blancas para proteger su garganta del frío, ni su ayuno, ni la degustación abstemia de café negro antes de cantar. Pero sus rastros se quedaron conmigo. Practicaba en la ducha los martes por la mañana y por la noche comía y bebía con moderación hasta que cantaba durante el tiempo que me dejaran.

Mi conocimiento básico de oftalmología había aumentado exponencialmente durante mi primer año, y la pronunciada curva de aprendizaje continuó en ascenso durante el segundo, aunque con menos monotonía y con la emoción añadida de las rotaciones en las diferentes especialidades oftalmológicas. Mientras avanzaba mi segundo año, estuve expuesto a diferentes subespecialidades y a diferentes miembros del profesorado. Uno de ellos fue el doctor John Flynn, un experto en el estrabismo – un problema con la movilidad muscular que da lugar a tener los "ojos bizcos" y que afecta a millones de niños cada año –.

Durante mi segundo año incrementó considerablemente mi conocimiento sobre la anatomía interrelacionada del ojo desde la córnea en la parte frontal hasta el nervio óptico en la parte trasera del ojo. Esa intensa inmersión se completó con mi rotación en neuro–oftalmología, donde aprendí sobre la relación entre el ojo y el cerebro.

Veíamos a muchos menos pacientes por día que en la clínica y trabajábamos más con médicos y con residentes con experiencia. Nos habíamos ganado un papel más destacado en las cirugías oculares, principalmente en cirugías cosméticas y plásticas de los tejidos que rodean el ojo al comienzo. Varios meses después, bajo una estricta supervisión, nos permitían llevar a cabo cirugías invasivas en los ojos.

Fue durante mi segundo año en Bascom Palmer que corté por primera vez dentro del ojo humano con un pequeño bisturí. Desde entonces, he realizado miles de operaciones. Pero también llegué a entender desde el principio una verdad médica que he respetado durante mi carrera de cuarenta y cinco años como cirujano oftalmológico: a menudo, la cirugía *no es necesaria* y un número significativo de problemas visuales puede estabilizarse o mejorarse sin cirugía con un diagnóstico oftalmológico minucioso y con un tratamiento médico adecuado.

Como todos los profesores talentosos, el doctor Norton inspiraba a sus residentes a convertirse en los mejores doctores que pudieran ser. Pero también sabíamos que apostaba por otro interés durante el segundo año, la selección de un jefe de residentes.

En la mayoría de los hospitales universitarios, un programa de residencia oftalmológica duraba tres años. Sin embargo, para el jefe de residentes de Bascom Palmer, duraba un año adicional porque el doctor Norton insistía en que la persona designada viajara a cualquier parte del mundo con los gastos cubiertos por el instituto para estudiar con los cirujanos más innovadores en el *avant–garde* de la oftalmología. El objetivo era traer de vuelta a Bascom Palmer ideas, perspectivas y técnicas para compartirlas con los estudiantes y con los profesores durante la jefatura de residentes. (En mi caso, el gasto sería considerable porque tenía una esposa y cuatro hijos).

Sobre los hombros de gigantes

Mientras que algunos residentes no estaban interesados por razones personales en extender sus residencias, la mayoría sí lo estaba. Así que me emocioné el noveno mes de mi segundo año, cuando el doctor Norton me ofreció la jefatura de residentes y me sugirió que estudiara en Latinoamérica y en Europa. Después me preguntó si había escuchado algo de José Barraquer.

Antes de poder responderle, me contó sobre el doctor Barraquer y sobre el instituto que llevaba su nombre en Bogotá, Colombia. Me dijo que Barraquer había desarrollado la técnica y el equipo que podría revolucionar la cirugía refractiva. En ese procedimiento, se extirpan las capas de la córnea del ojo, se congelan, se reconstruyen para mejorar la refracción y se vuelven a colocar en la córnea. Los beneficios potenciales de dicha cirugía para la visión humana eran asombrosos – un mundo sin gafas o sin lentes de contacto –.

Para 1970, el doctor Barraquer había inventado varios instrumentos y varias técnicas, de las cuales las más destacadas eran la queratomileusis y la queratofaquia, el origen de la K en la cirugía Lasik moderna. La Sociedad Internacional de Cirugía Refractiva señalaría un día a Barraquer como "el padre de la cirugía refractiva". También podría ser considerado el abuelo de la cirugía Lasik, la cual se construyó sobre la base de sus originales innovaciones.

Después de seis meses en Colombia, viajaría a España para estudiar con el hermano de José, Joaquín, en su famoso Centro de Oftalmología Barraquer de Barcelona. El hermano menor de los Barraquer era un notable cirujano de la parte anterior que se especializaba en la cirugía de cataratas y de trasplante de córnea. Norton también me dijo que organizaría viajes cortos a Francia y a Alemania para estudiar con las eminencias que él conocía allí. Necesitaba una respuesta en pocos días para poner en marcha todas las gestiones y, en caso de que lo rechazara, ofrecerle el puesto a otra persona.

Esa era la oportunidad de mi vida. El único inconveniente que veía era el geográfico; Bogotá era, por reputación, la ciudad más violenta y con más asesinatos del hemisferio occidental. Yo tenía una esposa y cuatro hijos, y estaba seguro de que Lynda tendría ciertas reservas. Resultó que eso era, por decirlo de alguna forma.

"¿Estás loco?" Me gritó cuando le conté nuestros planes para el año siguiente. "¿Crees que voy a arrastrar a nuestros cuatro hijos pequeños a vivir en Bogotá durante seis meses?"

Llamé a mi padre esa noche y le conté sobre la oportunidad y sobre las reservas de Lynda.

"No puedes rechazar esto", dijo mi padre. "Es demasiado grande. Nunca más podrás estudiar con grandes doctores fuera de Estados Unidos".

Y continuó. "Y mucho más que eso. Tú, Lynda y los niños tienen una oportunidad de oro de vivir en el extranjero durante un año y eso es importante".

Mi padre compartía con el doctor Norton una profunda veta de cosmopolitismo. Él creía de forma intuitiva que las personas y las instituciones se echan a perder sin inyectarles sangre fresca y nuevas ideas. Quería que saliera, que fuera a Europa para tener la experiencia de vivir con personas diferentes y con ideas nuevas.

"No te vuelvas endogámico". Era como él siempre lo decía. Mi padre amaba Estados Unidos, pero no era un nativista y nunca pensó que su país había acaparado el mercado de las personas brillantes y de las grandes ideas.

También le dije que incluso con el estipendio y con el costo de vida, no estaría ganando mucho dinero.

"Puedes ganar dinero después", dijo él. "Si no te pagan suficiente, llámame". También me brindó más argumentos para utilizar con mi esposa. "Dile a Lynda que después de Bogotá, nos reuniremos en Florencia cuando vayas a Europa". Prometió. "Pregúntale al doctor Norton si hay algún profesor allí del que puedas aprender algo. Los florentinos han estado detrás de mí para que cante en su famosa sala de ópera y puedo programarlo para cuando estés allí. Trae a Lynda y a los niños. Les pondré en el mejor hotel de Florencia. A Lynda le encantará y tu madre estará entusiasmada".

El atractivo romántico de Florencia ayudó un poco con Lynda, pero no me dejó aceptar la oferta hasta que yo fuera a Bogotá primero y le informara sobre los colegios y los alojamientos.

El doctor Norton aceptó la condición de Lynda. Me dijo que fuera a Bogotá cuatro días con los gastos pagados. "Si te gusta, organiza dónde vas a vivir. Si no, mándame un telegrama y haré los preparativos necesarios para otro candidato".

Capítulo Diez

Bogotá

Siempre he tenido una vena salvaje y he tomado más de mi ración de riesgos innecesarios. Pero mientras iba sentado en el avión hacia Bogotá, hojeando una copia del *Opera News*, me sentí nervioso. Mi esposa me hizo jurar que les encontraría un lugar seguro donde vivir o le diría al doctor Norton que había cambiado de idea. Nunca había estado en Colombia y no conocía a nadie allí. No tenía ni idea de cuáles eran los barrios seguros – de hecho, no sabía si había barrios seguros ni cómo encontrarlos –. No tenía ninguna estrategia, ningún plan. Todo lo que podía pensar era en encontrar un hotel seguro para esa noche e ir al día siguiente al Instituto Barraquer y rogar a algún administrador para que me ayudara.

Me puse a pensar sobre un amigo que me contó una vez que cuando estuvo en Venezuela (más seguro, suponía, que Colombia), su taxista nunca paró en los semáforos en rojo o en las señales de *stop* porque había secuestradores que se escondían en las sombras de las calles. Absorto en esos sombríos pensamientos con mi *Opera News* abierto sobre mi regazo, sentí que la mujer sentada a mi lado me tocó el hombro.

"Disculpe", me dijo, "pero tengo que preguntarle. Se parece mucho a Richard Tucker, el cantante de ópera. Veo lo que está leyendo. ¿Son parientes?"

Le conté que era el hijo de Richard Tucker y que me llamaba David.

Ella suspiró y me dijo que ella y su esposo vivían en Bogotá y que les encantaba la ópera. "Vimos a su padre actuar varias veces cuando vivíamos en Estados Unidos. Somos grandes admiradores de él".

Si hubiera habido un telégrafo en el avión, le habría mandado a Norton mi aceptación. Sabía que mi padre – que estaba en Nueva York a más de 4,000 kilómetros – acababa de resolver mis problemas con Bogotá.

El Duro Trato

Se llamaba Esther, y su marido Raúl. Eran judíos, su familia había huido de Polonia y había vivido durante un tiempo en el Midwest, donde se habían conocido y donde, posteriormente, habían escuchado cantar a mi padre. Le conté a Esther en el avión que no conocía a nadie en Bogotá y también le comenté los temores de mi esposa por nuestros hijos. Ella dijo que no debía preocuparme por nada, pues me aseguró que su esposo era un importante empresario en Bogotá – de la industria maderera, dijo – y que conocía a la gente adecuada. Nos ayudarían a encontrar una casa, un colegio británico para nuestros hijos, una empleada doméstica, todo.

Cuando regresé a Miami para estudiar español durante seis semanas con Lynda, con los gastos cubiertos por el doctor Norton, Raúl nos encontró una hermosa casa de 370 metros cuadrados en Chicó, el mejor barrio de Bogotá, rodeada de una valla metálica de dos metros y medio y cerca al Instituto Barraquer. (Después me enteré de que el último inquilino fue un antiguo agente de la CIA).

Cuando llegué a Bogotá con Lynda y con los niños, la casa todavía no estaba lista, por lo que nos quedamos con Esther y con Raúl durante una semana. Una vez que nos instalamos, ellos nos presentaron a la comunidad judía y celebramos las festividades en su sinagoga. Su presentación nos permitía entrar a su club de piscina y de tenis, además nos encontraron una encantadora empleada doméstica, de la cual nos prometieron que era totalmente confiable y que no nos robaría. A mis dos hijos mayores, Larry y Jackie, les encantó el colegio anglosajón en el que los inscribimos por recomendación de Esther.

La vida diaria fue dura para Lynda en Bogotá al no tener amigos ni familia. Yo trabajaba hasta bien entrada la tarde, así que ella pasaba mucho tiempo sola con miedo a aventurarse demasiado lejos de nuestro refugio seguro. La transmisión automática no había llegado a la ciudad, por lo que tuve que enseñarle a manejar un vehículo manual. Había pocos semáforos y estaban alejados entre sí, lo que hacía que conducir en las calles estrechas y sinuosas fuera como jugar a los coches de choque en un parque de diversiones. Los trámites de la vida diaria, como comprar alimentos seguros en los mercados, eran difíciles en Bogotá.

Esther fue un regalo del cielo para Lynda. Iban juntas de compras, iban a nadar y a jugar al tenis, así que pronto se volvieron mejores amigas – casi hermanas –.

Una vez, cuando estábamos hablando sobre los secuestros en Bogotá, le dije a Raúl que me sentiría más seguro en nuestra casa si tuviera un arma. Él me entregó una al día siguiente.

Una noche, después de la cena, me dijo que tenía que ir a hacer algunas cosas a diferentes partes de Bogotá que quizás yo nunca había visto, y me preguntó si quería ir con él. Pasamos por lugares extraños. Raúl estacionaba el vehículo en calles oscuras y caminábamos a casas sin luz en las que realizaba sus negocios. De vez en cuando, abría su maletero y metía algo dentro. Cuando le pregunté qué estaba haciendo, respondió: "Cuadrando cuentas".

Cuando abrió el maletero por última vez, me dijo que mirara adentro antes de cerrarlo. Vi lo que pudo haber sido al menos un millón de dólares en efectivo. Estaba algo más que asustado. No nos habíamos topado con una farola durante más de una hora, y cuando cerró el maletero, casi no podía verlo.

Le dije: "Raúl, salgamos de aquí. Si alguien te mata por este dinero, me matarán a mí también".

Me respondió que me relajara, que yo estaba con el hombre con la mayor seguridad de Bogotá. "Quien me robe sabe que tendrá que responder a mis socios comerciales. Y, David, también saben que mis socios no son tan amables como yo".

Seguimos siendo cercanos a Esther y a Raúl cuando regresamos a Estados Unidos. Vinieron al bar mitzvah de Larry en Cincinnati. Unos años después, quedaron destrozados por la pérdida de su hijo por un melanoma metastásico. Nos escribíamos y nos mandábamos postales en las festividades, pero nunca volvimos a verlos. Me enteré posteriormente de que Raúl murió por un ataque cardíaco a una edad relativamente temprana.

El doctor Barraquer era un aristócrata y distante, un oftalmólogo brillante como lo fueron su padre y su abuelo antes de él. Él estaba seguro de su pedigrí, de su linaje con Barcelona y de su reputación como el mejor de los mejores, pues era uno de los principales creadores e innovadores en técnicas y en instrumentación oftalmológica en el mundo. Mi admisión había sido organizada a través de una llamada del doctor Norton, y no había hablado con él hasta que aparecí en mi primer día de trabajo. Él estrechó mi mano y dijo que me explicaría algunas cosas.

"Nuestros métodos de enseñanza son diferentes aquí", dijo. "Se espera que nuestros estudiantes escuchen, no que hablen. Admiro mucho al doctor Norton y tú, que eres su estudiante, puedes hacer las preguntas que quieras, pero al final del día y sólo en mi oficina".

Habló de manera preferente sobre el doctor Norton – con admiración genuina, creía, pero también como una respuesta latina condicionada, sospeché, al poder y al dinero *yanqui* –. La deferencia de Barraquer hacia los grandes actores en Estados Unidos no se extendía a sus subordinados en el instituto, un grupo que incluía todos los que estaban por debajo de él, quienes a sus espaldas, se referían al doctor como el "Rey" – el "Rey Barraquer"–.

Los pacientes venían de todo el mundo a su instituto para cirugías de catarata, trasplantes de córnea y cirugía refractiva de córnea. Debía realizar unas quince cirugías al día y, después de un tiempo, me convertí en su primer asistente. Me quedaba a su lado en su sala quirúrgica, le daba los instrumentos y cerraba las incisiones. El doctor Norton esperaba que yo llevara un diario, así que cada noche escribía lo que había visto y aprendido.

La sala de operaciones de Barraquer se parecía a un gran anfiteatro. Él operaba sobre un escenario iluminado desde el cual surgían filas de asientos en forma ascendente que se llenaban de estudiantes, de compañeros, de familiares y de visitantes que se quedaban para ver – en vivo, quienes estaban cerca, o en varias pantallas de televisión grandes, quienes estaban en filas lejanas –. Por cada paciente rico, había muchos pacientes pobres. Sus operaciones eran probablemente caras, así que una vez le pregunté cómo los pacientes pobres podían permitirse las mismas.

"Yo creo que los ricos deben pagar para que ellos puedan operarse", dijo. "Cobro a cada paciente rico lo suficiente como para pagar cien operaciones para los indigentes".

Fue entonces cuando aprendí que su corazón aristócrata español era, en el fondo, un radical conservador.

Barraquer había diseñado su equipo él mismo y, para esa época, los aparatos parecían más de ciencia ficción que un hecho real. Se inventó un torno, el cual utilizaba para retirar parte de la córnea y para recortarla hasta darle la forma deseada. El torno estaba conectado a un computador, el computador calibraba la reconfiguración deseada y dirigía el movimiento del torno. Las precisas calibraciones que necesitaban de esas complicadas máquinas – después de todo, la córnea mide un milímetro de ancho aproximadamente – da testimonio del genio inventivo de Barraquer.

Cuando vio lo duro que estaba dispuesto a trabajar, me invitó a que lo acompañara por la noche a su laboratorio privado en la parte superior del instituto. En cuanto entré, pensé que había ingresado en el plató de una película de Frankenstein. El recinto estaba lleno de máquinas y de equipo de su propia creación, los cuales nunca había visto en Bascom Palmer, y de los cuales ni siquiera había leído, aparatos para tratar enfermedades del segmento anterior del ojo – la córnea, la esclerótica, el iris y el cristalino –.

Parte de mis responsabilidades hacia el doctor Norton era escribirle cartas largas cada dos semanas sobre lo que estaba aprendiendo. Le pregunté a Barraquer si le podía hacer preguntas sobre sus máquinas, tomar notas y dibujarlas. Me dijo: "Por supuesto. Quiero que el doctor Norton sepa lo que estamos haciendo en Suramérica". (Su énfasis lo puso en la palabra *Sur*).

Al cabo de un mes, me preguntó si estaría dispuesto a trabajar por las noches para ayudarle a terminar algunas publicaciones académicas.

Hice casi toda la investigación y la escritura de dos artículos que fueron publicados en el *Annals of Ophtalmology* – uno sobre la sutura del iris en conejos y otro sobre los resultados quirúrgicos de la queratoplastia refractiva –. Él fue generoso y puso mi nombre como autor principal, a pesar de que la letra *B* está antes de la letra *T*.

El doctor Norton tenía un amigo cercano y compañero en Bogotá, quien se dedicaba a la práctica privada, así que me pidió que lo buscara. Resultó que el amigo era cirujano oftalmológico jefe en el hospital militar de Bogotá. Almorzamos y me interrogó acerca de mi formación y de mi experiencia. Debió haberse quedado impresionado porque, de forma inesperada, me preguntó si podía tomarme un tiempo del Instituto Barraquer para asistir a cirujanos más jóvenes del hospital militar. Los pacientes eran soldados que habían sufrido lesiones y traumas severos en los ojos durante enfrentamientos contra la guerrilla en Colombia. Casi todos los pacientes eran candidatos de urgencia para cirugía y la alternativa más probable al demorar las operaciones era la pérdida de la vista.

Le pregunté al doctor Barraquer, y asombrosamente me respondió que era un gran honor para él que el hospital militar hubiera pedido a alguien de su instituto que ayudara a salvar la vista de los valientes soldados de Colombia. Durante mis seis meses en Bogotá, entendí que la adoración (o miedo) hacia el ejército atravesaba toda la pirámide social y el Rey no era una excepción. Aceptó que trabajara en el hospital militar un día a la semana siempre y cuando me quedara hasta tarde para terminar el trabajo que tenía con él.

Debí operar a casi cincuenta soldados en el hospital militar. El personal conocía mi experiencia con el doctor Norton, por lo que me daban la mayoría de las operaciones de la retina. Le escribí contándole ello al doctor Norton, quien en sus cartas de respuesta me daba un toque de advertencia. Había desarrollado desde el principio en el Bascom Palmer la reputación de asumir más trabajo del que a veces podía soportar, así que estaba preocupado porque un doctor militar me diera *carte Blanch* para cortar a mi antojo.

"Ten mucho cuidado con las responsabilidades que asumes". Me escribió. "Eres el embajador personal de Bascom Palmer en Bogotá".

Las decisiones para operar las tomaba el cirujano del hospital militar, no yo, y me dijo que casi seguro la ceguera era la única alternativa a la cirugía inmediata. Muchas de mis cirugías fueron exitosas, pero otras estaban condenadas al fracaso debido a la gravedad de las lesiones. Yo le transmití eso al doctor Norton, a quien le pareció aceptable mi explicación.

A pesar de toda la atención profesional que el doctor Barraquer volcaba sobre mí y de las largas horas que pasaba lejos de Lynda y de los niños escribiendo sus artículos académicos, nunca tuvimos un instante de contacto social. Nunca me invitó a desayunar o a almorzar en el instituto.

Cuando trabajábamos hasta tarde, nunca cenábamos juntos. Su esposa nunca llamó a la mía para darle la bienvenida en Bogotá y ni ella ni él nos invitaron a su casa.

Eso cambiaría cuando mi padre fue a visitarme a Colombia.

Llevaba en el Instituto Barraquer un poco más de cuatro meses cuando mi madre llamó y le dijo a Lynda que ella y mi padre querían ir a Bogotá para vernos a nosotros y a los niños. Mis padres hicieron todos los preparativos para un viaje de cuatro días a finales de noviembre. Lynda me comentó que mi padre quería hacer un recorrido por el instituto de oftalmología y conocer al doctor Barraquer. (Mi padre respetaba los horarios de hombres ocupados y estoy seguro de que esa fue la razón por la que comunicó su deseo de conocer a mi jefe tres semanas antes de su llegada). Más tarde le mencioné de pasada al doctor Barraquer que mis padres me visitarían en unas semanas y que a mi padre le gustaría saludarlo cuando asistiera a ver el instituto. Barraquer dijo que sería un placer para él y se marchó.

Ya fuera en un partido de béisbol, en el hipódromo o en un restaurante – realmente en cualquier espacio público – nunca vi a mi padre en lo que hoy en día llamamos ropa informal. Normalmente llevaba un traje y una corbata y, en los últimos tiempos, había empezado a ponerse el mismo broche en su solapa – el broche *Commendatore*, el cual, junto con una medalla que lo acompañaba, era concedido por el presidente de Italia y era el honor de mayor categoría conferido por la República de Italia –. Aunque mi padre tenía una personalidad eléctrica que atraía a la gente hacia él, no se hallaba en su naturaleza anunciar sus logros y no tenía tiempo para los oportunistas. Depositó la medalla en el primer cajón de su cómoda y nunca se la puso. Pero llevaba el broche con gran orgullo por el rol central de Italia en la historia de la ópera.

Si hubiera sido grande y ostentoso, mi padre lo habría dejado probablemente en su cajón junto a la medalla. Pero el broche era relativamente pequeño e incluso los estadounidenses con una vista suficientemente buena para ver sus detalles físicos desde una corta distancia probablemente no habrían reconocido su importancia. Pero era mucho más probable que los europeos apreciaran la importancia excepcional del broche, especialmente los europeos aristocráticos que tendían a llevar la cuenta de los emblemas de honor y de estima.

Cuando llevé a mis padres al instituto, vi que el doctor Barraquer se acercó a nosotros mientras hacía sus rondas. Le presenté a mi madre y a mi padre, él se inclinó levemente hacia mi madre y le estrechó la mano a mi padre. Nunca le había dicho a Barraquer que mi padre era un famoso cantante de ópera, y por sus titánicos días laborables en el instituto, me daba la impresión de que era alguien con poco o con ningún interés fuera del trabajo.

Su encuentro no fue nada parecido al largo y dramático encuentro de mi padre con el doctor Huebner en el jardín del NIH. Barraquer y mi padre intercambiaron cumplidos de manera formal, Barraquer le dijo lo impresionado que estaba con mis capacidades y con mi dedicación. Después de no más de pocos minutos, se dieron la mano y el doctor Barraquer continuó con sus rondas.

Así fue la reunión de mi padre con el doctor Barraquer. Me despedí de mis padres, quienes tomaron un taxi hasta la casa para pasar tiempo con sus nietos.

Una hora más tarde, recibí en el hospital una llamada desesperada de Lynda, quien comenzó con un "Espero que no te enfades conmigo". Me dijo que la esposa de Barraquer acababa de llamar y que nos invitaba a los cuatro a cenar en su casa la noche siguiente. "Yo la rechacé, David. Le dije que teníamos otros planes. La llamada me hizo enfadar. Has estado esclavizado durante casi cinco meses y nunca nos llamaron ni una sola vez. Ahora ella nos invita a cenar porque tu padre está aquí".

Después Lynda pasó el teléfono a mi padre, quien siempre calculaba el impacto de las cosas grandes o pequeñas en mi desarrollo profesional. "David, sabes lo que pienso de Lynda, pero creo que ha cometido un grave error. Considero que debes pedirle que vuelva a llamar a la señora Barraquer para que acepte su invitación".

Mi padre no podía evitar darse cuenta de la coincidencia de su visita con la invitación a la cena.

"Quizás le guste la ópera", dijo intentando no herir mis sentimientos.

"Tienes razón, papá", dije, "es tu visita, pero no es por la ópera o por cómo cantas. Es por tu broche. Barraquer ha advertido el *Commendatore*".

Estoy seguro de que a mi padre le importaba un bledo ir – habría preferido pasar tiempo con sus nietos – y apostaría dinero a que pensaba que Lynda tenía todo el derecho a estar molesta con la invitación interesada de los Barraquer. La regla general de mi padre era ignorar a la gente que tenía el hábito de repartir actos de amistad en proporción a la fama relativa del receptor. Pero el doctor Barraquer era un oftalmólogo importante y yo estaba en el comienzo de mi carrera. Eso era lo que a él le importaba.

Le pedí a Lynda que recapacitara en deferencia a los deseos de mi padre. Ella aceptó con reticencia, luego colgamos el teléfono.

Me llamó otra vez después de unos minutos, me dijo que le había dicho a la señora Barraquer que había reorganizado nuestro calendario y que nos encantaría ir. (También me dijo que le dieron náuseas diciendo eso). Los cócteles y la cena tendrían lugar a las seis y media del día siguiente.

Cuando llegué a casa, mi padre me dijo que le gustaría llevar un pequeño regalo al doctor Barraquer y me preguntó si yo tenía algo en casa que fuera adecuado. Tenía un disco nuevo de sus arias famosas y la cubierta estaba impecable.

"Le puedes dar eso", dije, "y le puedes firmar un autógrafo en la cubierta".

Mi padre pensó que era una buena idea.

Resultó ser una gran idea. Ayudó a salvar la noche.

Llegamos puntuales a las seis y media a la casa de Barraquer, la cual sólo podría ser descrita como un gran castillo medieval. Un mayordomo nos dio la bienvenida en las grandes puertas principales gemelas (ahora me recuerdan a las puertas con los enormes aldabones del *Young Frankenstein* de Mel Brooks). Nos acompañó hasta una biblioteca circular con estanterías que iban desde el suelo hasta el techo, por lo que requerían que se estirara el cuello para ver la parte de arriba. Unas escaleras corredizas desde el suelo hasta el techo remataban el efecto maravilloso.

El doctor Barraquer y su esposa nos recibieron cálidamente, los camareros nos sirvieron bebidas y aperitivos. Mi padre le entregó el álbum, el doctor hizo un gesto de aprobación y nos pidió que nos sentáramos. Miró el álbum durante algunos segundos, luego lo puso en una mesa a un lado de su silla. No estoy seguro si se dio cuenta de que estaba firmado por mi padre.

Después de cinco minutos de conversación, Barraquer se levantó repentinamente de su silla y dijo: "Señor Tucker, ¿me haría el honor de cantar ahora?"

Pensé que iba a dar dos palmadas. Sus palabras y su tono parecían más una orden que una petición.

Mi padre declinó su oferta educadamente, diciendo que había asistido a cenar para hablar con el famoso profesor de su hijo sobre su gran trabajo en la oftalmología. Pero no terminó ahí. Como me temía, Barraquer replicó: "Insisto".

La sala empezó a ponerse incómoda. Mi padre le dijo a nuestro anfitrión en términos un poco más severos que él nunca cantaba sin pasar por una prolongada preparación, y que, por tanto, *debía* declinar su oferta. (Vi a mi padre en estas contiendas de voluntades anteriormente y las únicas dos personas ante las que se rindió para cantar cuando no quería hacerlo, fueron mi madre y Giacomo Lauri-Volpi.)

No terminó ahí. Con una descortesía descomunal, Barraquer continuó presionando con su petición. Le dieron vueltas al asunto durante varios minutos. Yo no veía cómo su estancamiento podría resolverse de otra manera que no fuera negativamente. Entonces mi padre me sorprendió.

"Tengo una mejor idea". Le dijo a Barraquer mirándolo a él y no a mí. "Mi hijo David es tenor. Él estará encantado de cantar".

Miré a mi madre y a Lynda, estaban heladas en sus sillas. Yo estaba sin palabras. Miré a mi padre, quien ya miraba hacia otro lado, con la cuestión decidida. Cinco minutos después de que Barraquer prácticamente ordenara a mi padre cantar, mi padre me ordenó cantar a *mí*.

No debería haberme sorprendido, y no estaba ni siquiera enfadado. Barraquer y mi padre compartían una paternidad en común. Los dioses no piden permiso, desde la época de Zeus, ellos emiten declaraciones.

Con mi padre disfrazado de Eléazar en *La Juive* de Halevy, un papel que fue profundamente personal para él, durante un ensayo de una producción de ópera de la Asociación de Ópera de Nueva Orleans en 1973. (De la colección personal de David N. Tucker)

Todos estaban en estado de shock, excepto Barraquer y mi padre. Me armé de valor tanto como pude, me levanté y caminé despacio hacia la mesa donde el doctor Barraquer había colocado el álbum de mi padre. Me di cuenta de que la portada una de sus selecciones fue "Recondita armonía" ("Armonía escondida") de la *Tosca* de Puccini, la misma pieza que Lauri-Volpi y mi padre se habían arrojado el uno al otro en su duelo de arias en Italia hacía varios años.

En un momento de inspiración divina, del cual aún no logro recordar que hubiera sido consciente, le pregunté al doctor Barraquer si tenía un tocadiscos.

Le señaló a un camarero para que fuera a buscar uno, el camarero volvió a los pocos minutos y lo conectó.

Me volví hacia mi anfitrión y anuncié: "A mi padre y a mí nos gustaría hacerle el honor de cantar como dueto una de las mejores arias para tenor de Puccini".

Ajusté el volumen atrevidamente a un nivel bajo para que mi éxito o mi fracaso fuera notablemente propio. Habían pasado años desde mis clases de canto, pero sabía cuando empecé a cantar que mi voz se había hecho más fuerte.

No miré a nadie mientras cantaba, sólo observaba fijamente a los libros de las paredes. Mi voz no se quebró ni tembló en las notas altas, y terminé con un aplauso respetuoso.

Miré a mi padre. Al principio no dijo nada, no podía adivinar el significado de su rostro. Después, se levantó de su silla y dijo en voz alta: "Ahora, ¿podemos ir al salón y cenar?"

Fue una cena diferente, pero arrojó las mismas palabras que las del maestro Lauri-Volpi en Italia.

Linda me sonrió, mi madre apretó mi codo mientras caminábamos hacia el salón y me susurró: "Bien hecho, David".

El entorno físico cubría a la cena con una rígida formalidad que la conversación no podía suavizar. Nos sentamos en el salón más grande que había visto con la mesa más grande que jamás había visto. El doctor Barraquer se sentó en un extremo de la mesa y su esposa en el otro. Aparecían y desaparecían camareros de esmoquin cada vez que la señora Barraquer tiraba de una cuerda que debía hacer sonar un timbre en algún lugar del laberinto del área de la cocina.

Hacia el final de la cena, el doctor Barraquer le dijo a mi esposa que había un lugar para mí en su cuerpo docente para cuando quisiera volver a Bogotá. Vi que mi padre sonrió ante ese comentario. Lynda le agradeció por todo lo que había hecho por su esposo, pero seis meses en Bogotá, le dijo con una sonrisa, eran más que suficientes para su primera vida. El doctor Barraquer cambió educadamente de tema.

De camino a casa, le pregunté a mi padre por qué se había retirado del punto de mira poniéndome a mí.

"Porque sabía que podías hacerlo". Respondió.

Continuamos el viaje en silencio durante algunos minutos y añadió: "David, el tocadiscos le dio un toque interesante".

Yo sonreí en la oscuridad. "¿Recuerdas la última vez que canté para ti, papá? Saliste a los quince segundos".

Le escuché reírse entre dientes y luego dijo: "Te hice un favor. Era un profesor peligroso".

Yo estaba contento de dejar que mi padre tuviera la última palabra sobre ese tema. Fue una gran noche – una de las más felices para mí –. Mi padre me llamó tenor, y por fin canté un aria con mi padre, el gran Richard Tucker.

El resto de los días de mis padres en Bogotá fueron un placer para ellos. Cenamos en casa de Esther y de Raúl, quienes estaban entusiasmados por conocer a mi padre y por hablar con él. Otra noche, fuimos a su club de campo judío, donde mi padre fue tratado como si perteneciese a la realeza. Fuimos a los servicios del sábado en su sinagoga, allí el rabino y el cantor hablaron con mi padre, después de los servicios, con lágrimas en los ojos. Fuimos a uno de los mejores restaurantes de Bogotá, donde Raúl debió haber actuado como el hombre de mi padre, porque el propietario, los camareros y los clientes se acercaron a nuestra mesa para conseguir un autógrafo de mi padre, quien firmó todas con una sonrisa en su cara.

Un mes después de que mis padres se fueron, empacamos nuestras pertenencias en catorce maletas y volamos con cuatro niños (dos en pañales) a Barcelona. También nos llevamos a la empleada que Raúl y Esther habían encontrado para nosotros. Ella no tenía los documentos legales, pero descubrimos con anticipación que a las autoridades en España no parecía importarles.

Volamos a Barcelona el día de Nochevieja. El doctor Norton tenía contactos excelentes allí y, a través de ellos, encontré un apartamento perfectamente amueblado que nos estaba esperando cuando llegamos. Después de seis meses en Bogotá, Lynda moría por irse, además estábamos viajando a uno de sus destinos soñados en Europa.

Yo estaba deseando conocer al hermano menor del doctor Barraquer, Joaquín para trabajar con él. Desafortunadamente, mis meses con dicho doctor resultarían ser una amarga decepción.

Capítulo Once

Europa

Mi tutelaje con Joaquín Barraquer fue mal desde el principio. Le escribí una carta diciéndole cuándo llegaría a Barcelona, pero no recibí ninguna respuesta. El día después de mudarnos a nuestro apartamento, fui a su instituto sólo para escuchar de su secretaria que no podía ser molestado. Le dije que el doctor Norton de Estados Unidos había dispuesto que yo estudiara con el doctor Barraquer. Ella dijo que le daría el mensaje. Le pregunté si podía concertar una cita y me dijo que él me llamaría cuando su agenda se lo permitiera.

Volví a la misma hora los cuatro días siguientes. En cada ocasión ella me dijo que el doctor Barraquer no estaba. Después de varios días más perdiendo el tiempo, llamé al doctor Norton a Florida. Fue entonces cuando el doctor Norton me contó sobre la vieja pelea entre los dos hermanos. "Las rencillas", me dijo, "tienen más de dos décadas y Joaquín probablemente esté enfadado porque te envié a estudiar primero con su hermano". Norton me dijo que no me preocupara y que disfrutara de Barcelona a su costa hasta que Joaquín pensara que los ofensivos americanos habían cumplido suficiente penitencia.

Yo estaba demasiado molesto para tomar ese sensato consejo, y en su lugar le envié a Barraquer un conciso telegrama registrado. Debió funcionar, porque al día siguiente su secretaria me llamó y me dijo que podía pasar por el instituto esa misma tarde.

El Barraquer más joven era un admirado oftalmólogo, pero no estaba en la liga de su hermano. La pena fue que podía haber aprendido mucho de él, pero nuestra relación fue fría durante toda mi estancia en Barcelona. Las veces que me dedicó tiempo fue de mala gana y las conversaciones se convirtieron en sermones ordinarios y en la asignación de tareas repetitivas.

El Duro Trato

Barcelona era una ciudad cosmopolita con maravillosos museos, con restaurantes increíbles, con parques, con zoológicos para los niños y con uno de los legendarios teatros de ópera antiguos en Europa, el Liceu. Con sólo unas pocas responsabilidades en el instituto (sin decirlo con palabras, Joaquín dejó muy claro que cuanto menos me viera, mejor), tenía mucho tiempo para pasar con Lynda y con los niños. Los llevamos a parques de atracciones, e incluso llegué a pensar en que mis dos hijos mayores aprendieran a montar a caballo. Hicimos la gira de los grandes museos y de las catedrales. Desafortunadamente, los rastros de la que fuera una vibrante comunidad judía en otros tiempos eran difíciles de encontrar, como triste resultado de la turbulenta historia de España desde la Inquisición con las personas de mi religión.

Fuimos a la ópera varias veces en el Liceu. (Sería allí donde mi padre haría sus últimos conciertos tres años después – extrañamente, en un concierto, cantó *La Juive*, la dramática ópera sobre la triste historia de los judíos en España durante la Inquisición –).

Vimos al tenor Plácido Domingo, quien se convertiría en una estrella del Metropolitan y se volvería famoso en televisión, junto a Luciano Pavarotti y a José Carreras.

Domingo era joven y guapo, por lo que mi esposa me pidió utilizar el nombre de mi padre para que nos llevara a los camerinos. Antes de que me pudiera presentar, dijo: "Debes ser el hijo de Richard Tucker porque te pareces mucho a él". Habló elogiosamente sobre mi padre y sobre sus magníficas actuaciones en el Metropolitan, donde pronto haría su debut.

Una noche, tras haber regresado a Estados Unidos, estaba con mi padre en su vestuario del Met, y tanto Domingo como Pavarotti llegaron hasta allí después de su actuación para presentar sus respetos a mi padre. Los dos incipientes tenores se inclinaron ante él y le preguntaron si podía darles algún consejo.

Mi padre los miró y les dijo: "Jóvenes, vayan despacio, pero estudien mucho". Ese fue el mismo consejo que Paul Althouse, el único profesor de mi padre, le había dado a él años atrás.

Los jóvenes tenores sonrieron y retrocedieron para salir del vestuario sin mirar atrás, mientras seguían haciendo reverencias periódicamente.

Le dije a mi padre que pensaba que podría haber sido más amable y más alentador.

"Les di el mejor consejo del mundo", respondió, "La mayoría de los cantantes no se preparan lo suficiente y arruinan sus voces al enfrentarse a papeles poderosos antes de estar listos".

Tristemente, un cantante que pudo haber hecho mucho, demasiado pronto, fue José Carreras, el tercero de los Tres Tenores. Después de un comienzo brillante, Carreras pasó a hacer papeles grandes y dramáticos sin estar preparado y lo que se decía, según mi padre, era que había forzado su voz. Además, desarrolló un tipo de leucemia poco frecuente y, aunque se recuperó, su voz no volvió a ser la misma. Linda y yo fuimos afortunados de haberlo visto cantar en Liceu de Barcelona, donde su joven voz lírica llenó el majestuoso teatro de ópera con sonidos hermosos.

Barcelona se había convertido más en vacaciones que en trabajo. Estaba comenzando a sentirme culpable, pero me sentí aliviado cuando la secretaria del doctor Norton me llamó para decirme que habían dispuesto que viajara a Freiberg, en Alemania, para que estudiara durante dos semanas en enero de 1972 con un famoso oftalmólogo de la universidad.

Pensé que Lynda y yo dejaríamos a los niños con su niñera. Era uno de los inviernos más fríos que se habían registrado en Europa central y del norte, por lo que le dije a Lynda que llevara ropa abrigada, a lo que me respondió que no iría. Cuando le pregunté por qué, me dijo que nunca pisaría suelo alemán mientras viviera.

La nuera de mi padre parecía más su hija en temas de fe. Ambos llevaban en la sangre un insistente amor al judaísmo y unas náuseas viscerales a los crímenes y a las atrocidades que los alemanes habían aplicado sobre su gente. Mi padre se negaba a cantar en Alemania y rechazó la petición personal de Rudolph Bing para que actuara en la Metropolitan Opera House bajo la batuta de Herbert von Karajan, el famoso director de orquesta que supuestamente había pertenecido al Partido Nazi durante la Segunda Guerra Mundial.

"Brotaría vómito y no música de mi garganta si lo hiciera". Le dijo a Bing.

Los millones que perdió mi padre en regalías por su negativa a grabar con von Karajan y con otros, no significaba nada para él. "Unos centavos", decía, "no pueden comprar mi alma".

Mi más limitada interdicción personal se extendía a Adolf Hitler, a sus secuaces y al Partido Nazi. La tristeza y la rabia de mi esposa por los campos de concentración y por los hornos no hacía distinciones, así que cuando invocó el veto contra Alemania entera, ya sabía yo que era mejor no discutir ni suplicar. La abracé, le dije que lo entendía y me fui a la habitación a hacer mi maleta.

Las misiones aliadas de bombardeo habían destrozado la ciudad interior de Freiberg y gran parte de su universidad de casi doscientos años. Para cuando fui allí a estudiar, había sido reconstruida, me dijeron, por los esfuerzos de una generación de estudiantes matriculados que se comprometieron a realizar cien horas de trabajo físico para ser admitidos (dando continuación, de una forma más benigna, a la arraigada práctica alemana del trabajo forzoso).

El Duro Trato

Llegué a Freiberg una noche muy fría y me registré en el hotel. Había reservado una habitación sencilla con baño privado y había pagado por adelantado. El gerente en la recepción me dijo que, desafortunadamente, había muy pocas habitaciones con baño, así que compartiría el baño con otras habitaciones del mismo piso. Le dije que encontraba esa disposición inaceptable, a lo que me respondió que intentaría conseguirme una habitación con baño, pero que no tenía muchas esperanzas.

"Mientras tanto, vaya a su habitación, deshaga su maleta y disfrute de una buena cena en nuestro restaurante". Me dijo. Luego llamó a un botones para que llevara mi equipaje.

Yo deshice mi maleta, colgué mis trajes, puse mis camisetas, mis calcetines y mi ropa interior en los cajones de la cómoda, y mis artículos de higiene encima de esta. En la mesita de noche al lado de mi cama, coloqué mi filacteria de terciopelo rojo bordada con una estrella de David, un preciado regalo de mis padres, que contenía mi kipá, mi talit (chal de oración y mi tefilín – dos cajas cuadradas de cuero negro con versos bíblicos inscritos por dentro – que los judíos se ponen en los brazos y en la cabeza por la mañana para rezar).

Mientras estaba cenando, el gerente llegó a mi mesa con las buenas noticias de que había encontrado una habitación con baño para mí. Le dije que movería mis cosas inmediatamente después de terminar de comer.

"Disfrute de su cena", dijo, "porque todas sus cosas ya están en su nueva habitación".

Me desconcertó su último comentario, pero le agradecí y no dije nada más. Fui a mi nueva habitación y me di cuenta de que cada artículo estaba en el lugar exacto que había ocupado en la anterior habitación, incluyendo la bolsa sagrada sobre la mesita de noche. Quienquiera que la hubiera movido, se convirtió en la segunda persona que la tocó después de que mi padre me la diera la mañana de mi bar mitzvah.

Al día siguiente era sábado y cuando entré en el vestíbulo, advertí que el gerente estaba de servicio. El domingo, estaba programado para verme con uno de los profesores, por lo que quería pasar el sábado visitando lugares de interés. Le pregunté al gerente si podía indicarme dónde estaban las sinagogas judías en Freiberg. Me respondió que no había sinagogas en Freiberg. Después le pregunté dónde iban los residentes judíos del lugar para los servicios religiosos. Me dijo que no había personas judías allí.

"¿Alguna vez hubo judíos en Freiberg?" Le pregunté.

"Sí". Me respondió.

Estaba empezando a enfadarme con sus respuestas parciales y taciturnas, entonces le pregunté con aspereza: "¿Dónde están los judíos de Freiberg ahora?"

"En el cementerio". Respondió.

Quedé impactado con su fría respuesta, pero le pedí educadamente indicaciones para llegar al cementerio judío y él me dibujó un mapa pequeño. Cuando iba de salida tomé un folleto de viaje de Freiberg de una pila que había en una esquina de la recepción. Revisé página por página en el taxi, pero no se mencionaba el cementerio judío. Utilizando su mapa rudimentario pude encontrar mi camino hacia el lugar de descanso final de los judíos de Freiberg.

Caminar por el cementerio me rompió el corazón. No había señales ni entrada, sólo un portón oxidado con una pequeña estrella roja judía en la parte superior. No había pasto ni paseos, y me tropecé con la maleza y con piedras.

Todas las parcelas estaban descuidadas; en ocasiones tuve que apartar las malas hierbas de las lápidas para leer los nombres y las fechas. La temperatura exterior debía estar cercana a cero grados, pero el cementerio parecía mucho más frío. Se sentía como el punto más frío del planeta y congeló mi alma.

Desolado, volví al taxi llorando descontroladamente. Cuando llegué al hotel, llamé a Lynda y le conté los horrores que había visto.

"¿Qué esperabas?" Me dijo.

También llamé a mi padre, le conté sobre la muerte de los judíos de Freiberg y sobre mi travesía en su lugar de descanso final.

"Viste el Holocausto hoy, David", me respondió, "esos jodidos Nazis casi nos borran de la faz de la tierra, y lo habrían hecho si hubieran podido".

Cuando llegué a Estados Unidos, unos meses después, leí sobre la Universidad de Freiberg y sobre las protestas estudiantiles allí en 1968, el año de las protestas a nivel mundial. Leí que los estudiantes de Freiberg estaban furiosos de que antiguos integrantes del Partido Nazi todavía ocuparan cargos de poder en la universidad, y que exigían su destitución. Las palabras que coreaban eran "Unter den Talaren, Muff von tausend Jahren" ("Bajo las togas, el hedor de mil años").

Mi horario era muy diferente en Alemania que en Barcelona, donde el Instituto Barraquer estaba deshabitado hasta alrededor de las diez de la mañana. Mi presentación al apetito alemán por el trabajo empezó mi primer domingo, cuando me reuní a las 7:00 de la mañana para desayunar en mi hotel con uno de los miembros, con más experiencia, del cuerpo docente de oftalmología. Me dijo que debía llegar a la mañana siguiente a las siete en punto para ser presentado ante el jefe del departamento, un cirujano de fama mundial que conocía muy bien al doctor Norton. Después del primer día, tendría que llegar a las siete y media para hacer rondas de pacientes y reuniones del cuerpo docente por la mañana, haría un pequeño descanso para almorzar, estaría en el quirófano casi toda la tarde y asistiría a conferencias del profesorado hasta el atardecer. Ya que no tuve ninguna pregunta, sugirió que diéramos un paseo.

Caminamos durante una hora por el Bosque Negro. Aunque tenía un abrigo grande forrado de piel, un gorro también de piel, guantes y una bufanda, no podía sentir mis manos, mis pies ni mi cara cuando regresé al hotel. Mi anfitrión llevaba una chaqueta deportiva sin recubrimiento, y no llevaba guantes ni gorro, pero parecía cómodo y rebosante de salud cuando nos despedimos.

El jefe de departamento (debo respetar su privacidad, por razones que, creo, pronto quedarán claras) era un prestigioso cirujano del segmento anterior del ojo, había desarrollado y empleado técnicas innovadoras de microcirugía utilizando algunos de los instrumentos que José Barraquer había inventado, y se quedó impresionado cuando le dije que acababa de realizar un estudio intensivo de seis meses con el doctor Barraquer en Bogotá. Después de una semana, me sorprendió con una invitación a su casa para tomar unos cócteles y para cenar después en un restaurante local.

Llegué a su casa a la hora acordada. Me llevó a una bonita sala de estar y me presentó a su esposa. Recuerdo que ella mostraba gran deferencia hacia él, de la forma en la que una mujer estadounidense se hubiera comportado con su padre, no con su esposo. Me di cuenta de que nunca hablaba, a menos que él asintiera en su dirección.

Después de una hora de bebidas y de conversación, los tres fuimos a un decoroso restaurante a pocos kilómetros de su casa. Me dijo que Freiberg era conocido por sus vinos y que ese restaurante tenía una carta especialmente buena de ellos. Durante la cena, me preguntó qué lugares había visitado en Freiberg, entonces le conté que había ido al cementerio judío. No dijo nada durante varios segundos, después redirigió nuestra conversación hacia la oftalmología.

En el camino de vuelta a su casa, me preguntó si lo acompañaba a tomar un vaso de coñac. Cuando regresamos a la sala de estar, le dijo a su esposa que debía irse a la cama después de servirnos el coñac. Cuando ella abandonó la sala, él se levantó y cerró la puerta. Señaló una silla para mí y se sentó frente a esta. Me pareció que se enterró en la silla, tanto que casi estaba mirándome hacia arriba cuando hablaba.

"Entiendo que eres judío, David".

"Sí, lo soy". Respondí.

"Sobre los judíos, David. Todos lo sabíamos. Todos fuimos culpables". Hizo una pausa y continuó. "No dejes que nadie te haga creer que no lo sabía. Todos lo sabíamos. Yo lo sabía, David, y no hice nada".

Me quedé allí sentado, estupefacto. Su postura en la silla empezó a tomar una ingeniosa pose de súplica, lo que me enfurecía. ¡Cómo se atrevía a contarme su complicidad con el diablo! ¿De dónde llegaba, en ese momento, su búsqueda de absolución, con ojos suplicantes, de parte de un residente temporal judío estadounidense en su universidad, en una ciudad sin judíos? ¿Quién había tomado un desvío hacia el infierno? ¿Cuál fue el alcance de su criminalidad? Me preguntaba. ¿Fue miembro del Partido Nazi? ¿Fue un soldado o un científico en los macabros laboratorios o en los campos de concentración? No dije nada.

Después de unos minutos dijo: "si has terminado tu coñac, debo despedirme".

Nos dimos la mano y, faltándome el aliento, salí al aire fresco de una noche despejada.

Terminé en Freiberg a la semana siguiente. Había aprendido mucho del profesor sobre oftalmología y escribí una larga carta para el doctor Norton contándole los detalles. Regresé a Barcelona a recoger a Lynda y a nuestro hijo pequeño, Andrew, para hacer una breve vista a Albi, en Francia, el lugar de nacimiento de Toulouse– Lautrec, donde el doctor Norton había dispuesto que trabajara con un experto francés en retina, a quien había conocido cuando fue profesor invitado en Bascom Palmer. Pierre Amalric era un oftalmólogo distinguido y yo era afortunado de trabajar con él por una semana.

Después de que Lynda y yo volviéramos a Barcelona, me fui solo a Lyon, en Francia, para aprender sobre nuevos desarrollos en microcirugía. Lo que más recuerdo sobre Lyon son las peras – peras gordas, deliciosas y dulces – que estaban a la venta en casi todos los mercados en las calles de esa ciudad encantadora. Pienso en las peras de Lyon cuando doy un bocado decepcionante a una pera estadounidense.

Mi padre cumplió con su promesa de cantar una ópera en Florencia mientras nosotros estábamos en Europa. Me llamó para decirme que tenía programado cantar la gran ópera de Verdi, *Un baile de máscaras (Un ballo in maschera)*, tres veces en un período de seis días a finales de marzo. Cantaría en el Teatro Comunale di Firenze, un teatro de ópera histórico que abrió en 1862 con una actuación de *Lucia di Lammermoor* de Donezetti, pero que cerró sus puertas durante la Segunda Guerra Mundial al sufrir daños por los bombardeos de los aliados. Posteriormente fue restaurado y modernizado después de la guerra y volvió a abrir con *Don Carlo* de Verdi, un siglo después de su actuación inaugural. Dicho teatro, además acogía el festival de música anual más antiguo de Florencia.

"Haré un trato contigo", dijo mi padre por teléfono. "Si traes a tus dos hijos mayores para que se queden con tu madre y conmigo, conseguiré para

Lynda y para ti la mejor suite en el Hotel Excelsior durante una semana. Consigue el permiso de Norton primero y dile que no le costará ni un centavo".

Lynda y yo estábamos entusiasmados. El Excelsior era un hotel de cinco estrellas, uno de los mejores de Europa. En ese momento teníamos un presupuesto ajustado y no nos sobraba el dinero para darnos lujos. Pensaba en los increíbles momentos en familia en lugares elegantes como el Concord, el Fontainebleau y varios hoteles de Las Vegas. Mi padre era increíblemente generoso y le daba una inmensa satisfacción disfrutar con su familia en lugares de primera. No había sido receptor de su generosidad por mucho tiempo debido a mis exigencias médicas y a mis cuatro hijos, así que echaba de menos viajar en primera clase.

Le di las gracias a mi padre y le dije que estaría encantado de reunirme con él, con mi madre, con Larry y con Jackie una semana en Florencia. No estaba haciendo nada con Joaquín Barraquer en Barcelona más que intercambiar cumplidos. Ya que no me extrañarían allí, nunca le pedí permiso al doctor Norton para ir a Florencia.

La semana con mis padres fue perfecta. Les encantaba ser abuelos. Larry y Jackie fueron a todas partes con nosotros en Florencia – a los mejores restaurantes, a los ensayos generales y a las óperas –. Corrían por los camerinos, se ponían disfraces, yelmos y blandían espadas. Yo hacía lo mismo dos décadas antes mientras mi padre fruncía el ceño y nos gritaba. Esa vez, sonreía y reía, como debía ser.

Una mañana, después de una actuación la noche anterior, llamó a mi habitación diciéndome que fuera rápido a su suite y que llevara a Lynda. Corrimos por el pasillo, preguntándonos si uno de los niños estaría enfermo o si se habría hecho daño. Cuando abrimos la puerta, mi madre y mi padre estaban sentados en la sala de estar muriéndose de risa mientras los niños, disfrazados, imitaban escenas que habían visto la noche anterior.

Nuestra suite era asombrosamente grande, casi tanto como nuestra casa en Bogotá, con magníficos tapices y con cuadros en las paredes de la sala de estar y de la habitación. La habitación tenía una cama tamaño King y un jacuzzi que era tan grande como para hacer unos largos, además tenía todos los servicios característicos de los lugares que atienden a los ricos y a los famosos – toallas calientes, almohadas dobles, cuencos de fruta fresca, queso por la mañana y al final de la tarde y zapatos lustrados en el pasillo cada mañana y cada noche–. Durante el día, mi madre llevaba a Lynda a comprar ropa de cama y joyas.

"Por favor, para, Ma". Protestaba Lynda. "Me estás consintiendo mucho".

"¿No podemos consentirlos a ti y a David?" Respondía mi madre. "Los dos trabajan demasiado".

Y esa, supongo, era mi única defensa para deleitarme con cada gota de lujo con la que mis padres nos empaparon durante esa semana y durante muchas otras semanas de nuestras vidas.

Las actuaciones de mi padre fueron magníficas. El director de orquesta era Riccardo Muti, un, relativamente, recién llegado a las grandes ligas de la ópera. "Observa su carrera, David". Me dijo mi padre después de su primera actuación. "Muti hará grandes cosas".

En efecto, el señor Muti se convirtió en uno de los directores de orquesta más admirados del mundo y lo escucharon decir, en más de una ocasión, que Richard Tucker fue el mejor tenor que cantó bajo su batuta.

Cada actuación en Florencia fue un éxito de taquilla. Los italianos se levantaron y gritaron estruendosamente a mi padre después de cada aria. Los periódicos fueron entusiastas con sus elogios.

Hay una historia de fondo aquí. Los italianos eran conocidos por su actitud posesiva hacia las grandes óperas italianas y por su obstinada opinión de que sólo ellos podían hacer justicia a los grandes compositores italianos, así que de ninguna manera podrían hacerlo los cantantes estadounidenses (y mucho menos un antiguo cantor judío). Mi padre había escuchado esos rumores intermitentemente durante gran parte de su carrera.

Aunque había grabado en estudios de Roma y había cantado en Florencia, no fue hasta 1969 que lo invitaron a cantar en el mejor de todos los teatros de ópera italianos: *La Scala*, en Milán.

Cartel expuesto fuera del Teatro Comunale de Florencia, Italia, donde Lynda, mis hijos y yo visitamos a mi padre, quien protagonizaba *Un baile de máscaras* en 1972 (De la colección personal de David N. Tucker)

Sentado entre el público durante el debut de mi padre en *La Scala* estaba el joven Luciano Pavarotti, quien le dijo a mi padre cuando lo conoció, varios años después, que su actuación en Milán, en *Luisa Miller*, fue la mejor actuación que había presenciado de un tenor.

El único desacuerdo que tuve con mi padre esa semana fue por una valla publicitaria. Había varios carteles de cinco o de seis pies enmarcados en vidrio a la entrada del teatro de ópera publicitando a mi padre en *Un ballo in maschera*, y yo quería llevarme uno a casa como recuerdo de nuestra semana en Florencia. Mi padre no quería meterse en la pesadilla de las trabas burocráticas italianas por las que habría que pasar para liberar al cartel de la carcasa del teatro de la ópera. Le dije que realmente lo quería y que quería que lo firmara para mí. Me volvió a decir que no, pero mi madre se volvió hacia él diciéndole: "Ruby, hazlo por David". Ese cartel enmarcado, autografiado por mi padre, ha estado colgado en cada casa en la que he vivido desde entonces, y todavía está colgado en mi casa de Connecticut.

Antes de irme de España, llamé a mi padre, le dije a qué hora llegaría al aeropuerto Idlewild y que llevaría un gran número de artículos que me costarían una pequeña fortuna si los declaraba.

"Sólo vuelve a casa, David. Yo me ocuparé de todo". Respondió.

Lynda y yo estábamos agotados al aterrizar al final de la tarde. Caminamos por el largo pasillo que nos llevaba a aduanas con cuatro niños, con nuestra empleada colombiana, todavía sin una 'tarjeta verde', y con trece maletas de equipaje cargadas de platos, de vajilla y de cubertería de oro y de plata colombiana. Observé que cada cien metros, aproximadamente, un hombre de aspecto oficial nos miraba como si nos reconociera y nos saludaba con la mano. Después escuchamos cuando por megáfono dijeron: "Atención, por favor el doctor David Tucker repórtese en aduanas por la mesa cinco".

Lynda dijo: "Dios mío. ¿Qué crees que pasa?"

"No pasa nada". Le respondí. "Es mi padre. Todo está bien".

Cuando llegamos a la mesa cinco vi a mi padre con una gran sonrisa y con su brazo sobre los hombros de uno de los agentes de aduanas. Estaban hablando y riéndose como si fueran viejos amigos. Cuando mi padre me vio, ambos nos hicieron señas. Lynda le dio a otro agente nuestros pasaportes y enseguida nos los sellaron.

Empecé a recordar a mi padre los objetos de valor que teníamos en nuestro equipaje, los cuales debíamos declarar, pero me dio palmaditas junto con un empujoncito, se volvió hacia el agente y dijo con cara seria: "Ignore a mi hijo. Él cree que es George Washington".

Caminando hacia el coche le pregunté a mi padre desde cuándo conocía al agente de aduanas. A lo que me respondió: "Yo no lo conozco, él me conoce".

"¿Quieres decir que a ese hombre le gusta la ópera?"

"No seas un snob, David". Respondió mi padre. "La ópera le gusta a personas de todos los ámbitos de la sociedad".

Ese fue el último pronunciamiento de mi padre en nuestro sencillo paso por aduanas. Lynda, los niños, nuestra empleada y yo nos quedamos en Great Neck durante dos semanas, mi estancia más larga en mi casa de la infancia desde que me fui a la universidad.

Capítulo Doce

Cerca de la Muerte

Uno de los principales desafíos de la cirugía oftalmológica tiene que ver con el tamaño y la escala. El ojo humano no es más grande que una pelota de ping–pong, pero dentro de él hay infinidad de pequeños tejidos, estructuras y vasos sanguíneos enloquecedoramente cerca. Más que ninguna otra cosa, un cirujano oftálmico debe tener manos sensibles, manos que nunca se muevan ni tiemblen, manos que puedan lograr una estabilidad casi perfecta, manos que puedan literalmente imitar la acción que el cerebro y los ojos del cirujano ordenen.

En términos generales, hay dos tipos de cirugía ocular: extraocular e intraocular. La primera se realiza fuera del globo ocular y repara los músculos conectores, elimina tumores de párpado o de piel o mejora la apariencia estética. Aunque suponen un reto, estos procedimientos son menos intimidantes y no son la causa de noches sin dormir para el joven cirujano porque no se necesita que *corte dentro del globo ocular*. La segunda categoría – cirugía intraocular – es invasiva y, por tanto, más intimidante.

Un cristalino normal es transparente. Una catarata es un cristalino opaco. Imagine mirar hacia el exterior a través de una ventana sucia y entenderá los efectos de las cataratas. Los cristalinos opacos inhiben o incluso bloquean una apropiada refracción de la luz en la retina, por lo que las imágenes que recibe el cerebro son borrosas o descentradas. Antes de los años setenta, la técnica aceptada para una cirugía de cataratas era quitar el cristalino anómalo del ojo con una gran incisión. Sin un cristalino natural, la visión del paciente sólo podía mejorar con gafas de culo de vaso o con lentes de contacto. A partir de los años setenta, Bascom Palmer y un pequeño número de instituciones en Estados Unidos promovieron una nueva técnica para eliminar el cristalino opaco a través de una incisión más pequeña e insertando en su lugar un cristalino sintético permanente (técnicamente, un implante de cristalino intraocular) que eliminaba la necesidad de llevar gafas o lentes de contacto. Sólo un diez por ciento de hospitales universitarios en Estados Unidos en los años setenta formaba a los residentes en cirugía de lente intraocular. Hoy en día, casi el cien por ciento de las cirugías de cataratas reemplaza los cristalinos opacos con un lente sintético.

Puesto que la nueva técnica estaba en pañales cuando yo estaba en Bascom Palmer, también me enseñaron la técnica estándar con su estresante gran incisión en el globo ocular, donde los espacios son pequeños y los peligros potenciales, enormes. El margen de error en esta cirugía se mide en milímetros. Si el cirujano hace un corte demasiado profundo o en la dirección equivocada, puede dañar otros tejidos y otras estructuras del ojo, lo que podría provocar ceguera, cortar un vaso sanguíneo e iniciar un sangrado o una hemorragia con consecuencias peligrosas o romper la cavidad vítrea llena de líquido que mantiene al ojo inflado como una esfera y que, si no se detecta, podría provocar un desprendimiento de retina o, aún más alarmante, el colapso de la esfera misma.

Dos años antes de jefatura de residentes, había pensado sobre todas esas cosas mientras daba vueltas en la cama la noche anterior a mi primera cirugía de cataratas, aunque sería bajo supervisión. Pero cuando llegó el momento de operar a la mañana siguiente, mis manos estaban estables y la operación fue un éxito. En cuanto salí de la sala de operaciones, supe que tenía la capacidad de ser un buen cirujano ocular.

Si los cirujanos jóvenes pudieran formarse operando a animales y a cadáveres, no habría necesidad de hacer prácticas y residencias, pero no pueden. Importantes enigmas morales y profesionales surgen del simple hecho de que los cirujanos no pueden volverse expertos si no perfeccionan sus habilidades operando en seres humanos que viven y respiran. Por supuesto, la profesión incorpora salvaguardias para los pacientes, insistiendo en una formación médica rigurosa en la escuela de medicina, con prácticas, con residencias y con becas de investigación bajo una cuidadosa supervisión por parte de médicos experimentados – formación en la que yo acababa de pasar diez años. Así que me sentía preparado para asumir mis responsabilidades quirúrgicas como jefe de residentes en Bascom Palmer –.

Si el ojo es una cámara que toma imágenes para el cerebro, la retina es la película fijada en la parte de atrás del ojo. Cuando se desarrolla un agujero en la retina, puede desprenderse de sus amarres. Una cámara no puede tomar imágenes claras con una película dañada. Lo mismo ocurre con el ojo. Hoy en día, en gran medida por las innovaciones de Bascom Palmer, los cirujanos pueden utilizar instrumentos para entrar al ojo y reparar la retina desprendida *desde dentro*. Pero cuando yo era residente, estos procedimientos todavía estaban en pañales y la cirugía retiniana era menos sofisticada.

En palabras sencillas, el doctor se ponía un casco (un oftalmoscopio indirecto), como si fuera un minero, y apuntaba una luz brillante a través de la pupila hacia la retina dañada. Después, trabajando desde detrás del ojo, manualmente replegaba los párpados, los músculos y los tejidos que lo rodean con un instrumento curvo *sin entrar realmente en el ojo*. Después utilizaba otro instrumento para trasmitir calor o frío a través del ojo para *sellar* el agujero de la retina. El cirujano observaba el proceso de sellado a través de la pupila dilatada y ponía fin al calor o al frío en el segundo óptimo porque mucho de cualquiera de los dos podía dañar la retina irreversiblemente. Aunque ese procedimiento era no invasivo técnicamente, no dejaba de ser delicado y peligroso.

La mayoría de las cirugías que realicé (más de 120 durante mi residencia) fueron exitosas; mejoraron la vista. Las que no lo fueron, al menos honraron al juramento hipocrático: *No dañar*. Dicho esto, no puedo negar que mi capacidad de sopesar los riesgos y los beneficios era más sofisticada y sutil al final de mi jefatura de residentes que al principio de la misma. Afortunadamente, sólo me ocurrió una vez durante mi jefatura de residentes que una decisión quirúrgica me llenara de arrepentimiento y de algo de vergüenza.

La cirugía que me causó remordimientos fue un procedimiento de retina complicado. El paciente tenía un desprendimiento de retina severo en ambos ojos, el cual se complicaba por una anemia de células falciformes. Aunque su pronóstico de visión útil era escaso, podía distinguir la luz, la oscuridad y ver un esbozo de movimientos de manos. Yo estaba trabajando con otro residente de tercer año con experiencia y ambos decidimos que era necesaria una cirugía para tener alguna posibilidad de mejorar su visión. No sería justo decir que estaba emocionado por hacer la operación porque era difícil y desafiante, pero sería justo decir que estaba seguro – no, muy seguro – sobre mis capacidades quirúrgicas. Había observado cientos de cirugías en Bogotá y en Europa y había realizado muchas operaciones de retina en el hospital militar de Colombia. Ya había llevado a cabo varios procedimientos de cataratas, de trasplante de córnea y de desprendimiento de retina en Bascom Palmer. Sin embargo, en casos complicados, especialmente cuando el pronóstico no era bueno, siempre consultaba con profesores con más experiencias y casi siempre uno de ellos observaba y supervisaba la operación. Esa vez, nosotros, dos cirujanos jóvenes, estábamos tan seguros de nuestras capacidades y del diagnóstico, que no pedimos a ningún profesor que nos asistiera. El paciente ya había firmado los formularios de consentimiento y lo preparamos para la cirugía de un ojo.

La operación no fue bien. La visión del paciente no mejoró y él pasó varias semanas con dolor postquirúrgico y presentó pérdida temporal de la poca visión que tenía. (Afortunadamente, recuperó su visión prequirúrgica después de que el dolor disminuyera).

El doctor Norton me citó en su oficina privada días después para hablar sobre la operación. "David, éste era un caso muy complicado". Me dijo. "¿Por qué no revisaste tu diagnóstico con un miembro del profesorado ni le pediste a alguien que te supervisara?" Preguntó. Mi única respuesta fue que como jefe de residentes me sentía seguro y que no había pensado que fuera necesario buscar la aprobación o la supervisión del profesorado.

"Tomaste una mala decisión". Me dijo Norton. "Tienes muchas cualidades, David, pero la modestia no es una de ellas. Debes moderar tu confianza con la humildad. Es una increíble responsabilidad poner un cuchillo en un ojo humano y te llevarás a la tumba un error que pueda causar una ceguera. La operación no fue un error, David, pero estuvo cerca de serlo. Te pido que seas más cuidadoso. Debes recordar siempre que *una pizca de vista es infinitamente mejor que no ver nada en absoluto*".

Las palabras del doctor Norton me destrozaron, pero fueron de un valor inmenso porque me recordaron que cualquier doctor podía causar daños a su paciente y arruinar su carrera por la vanidad y la arrogancia.

Como jefe de residentes, era responsable del programa de residencia por tres años completos. Repartía las asignaciones quirúrgicas entre los residentes de tercer año. Tenía la oportunidad de quedarme las mejores para mí, y jugué con hacer eso, pero habría sido una receta para las intrigas y las quejas al doctor Norton. Mis ángeles superiores se alinearon con mis intereses políticos y asigné las vacantes quirúrgicas basándome en el mérito y en la imparcialidad.

También defendía a mis residentes de la intrusión de doctores de otras universidades que llegaban invitados por el doctor Norton a Bascom Palmer para hacer estancias de un año. Aunque no tenía ningún poder sobre ellos, querían una porción más grande del pastel quirúrgico, yo trazaba una línea entre los pacientes clínicos y los privados – los pacientes de Bascom Palmer eran nuestros y los pacientes privados eran suyos, si los querían – y Norton me respaldaba en esto. Además supervisaba la rotación de los residentes de segundo año en sus subespecialidades sin recibir ninguna queja de su parte.

Mi tarea administrativa más importante involucraba a los residentes de primer año. El doctor Norton era de la misma opinión y me llamaba a final de la tarde al menos una vez a la semana para hablar sobre el progreso del grupo de primer año. Yo programaba reuniones semanales con los cadetes para hablar sobre cualquier problema que tuvieran. No era un blandengue, pero entendía que los problemas personales y los desprecios percibidos podían convertirse en episodios desagradables que no beneficiaban a nadie.

Bascom Palmer era una extraña institución de enseñanza de primera clase, rigurosa pero con una cara amable y un corazón tierno. No quería contradecir esa tradición. Yo les decía a los residentes que podían llamarme a cualquier hora por un problema o por una pregunta, tanto a mi casa como al hospital. Algunos se aprovecharon indebidamente, pero la mayoría no lo hizo. Lynda también hizo su parte llegando a conocer a las esposas de los residentes e invitándolas, junto con ellos, a cenas informales en nuestra casa.

El jefe de residentes también era un miembro del profesorado con el rango de instructor (la categoría más baja del profesorado – pero con estatus de profesor, a fin de cuentas –). Como instructor, asistía a reuniones y a conferencias del profesorado y les daba conferencias a los docentes y a los residentes sobre lo que aprendí en Bogotá y en Europa.

No podía estar más feliz con la forma que estaba tomando mi carrera, así que comencé a analizar con Lynda y con mi padre mis planes para el futuro, pero después de nueve meses de mi último año en Bascom Palmer, me puse muy enfermo y casi muero.

Comenzó como un fuerte resfriado de pecho que me pegaron Lynda y los niños, mas ellos mejoraron y yo no. Aun así, seguí trabajando duro el resto de esa semana y la siguiente, hasta que caí en cama al final del viernes de la segunda semana. Me levanté a mitad de la noche con un dolor insoportable en la espalda baja. Me paré de la cama para ir al baño y me caí. Eso hizo despertar a Lynda. Fui cojeando hasta el baño, pero no podía orinar. Lynda me ayudó a meterme en la cama, entonces le dije que algo estaba muy mal.

Cuando me levanté temprano a la mañana siguiente, no sentía ni podía mover mis pies. Lynda estaba aterrorizada. Me llevó a urgencias al hospital local. Para cuando llegué allí, la parálisis se estaba extendiendo hacia mis piernas.

Después de internarme en el hospital, llamó a mis padres que estaban en Nueva York y le contó a mi padre lo enfermo que me encontraba. Él preguntó el nombre del hospital y mi número de habitación, luego dijo que tomarían el siguiente vuelo disponible.

Desesperada por tener respuestas y petrificada, Lynda llamó al doctor Norton. Después de escuchar mis síntomas, él le dijo a Lynda que saliera de ese hospital inmediatamente – incluso en contra de las indicaciones médicas – y que me llevara al Hospital Jackson Memorial directamente, donde tendría un equipo de neurólogos y de neurocirujanos esperando.

Ese mismo día mis padres tomaron un taxi desde el aeropuerto hasta el hospital local. Mi padre corrió hacia la habitación mientras mi madre iba a la recepción. Cuando mi padre vio que la habitación estaba vacía y que la cama estaba hecha, pensó que me había muerto, hasta que una enfermera le dijo que su hijo había sido trasladado al Jackson Memorial.

No había resonancias magnéticas ni tomografías a principios de los años setenta y el equipo de doctores que estaba en mi habitación no podía decir con seguridad lo que me pasaba. Me pusieron vías intravenosas y me insertaron un catéter urinario en la vejiga. Los doctores estaban de acuerdo en que tenía neumonía, pero eso no explicaba la parálisis progresiva ni mi incapacidad de orinar o de defecar. Un doctor pensaba que tenía polio, otro que tenía un tumor medular y un tercero, que tenía tuberculosis.

La parálisis ascendente había llegado a mi pecho y la enfermera llevó un equipo de traqueotomía en caso de que tuvieran que mantenerme vivo con respiración mecánica.

Para entonces, ya habían llegado mis padres. Un joven neurólogo en la habitación se volvió hacia Lynda y hacia mis padres y les dijo que, en su opinión, no era polio, tuberculosis ni un tumor, sino una modalidad del síndrome de Guillain–Barré, una enfermedad rara que causa que el sistema inmunitario del cuerpo ataque a su propio sistema nervioso. En una situación normal, el sistema inmunitario del cuerpo libera anticuerpos para atacar la infección principal. Pero en este extraño caso, el caso de Guillain–Barré, los anticuerpos atacan tejidos saludables también, particularmente en situaciones de infecciones severas, como la mía.

El joven doctor que hizo ese diagnóstico fue Robert Daroff, quien se convirtió en un pionero en el campo de la neuro–oftalmología y llegó a tener una carrera brillante como profesor de neurología en la Universidad Case Western. Daroff nos dijo que no pensaba que tuviéramos tiempo para esperar más resultados de exámenes porque la parálisis podía progresar rápidamente y afectar a mi respiración. Dijo que creía que la enfermedad no sólo había atacado a mi sistema nervioso periférico, sino también a mi médula espinal. Recomendaba que me dieran dosis masivas de esteroides por vía intravenosa para desactivar a mi sistema inmunitario y frenar la producción de los anticuerpos que estaban atacando.

Sin los soldados de mi propio cuerpo, los doctores tendrían que depender de los antibióticos únicamente para luchar contra la neumonía que él advirtió, pero tenían que ser los adecuados para esa tarea, pensaba.

Incluso si no lo eran, el pronóstico era peor si no desactivábamos mi sistema inmunitario. El factor incontrolable en ese caso era la virulencia de la infección. Incluso si los esteroides frenaban el avance de la parálisis, podía morirme por las complicaciones de la neumonía.

Lynda le pidió al doctor Daroff reunirse con ella y con mis padres en el pasillo, pero yo insistí en escuchar todo. Ella le rogó que fuera explícito acerca de los riesgos. Él repitió que si los antibióticos no funcionaban, podía morir por la infección, pero que sólo había un pequeño riesgo de que eso pasara.

"¿Qué pasa si es el Guillain–Barré?" Preguntó Lynda.

Daroff respondió que los esteroides debían suprimir mi sistema inmunitario, detener la propagación de la parálisis y, a su debido tiempo, los nervios dañados se repararían a sí mismos. "Pero no hay garantías de eso", continuó, "y hay un riesgo de una parálisis residual. Si no podemos parar la parálisis progresiva, David morirá o pasará el resto de su vida con un respirador".

Yo miraba a Lynda y a mis padres mientras escuchaba esas terribles noticias. Ellos estaban impávidos, en shock.

Lynda gritó que yo nunca querría vivir con un respirador. "Si eso ocurre", gritó, "quiero que desconecten el cable".

Mi padre, pálido y aterrado, le gritó a Lynda que "se callara" y que "nunca dijera eso otra vez".

Se volvió hacia mi madre, totalmente desconcertado, incapaz de analizar algo de lo que estaba escuchando. "Yo no sirvo de nada aquí". Murmuró. "Me voy a la sinagoga. Eso es todo lo que puedo hacer". Se inclinó, me besó y salió de la habitación del hospital.

Yo tomé la decisión final y le dije al doctor Daroff que empezara el tratamiento de esteroides inmediatamente.

Mi esposa y mi madre se quedaron en la habitación y los doctores empezaron a darme dosis masivas de esteroides orales e intravenosos. Dejaron el equipo de traqueotomía en la mesita de noche cerca de mi tefilín por si dejaba de respirar por la noche.

Dormí de forma irregular. Lo primero que noté cuando me desperté a la mañana siguiente fue que estaba respirando por mí mismo y que no había progresado la parálisis. Era una mañana soleada y cuando miré por la ventana, vi a un sombrío hombre joven sentado en una silla, el sol formando casi su silueta. Cuando lo vi, recordé que estaba compartiendo habitación con otro paciente, un doctor residente de otro departamento. (Él había estado despierto durante los acontecimientos de la noche anterior). Me dijo que estaba en la fase final de un melanoma metastásico que ya se había extendido a su cerebro. Sólo tenía treinta y cinco años. Al observar que estaba respirando solo, me dijo la suerte que tenía y después se fue.

El Duro Trato

Lynda tuvo miedo de que su enfermedad terminal y su tristeza complicaran mi recuperación, por lo que me trasladó a una habitación privada al día siguiente. Él murió poco tiempo después.

El diagnóstico del doctor Daroff era correcto. En dos días, la parálisis comenzó a retroceder. Podía sentir mis pezones, después mi estómago y después mis piernas. Seguidamente pude mover mis tobillos y mis pies. Lloré de felicidad la primera vez que pude orinar.

Estuve en el hospital durante casi dos semanas para dar continuación al tratamiento y a la terapia física. Llegué al hospital en silla de ruedas, pero salí caminando por mis propios medios. En casa, continué con la terapia, nadé y caminé durante horas y horas cada día.

Al cabo de un mes, estaba casi como nuevo y volví a mis funciones en el hospital. La magnitud de mi recuperación asombraba a mis doctores. Una vez fuera de peligro, me dijeron lo grave que había sido mi situación y lo milagroso que era el alcance de mi recuperación.

Por casualidad, el Departamento de Neurología del Hospital Jackson Memorial estaba celebrando un simposio sobre el Guillain–Barré y el doctor Daroff me preguntó si podía presentar mi caso en la conferencia. Me dijo que los casos de otros dos pacientes que estaban recuperándose del Guillain–Barré también serían presentados.

El día señalado entré a la sala de conferencias. Los otros pacientes fueron transportados en camillas. Me sorprendió la misericordia de Dios hacia mí cuando los vi.

El día después de que mi padre se fuera del hospital para encontrar una sinagoga en Miami, voló a San Francisco para un concierto programado hacía tiempo. Antes de llegar, llamó a mi hermano Henry, quien vivía en Los Ángeles, le dijo que lo llevara de inmediato a San Francisco y que lo recogiera en el aeropuerto. Henry me contó después que mi padre estaba lívido y asustado cuando entró al coche. Con sus primeras palabras a Henry, le indicó que lo llevara a la sinagoga. "Tenemos que orar por tu hermano", dijo mi padre.

No tengo ni idea de lo que mi padre le dijo a Dios en esos lugares sagrados de Miami y de San Francisco y nunca hablamos sobre ello, pero siento hasta el tuétano que rogó a Dios que se lo llevara a él y que prescindiera de su hijo del medio – *el duro trato de mi padre* –. Él murió repentinamente menos de dos años después.

Capítulo Trece

Cincinnati

A principios de los años setenta, había dos trayectorias profesionales para un joven oftalmólogo que había sido educado en una de las mejores escuelas de medicina y que estaba armado con un currículum lleno de paradas en importantes centros de investigación y en hospitales universitarios.

La primera era una carrera académica en un hospital universitario importante, como Columbia, Cornell, Johns Hopkins o la Universidad de Miami. Para un joven doctor que se uniera al profesorado de una universidad, cuatro cosas eran verdad sin importar dónde aterrizara: tendría que ver a los pacientes del hospital, impartir varias clases, realizar varias tareas administrativas y publicar libros y artículos, lo que sería el principal determinante de la trayectoria de su carrera. Además, lo más probable era que ganara menos dinero que en la práctica privada.

La segunda trayectoria era que un joven cirujano podía ejercer directamente en una práctica privada, generalmente en un consultorio establecido, a veces como médico en solitario, con privilegios para hospitalizar en uno o en más hospitales locales. El doctor privado no cargaba con las obligaciones académicas o de enseñanza, aunque ciertamente no se veía mal una publicación ocasional. Los pacientes que él tratara serían sus pacientes, no los de la institución y sería pagado por sus servicios quirúrgicos por los propios pacientes, no por el hospital donde se llevara a cabo la cirugía. Aunque la brecha en cuanto a compensación entre la práctica médica académica y privada se ha reducido significativamente en las últimas décadas, a principios de los años setenta la remuneración en la práctica privada era mucho más alta que los salarios académicos, incluso de los mejores hospitales universitarios.

Antes de enfermarme durante mi cuarto año en Bascom Palmer, hablé largo y tendido con el doctor Norton sobre práctica académica versus privada. Él me animó a quedarme en el camino académico. Me dio a entender que podría quedarme en Bascom Palmer como profesor universitario *junior*. Si eso no funcionaba, se pondría en contacto con sus colegas y amigos de profesión en Estados Unidos para buscarme una vacante académica. Me pidió que lo pensara bien y que le comunicara lo que resolviera tan pronto como pudiera.

Llamé a mi padre la noche siguiente y le comenté que estaba planteándome una carrera académica. Su respuesta me sorprendió. "Has estado estudiando casi quince años, David, y creo que quince años son suficientes. Es hora de que seas médico de verdad y que mantengas a tu esposa y a tus cuatro hijos".

Pensé en contarle a mi padre que aun así practicaría la medicina y que operaría a pacientes en una institución académica, que un cargo académico no me tacharía como estudiante perpetuo. Pensé en decirle que los libros y los artículos que escribiría impulsarían la salud de la humanidad. Pero esas diferenciaciones defensivas habrían sido una pérdida de tiempo con mi padre. Su decisión estaba tomada. Era hora de que fuera médico a tiempo completo. Para él, salir al mundo para curar y salvar vidas ocupaba un plano más elevado que enseñar medicina en los claustros de las instituciones académicas. Aunque había aplaudido y estaba muy orgulloso de mi carrera academia, ya era suficiente.

La parte monetaria también era importante para él. Había sido mi generoso mecenas durante quince años y estoy seguro de que no se arrepentía por nada. Invirtió de buena gana en su sueño para mi futuro. Pero si algo fue mi padre fue un hombre independiente que se hizo cargo de su destino, se regocijó por sus triunfos, asumió sus fracasos con dignidad y *siempre* mantuvo a su familia. Quería eso para mí también. No pensaba que yo podría ser feliz hasta que fuera autosuficiente porque sabía que una vida dependiente lo habría matado y, en última instancia, me habría debilitado.

Llamé a mi padre unos días después y le dije que había rechazado la invitación del doctor Norton de ayudarme a seguir en la carrera académica y que buscaría un puesto de trabajo en una práctica privada cuando terminara en Bascom Palmer. Mi madre y mi padre querían que regresara al noreste del país, pero yo estaba pensando en Cincinnati, en Ohio. Mi hermano Barry fue a la universidad allí y se volvió amigo cercano de su compañero de cuarto en la universidad, un tipo de nombre Joe Levin, quien llegó a convertirse en un exitoso oftalmólogo en Cincinnati, con quien comencé a mantener correspondencia.

Después de varias conversaciones y de una visita a Cincinnati, me ofreció un puesto en su práctica, con la promesa de una asociación igualitaria al cabo de un año. Conocía mis antecedentes y mis becas de investigación en Bogotá y en Europa, así que me dijo que podía ayudarlo a elevar su consultorio a la primera categoría en el Medio Oeste en corto tiempo.

"Tú estás de diez a quince años por delante de los oftalmólogos de Cincinnati". Me dijo Joe. "Aquí nadie tiene algo cercano a tu experiencia con implantes intraoculares, trasplantes de córnea o cirugía de retina sofisticada".

Comenzó a entusiasmarme la idea, y el ego tuvo algo que ver. Creí que produciría algo impactante en Cincinnati. Pensé que podía subir a lo más alto rápidamente y con cuatro hijos, pensé que podría ganarme muy bien la vida. Entonces acepté rápido la oferta de Joe Levin de trabajar en su consultorio.

Llegué a pensar que mi padre estaría decepcionado porque no iba a regresar a Nueva York, pero de mi familia, sólo él estaba entusiasmado con mi elección. "Cincinnati es un elefante blanco", dijo.

Le pregunté qué quería decir.

"Es un lugar inusual", continuó, "una joya escondida. Tiene una sala de conciertos y una temporada de ópera. He cantado allí y tengo amigos allí. Tiene una gran comunidad judía y equipos de béisbol y de fútbol. Incluso tiene un equipo de baloncesto. Dios mío, puedes conocer a Oscar Robertson. Todavía vive allí".

Recuerdo la pasión vital de mi padre por las apuestas cuando comenzó a enumerar todos los equipos deportivos profesionales de Cincinnati y yo me reía para mis adentros. Su entusiasmo por Cincinnati era muy importante para mí.

Si no hubiera ido a Cincinnati, no habría regresado a Nueva York. La ciudad de mi juventud estaba pasando por momentos duros y difíciles. El crimen y la violencia iban en aumento y los colegios estaban en declive. No tenía suficiente dinero para aislarme de esos peligros y no podía permitirme pagar cuatro matrículas de escuelas privadas para mis hijos para protegerlos de los problemáticas escuelas públicas de Nueva York.

Me despedí de todos en Bascom Palmer y me tragué las lágrimas cuando me despedí del doctor Norton, mi mentor, quien no ocultó su cariño hacia mí. Lynda y yo ya habíamos alquilado un apartamento con la ayuda de Joe Levin. A principios de julio de 1973, empacamos nuestras pertenencias, cuatro hijos, un perro y nuestra empleada (Elsa, todavía sin un permiso de residencia) en una camioneta y partimos desde Miami, en Florida, hasta Cincinnati, en Ohio, el estado de los castaños.

Antes de ir por mi cuenta, trabajé para dos oftalmólogos destacados en Cincinnati – Joe Levin con su próspero consultorio a las afueras de la ciudad, y Barney Sakler, un hombre de unos setenta años cuyo consultorio en el centro de Cincinnati era uno de los más grandes de Ohio. Trabajé con Joe durante un año y con Barney durante cinco. Ambas relaciones terminaron mal, con ataques de ira, con sentimientos heridos y con amenazas de demandas legales.

Al desarrollarse esos acontecimientos desagradables, varios en Cincinnati pensaron que yo era excesivamente duro con Joe y con Barney. Pero hubo actos inaceptables de provocación por parte de los dos – algunos dirigidos a mi esposa y a mis hijos –.

Por mi parte, aunque pude haber actuado para endurecer los nudos en lugar de aflojarlos, mis intentos por llegar a un acuerdo eran económica y profesionalmente justos y, en el caso de Barney, más generosos para su cargo que para el mío.

Mis disputas profesionales inquietaban a mi padre por Lynda, por mí y porque creaban algunas incomodidades en su propia casa (él era amigo cercano de los padres de Joe Levin). Eso me permitió comparar mi comportamiento con el de mi padre cuando tuvo desacuerdos en su carrera. Él insistía en la justicia y en la honestidad por parte de los demás, y era implacable en su ausencia. Sin embargo, en el caso de mi padre, su temperamento (y su estatura) aligeraban esas reglas con dosis generosas de humor, de autocrítica y de bondad. Pero yo estaba comenzando a formar mi futuro y mi nombre profesional, por lo que era menos indulgente y más combativo de lo que lo fue él. Así que las reglas de mi padre me llegaron a mí en forma dura, pues parecían más reglas de intervención militar, que homilías del buen vivir.

Mis entrevistas con Joe para trabajar en su consultorio habían ido de maravilla, ayudadas por cálidas relaciones familiares y por visiones de un futuro mutuamente próspero. Cincinnati había sido desde hacía tiempo un lugar frecuente en las giras de conciertos de mi padre en el Medio Oeste, donde, años antes, había conocido y se había convertido en amigo cercano de Rose y de Jake Levin, los padres de Joe. Mi padre cenaba con ellos casi cada vez que actuaba en Cincinnati, y a menudo se quedaba con ellos invitado a pasar la noche. Fue la relación de mi padre con Rose y con Jake la que influyó a mi hermano Barry a asistir a la Universidad de Cincinnati. Sin esas conexiones familiares, dudo que el camino de Joe y el mío se hubieran cruzado.

Joe estaba eufórico por lo que yo podía ofrecerle a su consultorio. Su negocio en las afueras estaba prosperando y él soñaba con expandirse al centro de Cincinnati, cerca de algunos de los hospitales principales. Me dijo que mi formación en Bascom Palmer y en Bogotá me ponía a "años luz" incluso de los mejores oftalmólogos de Cincinnati. Me dijo que sólo un cirujano en Cincinnati estaba haciendo la cirugía de desprendimiento de retina y que estaba en la Universidad de Cincinnati, no en la práctica privada. Conmigo a bordo, los pacientes que rutinariamente eran enviados a Columbus, Ohio, o Lexington, Kentucky, para las cirugías de desprendimiento de retina, posiblemente acudirían a su puerta. Hablaba sobre la popularidad de mi padre en las altas esferas de la sociedad de Cincinnati y sobre la bomba que sería para su negocio tener al hijo de Richard Tucker.

Yo había hablado sobre las condiciones comerciales con Joe en dos visitas a Cincinnati y pensaba que su oferta era generosa. Cuando le revelé mi salario como jefe de residentes, me dijo que me multiplicaría por cinco durante mi primer año. También prometió que si las cosas funcionaban – y no podía imaginar que no lo hicieran – me haría su socio igualitario, cincuenta–cincuenta, después del primer año, momento en el cual mi parte del negocio se volvería a multiplicar por cinco–. Joe estaba aturdido de forma positiva con las oportunidades que veía extendiéndose ante nosotros como equipo. Quería que llegara a Cincinnati a principios de julio porque ya tenía programadas cirugías opcionales esa primera semana. Cuando le pregunté cómo podía operar sin tener los privilegios para hospitalizar, me dijo que los hospitales de Providence y Deaconess en Cincinnati, donde él realizaba la mayoría de sus cirugías, ya me habían otorgado privilegios temporales basándose en mi expediente académico.

Antes de regresar a Florida, firmamos un corto contrato que mencionaba mi remuneración para el primer año, pero no decía nada sobre la futura asociación cincuenta–cincuenta –. Eso no me preocupaba. Joe me había dado su palabra y estrechamos la mano. Ello era todo lo que importaba. Joe sólo tenía hermanas y en nuestra última reunión antes de irme de Cincinnati para concluir mi residencia en Florida, no dejaba de tener la sensación de que me veía como al hermano que nunca tuvo.

No podía estar más feliz a nivel profesional. A través de contactos familiares, se abrió una puerta para mí en un consultorio establecido con una larga lista de pacientes pudientes. Joe también adquirió algo de equipamiento nuevo con su propio dinero, pues sabía que yo lo necesitaría. Incluso habló con Deaconess y Providence quienes aceptaron comprar algunos de los equipos quirúrgicos oftalmológicos más modernos para sus hospitales.

Lynda y yo alquilamos un apartamento cuando nos mudamos por primera vez a Cincinnati, pero nuestra siguiente gran tarea era encontrar una casa para comprar, lo cual no era fácil. Tenía dos mil dólares a mi nombre y éramos nuevos en una ciudad del centro del país donde las relaciones personales lubricaban las financieras y donde los bancos desconfiaban de prestar a extraños. Yo quería comprar una casa grande en un terreno grande. Quería labrarme una reputación en Cincinnati – lo que realmente quería era convertirme en el mejor cirujano oftálmico de Cincinnati – y creía que una casa grande en un barrio de primer nivel eran tanto, una inversión en mi futuro, como un anuncio de que ya era un actor clave en mi nueva ciudad.

Le di a Lynda el visto bueno para apuntar alto. Pasaba casi todo su tiempo libre conduciendo con los niños y con un agente de bienes raíces por lo que los oriundos de Cincinnati llaman las "Siete Colinas" que se extienden alrededor de los márgenes del río Ohio y sirven para delinear distintos barrios, de los cuales el más bonito era Indian Hill. Lynda encontró un rancho elegante allí, arriba de una colina con trece acres de terreno extendiéndose por debajo de él. A Lynda no le encantó, pero supo que a mí me encantaría. Estaba preocupada porque Indian Hill era mayoritariamente cristiano, por lo que nuestros hijos crecieran sin amigos judíos.

Asombrosamente, yo veía la composición étnica de Indian Hill como una marcada ventaja para mi futuro como oftalmólogo. Las matemáticas eran evidentes. Cincinnati tenía una *pequeña* y vibrante comunidad judía. Cultivaría mis relaciones en esa comunidad a través de mi membresía en la Congregación Adath Israel, a la cual nos unimos (por insistencia de mi padre) poco después de llegar. Pero avanzaría en mi carrera más al mudarme al acomodado y mayoritariamente cristiano barrio de Indian Hill – eso en caso de encontrar una manera de financiar la compra de una casa que estaba muy por encima de mis posibilidades económicas –.

Esa vez, mi buena suerte llegó en la forma de Marlin Arky, una mujer joven que Lynda había conocido hacía varios años en nuestro edificio de apartamentos cuando yo trabajaba en el NIH en Bethesda. Ellas se volvieron amigas rápidamente. Marlin estaba casada con Steven Arky, un ambicioso abogado en la Comisión de Bolsa y Valores que dejó la administración pública poco después de que yo me fuera de NIH para crear su propio despacho de abogados en Miami. Fue a través de Marlin y de Steve que conocí al padre de Marlin, Marvin Warner, un magnate de los negocios sumamente adinerado y conectado políticamente en Cincinnati cuya influencia se extendía por todo el Medio Oeste.

Marvin era más grande que la vida, un luchador alegre y parlanchín. De origen humilde, hizo una fortuna en bienes raíces, se expandió al sector bancario y compró el Home State Savings Bank, el banco de ahorro y préstamo más grande de Cincinnati. En el camino, adquirió granjas de caballos en Ohio y en Florida, así como participaciones minoritarias en los Tampa Bay Buccaneers (fútbol americano) y en los legendarios New

York Yankees. Su círculo social estaba compuesto por gobernadores y por senadores, y el presidente Jimmy Carter lo nombró embajador en Suiza.

Conocí a Marvin en la cresta de su fama y de su riqueza. Era un ávido jugador de tenis, y después de verme jugar con su yerno y de observar lo bueno que era (Marvin, al igual que el doctor Norton, odiaba perder en cualquier cosa), me preguntó si me gustaría ser su compañero de dobles algún fin de semana en su gran rancho. Yo sabía de la riqueza y de las conexiones en bienes raíces de Marvin, así que un día, después del tenis, le pregunté si podíamos hablar sobre un asunto personal. Le dije sin rodeos que quería comprar una casa en Indian Hill, pero que no podía permitírmela.

"Vamos a ver la casa", dijo.

Después de pasar por el barrio y de caminar por la propiedad durante menos de veinte minutos, le pregunté qué pensaba.

"Cómprala". Casi me ordenó. "La ubicación es perfecta y la ubicación lo es todo". (Era la primera vez que había escuchado la palabra que se convirtió en una obviedad en el mercado inmobiliario estadounidense cuando se repetía tres veces).

Cuando le dije que sólo tenía dos mil dólares en mi nombre y que no le pediría más dinero a mi padre, me dijo que no me preocupara y que fuera a su oficina antes de trabajar a la mañana siguiente. Cuando llegué a su oficina, él ya había dispuesto un préstamo que no requería ningún pago inicial y cuyos pagos mensuales podía permitirme.

Pronto me convertí en dueño de una hermosa casa en una superficie ondulante justo en el centro del campo hípico de Cincinnati. Cuando se lo conté a mis padres por teléfono, mi padre casi se cae de la silla, me comentó mi madre después.

"No tienes un caballo. Ni siquiera sabes montar a caballo". Me regañó. "Y no te lo puedes permitir. Estás comenzando y estás abarcando demasiado".

Le conté a mi padre que era una gran inversión en mi futuro. Él dejó pasar eso sin hacer comentarios. Después preguntó si necesitaba dinero para mi "rancho de caballos" y le dije que no. Mi madre me preguntó si los colegios eran buenos para los niños y cuán lejos estaba la sinagoga.

"Asegúrate de que no se pierdan la escuela hebrea". Me ordenó mi padre antes de colgar el teléfono.

Aunque pudimos permitirnos comprar la casa con las generosas disposiciones de Marvin, no podíamos comprar mucho mobiliario. Lynda hizo una corta lista de prioridades. Necesitábamos una cama, una cómoda y lo básico para la cocina. Después, necesitaríamos amueblar las habitaciones de los niños. Luego la habitación de invitados para cuando vinieran de visita nuestros padres. Eso era todo. Durante dos años, el único mueble en la sala de estar era una mesa de Ping–Pong que servía también como mesa para comer. El comedor se mantuvo casi vacío hasta que mi madre nos regaló un juego de comedor algunos años más tarde.

Lamentablemente, el benefactor que puso nuestra casa de Indian Hill a mi alcance más adelante pasó por tiempos difíciles. La caída de Marvin fue tan épica como su ascenso. Bajo su liderazgo, Home State Savings había prestado varios millones de los depósitos ganados con esfuerzo de sus miembros a una organización de Florida que fue acusada de fraude. La difusión pública de esa información desencadenó una avalancha para retirar ahorros y préstamos en todo Ohio. La crisis vació el fondo de garantía de depósitos de Ohio State. Inicialmente, los titulares de depósitos perdieron más de 140 millones de dólares. Pronto, el escándalo de ahorros y préstamos se volvió nacional.

En Ohio, el villano fue Marvin Warner. De la noche a la mañana, pasó de ser de la realeza de Ohio a ser el paria – un marginado social, abandonado por casi todos sus amigos –. En 1988, fue juzgado y condenado en Ohio por varias infracciones relativas a los valores y sentenciado a tres años y medio en una prisión estatal. Su condena selló su destino en Ohio. No importó que todos los cuentahabientes recuperaran con el tiempo cada centavo de sus depósitos de la riqueza personal de Warner y de los activos del negocio de Florida donde invirtió los depósitos. No importó que meses después de ser condenado en el tribunal estatal, fuera absuelto de cargos casi iguales en un tribunal federal del estado.

El destino del señor Warner me creaba un dilema moral. Él me había hecho un gran favor cuando estaba empezando en Cincinnati y después me presentó a varios de sus amigos importantes cuando esa entrada era un billete para el éxito en mi ciudad adoptiva. Cuando fue llevado a prisión, yo estaba camino a lo más alto de mi profesión, mientras que él se había convertido en un objeto de desprecio, odiado y no compadecido, ridiculizado diariamente en la prensa. Solo en la cárcel, a donde muchos decían que pertenecía, sin visitantes (¡Ay de los que lo hicieran! Según los cuchicheos en los clubs y en las sinagogas) excepto su familia inmediata. De hecho, varios amigos me advirtieron que mi consultorio podría verse afectado si se llegara a saber que yo había visitado a Marvin Warner en la cárcel. Para mí, se volvió una cuestión de lealtad hacia un hombre que había sido amable y generoso cuando necesité su ayuda y cuya hija era una de las mejores amigas de mi esposa.

Mi padre me había marcado a fuego la importancia de la lealtad, como un albañil tallando en granito. Cuando pensaba en la dramática caída en desgracia de Marvin, recordaba una historia que me contó mi padre una vez sobre su presidente favorito, Harry Truman y sobre el amigo y mecenas de Truman, Tom Pendergast, quien hacía funcionar la maquinaria política en Missouri cuando el joven Harry todavía vendía sombreros y corbatas, e hizo que Truman se iniciara en política, lo protegió y lo promocionó en su ascenso a lo más alto de Missouri y después al Senado de Estados Unidos. Tom Pendergast tuvo problemas con la ley, me contó mi padre, y estuvo en una prisión federal en Leavenworth por evasión de impuestos y por soborno.

"Pendergast murió como un hombre pobre cuando Truman era presidente". Me dijo "¿Y sabes lo que hizo Truman? Fue a su funeral en Missouri. La prensa y los republicanos lo crucificaron, un presidente asistiendo al funeral de un criminal". Me comentó, con la rabia creciendo en su voz. "Pero a Harry Truman le importaba una mierda porque Pendergast era su viejo amigo". (El funeral se llevó a cabo cuando Truman era vicepresidente, unos meses antes de la muerte de Franklin D. Roosevelt, pero la mala memoria de mi padre sobre ese hecho no cambia nada).

Pensaba en mi padre, en Truman y en Pendergast durante el calvario de Warner. Escribí varias cartas de apoyo a los periódicos locales, recordando a Cincinnati las buenas obras del señor Warner (él compró probablemente más bonos de guerra de Israel que nadie fuera de Nueva York y era legendario en Ohio por su filantropía judía). También lo visité dos veces en prisión.

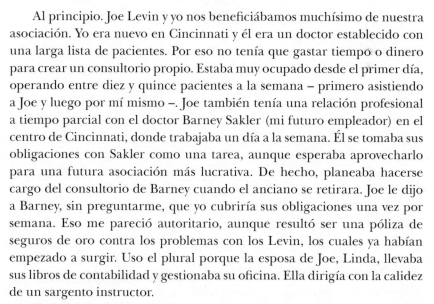

Al principio. Joe Levin y yo nos beneficiábamos muchísimo de nuestra asociación. Yo era nuevo en Cincinnati y él era un doctor establecido con una larga lista de pacientes. Por eso no tenía que gastar tiempo o dinero para crear un consultorio propio. Estaba muy ocupado desde el primer día, operando entre diez y quince pacientes a la semana – primero asistiendo a Joe y luego por mí mismo –. Joe también tenía una relación profesional a tiempo parcial con el doctor Barney Sakler (mi futuro empleador) en el centro de Cincinnati, donde trabajaba un día a la semana. Él se tomaba sus obligaciones con Sakler como una tarea, aunque esperaba aprovecharlo para una futura asociación más lucrativa. De hecho, planeaba hacerse cargo del consultorio de Barney cuando el anciano se retirara. Joe le dijo a Barney, sin preguntarme, que yo cubriría sus obligaciones una vez por semana. Eso me pareció autoritario, aunque resultó ser una póliza de seguros de oro contra los problemas con los Levin, los cuales ya habían empezado a surgir. Uso el plural porque la esposa de Joe, Linda, llevaba sus libros de contabilidad y gestionaba su oficina. Ella dirigía con la calidez de un sargento instructor.

No había nada en mi pasado que me preparara para una mujer como Linda Levin. Mi padre era un maestro de su carrera y el rey de su castillo.

Mi madre desempeñaba el papel de esposa respetuosa con calidez y con estrategia. Mostraba sus desacuerdos con mi padre de la manera tradicional en los años cincuenta y su sutil intervención no cuestionaba la sensación de control de mi padre, pero ella a menudo se salía con la suya. Cuando yo era pequeño, mi padre estaba de gira la mitad del año y la vida de mi madre se centró en sus hijos. Cuando empezó a viajar con mi padre al principio de mi adolescencia, hacía lo que podía para protegerme a mí y a mis hermanos desde la distancia.

Recuerdo lo que Lynda me dijo que había preguntado mi madre unos años después, cuando Lynda decidió volver a la escuela de enfermería. Mi madre le increpó sobre si tenía tiempo de hacerlo. "No te preocupes, Ma". Respondió Lynda. "Tengo mucha ayuda para cuidar a los niños".

"No estaba pensando en tus hijos. Estaba pensando en mi hijo, Lynda". Respondió mi madre. "¿Quién va a cuidar a David con tus nuevas exigencias?"

Los patrones y las expectativas que se desarrollaron en la relación con mi madre continuaron en mi relación con mi esposa. Aunque me gustaría pensar que Lynda y yo éramos verdaderos compañeros en nuestro matrimonio, ella dejó en un suspenso prolongado su carrera de enfermera e hizo todo el trabajo de mantener la casa y de criar a los niños. Nunca puso sus necesidades o las de los niños por encima del progreso de mi carrera y nunca entró en estrategias emocionales para alterar mi rumbo a algo que le agradara más.

Cuando firmé un contrato por primera vez con Joe, me dijo que su esposa sólo trabajaba un par de días a la semana y que eso sería temporal. Pero ella estaba allí todo el tiempo y pronto se hizo evidente que gestionaba tanto el negocio como a su esposo. Nunca había visto en acción a una mujer tan brusca y tan autoritaria como Lynda. Acostumbrado a mujeres como mi madre y como mi esposa (al casarme a los veintiún años, la transición de mi madre a mi esposa fue fluida), mi relación profesional con Linda Levin estaba condenada desde el principio a caer en el rencor desde ambas partes.

Una cosa que debo decir sobre Joe Levin es que él no tenía un gran ego. Sabía que mi formación estaba muy por delante de la suya, pero eso no le molestaba ni un poco. Me remitía gustosamente los casos más difíciles, mientras se ocupaba de los rutinarios. En pocos meses, yo estaba haciendo todas las operaciones de desprendimiento de retina, de trasplantes de córnea, de cataratas complicadas y de oculoplastías difíciles. A la mitad de mi primer año con Joe, me dieron privilegios para operar y para hospitalizar en los demás hospitales importantes de Cincinnati (los más grandes eran el Cristiano, el Judío y el Infantil), y mis compromisos con la sala de urgencias hacía que me pudieran encontrar en uno o en otro hospital a cualquier hora de la noche o los fines de semana. Cuando no estaba operando, examinaba a pacientes en el consultorio de Joe, entre cincuenta y setenta y cinco pacientes al día. Mi carga de trabajo era inmensa, lo que a mí no me importaba y a Joe le encantaba. Mientras crecía mi reputación, su negocio prosperaba.

A veces, cuando tenía un caso con una arruga difícil, llamaba al doctor Norton a Bascom Palmer o a su casa si el problema surgía al final de la tarde. Una vez, el doctor Norton me devolvió la llamada cuando Joe estaba en mi oficina. La reputación de Norton en cirugía de la retina era mundial. Joe era hábil para dar apretones de mano y para el marketing y dejó que se supiera que su joven asociado tenía comunicación directa con el doctor Norton en Miami.

Ocasionalmente, recibía una llamada de Lynda en mi oficina hacia las seis de la tarde, diciéndome que Joe había pasado a cenar y que se preguntaba dónde estaba yo. "Dile que estoy en la oficina viendo pacientes, donde él debería estar". Le respondía. Podía escuchar a Joe riéndose de fondo. Su frase favorita era: "no te preocupes". Cuando le contaba algunos de los problemas que estaba teniendo con la forma en la que Linda llevaba la oficina, él decía con elocuencia: "No te preocupes, ella sólo está temporalmente". Nunca estaba seguro si estaba hablando sobre la oficina o sobre su casa.

Cuando me mudé a Cincinnati, mi padre estaba en la cima de su fama, por lo que era solicitado en todo el mundo. La Ópera Metropolitana de Nueva York fue primero, pero después, dividió su calendario entre otros teatros de ópera, giras de conciertos, sinagogas (especialmente en las festividades judías importantes) y eventos benéficos. Su agente recibía muchas más ofertas de las que mi padre podía aceptar y se encontraban dos veces al año en Nueva York para dar forma a su agenda con seis meses de antelación.

Un día de principios de 1973, ella le contó sobre una oferta que había recibido para dar un concierto en una sinagoga de Cincinnati. "La sinagoga es Adath Israel", dijo.

"Acéptalo". Le respondió mi padre. "David está pensando seriamente en mudarse a Cincinnati en Junio y si lo hace, será parte de esa sinagoga".

El concierto era un acontecimiento anual llamado Noche de las Estrellas. Todos los años, en otoño, la sinagoga invitaba a un cantante o a un músico famoso para hacer una interpretación en solitario que se convertía en el acontecimiento más grande del año en el calendario social de la sinagoga. Me emocioné cuando mi padre me dijo que había aceptado la invitación de Adath Israel. El nombre de mi padre atraía a miles de personas, y otros cientos más intentaron conseguir entradas, pero no pudieron.

La noche del concierto, Fishel Goldfedder, una eminencia en los círculos judíos del Medio Oeste y el rabino principal en Adath Israel, presentó a mi padre y mencionó que el hijo de Richard Tucker, David, era un nuevo miembro de la congregación y un prometedor oftalmólogo en Cincinnati. Nos pidió a Lynda y a mí que nos levantáramos para ser reconocidos. Me di cuenta de que estaba Joe cuando me levanté. Se veía radiante con la mirada de un hombre de negocios escuchando el sonido glorioso de las cajas registradoras. Los padres de Joe, los amigos de mi padre, también estaban entre el público. Sería la última vez que mi padre y los padres de Joe Levin se verían en un entorno social.

Fue un gran concierto. Mi padre cantó durante casi una hora, abriendo con varias arias de las óperas italianas y francesas, siguiendo con algunas canciones del cancionero estadounidense y cerrando con una conmovedora selección cantoral. Adath Israel era – y es hoy en día – la sinagoga conservadora más grande de Cincinnati. El público se levantó y ovacionó.

Después de varios minutos, el presidente de la sinagoga le entregó a mi padre una de las portadas de la Torá que la sinagoga había grabado con su nombre en agradecimiento a su visita. Mi padre miró la portada maravillosamente bordada durante varios segundos antes de devolverla, conmovido por ese magnífico gesto. Después le dijo a la congregación que estaba emocionado por su aplauso e impresionado por el uso sagrado de su nombre. Prometió volver y cantar poco después de un año para el bar mitzvah de su primer nieto en este templo.

"Le prometí a Larry que dirigiré su servicio". Confesó. "Y si me permiten amablemente el honor, podré mantener mi promesa a mi nieto".

La multitud clamó con amor y con respeto, yo miraba a Lynda, que estaba llorando. Lamentablemente, mi padre murió antes de poder cumplir su promesa.

Si Joe hubiera estado soltero, dudo que hubiéramos tenido problemas de negocios. Aunque él no pensaba nada sobre darme los casos difíciles, creo que mi creciente popularidad profesional empezó a carcomer a Linda Levin. Joe no le daba importancia cuando algunos de sus pacientes empezaron a preguntar por mí, pero esas peticiones carcomían a su esposa. Ella se volvió más fría conmigo con el paso de los meses y empezó a darme órdenes. Como administradora de la oficina, controlaba el calendario, así que concertaba mis citas en horarios extraños – para mantener a los pacientes de Joe lejos de mí –, incluso si los pacientes ponían objeciones. Además, empezó a decirme que estuviera *aquí* o *allí* sin decirme nunca "por favor" o "gracias".

Después de algunos meses, llegué a mi límite. Le pregunté educadamente si podía pasar a mi oficina. Le pedí que se sentara, acerqué una silla a la suya, me senté, me incliné hacia delante de modo que nuestros ojos quedaron casi tocándose y le dije: "Linda, ya tienes a Joe agarrado por los huevos, pero no me tendrás a mí".

Ella salió corriendo y gritando de la oficina. Un minuto después, Joe entró riéndose. Entre risas, me dijo que tendría que disculparme con ella. Le dije que ese no era un tema para reírse y que tendría que contratar rápido a un nuevo administrador. Nuestra relación fue cuesta abajo desde ese momento.

Mis últimos meses con Joe no hicieron feliz a nadie. Más pacientes empezaron a preguntar por mí, y creo que Linda estaba convencida de que yo intentaba robarle el consultorio a su marido. Ocasionalmente, le contaba a mi padre sobre el deterioro de la relación con Joe y con su esposa. Él me pedía que intentara arreglar las cosas. Estaba preocupado por mi familia, por mí y también estaba atrapado en medio de la batalla de su hijo con Joe y de su amistad con los padres de él.

Al empeorar las cosas, Linda Levin empezó a llamar por teléfono a mi esposa gritándole que yo me estaba aprovechando de su marido y amenazándola con que nos haría la vida imposible si no nos íbamos de Cincinnati. Cuando le conté a Joe las perversas palabras de su mujer, él dijo: "No te preocupes, ella es inofensiva". Cuando se las comenté a mi padre, me dijo que buscara trabajo en otro lugar y que, si dejaba a Joe, no me preocupara de su relación con los padres de él.

Joe estaba atrapado entre una cosa y la otra. Era en esencia un hombre dulce e ingenuo, y hasta nuestro choque final, pasó por alto nuestros problemas y pensó que mis desavenencias con su esposa podían arreglarse con cinta adhesiva. Incluso, llegó a organizar una conferencia de paz entre su esposa y yo.

"Ve a tomar café con ella a nuestra casa, en nuestra cocina". Me suplicó. "Yo no estaré allí".

Fui a su casa al día siguiente con reservas porque no confiaba en Linda para nada. Después de que me sirviera el café y se diera la vuelta para buscar el azúcar, yo cambié las tazas. Quizás era la paranoia.

Ella se sentó y me dijo que el negocio era de Joe y de que yo era afortunado de que él me hubiera ofrecido un comienzo tan bueno en Cincinnati. Sonreía al decir, con los labios apretados, esas palabras.

Le recordé que esperaba que Joe hiciera honor a su promesa del cincuenta–cincuenta.

"Olvídate de lo que dijo Joe". Recuerdo que lo dijo con voz helada. También mencionó que ella llevaba el negocio y que yo nunca sería un socio igualitario. Después se inclinó hacia mí y me dijo que no me metiera con ella. Finalizó diciéndome que podía echarme de Cincinnati y hacerme desear nunca haber ido allí.

Me levanté y salí de su casa sin darle ni un sorbo al café.

Inmediatamente empecé a tomar medidas para encontrar un punto de aterrizaje en el consultorio de Barney. Los antecedentes son importantes aquí. Cuando llegué por primera vez al consultorio de Joe, me pidió que lo reemplazara en el consultorio de Barney porque odiaba su viaje una vez por semana al centro de la ciudad. Aunque Joe soñaba que nosotros nos hiciéramos cargo un día del consultorio del doctor Sakler, a Barney no le gustaba ni respetaba a Joe, por lo que se mostró bastante contento cuando empecé a llegar yo en vez de él. Barney admiraba mi trabajo. Empecé a contarle sobre mis dificultades con Joe y con su esposa. Poco después de que todo explotara en la cocina de Joe, el doctor Sakler me ofreció con mucho entusiasmo un puesto de trabajo a tiempo completo.

Yo no le dije esto a Joe, pero tenía la oferta en mi bolsillo cuando llegó el momento de hablar con él una última vez sobre nuestro futuro. Sorprendentemente, Joe pensaba que todavía podíamos arreglar las cosas. Le dije que esperaba que hiciera honor a su promesa de una asociación cincuenta–cincuenta y, esa vez, la quería por escrito. Le recordé que su promesa de una asociación igualitaria era la única razón por la que había ido a Cincinnati en primer lugar.

Después de titubear un rato, repitió las ordenanzas de su esposa de que ella tenía que seguir siendo administradora del negocio y que él tenía que mantener el control del voto en el consultorio. "Pero no te preocupes", dijo, "harás mucho dinero con el 49 por ciento, probablemente más dinero del que alguna vez soñaste".

Le contesté que a menos que yo fuera un socio igualitario, nunca podría asegurar mi puesto de trabajo con él y le pedí una vez más que hiciera honor a su trato. Cuando negó con la cabeza otra vez, despejé mi escritorio, descolgué mis diplomas de las paredes y salí por la puerta.

Lynda sabía sobre la oferta de Barney, pero también sabía que la remuneración era un quinto de lo que Joe me estaba ofreciendo, así que le preocupaba que hubiera cometido un grave error financiero.

Al principio, mi padre estaba consternado de que hubiera renunciado a un buen salario en una nueva ciudad teniendo una esposa y cuatro hijos que alimentar, pero me felicitó cuando le dije que había conseguido un puesto con Barney Sakler antes de mi explosión final con Joe. Estaba atónito y enfadado por las llamadas telefónicas amenazantes de Linda Levin a mi esposa, así que se sintió aliviado de que hubiera terminado con esa relación destructiva.

"No pienses ni un segundo en mis amistades en Cincinnati", dijo antes de colgar el teléfono.

Esa noche, Lynda me preguntó si valía la pena poner fin a la relación por un simple "uno por ciento". "Es muy poco", dijo.

"Si es muy poco", le pregunté, "¿por qué no cedió él?"

Joe se quedó sorprendido cuando me fui, pero se puso furioso cuando Barney Sakler puso fin a su relación y a sus sueños en el centro de la ciudad. Y se puso más furioso aun cuando algunos de sus pacientes empezaron a seguirme, saliendo por la puerta.

Contrató abogados que me mandaron cartas amenazando con demandarme por no haber dado aviso, por robar registros y pacientes, por interferir en su relación con Barney, e incluso, por crear un entorno laboral hostil por mis conversaciones con su esposa. Nunca inició ningún procedimiento judicial, pero la batalla legal fue cara y alteraba a mi esposa. También habló mal de mí con mis colegas de profesión, con asociaciones profesionales y con hospitales, y después usó su influencia para intentar que nuestra candidatura para un club de campo judío fuera vetada.

Nada de eso llegó a algo. La única víctima real de esa pequeña guerra fue la amistad de mis padres con Rose y con Jake Levin, quienes agradaban genuinamente a mis padres.

Capítulo Catorce

El Petirrojo y la Rosa

La última vez que vi a mi padre fue en octubre de 1974. Mi madre y él estuvieron en Cincinnati un fin de semana largo. Mi problema con Joe y con sus abogados se alargó hasta el otoño, por lo que Lynda hablaba a menudo por teléfono con mi madre sobre ese tema. Así que cuando nos visitaron en octubre, mis padres estaban preocupados por mi conflictivo primer año en Cincinnati y por su impacto tanto en mi carrera como en mi vida familiar.

Ese fin de semana, el tiempo fue espléndido, el sábado por la tarde mi padre me sorprendió al preguntarme si podíamos dar un largo paseo juntos. Le dije que con trece acres, un largo paseo estaba fácil.

La presencia imponente de mi padre no invitaba a conversaciones íntimas entre él y sus hijos. Esa vez fue diferente. Su actitud era acogedora y su tono, suplicante. Estaba preocupado por cómo estaba desarrollándose mi vida en Cincinnati. Ya había habido muchos problemas, muchas peleas.

"Incluso si tienes razón, ¿vale la pena?" Me preguntó.

De hecho, me pidió que intentara arreglar las cosas con Joe. No quería que empezara con el pie izquierdo con Barney Sakler. Me pidió que recordara al tratar con Barney que él tenía más de setenta años, una etapa difícil de la vida profesional.

"Ve más despacio, David", dijo. "Serás más feliz, y Lynda será más feliz".

Esas eran palabras sabias, pero estaba sorprendido de escucharlas de boca de mi padre, puesto que era de él, estaba convencido, de quien había heredado mi tendencia a defenderme cuando me trataban injustamente. Mi padre no era en absoluto un hombre sereno.

Mientras escuchaba su consejo, inusitadamente tranquilo, mis pensamientos se desviaron de repente a su arrebato tiempo atrás con un gran crítico de ópera, una explosión tan volcánica que, en comparación, hacia que mis conversaciones con Linda Levin parecieran insulsas.

Mi padre estaba leyendo el *New York Times* una mañana de domingo y se enfadó visiblemente por una reseña del principal crítico de ópera del *Times* acerca de su actuación la tarde anterior. Por lo general, a mi padre no le importaban las críticas y nunca trató de ganarse el favor de los críticos de ópera invitándolos a cenar o a fiestas, una práctica aceptada en esa época. Pero esa reseña le pareció *injusta*.

"¡Pónmelo al teléfono, Sara!" Gritó a mi madre.

Desafortunadamente, el crítico estaba en casa y respondió el teléfono. Mi padre le gritó una retahíla y le ordenó que se mantuviera alejado de sus futuras actuaciones en el Met. El abuso continuó y al final mi padre le dijo que era un eunuco que sólo podía mirar y no actuar. Era una maravilla. (Por supuesto, mi padre no tenía el poder de hacer cumplir su orden, pero el crítico se mantuvo alejado. La única otra vez que escribió sobre Richard Tucker fue en un brillante obituario en el *New York Times* el día después de su muerte).

Pero a pesar de cualquier conflicto que hubiera tenido en su vida, sus suaves palabras durante nuestro paseo ese sábado expresaban que quería una vida diferente para mí. Cuando estaba en el Conservatorio de Música de Nueva Inglaterra, me dijo que la industria del entretenimiento, incluso en el aire enrarecido de la gran ópera, era competitiva y despiadada, una lucha hacia la grandeza contra toda adversidad, con mucha deslealtad y traición por parte de talentos menores en el camino. Estoy seguro de que esa fue una de las razones por las que peleó conmigo tan arduamente como lo hizo cuando yo quería esa carrera para mí.

"Si eres médico", me decía, "eres un pilar de la comunidad. Eres venerado y respetado".

Así que la última vez que lo vi, me pidió que me lo tomara con más calma, que no me alterara tanto, que aprendiera a apartarme un poco. Creo que le entristecía que la acritud que él había experimentado en óperas de gran importancia en la ciudad más grande y más ostentosa del mundo, la estuviera experimentando ahora su hijo en la noble práctica de la medicina en el corazón de Estados Unidos.

Mi padre fue tan excepcionalmente cariñoso con sus palabras, que me tomé libertades que nunca me había tomado en nuestra conversación. Le dije que estaba preocupado por su salud, que debía perder algo de peso y cuidarse más. Él sonrió y dijo que estaba bien. Después me sorprendí a mí mismo preguntándole descaradamente si viviría su vida de la misma manera si tuviera que volver a empezar.

Él no dijo nada durante unos incómodos segundos, mas parecía nostálgico, casi melancólico. Nunca había visto esas emociones en la cara de mi padre. Miró hacia abajo, así que pensé que había herido sus sentimientos. De repente miró hacia arriba con fuego en los ojos. "David, *habría vivido aún más fuerte*". Clamó, se volvió y caminó solo hacia la casa.

Yo lo vi alejarse por unos minutos, después seguí sus pasos.

Tuvimos una gran cena esa noche en uno de los mejores restaurantes de Cincinnati y, como siempre, no dejó a ningún cazador de autógrafos decepcionado. Mis padres se fueron al día siguiente y nunca volví a ver a mi padre.

A mi madre le encantaban las largas conversaciones por teléfono, pero a mi padre no. Ella podía hablar con Lynda durante una hora seguida o más sobre mi carrera, sobre las noticias de Cincinnati y sobre los niños. Mi padre no. En nuestras llamadas semanales de domingo, cuando no estaba viajando, él iba directo al grano: "¿Cómo va el trabajo? ¿Cómo está Lynda? ¿Cómo están los niños? ¿Necesitas algo? Aquí te dejo con tu madre". Abandonó esa fórmula la última vez que hablamos – el domingo, 5 de enero de 1975 –.

Tenía un resfriado grave y parecía cansado. Le dije que debía ir a un doctor y desdeñosamente dijo que lo haría. Si sólo fuera la fatiga y el resfriado, probablemente yo no le hubiera dado más vueltas. (Acababa de regresar de unas actuaciones en España, y los aviones, entonces y ahora, son lugares fáciles para contraer una infección). Pero esa vez, pidió hablar con Lynda e insistió en hablar con cada uno de nuestros hijos. Nunca había hecho eso antes.

Recuerdo que quería hablar con ellos en el orden de su nacimiento: Larry, Jackie, Andy y Lee. Había un tono de urgencia en su voz que me inquietaba. Me sentí un poco intranquilo después de la llamada, así que se lo mencioné a Lynda. "Era casi como si *necesitara* hablar con los niños". Dije.

Tres días más tarde, murió en una ambulancia de camino al hospital desde su hotel en Kalamazoo, Michigan, donde había tenido un grave ataque al corazón unas horas antes de la actuación de inauguración de una gira de conciertos con su amigo cercano, Robert Merrill.

Yo estaba haciendo una pequeña operación de párpados en la sala de cirugías del consultorio de Barney Sakler la tarde del 8 de enero cuando una de las enfermeras se acercó y me dijo que mi hermano mayor estaba al otro lado del teléfono y que necesitaba hablar conmigo. Le respondí que le dijera que lo llamaría cuando terminara de operar, pero en menos de un minuto, volvió para decirme que mi hermano no podía esperar.

En forma de epifanía, supe en ese instante que mi padre había muerto – no que estaba enfermo ni que había tenido otro ataque al corazón, sino que estaba muerto. No que mi madre estaba enferma o había muerto, sino que *mi padre* estaba muerto –.

Inmediatamente estabilicé a mi paciente para que mi enfermera pudiera monitorearlo de forma segura y fui a mi oficina privada, temblando tanto que casi no podía agarrar el teléfono. Del otro lado, Barry dijo que tenía malas noticias.

"Lo sé". Dije. "Papá está muerto".

"¿Cómo lo está llevando mamá?" Pregunté.

"No he podido comunicarme con ella". Me dijo. "Está de compras en Nueva York con sus amigas. Lo comentan en la radio y en la televisión. Espero que no se entere en un taxi".

Después le pregunté cómo había muerto.

"Tuvo un infarto en la habitación de su hotel. Bob Merrill lo encontró y lo llevaron al hospital. Me llamó desde allí con el doctor que confirmó su muerte, y él me lo dijo".

Le dije que cuidara de mamá y que llegaría tan pronto como me fuera posible. Cuando colgué el teléfono a mi hermano, rompí a llorar – lloré hasta después del funeral de mi padre –. Me compuse y volví a la sala de operaciones para terminar la cirugía.

Cuando estaba lavándome, me di cuenta de que de todas las cosas que podría haber estado haciendo cuando me enteré de la muerte de mi padre – jugar al tenis, leer un libro, comer en un restaurante – estaba haciendo lo que tanto quiso que hiciera. En la noche de la actuación que no fue, yo estaba desempeñando el papel para el que mi padre – el gran coreógrafo de nuestra vida familiar – me había elegido años antes con mi reticente consentimiento. Pensaba que había una intervención divina en ello.

Durante las horas siguientes, yo estaba en trance. Mi asistente administrativa, Pam Bell (habrá mucho más que decir sobre ella más adelante) canceló todas mis citas de ese día, excepto un par de emergencias. Llamé a Lynda y ella se quedó desolada. Había llegado a querer a mi padre y a mi madre como si fueran sus propios padres. Decidimos que yo volaría inmediatamente a Great Neck y que ella llegaría al día siguiente con nuestros tres hijos mayores.

Me subí al avión hacia las 7:00 de la tarde en un vuelo de dos horas hasta Nueva York. Recé para no llorar porque no quería la compasión de personas extrañas. Levanté un muro contra las lágrimas refugiándome en los temas inmediatos que cualquier muerte deja a su paso. Empecé a hacer una lista (siempre llevo un pequeño cuaderno y soy un creador de listas obsesivo) de las prioridades para cuando llegara a casa: ayudar a planear el funeral que tenía que celebrarse en un par de días en la fe judía; recuperar el cuerpo de mi padre desde Michigan (un proceso que sabía, como médico, que no estaba exento de burocracia); empezar a ordenar los asuntos y las propiedades de mi padre para asegurarme de que a mi madre no le faltara nada; y hablar con el médico que declaró la muerte de mi padre, no porque no me fiara de Barry, sino porque yo era médico y Barry no lo era.

A mitad de la creación de mi lista, mis pensamientos se desviaron hacia mi padre, así que dejé de lado el bolígrafo. Pensaba en el amor y en el tumulto que compartimos durante nuestras vidas. En algún momento, había querido más que nada cantar para mi padre – me atreveré a decirlo, cantar como mi padre –, cantar de una manera que lo hiciera asentir, sonreír, darme una palmada en la espalda y decir: "David, creo que tienes lo que se necesita para ser cantante de ópera".

Por supuesto, eso nunca ocurrió. Sabía que cada vez que cantara para mi padre, terminaría de forma desastrosa.

En el avión, mis pensamientos volvieron a esas escenas disparatadas y me reí para mis adentros. Pensaba en la primera (y única) vez que asistió a mis clases de canto, cómo se había ido repentinamente después de quince segundos, levantándose de la silla, todavía con su sombrero y su chaqueta, anunciando que había escuchado suficiente y que me vería en casa mientras caminaba hacia la puerta sin despedirse de mi avergonzado profesor. Pensaba en la primera clase de canto que me había dado, la lección en el Fontainebleau en Florida, cuando salió de la sala de estar donde acababa de empezar a cantar para ir a ducharse.

"No te preocupes, David". Le escuché decir en el avión. "Todavía puedo escucharte".

Me quedé allí, recordando cómo fui tras él a través del baño vacío hasta llegar a la habitación, donde lo encontré en la cama en pijama. "Apaga la luz cuando salgas, David. Tu primera clase ha terminado". Escuché su voz a 3,000 metros y me reí en voz alta. Después pensé en nuestras cenas con Lauri-Volpi y con José Barraquer (uno un gigante en el campo de mi padre, el otro un gigante en el mío), cómo en casa de los Barraquer esquivó el grosero intento de mi profesor de forzarlo a cantar empujándome al falso escenario sin previo aviso ni preparación para cantar en su lugar enfrente de nuestro famoso huésped. El pensamiento de mi padre lanzándome a los lobos para escapar de una situación incómoda – y bromear sobre eso de camino a casa – me hizo reír otra vez.

Mi padre era un gigante divino, y a veces los dioses actúan de forma autoritaria. Él fue uno de esos pocos hombres cuyo talento épico les daba permiso para vivir con sus propias reglas. Mi padre no pasó por la vida, caminó a zancadas por ella cubriendo grandes distancias en pasos galopantes, moviéndose siempre hacia adelante hacia su sueño lejano – un sueño con tan pocas probabilidades cuando tenía veintitantos –. Vendía seda y apostaba por los caballos en Brooklyn. El mayor imbécil del hipódromo se habría alejado de la ventanilla sin apostar por el futuro operístico de Richard Tucker.

"Siempre hacia adelante ". Me decía. "Sigue adelante y encontrarás el camino".

Allí, sentado en el avión, sonreí con alegría por eso, por lo que más me gustaba de mi padre – su optimismo invencible y su enorme apetito por la vida y por el éxito –. Él tenía su lado tierno, pero como Superman (que también tenía su lado tierno), estaba hecho de acero. No le intimidaban los obstáculos o el miedo al fracaso. Sus sueños eran su armadura. Cuando Nick Caraway pensó en su amigo Jay Gatsby después de su funeral, lo que más recordaba de él era su "don extraordinario para la esperanza, una disposición romántica como la de él nunca encontrada en ninguna otra persona". Así es como yo recuerdo a mi padre.

¿Viví mi vida como el hijo de mi padre? Me pregunté eso en el avión hacia casa. Todo depende de cómo se mire. Nunca me convertí en el cantante que una vez quise ser; nunca canté como mi padre. Pero ambos nos casamos jóvenes y tuvimos tres hijos varones. Comparto su amor por Israel, mas no su visión política demócrata liberal. Pero sí sé esto: toda mi vida me negué a mantenerme al margen o a aceptar la derrota sin luchar. En eso, estoy seguro de que soy el hijo de Richard Tucker.

En el avión, también pensé lo que más extrañaría de mi padre. Yo tenía treinta y tantos, bien avanzada mi carrera profesional y más hijos a los que cuidar que los que tuvo mi padre. Ya no necesitaba su respaldo económico ni lo pediría si lo necesitara. Nos veíamos en viajes cortos durante el año y hablábamos por teléfono cuando él no estaba de viaje. Pero como todos los hijos mayores, vivía la mayor parte de mi vida lejos de mis padres.

Decidí que no eran los viajes cortos ni las llamadas lo que más echaría en falta. No, lo que más echaría de menos era que mi padre ya no vivía, ya no emocionaría a públicos de ópera y de conciertos, ya no podía querer a sus amigos y a su familia, ya no podía apostar, reír y levantar su voz irreemplazable hacia Dios en las festividades judías importantes. Como niño y como joven, tuve un asiento en primera fila para ver de cerca su gloriosa vida. Como adulto, tuve un asiento en las gradas, pero un asiento al fin y al cabo. Me quedé allí, desconsolado porque la fabulosa vida de Richard Tucker se había terminado.

Pensé en mi madre. Su vida se había centrado en él y temía que su pérdida pudiera quebrantar su espíritu. Ella siempre era extrovertida y alegre, pero cuando llegué a la casa de mis padres en Nueva York, estaba desconsolada – más que eso, parecía más pequeña, encogida –. Hice una promesa al verla en ese estado oscuro: el bienestar de mi madre sería mi mayor prioridad durante las difíciles semanas que teníamos por delante, y lo sería durante el tiempo que fuese necesario para que se recuperara de su dolor abismal y comenzara a retomar su vida con un propósito y, con suerte, con algo de felicidad.

Cuando llegué al final de esa misma tarde, Barry me contó más detalles. Mi madre siempre se preocupaba de la salud de mi padre, así que él se aseguraba de llamarla al menos una vez al día cuando estaba de gira para que estuviera tranquila. Ella no había tenido noticias de él el día que murió, así que cuando volvió a su apartamento en la ciudad después de un día de compras con amigas, se puso ansiosa y llamó a la oficina de Barry. Al no encontrarlo allí, lo llamó a su apartamento.

Los dos hijos de Barry ya sabían que su abuelo había muerto y Amy, la niña cuya mala fortuna fue responder el teléfono, no tuvo la fuerza para decírselo a su abuela. Así que se le escapó: "Mi padre está intentando ponerse en contacto contigo". Se despidió y colgó bruscamente.

Eso hizo que mi madre se desesperara, por lo que llamó a Barry otra vez a su oficina, pero él ya estaba de camino a su apartamento, donde finalmente se enteró de las terribles noticias. El único lado positivo sobre ese doloroso día fue que mi madre se enteró de la muerte de su esposo por su hijo mayor, no por un extraño en la radio o en la televisión.

Hablé con el doctor que firmó el certificado de muerte y sus explicaciones me convencieron de que la causa del deceso fue, como Barry me había explicado, un grave ataque al corazón. Los amigos importantes de mi padre movieron los hilos en Michigan y su cuerpo llegó a Nueva York al día siguiente de su fallecimiento sin necesidad de una autopsia.

La muerte de mi padre fue un acontecimiento internacional de proporciones épicas. Muchos lloramos su ausencia con el deslumbramiento de la muerte de un ícono. El indicador de esa historia pública fueron los obituarios en la portada del *New York Times* y de otros periódicos importantes de Estados Unidos y de todo el mundo; los tributos a su vida y a su música en importantes canales de radio y de televisión y el anuncio de que su funeral sería realizado en el escenario del Metropolitan Opera House, la primera y única vez que ese honor fue concedido a un cantante.

El judaísmo estricto prohíbe los ataúdes abiertos por respeto a la indefensión del fallecido, y desaconseja las exhibiciones públicas, tanto en el funeral como antes del mismo. Me dijeron que había un clamor de amigos y de compañeros que querían ver a mi padre por última vez y alguien – hasta hoy en día, no sé quién – organizó una visita pública a la Capilla Riverside en la Calle Setenta y Seis, la noche antes del funeral.

Se desarrollaron ante mí escenas de amor de gigantes del mundo de mi padre aquella noche. El féretro abierto fue ubicado en el centro de una sala privada en la capilla, con una silla de espaldar recto de cada lado. Aunque la religión judía también desaprueba más de un sobrio ramo de flores en los funerales, en el ataúd y alrededor de él había doce docenas de rosas rojas, la flor favorita de mi padre – un tributo del gran cantante popular italiano Tony Bennett–.

Desde que llegó mi familia y hasta que todos nos fuimos, Jimmy Levine se quedó sentado en una de las sillas al lado del féretro. – Jimmy era para mi padre, un hombre joven de mi edad en la cúspide de la grandeza, quien se convertiría en uno de los más reverenciados directores de orquesta que sostendría una batuta en el Metropolitan. Jimmy Levine, nacido en Cincinnati, donde mi padre cantaba a menudo, recibiría innumerables premios y honores, incluyendo el del Kennedy Center por una vida de logros en las artes escénicas –. Estaba sentado allí, como un guardia de honor desconsolado, llorando al lado del féretro de mi padre durante todo el tiempo que permanecimos en el lugar.

En la otra silla se sentó Franco Corelli, un tenor italiano de la generación de mi padre, alto y apuesto, un ídolo de la ópera, conocido como "el príncipe de los tenores". Él y mi padre eran rivales que se admiraban, los dos principales tenores de su generación. Si Corelli era el Willie Mays de los tenores, entonces mi padre era el Mickey Mantle. Allí estaba sentado Franco Corelli, el otro afligido guardia de honor, con lágrimas rodándole por la mejilla. (Lamentablemente, Corelli se retiró un año después de la muerte de mi padre. Algunos aficionados de la ópera atribuyen una relación causa–efecto entre esos dos acontecimientos trágicamente prematuros).

Esa noche, el ataúd fue transportado al Metropolitan Opera House y, previo al funeral que se efectuaría al día siguiente, nos permitieron a sus familiares despedirnos de mi padre, antes de que el féretro se cerrara permanentemente en los camerinos.

Yo estaba al lado de mi madre cuando se inclinó para besar a su marido en los labios. "¡Dios mío!" Gritó. "Está muy frío, debe estar congelándose".

Volviéndose hacia mí, gritó: "¡Haz algo, David! Tu padre está muy frío". Era la súplica desesperada de una esposa desamparada que no podía aceptar la muerte de su *bashert*, todavía perdidamente enamorada después de cuarenta años.

Me incliné y besé a mi padre en la mejilla por última vez. Sentí que estaba besando una piedra.

Si el Metropolitan Opera House cuenta con cuatro mil asientos, entonces cuatro mil personas asistieron al funeral de mi padre porque no había ni una silla vacía en ese gran teatro. Recuerdo que nos acompañaron desde una entrada lateral hasta nuestros sitios unas pocas filas detrás de la fosa vacía de la orquesta. Después de que todos se hubieran sentado y de que apagaran las luces, por un segundo, tuve la extraña sensación de que estábamos sentados para ver una actuación.

Cuando nos condujeron hasta nuestros asientos, todos se levantaron al mismo tiempo, y recuerdo haber pensado cuán ensordecedor era el sonido de cuatro mil personas de pie en sincronía. Después de sentarnos, miré al féretro y no miré alrededor. La única persona que recuerdo haber visto fue a Theodore Bikel, un famoso cantante y actor judío, que estaba sentado enfrente de mí y se dio la vuelta para dar el pésame a la familia.

En el escenario, había seis hombres sentados a ambos lados del sencillo ataúd de madera. El rabino para el servicio era Mordecai Waxman, de la sinagoga conservadora de Great Neck. El rabino Waxman compartió las fuertes emociones de mi padre hacia Israel y hacia el Holocausto, y doce años después de la muerte de mi padre, reprendió públicamente al Papa por su decisión de reunirse con Kurt Waldheim, el presidente de Austria por ese entonces, quien, cuando fue un joven soldado, cumplió servicio con unidades militares nazis que deportaron a judíos a los campos de exterminio.

Alvin Kleinerman, el rabino principal de la Sinagoga Park en Chicago, donde mi padre cantó muchas veces durante las festividades judías, leyó un salmo conmovedor en su memoria.

Charles Silver, también sentado sobre el escenario, era un amigo de toda la vida de mi padre. Llegó a la cima de una gran compañía textil y después se volvió más importante como líder cívico y filántropo judío. Durante más de un cuarto de siglo, fue presidente del Centro Médico Beth Israel y fue también presidente de la Junta de Educación de la Ciudad de Nueva York. El señor Silver se quedó callado, sin hablar, lo hizo solo en sus pensamientos.

Terence Cardinal Cooke, el arzobispo de Nueva York se levantó de su silla y dijo unas palabras conmovedoras sobre la vida de fe de mi padre.

Schuyler Chapin, el director general del Metropolitan Opera, también dio otro discurso y habló espectacularmente sobre la carrea en ascenso de mi padre en el Met.

Yo estaba sentado, viendo la cara de mi madre rebosante de lágrimas y de orgullo, pero mis pensamientos estaban con mi padre en Florida, en Florencia, en Cincinnati y en el Concord, mientras escuchaba sus amables palabras vagamente desde aquellos lugares lejanos.

El sexto hombre era el cantor Herman Malamood, quien probablemente se identificaba con mi padre más que cualquiera de los que estaba sobre el escenario. Como mi padre, él era cantor cuando pasó a convertirse en tenor de ópera y a cantar en el Met y en otros teatros famosos de Estados Unidos y de Europa. Cantó el *Malei Rachamim* (la oración para los muertos) y su voz melancólica me trajo de vuelta de mis pensamientos por el poder de su triste belleza. (El señor Malamood moriría trágicamente de cáncer a la edad de cincuenta y siete años y su obituario en el *New York Times* indicó a Richard Tucker como su mentor).

Después del funeral, fuimos al cementerio de Long Island. Una multitud de personas nos siguieron hasta allí y fue difícil para nuestra familia atravesar las multitudes para llegar a la ceremonia junto a la tumba. Mi familia y yo recitamos el Kadish de duelo y cada uno echamos un poco de tierra al rostro de mi padre, el acto de fe final que se requería después de una vida de amor.

Durante la semana siguiente, sentía que estaba caminando bajo el agua. Cada noche, cientos de personas venían a nuestra casa de Great Neck para darnos el pésame y para comer, beber y rememorar historias de Richard Tucker. Inevitablemente, los miembros de la familia que están guardando *Shiva* se encuentran a sí mismos incómodamente convertidos en anfitriones de una reunión social de alabanzas, de historias e incluso de relatos fantásticos, donde el difunto se transforma extrañamente en el invitado de honor.

Envidiaba la risa, las esperanzas soñadoras e imposibles de la multitud de amigos y de admiradores, así como los recuerdos que la personalidad vital de mi padre les había despertado momentáneamente. Pero mis emociones estaban varadas en la helada materialización de que estaba separado para siempre de mi padre y de que viviría el resto de mi vida sin él.

La pesadumbre se instauró en mí, haciendo arduas las acciones físicas más sencillas – caminar, hablar, incluso saludar –. Mi antídoto fue que la situación de mi madre era nefasta, rozando lo peligroso. Era suficientemente médico para darme cuenta de que su modo de andar, su habla y sus maneras tenían los signos indicativos de un estado de shock.

El sufrimiento de mi madre me sacó de mi propia tristeza y, mientras Lynda y yo preparábamos a los niños para nuestro viaje de vuelta a Cincinnati al final de la semana, sabía que sacar a mi madre del estanque de su dolor profundo sería la tarea más importante de nuestra familia en los meses siguientes.

A pesar de toda la fama y la experiencia de Richard Tucker, mi padre era un hombre sencillo, sin instrucción y muy supersticioso – la última cualidad probablemente tuvo mucho que ver con ser criado por padres inmigrantes de pocos recursos y con sus propios entusiasmos religiosos, a veces rayando en lo místico –. Mi madre compartía su obsesión por los tótems, por los amuletos de buena suerte y por los rituales de los que no se podía desviar. Cuando estaba enfermo en el hospital durante mi último año en Bascom Palmer, mi padre cerró mi mano alrededor de una pequeña estatuilla cuando se inclinó para despedirse de mí antes de correr hacia la sinagoga para rezar. "Para la suerte". Susurró. (Todavía tengo esa estatuilla, colgada en el alféizar de la ventana de nuestra habitación).

Digno de su nombre, Rubin (Ruby para los amigos), su color favorito era el rojo, su flor favorita era la rosa y su pájaro favorito – fue un observador de aves empedernido – era el petirrojo (el petirrojo de pelo rojo, lo llamaba él). Él tomaba como un buen presagio para el año entrante si podía ver un petirrojo en casa a principios de la primavera. Siempre tenía rosas frescas en su camerino antes de cada actuación y respiraba profundamente su fragancia. Ponía un centavo reluciente en uno de sus zapatos para que le diera suerte antes de salir de su camerino al escenario para cantar. Después del primer infarto de mi padre, mi madre compró una caja de corazones de tela rojos que abrochaba en cada par de calzoncillos de mi padre e insistía que se los llevara cuando estaba de gira. Los llamaba sus *bendels* rojos y creía que alejaban a los malos espíritus. Mi padre siempre insistía en que todos entráramos a la casa por la puerta delantera al regresar, nunca por la trasera, porque eso era de mala suerte.

Llegamos a Cincinnati después de las temperaturas bajo cero del funeral, una correspondencia meteorológica con el estado de nuestras almas. Fuimos a recoger a nuestro hijo pequeño, quien se había quedado con amigos, después volvimos a casa, llegando a media tarde. La parte frontal de nuestra casa daba a la parte de *atrás* de la calle. El largo camino de entrada desde la calle desembocaba en el garaje en la parte *trasera* de la casa que daba a la calle. La habían barrido y limpiado. Lynda y los niños estaban esperando que condujera hasta el garaje y que después camináramos juntos desde el garaje hasta nuestro cálido hogar. Había un pasillo de unos cincuenta metros desde el lado del garaje hasta la puerta delantera. Pero estaba cubierto con un elevado montón de nieve congelada. Antes de que mi esposa y mis hijos pudieran correr hasta la casa desde el garaje, grité: "¡No! ¡Hoy haremos honor a mi padre y entraremos a casa por la puerta delantera!".

Marchamos afuera sin zapatos ni botas de goma, los niños y Lynda estaban visiblemente enfadados, caminando y resbalándose hasta el frente de la casa. Llegando a la puerta delantera, observé un pájaro muerto encima de un montículo de nieve. Me acerqué y vi que era un petirrojo, asombrosamente, en enero. No muy lejos del petirrojo, vi una sola rosa roja, viva y brillante, sobresaliendo de un montículo de nieve en el mismo lugar donde nuestros rosales habían quedado sepultados y – cabría pensar – latentes.

Le grité a Lynda y le señalé dónde mirar. Ella se quedó cautivada contemplando la rosa floreciente en el crudo invierno con una mirada aturdida en su rostro, murmurando con perplejidad que estaba siendo testigo de un milagro y preguntándome: "¿Qué significa esto?"

Entramos a casa, donde fui directo al garaje para buscar algunas herramientas para cavar. Puse al petirrojo en una casa, limpié la nieve, el hielo y enterré el pájaro favorito de mi padre en la tierra cercana a los rosales cubiertos de nieve. Dejamos a la rosa sola y la admiramos al día siguiente hasta que se marchitó y murió.

No tengo dudas de que Dios dirigió mis pasos a través de la nieve hacia el frente de la casa esa fría tarde que regresé de enterrar a mi padre. No tengo dudas de que el petirrojo y la rosa eran recordatorios benditos de que mi padre moraría en mi casa y en mi corazón para siempre.

Capítulo Quince

La zona de batalla

El peso de la pérdida de mi padre era demasiado duro de soportar. Colgaba de mi cuello, asfixiándome. Colgaba de mi corazón, cargándome con la tristeza más grande que había conocido. Me refugié en el trabajo, paralizado, sin sentimientos – un autómata quirúrgico operando con precisión, pero sin pasión –. Trabajaba turnos de doce horas para intentar mantener a raya el dolor y después me quedaba en el trabajo varias horas más, evitando la pesadumbre con tareas insignificantes de la oficina. Volvía a casa después de medianoche. Desesperado, a veces conducía como en un trance de ultratumba, a veces lloraba detrás del volante tan descontroladamente que tenía que parar en el camino. No podía ver fotos de mi padre. Pasó un año hasta que pude escuchar su música. Me sentía abandonado por Dios. El judaísmo no me ofrecía consuelo, sólo rabia porque el Kadish – una oración para santificar a Dios – me pedía reafirmar mi fe en él sin darme algún alivio o palabras de consuelo contra el dolor abrumador por mi pérdida.

No importaba lo tarde que fuera, cuando volvía a casa cada noche, Lynda estaba despierta con una cena caliente para mí. Comíamos en silencio, cada uno prisionero de su duelo. Creo que es justo decir, echando la vista atrás, que la muerte de mi padre nos hirió a todos de forma casi mortal.

Empecé a aborrecer mi desesperanza. Compartía con mi padre la creencia de que una tristeza prolongada es signo de debilidad, casi un defecto del carácter. Mi padre odiaba "obsesionarse con algo" y se lo desaconsejaba, incluso se lo castigaba a sus hijos. Le gustaban las películas del oeste y a veces se escabullía para ir a un cine en las horas previas a una actuación operística y se quedaba fascinado por los héroes solitarios que recibían las piedras y las flechas, pero que se levantaban otra vez, doblegados pero no rotos, para triunfar al final contra todo pronóstico.

El poder de mi padre sobre mí era tal que empecé a ver mi debilitante tristeza como un insulto a su memoria y a su gran abrazo al regalo de la vida.

Él vivió al máximo. De hecho, no recuerdo ni un solo día que permitiera que la tristeza le hiciera trampa quitándole la recompensa de ese día. Su memoria me impulsó a amarrar mi armadura y a tomar parte en el asunto para mantener a mi familia y para avanzar en mi esplendor profesional. Además debía tener en cuenta a nuestros hijos. No quería que mi desolación profundizara la de ellos. Lynda y yo les decíamos que "El abuelo estaba en el cielo, cantando con los ángeles" y que "lo veríamos allí un día. Pero ahora", les decíamos, "él quiere que sean felices, que trabajen duro y que vean a sus amigos".

Después de varios meses emergí de los bosques sombríos de la desesperanza. Mi trabajo contribuyó significativamente a mi continua recuperación, convirtiéndose otra vez en una vocación de alegría y de compromiso. Además estaba la promesa que había hecho en Nueva York de hacer todo lo que estuviera en mi poder para ayudar a mi madre – quien no había cumplido los sesenta años cuando murió mi padre – a recobrar al menos algo de su apetito por la vida y por la felicidad.

Durante varios meses después del funeral, la llamaba todas las tardes desde el trabajo. Intentaba estar animado sin minimizar la desgracia de su pérdida. Intentaba levantarle el ánimo y alentarla a salir a cenar y a eventos sociales con los amigos y con la familia, mientras, al mismo tiempo, le ofrecía compasión genuina con sus expresiones de tristeza y de pesadumbre. Fueron conversaciones difíciles con mi madre – el delicado balance de un cariñoso abrazo y de un cariñoso empujón –. Lynda y yo también la visitamos a menudo durante los primeros meses después de la muerte de mi padre.

Aunque el trabajo, la familia y la percepción del optimismo romántico de mi padre gradualmente vencieron a los efectos debilitantes de la pesadumbre, tristemente no se podía decir lo mismo de Lynda. Después de nuestro regreso a Cincinnati, las semanas se convirtieron en meses y ella todavía estaba destrozada. Los recuerdos que la habían hecho increíblemente feliz *antes* de la muerte de mi padre, *ahora* la ponían inconsolablemente triste. Un día me dijo que la noche que mi padre le cantó en el evento de recaudación de fondos en Bascom Palmer, como si hubiera estado allí sentada sola en ese gran auditorio, ahora la hacía llorar. El suyo era el dolor de una hija, no el de una nuera. Lynda quería a mi madre de igual forma, por lo que la tristeza de ella agravaba la suya.

Inevitablemente sucedió que una noche Lynda me dijo: "David, no soy feliz aquí. Me siento sola. Echo de menos a tu madre y quiero estar cerca de ella, especialmente ahora. Echo de menos a mis padres. Echo de menos a mis amigos. ¿Considerarías la posibilidad de conseguir un trabajo en Nueva York para poder volver a casa?"

Su afligida petición me golpeó con la fuerza de un martillo porque supe al instante que no consideraría hacer la primera cosa que mi terriblemente herida esposa me había pedido que hiciera *por ella* en el transcurso de nuestro matrimonio de doce años.

El problema era la ciudad de Nueva York. No me hacía ilusión la ciudad que había hecho famoso a mi padre y no me arrepentía de no haber ido allí en primer lugar. Era sucia, violenta y económicamente precaria cuando nos fuimos de Bascom Palmer a Cincinnati para empezar mi carrera, y seguiría siendo todas esas cosas si regresábamos ahora con cuatro niños – volver al sistema de educación público que no podía garantizar ni siquiera la seguridad de sus estudiantes, una ciudad que imponía el colosal costo de las escuelas privadas a los padres que querían una buena educación para sus hijos –. Tampoco me hacían ilusión las probabilidades de ascender rápidamente hasta la cima en la medicina profesional en Nueva York. Había supuesto una buena suerte descomunal y una mala suerte descomunal – tanto la mano de Dios como la mano de Hitler – para que mi padre pudiera hacer el recorrido desde una sinagoga de Brooklyn al escenario del Metropolitan Opera House en 1945. La correspondencia perfecta entre un hombre y un momento es extraña en cualquier lugar, y aún más rara en la ciudad más grande y competitiva del planeta.

Había tomado una decisión consciente al renunciar a Nueva York porque no quería comenzar mi carrera en el último peldaño de una larga escalera, siendo uno de decenas de profesores asistentes en sus comienzos en los hospitales universitarios de la ciudad, o uno de los cientos de nuevos médicos admitidos clamando por un lugar y por un cargo. Nueva York no era para mí porque detestaba la vergüenza potencial por una vida de anonimato. Fui a Cincinnati para poder empezar a corta distancia de la cumbre, para comenzar donde mis credenciales me colocaban inmediatamente a la cabeza de la carrera.

El Gran Cincinnati no era Nueva York, pero tampoco era un estanque pequeño. Era una ciudad dinámica de un millón y medio de almas, una de las joyas urbanas del Medio Oeste. Estaba trabajando más de setenta y cinco horas a la semana con privilegios de hospitalización y de compromisos en las salas de emergencias de seis hospitales. Mi objetivo era ser conocido por el millón y medio de personas de la ciudad o al menos por un porcentaje de los mismos que hubieran tenido alguna razón para visitar a un oftalmólogo. Incluso durante la profundidad de mi depresión después de la muerte de mi padre, nunca disminuí las horas de trabajo. Tenía treinta y tres años cuando murió mi padre. Mi meta era ser jefe de un departamento de oftalmología en un hospital importante de Cincinnati al llegar a los treinta y cinco – quizás en el Hospital Judío, lo cual le hubiera complacido mucho a mi padre–. Eso era lo que la súplica de Lynda de mudarnos a Nueva York ponía en peligro.

Durante más de una década de matrimonio, Lynda había puesto mi carrera en primer lugar, los niños en un cercano segundo lugar y su propia vida y sus necesidades en un lejano tercer puesto. Decir que era una esposa y una madre amorosa no evoca suficientes imágenes de manos con callos, de uñas rotas y de dolores de espalda prematuros por las tareas físicas que asumió para que yo pudiera trabajar sin el lastre de los detalles de la vida cotidiana. Ella era mi compañera en el amor y mi amiga, pero también era mi sastre, mi chica para todo y, cuando llegaba el momento de mudarse otra vez (y otra vez), mi chica para los mandados y una mula de carga humana, ya que cargaba y descargaba maletas de los camiones y de los coches desde y hacia nuestros hogares temporales en Nueva York, en Bethesda, en Miami, en Bogotá, en Barcelona y, finalmente, en Cincinnati – todo con una sonrisa y sin quejarse para que yo pudiera estar libre para trabajar –.

Y trabajar fue lo que hice, casi todo el tiempo, a expensas de mi esposa y de mis hijos. De lunes a jueves durante la semana laboral veía a Lynda sólo por la noche cuando me servía la cena, mas nunca veía a mis hijos. La noche del viernes era especial, la cena de Sabbat. Era especial desde que estaba niño, pues mi padre insistía en que todos sus hijos asistiéramos a la cena de viernes cuando estaba en casa, sin aceptar excusas.

Recuerdo, por ejemplo, un partido de béisbol en la secundaria un viernes por la tarde, el cual coincidía con mis obligaciones del Sabbat. El partido fue a *extra innings*. Yo era el lanzador y estaba frotando la pelota de béisbol dando la espalda al plato, mirando hacia el centro del campo (una tradición para los lanzadores de cualquier nivel desde la Little League hasta las mayores ligas, desde el comienzo del béisbol), la trayectoria de mi mirada chocó con la de mi padre, de pie detrás de la valla del centro, vestido con traje y corbata, mirándome fijamente con su brazo extendido y con su dedo índice moviéndose hacia adelante y hacia atrás, ordenándome que fuera a casa para la cena de Sabbat.

Recuerdo haber salido caminando de la colina, darle la pelota al entrenador y decirle: "Tengo que ir a casa".

Mi entrenador se mostró horrorizado de que uno de sus jugadores de béisbol abandonara un partido y, para rematar, estaba enfadado porque no tenía a nadie calentando. Le dije que yo también estaba furioso, pero me tenía que irme. Apunté hacia la distancia, diciéndole que haría enfadar mucho a mi padre o a él, y que sería mejor para mí si se enfadaba él y no mi padre.

Años más tarde, impuse las mismas obligaciones de Sabbat a mis hijos – estar ahí, participar y aprender de memoria todas las canciones judías –.

Trabajaba casi todo el sábado, luego llevaba a Lynda a cenar – casi siempre los dos solos, a veces con una o con dos parejas más –. A menudo me quedaba dormido durante la cena y Lynda me despertaba a codazos.

Cada domingo por la mañana, hablaba con mis hijos sobre cómo les estaba yendo en la escuela. Iban a la oficina de mi casa de uno en uno mientras revisaba historias médicas de mis pacientes. Alzaba la vista y les pedía que me contaran sobre la última semana y sobre lo que tenían programado para la semana siguiente. Eran entrevistas, no conversaciones, muy similar a aquellas mañanas de domingo años atrás con mi propio padre.

Acudí a muy pocos eventos sociales en sus escuelas y nunca vi a ninguno de mis hijos jugar en un partido de la Little League. Lynda fue por los dos. Yo siempre estaba en mi oficina o en uno de los hospitales, con mis pacientes, trabajando.

El fuerte deseo de Lynda de mudarse a Nueva York suponía un desafío importante a mis objetivos y requería una organización cuidadosa de mi parte para perpetuar un gran engaño a mi esposa. Supe inmediatamente que las llamadas sin perspectiva a Nueva York no satisfarían a Lynda, por lo que tenía que ir a Nueva York para tener al menos una entrevista de trabajo importante.

Decidí dirigirme a lo que ya conocía y a donde tenía una entrada, la Escuela de Medicina de Cornell y su hospital afiliado, el Hospital de Nueva York. Cuando era estudiante allí, conocí al doctor J. Robert Buchanan, quien para entonces era el decano de la escuela de medicina. Buchanan era aficionado a la ópera y un gran admirador de mi padre.

Aproximadamente una semana después de que Lynda planteara por primera vez la posibilidad de mudarnos a Nueva York, llamé a la oficina del decano y hablé con su secretaria. Le dije quién era, que estaría en Nueva York a la semana siguiente y le pregunté si sería posible ver al decano. Me puso en espera. Un minuto después, volvió a la llamada y me dijo que el decano estaría encantado de verme a las 2:00 de la tarde del miércoles siguiente. Me preguntó la razón de mi visita, pero yo puse reparos. Si le hubiera dicho la verdad, el decano probablemente me habría dicho que no en el acto, privándome de la oportunidad de viajar a Nueva York y de ser rechazado en persona, un componente necesario en la ilusión que estaba creando.

¿Qué planeaba preguntarle al decano que tenía que esperar a verlo en persona? Pretendía pedirle audazmente que considerara mi solicitud para reemplazar a mi mentor, el doctor John McLean, como jefe del Departamento de Oftalmología en el Centro Médico de Cornell.

El Duro Trato

Mientras hacía la maleta, la mañana de mi vuelo, le conté a Lynda sobre mis grandiosas intenciones: "Desde que murió el doctor McLean, la presidencia ha sido ocupada por una sucesión de nombramientos provisionales", continué, "creo que soy el hombre adecuado para reemplazarlo".

"David", dijo ella. "Reemplazar al doctor McLean – ¿no es eso apuntar demasiado alto?" Después hizo la pregunta perfecta. "¿Están buscando una presidencia permanente?"

Yo sabía que no tenía ni la más remota posibilidad de reemplazar al doctor McLean a mi edad y con mi corta lista de logros académicos, de hecho, por eso fue que divagué cuando la secretaria de Buchanan me preguntó sobre el propósito de mi visita. Pero pregoné mis posibilidades a Lynda con cara seria. Le recordé mi currículum de oro con las becas, el NIH, Bogotá, Europa, mis publicaciones (ciertamente sólo un puñado, pero con impresionantes coautores que eran algunos de los gigantes en el campo) y mi cargo a tiempo parcial en la Universidad de Cincinnati. Le dije que mi juventud era un activo, ya que probablemente estaban buscando a un hombre más joven.

Mi perorata tuvo el efecto deseado, así que Lynda empezó a ilusionarse ante mis posibilidades cuando fue a dejarme al aeropuerto.

Cuando llegué a Cornell, una agradable secretaria me acompañó hasta la oficina del doctor Buchanan. Estaba sentado detrás de su escritorio, pero tan pronto como entré, se levantó y caminó hacia mí para estrecharme la mano y para darme el pésame por la muerte de mi padre. Volvió a su escritorio, se sentó, juntó las yemas de los dedos y me preguntó: "David, ¿qué podemos hacer por ti en Cornell?" (¡No tenía ni idea!)

Le respondí que había ido a pedirle que considerara mi solicitud para reemplazar al doctor McLean como jefe del Departamento de Oftalmología. "Sé que han tenido varios jefes provisionales desde que falleció el doctor McLean". Dije. "Pero quiero regresar a Nueva York y me gustaría que me considerase para el puesto permanente".

Se quedó callado. Me miró durante casi un minuto, sonriendo. Por un instante, pensé que me iba a echar de su oficina. Después, me dijo que sería un gran candidato – en cinco años –. "Tienes gran experiencia y currículum médico, pero eres demasiado joven, David. Todavía no tienes suficiente recorrido".

Luego continuó con un resumen sobre mi rechazo. "La mayoría de los jefes de nuestros departamentos tienen al menos treinta publicaciones en sus currículums. Dedica los próximos años a investigar y a escribir. Mejor todavía", concluyó, "haz un descubrimiento médico o desarrolla un instrumento o procedimiento oftalmológico nuevo. Si haces eso, yo mismo te recomendaré para la jefatura".

También adornó su rechazo con las posibilidades de quizás dedicar los próximos cinco años en una salina académica en Nueva York (mi frase, no la de él), pero no profundicé en esos consejos ni intenté extender nuestra entrevista. Más bien, me levanté, le agradecí por su tiempo, por su atención y le dije que pensaría en sus consejos. Le di la mano, me despedí y me fui de su oficina para tomar un taxi de vuelta al aeropuerto. En el taxi, suspiré aliviado y planeé lo que le diría a Lynda.

Cuando llegué a casa, le dije a Lynda que Cornell me había dicho que no tenía suficiente experiencia ni suficientes publicaciones. Le expliqué que Buchanan me había recomendado que intentara entrar a una institución educativa en un nivel inferior, una oportunidad, le dije, de arañar y de luchar durante cinco años para rellenar un currículum y vivir mientras tanto en un pequeño apartamento con una esposa y cuatro niños.

"No haré eso, Lynda. No puedo hacer eso. Aquí es donde pertenezco". Le dije. "Aquí es donde puedo llegar a lo más alto".

Lynda me dio las gracias por ir a Nueva York e intentarlo. "Lo aprecio de verdad". Además me dijo que estaba segura de que yo haría lo que fuera mejor para nuestra familia. Sabía que había conspirado, pero dormí bien esa noche.

Entre las virtudes cardinales, mi padre valoraba la lealtad a la familia por encima de todas. Pero a pesar de mis trucos y de mis palabras insinceras a Lydia, nunca tuve la intención de irme de Cincinnati para mudarme a Nueva York, por lo que la entrevista con el doctor Buchanan fue una farsa inventada para engañar a mi esposa. Entonces, ¿fui desleal con ella? Y, si lo fui, ¿jugué con el valor más importante para mi padre?

Lo mejor que puedo decir en mi defensa es que pensaba que estaba velando por los intereses de mi familia. Teníamos cuatro hijos y frente a mí se extendían los costos de las vacaciones de verano, de los campamentos de verano y de tenis, de los clubs de campo, de la educación universitaria y de las maestrías de ellos. Tenía treinta y tres años y no había ahorrado ni un centavo. También era consciente de la temprana morbilidad por parte de mi familia. Mi padre acababa de morir de un ataque cardíaco a los sesenta años; su hermano había muerto, también de un ataque cardíaco, a los cuarenta y cinco años y mi hermano mayor, quien todavía no había cumplido cuarenta años, ya había tenido un ataque al corazón. Lynda no había trabajado durante años, por lo que encontrar un trabajo con un buen sueldo, si me pasaba algo, habría sido difícil, además de duro para los niños, en caso de que llegara a encontrarlo. Yo estaba entrando en lo que esperaba que fueran años de ganancias máximas en Cincinnati. Estaba en un consultorio con un hombre de setenta años que ya había insinuado que un día dicho consultorio sería mío. Incluso si eso no funcionaba, estaba ganando una buena reputación en Cincinnati y pensaba que el cielo era el límite. De hecho, si moría a los cincuenta y dos años – a medio camino entre mi padre y mi tío – dejaría a Lynda y a los niños bien provistos.

Así que nos quedamos en Cincinnati y yo seguí escatimando en el tiempo que pasaba con mis hijos – no para jugar al golf o al tenis, sino para trabajar –. Creo que la moraleja aquí es que la vida tiene una forma de convertirnos en materialistas a todos y sólo en la parte final de nuestro tiempo asignado, los pensamientos sobre cómo nuestras decisiones podrían haber sido diferentes y, quizás, mejores, se vuelven incontenibles.

Mi relación profesional con Barney empezó de forma prometedora, pero terminó terriblemente y la fuente de la promesa del comienzo y la del dolor del final fue extrañamente la misma: yo era joven, excepcionalmente bien formado y un ambicioso trabajador. Al principio, Barney admiraba esas cualidades por el beneficio que le auguraban para su negocio. Más adelante, esas mismas cualidades le molestaban y le asustaban, ya que empezó a creer que estaba tratando de empujarlo hacia la puerta.

Parte de ello era generacional, un conflicto profesional que se desarrollaba en casi todas las ciudades medianas de Estados Unidos. En mi caso, era un conflicto entre los oftalmólogos de la vieja guardia, casi todos señores de edad avanzada y naturales de Cincinnati, y muchos de los doctores jóvenes, incluyéndome a mí mismo, graduados de las escuelas de medicina de la costa este, residentes en los mejores hospitales y, en su gran mayoría, inmigrantes recientes a la Ciudad Reina, hombres jóvenes haciéndose a sí mismos sin contactos de nacimiento o de crianza con los peces gordos locales, hombres que sólo contaban con sus capacidades y con su formación para dejar su huella y para ganar aceptación.

Barney hizo mucho por mí, lo reconozco sin dudarlo. Él fue mi póliza de seguro contra mis tribulaciones con Joe y con su esposa, y cumplió su palabra. El suyo era uno de los consultorios más grandes de Cincinnati, el lugar en el que los profesionales y la alta sociedad de la ciudad iban para el cuidado de sus ojos. Yo entré a un consultorio próspero poco después de mi treinta cumpleaños sin tener que pedir capital ni remover cielo y tierra para generar una lista de clientes. El consultorio de Barney estaba hecho para mí, para causar sensación entre, literalmente, miles de pacientes.

Aprendí algunas cosas de Barney. Era un experto en cirugía de párpados y compartió su conocimiento conmigo. Sabía mucho sobre medicamentos preoperatorios y sobre sedación local en cirugías de cataratas, y también compartió esos conocimientos. Gané mucho dinero con él. Al comienzo, Barney decía: "Un día mi consultorio será tuyo". Incluso me dio una fotografía enmarcada de él mismo, con una inscripción que decía: "Para David y nuestra continua amistad y asociación". Sugirió que la colgara en la pared de mi oficina. Eso debió haber sido una pista.

Los beneficios en nuestra relación iban en ambos sentidos, pues Barney prosperó extremadamente por nuestra asociación. No me pagaba un salario; Yo trabajaba estrictamente bajo comisión. Deducía considerables gastos generales (más del 50 por ciento de mis ganancias – injusto –, sospechaba, pero él nunca me dejó ver las cuentas). Yo trabajaba como un perro para Barney. Atendía unos cien pacientes al día cuatro días a la semana (pero nunca sus pacientes VIP), realizaba operaciones dos días a la semana en los hospitales de Cincinnati –sobre todo en Deaconess, donde Barney regía el nido oftalmológico –. Mis honorarios por cirugía se enviaban directamente a la oficina de Barney y los mismos gastos generales se deducían de mis ingresos quirúrgicos – más dinero fácil para Barney porque nuestros honorarios por operación eran más altos que nuestros gastos de oficina –.

La mayor parte de consultorios médicos pagan ciertos gastos habituales por sus asociados más jóvenes: el seguro de mala praxis médica, suscripciones a revistas médicas, cuotas para asociaciones profesionales y demás, pero Barney no. Yo pagaba todas esas cosas de mi bolsillo, aunque él usaba las revistas cuando las necesitaba.

Barney pasaba casi todo su tiempo haciendo exámenes en el consultorio, cirugías pequeñas de párpado y, en ocasiones, iba al hospital para hacer una cirugía de cataratas. En cuanto a las cataratas, él era de la vieja escuela, sólo eliminaba el cristalino nublado y prescribía lentes de contacto o gafas de culo de vaso. Yo había sido formado en un método más novedoso que consistía en reemplazar el cristalino dañado por un implante de cristalino sintético, el cual eliminaba la necesidad de llevar lentes de contacto o gafas muy gruesas, así que le pregunté a Barney si podía recomendar ese procedimiento a mis pacientes. Él estuvo de acuerdo.

Al principio, menos de la mitad de mis pacientes optaban por la operación más novedosa, pero el boca a boca de los pacientes que veían 20/20 sin gafas o sólo con una corrección mínima luego de la cirugía, aumentó el porcentaje dramáticamente. Muy pronto algunos de los pacientes de Barney comenzaron a preguntar por el implante de cristalino, así que él los remitía donde mí. De hecho, muchos de los pacientes que veían bien desde la primera vez sin dispositivos correctores, comenzaron a solicitar cita conmigo para su examen ocular cada seis meses, lo que estaba gestando un problema.

La última vez que vi a mi padre vivo en octubre de 1974, me pidió que tratara al doctor Sakler con el máximo respeto – su servicio a Cincinnati y su edad así lo ordenaban –. Hice todo lo posible para honrar la petición de mi padre. Cuando pensaba que podía ayudar a un paciente con un procedimiento que Barney no realizaba, primero le preguntaba a él si podía hacerlo.

Cuando estaba en Bascom Palmer, el doctor Robert Machemer me formó en las técnicas recién estrenadas de cirugía vitreorretiniana, una palabra para dos procedimientos relacionados: uno, quitar el humor vítreo afectado (un líquido en la parte de atrás del ojo) y reemplazarlo con una solución salina para reconstruir el globo ocular; y dos, si la retina ya estaba herida y desprendida, quitar la cicatriz y recolocar la retina en su posición anatómica normal. Machemer era un grande en su campo – un receptor inaugural del Premio "Laureate Recognition Award" de la Academia Americana de Oftalmología. Según la página web de la sociedad, el "Laureate Award" es la más alta distinción de la Academia".

Si el doctor Machemer era Blaise, entonces el doctor Steven Charles, uno de los estudiantes de Machemer, era Merlin. Steven era un residente de primer año cuando yo era el jefe de residentes en Bascom Palmer. El doctor Norton me había dicho que no perdiera de vista al joven doctor Charles porque tenía las cualidades para ser un oftalmólogo especial. Y lo fue, convirtiéndose en famoso a nivel internacional por inventar nuevas técnicas y nuevos instrumentos para hacer esa difícil cirugía mucho más exitosa, quizás superando a su profesor con sus contribuciones a la cirugía vitreorretiniana.

Cuando empecé a trabajar para Barney, Steve era un especialista de la retina en uno de los hospitales universitarios más importantes de Memphis, en Tennessee. Le pregunté a Barney si podía visitar a Steve por mi cuenta para aprender sobre los últimos desarrollos en el tratamiento de enfermedades vitreorretinianas. Con la aprobación de Barney, llamé a Steve, quien me dijo que fuera a Memphis ("Ven unos días y me ayudas"). Aprendí mucho a su lado sobre sus nuevas técnicas en mis tres viajes a Memphis. Muy pronto estaba haciendo todas las cirugías de retina en el consultorio de Barney.

Barney preguntaba mi opinión cuando no estaba cómodo con su propio diagnóstico del problema visual de un paciente. Las consultas conmigo tomaron su propia rutina para proteger el lugar de honor de Barney. Le decía a sus pacientes que le gustaría que su joven asociado participara en el examen. Entonces, salía de su consulta para buscarme. En el camino hacia el consultorio, me advertía que no dijera nada al paciente después de examinarlo.

Mis exámenes eran más sofisticados que los de Barney porque mi formación era más avanzada que la suya, casi medio siglo anterior a la mía. Después de examinar al paciente, Barney y yo salíamos del consultorio, y pasados unos minutos él regresaba solo y transmitía *su* diagnóstico al paciente.

Nunca me quejé con Barney ni hablé fuera del consultorio sobre nuestra pequeña danza, pero creo que nuestra pantomima no engañaba a nadie. Los pacientes podían ver que yo dirigía mientras Barney miraba. Pero esas falsas consultas ayudaron a sellar mi condena con él, pues cada vez más y más pacientes decidían suprimir al intermediario e intentaba programar una cita conmigo directamente. Nunca alenté eso, ya que estaba perfectamente satisfecho con la situación. Estaba ganando mucho dinero y conociendo y ayudando a cientos de pacientes, granos de mi propio molino médico futuro. Pero Barney, con el tiempo, se molestó. El protagonismo era su oxígeno y yo era una amenaza a su suministro de aire.

"Pedantes". Les decía mi padre a las personas que se llevaban todo el crédito, que robaban el protagonismo y que magnificaban su papel mientras minimizaban la ayuda de los demás, y a él no le gustaban. Cuando entrevistaban a mi padre sobre el comienzo de su carrera, siempre daba las gracias a su Sara por creer en él cuando nadie más lo hizo y siempre agradecía a su único profesor, Paul Althouse, por liberar la magia en su voz. Mi padre era querido por los grandes directores de orquesta por los elogios con los que los colmaba.

A mi padre le gustaba ser el centro de atención, pero no lo anhelaba. Entendía que había hombres de gran talento y de inmensa ambición que trabajaban tanto como él, pero que no llegaron lejos porque no tuvieron su oportunidad. Nunca le restó importancia a su propio papel para obtener el éxito, pero agradecía a su buena fortuna por arrancarlo de la oscuridad relativa y por darle la oportunidad.

Le encantaban sus públicos y siempre cantaba para ellos, cantaba para el solitario hombre mayor en la última fila de los asientos baratos. La clave, creo, de su conexión kinética con sus seguidores era que sabían que él siempre estaba cantando para ellos. Mi padre firmaba infinitos autógrafos en restaurantes mientras su cena se enfriaba y cuando quienes buscaban autógrafos le daban las gracias, les decía: "No, gracias a *ti*".

Una vez me dijo que había compartido escenario con Danny Kaye una noche en la que la gran estrella del cine no quiso firmar autógrafos. Cuando un admirador se fue decepcionado y con las manos vacías, mi padre se inclinó y susurró: "Danny, acabas de insultar a la persona que está pagando nuestra cena".

Lleno de orgullo y de ambición, mi padre también estaba lleno de gracia. Él no era un "pedante". Pero Barney Sakler sí lo era y eso, más que nada, explica las dificultades que empezaron a tener lugar entre Barney y yo poco después de que mi padre muriera.

Cuando volví a Cincinnati del funeral, Barney me dijo que debía considerarle como un segundo padre, a lo que le respondí que no quería ni necesitaba un segundo padre. Él empezó a decirme repetidamente, a veces frente a otras personas, lo afortunado que era de tenerlo para allanarme el camino al éxito en Cincinnati. En algunas cenas y en otros eventos sociales, decía a nuestro grupo cuánto me pagaba y se preguntaba en voz alta si yo sabía lo afortunado que era. Llegó a mis oídos que tenía la costumbre de contar a sus amigos de profesión que yo era un poco tosco, pero que él me estaba "trayendo". Todo eso era juego limpio en la gestión de su relación conmigo, así que nunca me quejé ni contraataqué. Pero cruzó la línea cuando me dijo que la fama y la reputación de mi padre habían despejado mi camino para llegar a las mejores escuelas, a las becas y al mejor consultorio de Cincinnati desde el inicio.

"Yo no tuve un padre famoso", dijo. "Trabajé duro por todo lo que tengo".

"Así que piensa que todo fue por mi padre". Pensé cuando me dijo eso, lo que hizo que lo despreciara en ese instante por plantear el lado oscuro de mi competitividad y que me pusiera en contra de mi padre en un pequeño rincón de mi conciencia. Su comentario injusto hizo que menospreciara durante una fracción de segundo la generosidad de mi padre con mi progreso para reclamar el respeto que me debía, pero nunca recibí generosidad de parte de ese hombre envidioso. Jamás perdoné a Barney por esa fracción de segundo de traición filial.

Mi relación con la esposa de Barney también empezó a deshilacharse. Había cinco personas entre el personal de oficina de Barney: la señora Sakler, la gerente de oficina, el *mayordomo*, su enfermera durante treinta y cinco años, quien fue leal a Barney hasta el final, y otras tres asistentes de oficina que compartían dos puestos de trabajo a tiempo completo. Estas tres mujeres se volvieron partidarias mías cuando las cosas empezaron a ir mal – parcialmente porque Barney les pagaba notoriamente mal y parcialmente porque yo era joven, relativamente guapo y educado –. También creo que empezaron a darse cuenta de que su futuro estaba conmigo y no con Barney. Pronto empezaron a pasarme piezas de información sobre las políticas de la oficina y, en particular, sobre cómo la señora Sakler estaba diciendo a los pacientes que preguntaban por mí que yo no estaba disponible ese día, pero que su esposo sí lo estaba. En un principio no dije nada, ya que estaba satisfecho con que el exceso de pacientes de Barney fuera la fuente de mis pacientes. También estaba convencido de que mis consultas con sus pacientes un día producirían grandes beneficios.

Barney también se iba a casa a las cuatro todos los días y pasaba el invierno en Florida desde noviembre hasta marzo, así que yo veía a todos sus pacientes en esas épocas. Nunca me enfrenté a la señora Sakler sobre sus artimañas ni quería una repetición de mi guerra con Linda Levin. Estaba ocupado ganando mucho dinero y convirtiéndome en un oftalmólogo muy conocido. Mientras tanto, podía vivir con mis descontentos.

Me volví muy cercano a la asistente más trabajadora de la oficina, una mujer joven llamada Pamela Bell. Ella había sido educada en la Universidad Purdue, estaba casada y tenía tres hijos pequeños. Su esposo, Howard, era un ingeniero que posteriormente se sintió motivado a estudiar medicina debido a la grave enfermedad de nacimiento de uno de sus hijos – afortunadamente, temporal –. Poco después, él fue a la Escuela de Medicina de la Universidad Estatal de Ohio en Columbus.

Pam se esforzaba por llegar a fin de mes con su marido en la universidad y con tres hijos a los que mantener. Era inteligente, trabajadora y acogedora con los pacientes. Nos volvimos amigos del trabajo e instintivamente pensaba que podía contar con ella. Cuando las cosas empezaron a ponerse feas entre los Sakler y yo, se convirtió primero en mi aliada y después en mi cómplice. En cuanto las cosas explotaron con Barney finalmente, ella se convirtió en mi *consigliere* de guerra.

En agosto de 1976, cumplí treinta y cinco años. En diciembre del año siguiente, recibí una llamada del nuevo presidente y director general del Hospital Judío, el señor Warren Falberg, quien me ofrecía el puesto de jefe del Departamento de Oftalmología en nombre de la junta. Como muchos hospitales en esa época, el Hospital Judío no tenía oftalmólogos a tiempo completo, sino que dependía de los médicos de consultorios privados para llevar a cabo las funciones médicas y quirúrgicas en el hospital. Yo estaría a cargo de supervisar a unos veinte oftalmólogos en el hospital (no tendría nada que ver con sus consultorios privados) con lo relativo a los horarios de cirugías, a las obligaciones de la sala de urgencias, a las guardias y a otros temas parecidos. También me dijo que sería el jefe más joven de todos los departamentos del hospital y quizás el primero sin raíces en – o al menos sin conexiones profundas con – Cincinnati. Me informó que el voto fue unánime.

Después de decirme que mis credenciales, mi formación y mi trabajo en Cincinnati hablaban por sí solos, añadió que había escuchado que yo siempre estaba en los hospitales a altas horas de la noche, así como los fines de semana y que él respetaba eso. (Si mi padre hubiera estado escuchando, estoy seguro de que le habría encantado el último comentario. Él siempre detestó a los vagos). Convertirme en jefe, dijo, sólo sería la mitad de la oportunidad. Me animaba a cambiar mi consultorio a un nuevo edificio de oficinas, casi terminado, que el hospital estaba construyendo justo al lado.

"Toda la composición demográfica apunta hacia afuera del centro y hacia los hospitales para la atención médica". Añadió Falberg. Aprendí que la cercanía de las oficinas médicas y de los hospitales harían más fácil la vida tanto para los doctores como para los pacientes y generaría un aumento de los ingresos para los médicos y para los hospitales. El nuevo edificio de oficinas albergaría a médicos de todas las especialidades y "el intercambio de referencias nos beneficiaría a todos". Me dijo. También me explicó que no tenía que cambiar mi consultorio para convertirme en jefe, pero que si elegía hacerlo, podía adquirir espacio de oficina del hospital y trabajar con los arquitectos en el diseño y en la disposición. Concluyó con su deseo personal de que aceptara el puesto y de que cambiara mi consultorio privado al nuevo edificio de oficinas del hospital.

Llamé a Barney al día siguiente a Florida y le conté entusiasmado sobre la oferta. Le resumí lo que el señor Falberg me había dicho sobre la composición demográfica, sobre las sinergias y sobre las tendencias. "El centro de la ciudad está a dieciséis kilómetros de los grandes hospitales". Le dije, y añadí: "Ahora es el momento de que nos mudemos". El cambio "sería bueno para los dos".

"Pero será *tu* oficina". Respondió.

A ese respecto, Barney tenía razón; Yo planeaba llevar las riendas. Difícilmente podría haber sido de otra manera, puesto que iba a pagar el costo completo de la mudanza y de la nueva oficina. Sin embargo, no me importaba el maquillaje, así que le aseguré que su nombre podía ir primero en la puerta delantera y en nuestro membrete. Pero enfaticé que, aunque consultaría sobre las políticas de la oficina, "en un conflicto profesional entre nosotros, la decisión final sería mía".

Después le hice una oferta que no creí que pudiera rechazar: "Todo lo que ganes, es para ti". Él se había quedado con una gran parte de mis honorarios, pero yo le estaba permitiendo quedarse con todos los suyos, menos su parte equitativa de los gastos generales. En ciertas reivindicaciones reprimidas, yo puse los límites. Me dio algo de placer decirle que tendría que pagar por sus revistas, por sus cuotas profesionales y por su seguro de mala praxis, al igual que me había hecho pagar a mí. También le aseguré que su esposa podría continuar trabajando para el consultorio, pero que Pam Bell sería la nueva directora de la oficina. Barney y su esposa estaban cerca de los setenta y cinco años. Pensé que les estaba dando una oportunidad de oro para continuar ganando una cantidad significativa de dinero sin las responsabilidades de dirigir un consultorio mientras, de cara al exterior, podían mantener su categoría en la comunidad.

Barney no me pidió tiempo para pensar en mi oferta. "Toma el puesto como jefe, pero mantén tu consultorio privado en el centro de la ciudad conmigo". Respondió.

Le respondí que yo no pensaba que ese fuera un rumbo inteligente, a lo que replicó que no podía renunciar al control de su consultorio y que su esposa nunca le dejaría hacer eso. "Quédate conmigo cinco años más, David, y después podemos hablar sobre una transición".

Yo no podía seguir postergando todo eso. Esa sería nuestra última conversación civilizada. No estaba vinculado mediante un contrato a Barney, así que al día siguiente llamé al señor Falberg para aceptar su oferta, incluyendo su recomendación de cambiar mi consultorio privado.

Almorcé con Pam ese día, le pregunté si podía confiar en ella. Ella me dijo que sí. A continuación le conté sobre la oferta del Hospital Judío y sobre que dejaría a Barney tan pronto como la nueva oficina estuviera lista, pero le aclaré que no le había contado a Barney mi decisión final. Le pregunté si se iría conmigo como mi nueva gerente de oficina, a lo que encantada me dijo que sí. Le pregunté si las demás mujeres de la oficina se irían conmigo también, y dijo que estaba segura de que lo harían. Le mencioné que creía que los siguientes meses podían ponerse feos, así que le pregunté si podía contar con ella y con las otras chicas. Ella asintió con la cabeza.

Durante el almuerzo, conseguí poner el marcador del personal de la oficina tres a dos a mi favor. Antes de regresar a la oficina, le pregunté a Pam si podía alquilar una pequeña fotocopiadora y llevarla a la oficina después de las diez de la noche. "Tenemos mucho por fotocopiar". Le dije.

Durante los dos meses siguientes, mientras Barney y su esposa estaban de vacaciones en Florida, Pam y yo hicimos copias de los nombres, de las direcciones y de los números de teléfono de todos los pacientes que había visto durante los cuatro años que trabajé con Barney, así como de todas mis anotaciones en los archivos. Pensé que las anotaciones médicas claramente pertenecían a mis pacientes y también que tenía el derecho legal y quizás la obligación profesional de quedarme con la información de contacto de los pacientes que había visto. Yo los había tratado y creía que era mi deber informarlos de dónde me estaba mudando para darles una oportunidad justa de solicitar la continuación de mis servicios. Después de todo, los doctores no son dueños de sus pacientes. No consulté esto con abogados porque me parecía un paso adecuado – y quizás necesario bajo las reglas de la ética médica –.

Por supuesto que no llamé a Barney para contarle lo de las fotocopias porque habría insistido en que parase inmediatamente. En resumidas cuentas, Pam y yo fotocopiamos miles de páginas de registros. Fuimos cuidadosos de evitar ser descubiertos al comenzar mucho después de que todos se hubieran ido a casa, incluyendo los conserjes, y guardando la pequeña impresora cuando acabábamos en la parte de atrás de un armario apartado bajo una manta.

Nuestra prudencia y mi superioridad numérica tres a dos no tomaron en consideración las capacidades detectivescas de la leal enfermera de Barney. Una mañana de febrero encontró la fotocopiadora bajo la manta y me preguntó si estaba fotocopiando los registros del doctor Sakler. "Mis registros". Le respondí. Ella llamó a Barney, quien tomó el siguiente vuelo disponible desde Florida.

El día que regresó de Florida, Barney entró a mi oficina y me acusó de actividad criminal. "¡Estás robando mis registros!". Gritó.

"Yo no estoy robando nada". Dije. "Estoy haciendo fotocopias de *mis* notas médicas y de la información personal sobre los pacientes que *yo* he visto".

Después le pedí a Barney de manera civilizada que se sentara y le repetí la oferta que le había hecho por teléfono, incluyendo el orden de nuestros nombres en el consultorio, en las puertas y en el membrete. Le pedí que lo pensara bien antes de decirme que no. "Barney", le dije sinceramente, "sé lo que puedes hacer y lo que no puedes hacer, y ya no puedes ejercer de forma efectiva por tu cuenta".

Su respuesta fue de enfado. "Sal de mi oficina o haré que te saquen".

Durante las siguientes semanas, Barney hizo todo lo posible para sacarme de su oficina, excepto la única cosa que podría haber funcionado – cambiar los cerrojos de todas las puertas –. Llamó al propietario y le ordenó que me desalojara.

"No puedo desalojar a ninguno de sus empleados". Le respondió el propietario. "Sólo lo puedo desalojar a usted".

Intentó conseguir una orden judicial de desalojo, pero el tribunal lo desestimó. Llamó a la policía y pidió que me sacaran por la fuerza, pero la policía dijo que no podían actuar sin una orden judicial. Presentó cargos en mi contra ante la Academia de Oftalmología de Cincinnati, pidiendo que me amonestaran por incumplimiento de los deberes de la profesión, y convenció a algunos de sus pacientes más antiguos para que pusieran por escrito que yo había robado sus registros. Las acusaciones de Barney me forzaron a asistir a una sesión formal de amonestación ante un panel de tres miembros de la Academia. Barney empezó con una diatriba contra mí, llena de hostilidad. Cuando fue mi turno para hablar, reconocí que había hecho fotocopias de información de pacientes y de anotaciones médicas de los pacientes que había atendido, pero aclaré que no había robado nada que fuese propiedad de Barney. Les dije que quería quedarme en Cincinnati, que esperaba seguir con mi consultorio y convertirme en el jefe del Hospital Judío. Mirando directamente a mi adversario, terminé recordando a los tres panelistas que ellos conocían a Barney y a su esposa desde hacía treinta y cinco *largos* años.

Sus risas entre dientes ante ese comentario pusieron fin al procedimiento. Se concedieron un momento, nos dijeron a Barney y a mí que "solucionáramos nuestros problemas en privado", se levantaron y salieron de la sala.

Barney también trató infructuosamente de utilizar su influencia con los médicos más antiguos de Deaconess para que me retiraran mis privilegios para hospitalizar. Desesperadamente, llamó a uno de sus amigos de la junta del Hospital Judío para influenciar al hospital con el fin de que me retiraran su oferta. Durante todo eso, yo fui a trabajar todos los días.

La oficina delantera de Barney y la sala de espera para los pacientes ocupaban un gran espacio. Había dos escritorios para secretarias, cada uno con un teléfono con el mismo número – una línea compartida de oficina –. Mi guerra con los Sakler dio lugar a escenas cómicas hilarantes representadas frente a un público de pacientes cautivos, quienes por turnos se divertían, se sentían avergonzados y se horrorizaban ante las visibles muestras de acritud entre nosotros.

Las primeras escaramuzas estaban relacionadas con los teléfonos en duelo. La señora Sakler en un escritorio miraba a su teléfono como un halcón. Pam u otra secretaria aliada sentada en el otro escritorio, también estaba preparada para lanzarse ante el primer timbrazo. Si la señora Sakler respondía el teléfono primero y le decía al interlocutor que yo no estaba, mi aliada la interrumpía por el otro teléfono, gritando por encima de ella, "Sabe que eso no es verdad, señora Sakler. El doctor Tucker está aquí y estará encantado de ver a este paciente". Así continuaron los duelos de teléfonos sin cesar, todo el día todos los días.

Después estaban los duelos por el correo. Cuando todo estaba tranquilo con Barney, no me importaba que todos los pagos por cheque o en efectivo se los hicieran a él; después, al final del mes, su esposa me pagaba mi comisión en un cheque. Pero tras el conflicto, no me fiaba de él ni de su esposa para llevar una contabilidad honesta, así que le pedí a Pam que les dijera a mis pacientes que escribieran los cheques a mi nombre, al igual que todas las cartas dirigidas a mí. Cuando el cartero llegaba a la puerta, Pam y la señora Sakler saltaban y corrían hacia él. Si Pam llegaba primero, ella se quedaba todo mi correo y le daba a la señora Sakler el resto. Si la señora Sakler llegaba antes, Pam le gritaba que abrir cualquier correspondencia dirigida al doctor David Tucker ¡era un delito federal!

Si uno de mis pacientes quería pagar en efectivo, la señora Sakler lo agarraba y Pam le decía en voz alta: "Señora Sakler, esos son los honorarios del doctor Tucker", entonces ella se lo entregaba a regañadientes.

Si uno de mis pacientes preguntaba cómo hacer un cheque, la señora Sakler gritaba: "Extiéndalo a nombre del doctor Barney Sakler". Pero Pam contraordenaba que todos los cheques para los honorarios del doctor Tucker debían extenderse a nombre mi nombre. Mis aliadas en la oficina estaban de mi lado de forma tan agresiva que estoy sorprendido de que Barney no las despidiera. Debió haber estado preocupado por la notificación, la indemnización o la responsabilidad legal.

Dichas escenas ocurrieron una y otra vez durante varios meses para risas, gruñidos y bocas abiertas de pacientes–espectadores. Algunas veces, el mismo Barney participaba (yo nunca lo hice) al entrar a la sala de espera y preguntar a los pacientes en su cara por qué querían ver al doctor Tucker en lugar de a él. Esas escenas locas no terminaron hasta mi último día en la oficina de Barney. Después me enteré de que el alboroto de nuestra oficina hizo de su consultorio la comidilla y el escándalo de la ciudad.

Nunca le dije a Barney el día exacto en el que me iba porque no quería que merodeara y que cuestionara cada artículo que yo creía mío. Recogería mis cosas cuando no estuviera allí y dejaría que me denunciase si quería recuperar algo.

En junio, mi nueva oficina estaba terminada, así que le pedí a Pam (ella también era mi espía) que averiguara cuándo iban a estar ocupados los Sakler durante toda una noche en un evento social o profesional relativamente lejos. Ella desenterró esa pieza de información, y la noche señalada trabajamos con los hombres de la mudanza que había contratado hasta muy tarde para vaciar mi oficina. Antes de apagar la luz por última vez, miré a las cuatro paredes, desoladas, excepto por la imagen enmarcada y autografiada de Barney Sakler que me negué a llevar. Al día siguiente, me presenté en el Hospital Judío como nuevo jefe del Departamento de Oftalmología.

Durante varios meses después de dejar a Barney, Lynda recibía llamadas anónimas en casa diciendo que uno de nuestros hijos estaba enfermo en la escuela o que había tenido un accidente grave, después la mujer que llamaba colgaba el teléfono.

Años después, Joe Levin murió de leucemia. Pam me contó la noticia en mi oficina. No fui al funeral. Al año siguiente, Barney Sakler, su esposa y su suegra murieron trágicamente en un incendio. (Después escuché que las dos mujeres murieron en el incendio, pero que Barney murió de una caída en un intento de escapar de las llamas al saltar desde una ventana de un segundo piso). El incendio se desató una noche de sábado y yo me enteré a las seis y media de la mañana siguiente cuando mi abogado me llamó para contarme la terrible noticia. Le di las gracias por llamarme, le comenté que estaba muy cansado y que necesitaba seguir durmiendo. (Después me dijo que se quedó sorprendido por mi reacción). La llamada despertó a Lynda, que me preguntó quién había llamado tan temprano.

"Mi abogado". Le respondí. "Barney, su esposa y la madre de ella murieron anoche en un incendio".

Lynda gritó, saltó de la cama y empezó a vestirse. "¿Qué debemos hacer?" Gritó.

"Yo voy a seguir durmiendo", contesté.

Lynda se quedó atónita ante mis escuetas palabras.

En cuanto Pam se enteró del incendio, me llamó diciéndome con voz de asombro: "Primero Joe y ahora Barney. David, no es saludable ser tu enemigo".

Tampoco fui al funeral de Barney. No deseaba nada malo a ninguno de esos dos enemigos, y me entristecían sus muertes. Pero no soy un hipócrita. Barney Sakler había intentado destrozar mi carrera repetidamente, destrozarla en el Deaconess, destrozarla en el Hospital Judío, arruinar mi carrera en todo Cincinnati con sus intentos de que me amonestaran. Y también estaban esas inexplicables llamadas malvadas que hacía una mujer sobre mis hijos, las cuales empezaron justo después de dejar su consultorio.

Creo que mi padre habría ido tanto al funeral de Joe como al de Barney si hubiera estado en mi lugar. Pero recuerden que yo heredé el gen de la personalidad del Antiguo Testamento de mi padre, sin diluir la tónica de su piedad y de su capacidad para perdonar incluso las ofensas de aquellos que se habían portado mal con él o con su familia.

Capítulo Dieciséis

La lucha más dura de Kid Scar

Estoy seguro de que algunos de los momentos más felices de mi padre fueron los *furlongs* simbólicos de mi larga educación médica. Él estaba allí, sonriendo y orgulloso en cada fase – en Massachusetts, en Nueva York, en Bethesda, en Miami, en Bogotá y en Europa –, una educación que le costó una pequeña fortuna, fortuna que pagó con gusto. Cuando le dije hacia el final de la escuela de medicina que había decidido convertirme en cirujano oftalmológico, sonrió y me recordó que el primer acto de Dios en su Primer Día fue desterrar la oscuridad y ofrecer al mundo el preciado regalo de la luz. "Cada vez que salves la vista de alguien". Me dijo. "Estarás haciendo el trabajo de Dios".

Mi padre vivió lo suficiente para ver los primeros frutos de su sueño cuando comencé en el consultorio privado de Joe Levin y después en el de Barney Sakler. Pero no vivió lo suficiente para verme convertido en jefe de oftalmología en el Hospital Judío de Cincinnati, lo que le hubiera entusiasmado en ambos aspectos. Aunque mi madre a veces fantaseaba con que descubriría curas para la ceguera, la esperanza más grande de mi padre era que su hijo ejerciera la medicina en una comunidad y que recreara el mandamiento bíblico de sanar que había conferido a los médicos antiguos un estatus tan elevado como el de los rabinos en los ojos de los creyentes.

Así que me volqué en la medicina, como cirujano del Hospital Judío y como médico en oftalmología en mi consultorio privado. No tengo dudas de que vi a más pacientes en mis treinta años en Cincinnati que la mayoría de los oftalmólogos durante sus carreras. Cuando me jubilé, mi computador guardaba los nombres de más de cincuenta mil habitantes de Cincinnati. Así que aunque mi madre pudo haber estado ligeramente decepcionada de que nunca descubrí una cura para la ceguera, mi padre habría llorado de la emoción porque había concedido la vista en una sola comunidad por mucho tiempo y de manera eficiente.

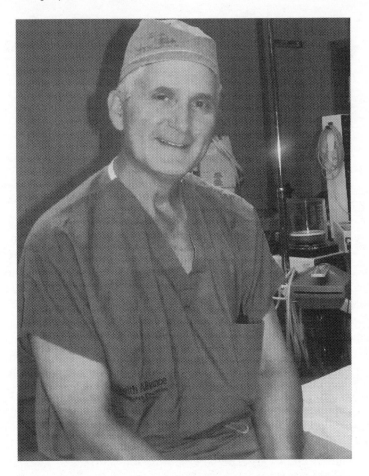

Con bata quirúrgica en el Hospital Judío de Cincinnati, donde ejercí la medicina como oftalmólogo durante treinta y cinco años. (De la colección personal de David N. Tucker)

Las semanas, los meses y los años volaron y yo no cambié mi rutina ni aminoré la velocidad. Nunca llegaba a casa antes de las once de la noche durante la semana, a excepción de los viernes. Tres días a la semana veía casi cien pacientes al día desde las ocho de la mañana hasta las nueve y media de la noche. Los martes y los viernes eran mis días de operaciones en el hospital y llevaba a cabo entre cuatro y siete operaciones en el día, dependiendo de su complejidad. Si una lesión ocular traumática u otro tipo de emergencia requería mi presencia en el hospital por la noche, no llegaba a casa hasta la una o las dos de la mañana o volvía al hospital si ya estaba en casa. Veía a pacientes todos los sábados hasta las cinco de la tarde, y ese era el único día en el que Lynda y yo salíamos a cenar, cuando yo cabeceaba a menudo en la mesa. Dormía hasta tarde los domingos y trabajaba desde casa en asuntos relacionados con los pacientes y con deberes administrativos hasta la cena. Pero las noches de los viernes eran diferentes. Me iba temprano para llegar a casa antes del atardecer y para encender las velas para la cena de Sabbat con mi familia.

Estaba exhausto casi todo el tiempo y no podría haber sobrevivido a ese ritmo agotador que me puse a mí mismo sin la ayuda de Pam. Ella era un ejército de una sola mujer. Como directora de la oficina, supervisaba a mis secretarias, a las asistentes de oficina y llevaba todos mis libros y mis registros financieros. Estaba tan ocupada durante el día mediando entre las oficinas y las consultas que tenía que ocuparse de las finanzas y de otros asuntos del negocio en su casa por la noche. En treinta años, creo que nunca la vi almorzando. Era también vital para la parte médica de mi consultorio. Era inteligente, rápida y tan trabajadora como yo, así que pronto me di cuenta de su potencial como auxiliar médico. Aunque nunca estudió enfermería, la entrené para ser mi enfermera instrumentista. Le enseñé todo sobre los instrumentos oftalmológicos y sobre sus funciones. Después de unos años, sólo necesitaba extender mi mano durante la cirugía, plenamente confiado de que colocaría en ella el instrumento apropiado. Me asistió probablemente en el 95 por ciento de mis operaciones. Si me llamaban del hospital por la noche, lo primero que hacía era llamarla y ella conseguía una niñera para sus tres hijos. Si no encontraba una niñera, los envolvía en mantas ya dormidos, los llevaba al hospital con ella y allí buscábamos una sala donde pudieran dormir mientras una enfermera los vigilaba. No sería demasiado fuerte decir que Pam y yo forjamos una colaboración médica informal.

Lynda se refería a ella como mi "segunda esposa". En medio siglo de matrimonio, creo que Pam Bell fue la única mujer de la que Lynda tuvo celos.

Ejercí en Cincinnati durante más de tres décadas. Los niños que pasaban por mis salas de consulta y entrecerraban los ojos para leer la tabla optométrica o los que pasaban por mi mesa de operaciones porque una pelota de béisbol errante les había dañado uno o los dos ojos, se convirtieron en los adultos que venían a mí con cataratas, con glaucoma o con enfermedades retinianas. Los atendía a ellos y, después, a sus hijos. Si se casaban jóvenes, como yo, y tenían hijos siendo jóvenes, como yo, también trataba a sus nietos. Y así fue, una cadena humana de familias, que través de las generaciones, bendijeron mi consultorio y lo hicieron sagrado, como en la antigüedad.

Por ejemplo, una señora mayor que tuvo que ser guiada hasta mi oficina porque sus ojos casi no distinguían la luz de la oscuridad. Era una paciente nueva. Tenía cataratas avanzadas en ambos ojos y había dejado que ese estado se deteriorara a lo largo de los años. No podía reconocer ni a su propia hija. No había visto la televisión ni leído un libro durante mucho tiempo. Le operé el ojo derecho primero y le implanté un lente intraocular. Al día siguiente llevé a su hija a la sala de pacientes para familias y le pedí que se sentara en una silla frente a su madre. Cuando le quité el parche y la mujer vio a su hija por primera vez en varios años, gritó de alegría y empezó a llorar.

Por ejemplo, una niña que había estado casi ciega desde el nacimiento por graves cataratas bilaterales. Aunque podía discernir la luz de la oscuridad y distinguir figuras a grandes rasgos, nunca había sonreído al mirar la cara de su madre o al jugar con un juguete. Los avances tecnológicos de esa época hacían posible una cirugía de catarata exitosa con la incisión más pequeña. La nueva operación se llamaba facoemulsificación. En ella, la sonda del facoemulsificador entra en el ojo, reduce a polvo la catarata y la absorbe. Una lente intraocular doblada se inserta a través de la incisión microscópica, la cual espontáneamente, como si fuera magia (o la mano de Dios) se desdobla en perfecta armonía con el contorno del ojo. Después de la recuperación, la familia lloró cuando la niña sonrió a su madre y jugó con sus juguetes.

Estas, e infinitas historias como estas, habrían alegrado el corazón de mi padre.

En una época de especialización quirúrgica en aumento, yo era un joven dinosaurio, equipado por mi formación con los mejores doctores del mundo para operar en cada parte del ojo. Empecemos por hablar de la parte exterior de este. Yo llevaba a cabo varios tipos de cirugías oculoplásticas para eliminar cánceres locales y otras anormalidades de la piel que rodea al ojo y a los párpados, en particular en pacientes mayores. Lo siguiente son los músculos unidos al ojo, en los que operaba para corregir debilidades del músculo, para alinear ojos bizcos, para eliminar el estrabismo y para mejorar ojos errantes y párpados caídos, especialmente en pacientes pediátricos. Después, está la córnea; recuerden que estudié cirugía refractiva y trasplantes de córnea con el doctor José Barraquer en Bogotá, el roble más alto en el bosque y el padre de la cirugía refractiva moderna. Llegamos al cristalino del ojo. En Bascom Palmer, estudié con el doctor Norman Jaffe, uno de los pocos gigantes que ponía implantes de lentes intraoculares en el ojo. Pasemos a la retina, la película panorámica del ojo; de ella estudié con el doctor Edward Norton, una leyenda en el campo de la cirugía de desprendimiento de retina y con el doctor Robert Machemer, el pionero en cirugía vitreorretiniana. Finalmente, llegamos al nervio óptico, la brillante autopista que transmite los impulsos fotoquímicos desde el ojo hasta el cerebro; sobre la cual estudié neurooftalmología con el doctor J. Lawton Smith en Bascom Palmer, uno de los miembros fundadores del campo y el fundador de la *Revista de Neurooftalmología*.

Estos maestros de Florida, de Latinoamérica y de Europa me permitieron convertirme en el oftalmólogo en el que me convertí en Cincinnati. Estoy en deuda con todos mis profesores; pero, sobre todo, estoy en deuda con mi padre, que vio la vida de un médico como mi vocación mucho antes de que yo lo hiciera y que hizo todo lo que estaba en su poder para asegurarse de que sucediera.

Había casos inusuales, pero preocupantes, de quejas sobre médicos o sobre enfermeras que llegaban a la sala de operaciones alterados por consumir alcohol o drogas. Esas eran quejas difíciles de investigar porque la carrera y la reputación de un médico o de una enfermera estaban en juego si una acusación resultaba ser cierta o incluso si una acusación se hacía pública. Como jefe, tenía un papel importante en dichas investigaciones. No podía descartar la posibilidad de las quejas que nacían por rivalidades profesionales, por enemistades personales y por antiguos rencores. Revisaba las difíciles quejas tan minuciosa y tranquilamente como podía, pero siempre me regía por mi juramento de que el bienestar del paciente era la prioridad.

Además, era responsable del decoro en la sala de operaciones y ocasionalmente recibía quejas sobre ordinarieces, sobre abusos verbales y sobre acoso sexual. En casi todas las ocasiones las enfermeras eran las víctimas y los médicos los culpables – a excepción de las ordinarieces, en las que las enfermeras tenían su propio nivel –. Regañaba a los médicos y a las enfermeras por las vulgaridades baratas que ofendían a los pacientes y a otros profesionales y no toleraba el abuso verbal por parte de médicos ni de enfermeras, así como tampoco el acoso sexual descarado que las amenazaba, las ofendía o las avergonzaba.

Pero recuerden que yo era jefe en una época de estándares distendidos para el lugar de trabajo en relación con las insinuaciones y con las bromas raciales, una época anterior a que los departamentos de recursos humanos y legales empezaran a ejercer su dominio pleno sobre el decoro en el lugar de trabajo. También confieso ser un galán empedernido yo mismo y un hombre con la más alta estima por los atributos físicos de una mujer. (No estoy culpando a mi padre, pero él era experto coqueteando en el Met con las cantantes y adorando a las patrocinadoras). Así que lo que yo veía como unan diversión permisible con las enfermeras estaba muy por debajo de los estándares de decoro, así que estoy seguro, de que otro jefe me hubiera delatado.

Pam, que no era ninguna puritana, era mi exploradora de reconocimiento con el pequeño ejército de Florence Nightingales que rotaba en la sala de operaciones. Ella identificaba las enfermeras a las que no les importaba un poco de charla sexual y a las que les gustaba, o al menos aceptaban, mis coqueteos. Por supuesto, no había tocamientos ni manoseos, sólo un flujo constantes de bromas, de dobles sentidos y de miradas sonrientes a los montículos y a las curvas del terreno sexual de las enfermeras bien dotadas, cuyos atributos fueran encantadoramente perceptible aunque estuvieran completamente vestidas. Pronto la divina cualidad femenina que era mi preferida se volvió de dominio público entre el personal de enfermería.

Desde tiempos inmemoriales, los hombres adolescentes desde los dieciséis hasta los sesenta años han estado divididos en "hombres de piernas", "hombres de trasero" y "hombres de pecho" – las tres coordenadas de sus miradas morbosas a la anatomía femenina –. Yo estaba firmemente en el campo de los deleites más al norte del ecuador sexual. Si, como dicen los poetas, los ojos son la ventana al alma, las otras dos esferas divinamente exclusivas de las mujeres eran los detonadores de mi deseo.

Como la mayoría de los hombres que se casan muy jóvenes (yo tenía veintiún años y Lynda dieciocho), el amor y la lujuria, las hormonas y el corazón, estaban en constante lucha. Cuando el amor estaba en ascenso, mi alma se alegraba y se aligeraba por la decencia, por la amabilidad y por la sonrisa de Lynda. Cuando mis hormonas se aceleraban y la lujuria arrinconaba al amor, no podía dejar de mirar (o tocar) los maravillosos pechos de Lynda.

Yo operaba los martes y los viernes y un martes en particular hacia el final de mi carrera en Cincinnati fue el día de mi cumpleaños. Mi rutina normal era entrar a la sala de operaciones después de que las enfermeras prepararan a los pacientes y colocaran todos los instrumentos. Llegaba justo antes de que el paciente recibiera la anestesia local para asegurarle que todo estaba bien. Cuando la anestesia estaba siendo administrada el martes de mi cumpleaños, me di cuenta de que Pam y otras tres enfermeras se pusieron camisetas amarillas estampadas en rojo con las provocativas palabras "Las Tetas de los Martes del doctor Tucker". No llevaban nada más encima aparte de esas camisetas amarillas. Si los pacientes se dieron cuenta de su interesante atuendo, no dijeron nada.

Después de que se llevaran al último paciente a la sala de recuperación, Pam (la cabecilla) y sus tres seguidoras cantaron una canción al ritmo de "Feliz Cumpleaños" que terminó con la letra diciendo "No hay tarta comprada para ti, no hay tarta para ti, a cambio, en su lugar, nuestros pastelillos caseros sólo para ti". Con eso, se levantaron sus camisetas hasta el cuello y mantuvieron la pose durante unos segundos gloriosos.

Yo estaba sin palabras, pero profundamente agradecido. Cada una me dio un abrazo de cumpleaños. A mi padre le encantaban los abrazos y odiaba los que eran sosos. Como respuesta. "Cuando abraces, abraza de verdad". Decía a sus hijos. Yo les devolví el abrazo a las enfermeras con un vigor que le hubiera gustado a mi padre.

Pam tenía una larga historia de una campechanería sexual divertida en mi oficina y en el hospital, la cual culminó con mi voluptuosa despedida de la sala de operaciones, pero ella se había superado a sí misma hacía más de una década, cuando junto con Joe Thoma (hablaré sobre él más adelante) llevaron a una stripper de Las Vegas para mi cumpleaños número cincuenta.

Lynda había trabajado durante meses para el catering en nuestra casa y la lista de invitados de más de doscientas personas habría hecho sentir orgulloso a mi padre, no por la alta sociedad de doctores, de abogados y de hombres de negocios, sino por las enfermeras, por las asistentes hospitalarias y por los transportistas (los celadores que movían a los pacientes en sillas de ruedas y de camillas) que asistieron.

La fiesta fue un éxito galopando en los ritmos tradicionales de los asuntos de clase alta, hasta que una limusina se detuvo en la puerta delantera y entró una pechugona y escultural rubia acompañada de Pam y de Joe. Ella caminó hasta el centro de la sala de estar y preguntó quién era el cumpleañero. Yo levanté la mano. Me hizo señas para que me acercara con un sensual dedo que se meneaba, luego pidió una silla. Me hizo un gesto para que me sentara y empezó a desnudarse al ritmo de música de cabaret. Yo entré en el juego, pero Lynda estaba horrorizada. La única persona a la que Pam y Joe contaron su travesura planeada fue a nuestro hijo mayor, Larry, pero él guardó silencio pensando que la stripper debía ser una sorpresa.

Muy pronto, la mujer de Las Vegas tenía solamente su tanga unida a unas borlas con forma de dados grandes. En un abrir y cerrar de ojos, las borlas estaban alrededor de sus tobillos. Cuando se las quitó, lo único que llevaba puesto era su tanga de hilo dental y la majestuosidad de sus tacones. Entonces empezó a bailar con movimientos lentos y rítmicos.

Yo no podía dejar de mirarla. El resto de los invitados estaban teniendo dificultades para mirar en ambas direcciones al mismo tiempo – un esfuerzo oftalmológico de proporciones épicas –. Los maridos luchaban por mirar a la stripper mientras mantenían el contacto visual con sus esposas. Las esposas miraban a sus maridos mientras trataban de echar un vistazo a los competitivos recursos de la fémina desnuda. Mientras tanto, yo me lo estaba pasando como nunca, hasta que Lynda, indignada con el vacile sexual en medio de su salón, gritó a Larry: "¡Suficiente! ¡Recoge su ropa y sácala de aquí ahora!"

Lynda estaba furiosa con Pam y con Joe por planear eso, conmigo por haberlo disfrutado y con Larry por no decir nada. La eficiencia de Larry en recoger su ropa y en llevarla hacia la puerta le valió el indulto de una gobernadora, que desperdició esa misma noche cuando Lynda bajó la colcha y vio los dados claramente visibles en su almohada. Larry se rio y se disculpó al mismo tiempo cuando su madre lo confrontó, agitando las borlas en su cara. Ella se negó a hablarle durante una semana.

Como suele pasar, el tiempo suavizó las asperezas y Lynda nos perdonó a todos.

En su plenitud, su apodo de boxeo era el "Doctor de la perdición". Tenía los dos elementos esenciales para ser un luchador: una mandíbula de hierro y un corazón con un suministro inagotable. Añádele un derechazo impresionante y un despiadado gancho de izquierda y muy pronto los aficionados al boxeo le adjuntaron la etiqueta de "no tiene pérdida". Empezó a pelear cuando era un niño en las calles de Brooklyn. Su hermano mayor se dio cuenta de que nadie podía ponerlo en el suelo, ni siquiera los tipos duros que tenían el doble de su tamaño, por eso se convirtió en su manager. Peleó en todas partes, primero en la costa este en Long Island y en Nueva York, después en los resorts del Concord en la costa este, donde los más grandes pagaban $1,000 dólares por asiento para ver al gran Sugar Ray Robinson saltar a la cuerda y boxear con un adversario imaginario. Después en Las Vegas, en la costa oeste, donde, durante una temporada, salió con Ava Gardner, hasta que los chicos mandaron un mensaje de Frank Sinatra y él salió de su vida. Después, las mayores peleas empezaron a llegar, peleas por todo el mundo – Bogotá, Barcelona, Lyon, Florencia y Miami –. El dinero ganado era digno, pero su hermano hacía su agosto en apuestas paralelas (y se quedaba la mayor parte), de que su hermano pequeño llegaría hasta el final y su espalda nunca tocaría el suelo. Perdió algunas de sus peleas, pero su hermano nunca perdió una de sus apuestas.

La lucha más dura de Kid Scar

Se estaba haciendo mayor y los viajes le estaban afectando. Por el camino, conoció a una hermosa enfermera que arregló su nariz rota en un hospital local después de una de sus peleas. Se enamoró perdidamente de ella desde la primera vez que la vio. Fue "una bazuca a la mandíbula", contaba después a todos sus amigos. El boxeador y la enfermera empezaron a salir y él le hizo la pregunta un mes después y, para su absoluta sorpresa, la elegante enfermera con una belleza para morir y con un corazón para igualar, tomó sus dos manos, lo miró a los ojos y sonrió. Dejó la enfermería y salió a la carretera con él, la *cutman* más linda del circuito de boxeo.

Al cabo de cinco años, ella estaba cansada de viajar y se establecieron en el Medio Oeste, donde había un circuito de peleas bastante decente y él dejó su huella allí – incluyendo dos peleas legendarias en Cincinnati que, durante años, fueron producto de conversaciones al tomar cócteles de gambas en los elegantes clubs y café en las cenas. Pero entonces, su maravilloso corazón falló; ese suministro inagotable no era infinito después de todo. Él se dio cuenta de que algo estaba mal cuando tenía que parar y recuperar el aliento después de correr ocho kilómetros, cuando antes podía hacer diez sin sudar ni una gota. Lo atribuyó a la edad y no lo pensó dos veces. Se lo contó a su esposa, la enfermera, y ella se preocupó. Él se dirigía a Colorado para hacer un duro entrenamiento – subir y bajar montañas para prepararse para la gran pelea – pero ella no lo dejó irse hasta que le revisaran el corazón. Encontraron cinco obstrucciones y tuvo que hacerse un bypass quíntuple.

Pocos de los grandes boxeadores pelearon pasados los cuarenta años, pero es excepcional – Archie Moore, "la Vieja Mangosta" me viene a la cabeza – el que pelea hasta los cincuenta. El Doctor de la Perdición tenía cincuenta y tres años y llegó así de lejos por sus habilidades, por sus encantos y por su corazón. Pero ahora su corazón lo había abandonado. Los médicos le dijeron que sus días de boxeo habían terminado. Incluso si recuperaba sus habilidades, no había manera de que pudiera conseguir permiso para pelear, le dijeron los entendidos, ni siquiera en Lewiston, Maine. No a su edad y no con un pecho que parecía la hoja de ruta de Rand McNally.

Él no se retiraba. Seguía entrenando en contra de las órdenes del médico. Empezó a trotar, luego a correr, primero unos pocos kilómetros al día, después, en unos meses, quince kilómetros sin dolor, sin falta de aire. Luego empezó a golpear el saco de arena para conseguir fuerza y el saco ligero para conseguir velocidad. Sabía que había echado atrás las manecillas del reloj cuando el saco ligero empezó a cantar, como había ocurrido años atrás cuando él era uno de los grandes. Quería volver a pelear, pero todas las comisiones estatales le decían que no.

Finalmente, un médico aceptó aprobar una pelea de tres asaltos y la comisión de boxeo de Cincinnati aceptó autorizar la pelea. Knockout

Productions la promocionó por el 80 por ciento en la puerta, a él no le importaba, sólo quería subir al cuadrilátero. El hombre principal de Knockout, Giuseppe Thomaso, el Don King del Medio Oeste, anunció el combate como el Super Campeonato de Peso Mediano.

El estadio tenía cinco mil personas y fue un éxito de taquilla. Su oponente era el "Cincinnati Hammer", un tipo agresivo de peso mediano con una excavadora en su puño derecho que había ganado todos sus combates con nocauts. El Doctor de la Perdición insistió en tener un pseudónimo diferente; esa vez, lucharía como Kid Scar.

Cuando el Kid entró al ring, el auditorio ya estaba lleno de cigarros y de su humo. Él llevaba un albornoz con capucha de color satén púrpura que resplandecía entre la humareda mientras calentaba durante un minuto completo en el centro del cuadrilátero a ritmo de la música del interludio: "Cavalleria Rusticana" – el tema principal de *Toro Salvaje*, la película favorita de Kid –. Cuando se quitó su albornoz y fue al centro del ring para tocarse los guantes con el Hammer, la multitud se quedó sin aliento al ver la cicatriz que iba desde su cuello hasta su ombligo. El micrófono cayó desde el cielo y el locutor de la pelea vestido de esmoquin presentó a los boxeadores, dijo su altura, su alcance y su peso. Ambos pesaban 165 libras, pero el Kid ganaba algunos centímetros en altura y en envergadura. El micrófono volvió hacia el cielo, sonó la campana y la primera competencia pugilística autorizada en la historia del boxeo estadounidense en la que participaba un boxeador de cincuenta y cuatro años comenzó.

El primer asalto mostró a dos cautelosos veteranos que estaban tanteándose el uno al otro. El Kid era sorprendentemente rápido y acertó diez o más golpes directos. El Hammer se echaba para atrás y daba contragolpes, acertando un par de buenos derechazos a la mandíbula de Kid – su mandíbula de hierro. El Kid era el atacante y acertó más golpes, pero el Hammer daba golpes más fuertes. Los dos jueces y el árbitro calificaron el primer asalto como un empate. Fue un comienzo aburrido.

Lo único que despertó a la multitud hasta gritar enérgicamente fue la rubia en bikini y en tacones que circulaba por el ring con un letrero que anunciaba el segundo asalto. Quizás la rubia en tacones de aguja también captó el interés de los boxeadores porque la mayor parte del segundo asalto fue en el centro del ring. Primero el Kid y después el Hammer, desatando un acribillamiento de derechazos cruzados y de ganchos de izquierda. La multitud estaba gritando salvajemente por ambos boxeadores hasta que el Hammer acertó un golpe feroz al pecho del Kid cuando quedaban diez segundos de asalto. El golpe desgarró la cicatriz y el Kid empezó a sangrar abundantemente. Sonó la campana y los médicos corrieron hasta el ring.

El locutor en primera fila del ring, cuyo amor por el Kid no podía ser disimulado por sus intentos para ser neutral, rogó abiertamente a los médicos que pararan la pelea. El comentarista de la retransmisión, un ex–boxeador llamado P.J. Jackson, que se había retirado después de perder una resolución unánime con el Kid en un éxito de taquilla de quince asaltos, el cual pervive en los círculos nacionales de boxeo como la Masacre del Día de los Caídos, empezó a gritar "¡Paren la pelea! ¡Paren la pelea!"

Justo entonces, Giuseppe Thomaso, el promotor de la pelea, entró al auditorio con dos mujeres explosivas, una en cada brazo, vestidas de punta en blanco. Un locutor itinerante puso un micrófono en su boca y Giuseppe bramó: "Dejen luchar al Kid. Él es oro de taquilla".

Los doctores dejaron que la pelea continuara, pero le dijeron a Kid que estaba bajo control estricto.

Cuando sonó la campana, el Kid corrió hacia el Hammer confundiéndolo, y acertó el golpe perfecto, un gancho de izquierda puro que envió a lugares lejanos al Hammer, aunque se mantuvo de pie por unos cuantos segundos más hasta que una combinación machacadora y después un derechazo cruzado dio por finalizada la pelea y mandó a la multitud al delirio. El impresionante nocaut del Kid al Hammer fue discutido en innumerables casas al tomar el café a la mañana siguiente.

El camino del Kid hacia su última pelea empezó cuando yo estaba trotando una mañana de verano antes del trabajo en 1994. Yo corría tres veces a la semana entre cinco y ocho kilómetros. Había empezado a notar que tenía que parar después de un par de kilómetros para recuperar el aliento durante treinta segundos aproximadamente. Debido a mis antecedentes familiares, vigilaba mi corazón por si tenía síntomas reveladores y me tomaba exámenes de estrés anualmente. La falta de aire al correr no desplegó una alerta roja porque no iba acompañada de ningún dolor ni de los síntomas de angina de pecho.

Lynda y yo teníamos programado ir a unas vacaciones de montañismo a la semana siguiente en Colorado, y para asegurarnos, Lynda me rogó que programara un examen de estrés antes de irnos de la ciudad. Dos días después, me subí a bordo de la caminadora, conectado a un electrocardiógrafo y a otros monitores. El doctor me dijo que me bajara de la caminadora después de dos minutos porque el electrocardiógrafo mostraba una anormalidad. Las pruebas posteriores mostraron que cinco de mis arterias coronarias estaban bloqueadas y que necesitaba inmediatamente una cirugía de bypass quíntuple. Por mi dirección de un departamento del Hospital Judío, pude seleccionar personalmente a todo mi equipo – los cirujanos, los anestesiólogos y las enfermeras –.

El Duro Trato

La cirugía de corazón era más amenazante en la década de los noventa que hoy, tanto por el procedimiento como por el miedo del paciente. Las conversaciones con los médicos eran más sombrías. Ahora, no se aconseja a los pacientes consultar con sus abogados ni poner sus asuntos en orden, a excepción de casos graves. Entonces, solía recomendárseles. Ahora, se anima a los pacientes diciéndoles que podrán recuperar sus vidas normales y activas. Entonces, los pacientes eran apaleados con la seriedad de su enfermedad y el mensaje que llegaba a través de toda la jerga médica era que debían llevar vidas más tranquilas y más calmadas durante los años que les quedaran. Afortunadamente, no había tenido un ataque al corazón, pero el invasivo procedimiento del bypass en sí mismo era alarmante porque el corazón es detenido normalmente durante la operación y el paciente vive y respira durante el procedimiento de varias horas por la gracia de un corazón artificial. Al final del procedimiento, el corazón del paciente se reactiva por las descargas eléctricas de un desfibrilador. La reactivación – ese era el problema –. Recuerdo las múltiples veces que intentábamos mantener vivo un corazón agonizante con inmensas descargas eléctricas durante mis días de pasante en Mount Sinai. A veces teníamos éxito, pero a veces fracasábamos. Mi corazón no estaba muriendo, pero estaría durmiendo. Estaba preocupado de si iban a poder despertarlo después.

Lynda y los niños fueron al área de espera preoperatoria para verme antes de la anestesia. Recuerdo haber visto que a los rostros de las personas que quería se les había ido el color. Cuando me desperté cinco horas después en la unidad de cuidados intensivos, mi hermano mayor, que había viajado desde Nueva York, estaba allí con mi familia inmediata. Yo estaba adormecido y no podía hablar porque la sonda de intubación todavía estaba en mi garganta. Vi a Barry saludándome y haciendo lo posible por sonreír. Vi el miedo en su cara y la única cosa que pensé hacer fue en levantar mi brazo y sacarle el dedo corazón.

"¡La operación fue un éxito!" Gritó con una amplia sonrisa. "El imbécil me acaba de decir que me vaya a la mierda".

Estuve en el hospital tres días, y después de que me dieron el alta, empecé un programa de rehabilitación cardíaca en el hospital, a donde debía ir tres veces por semana para ejercitarme en la caminadora, para subir y bajar escaleras y para levantar pesas ligeras. El entorno empezó a deprimirme porque todos, desde el personal hasta los pacientes, eran tímidos y vacilantes. Empecé a odiar – y a temer – sus rituales de precaución y sus palabras de aparente derrota. Empecé a dejar de prestarles atención y escuché a mi padre en su lugar – mi padre en el último paseo que dimos antes de que muriera –, mi padre diciéndome, gritando en una voz apenas por encima de un susurro, que si pudiera vivir su vida otra vez, la viviría "con más fuerza". Poco después, dejé de ir a rehabilitación y, contra todos los consejos médicos, decidí volver a trabajar dos semanas después de salir del hospital. En las dos semanas siguientes, fui a la oficina varias veces para leer y para responder la correspondencia.

Uno de los doctores que me operó fue John Flege. Me llamó a mi oficina y me sermoneó con seriedad por infringir su orden de quedarme en casa. El doctor Flege también era un paciente mío. Después de que terminara su lamentación, me dijo que su ojo izquierdo le estaba molestando. Encontré divertido su veloz cambio de mi corazón a su ojo. "Estaré ahí en una hora", dijo él. "Y después de que me veas, insisto en que vayas a casa de una vez".

Desarrollé mi propio régimen de terapia física de correr, de montar en bicicleta y de levantar pesas. En tres semanas, ya estaba recibiendo pacientes en mi oficina. A la semana siguiente, volví al quirófano del hospital. En mi primer día de regreso a la sala de operaciones, programé cuatro cirugías. Uno de los pacientes me llamó la noche anterior y me preguntó ansiosamente si estaba seguro de que me sentía a la altura para operarlo un mes después de mi operación de corazón. Le dije que no tenía absolutamente nada de qué preocuparse porque sería mi *segunda* operación y los detalles estarían pulidos para entonces. Se rio en el teléfono y me dijo que allí estaría.

Mi hijo mayor, Larry, estaba viviendo en California. Andy estaba en la escuela de medicina en Washington DC. Jackie vivía y trabajaba en Cincinnati y Lee, el más pequeño, todavía vivía en casa. Veía a Lee y a Jackie a menudo y hablaba con Larry y con Andy al menos una vez a la semana. Todavía estaban nerviosos y preocupados – vacilantes en las conversaciones y traicionados por el tono a sus miedos más oscuros de que en cualquier instante caería muerto como mi padre –. Sentía que tenía que hacer algo para atravesar sus miedos con el fin de que pudieran seguir con sus vidas sin preocuparse por mí. Sentía que necesitaba hacer un gran revuelo por la vida para convencer a mis hijos de que no estaba por morir. Decidí volver al ring.

Entre los seis y los dieciséis años estuve en más peleas de las que quiero recordar. Antes de la disciplina del boxeo, hubo infinitas competiciones – golpear, abofetear, luchar –, asuntos en lo que todo vale en los pasillos, en los patios del colegio y en las calles de mi Brooklyn nativo después de la escuela. Los directores le dijeron a mi madre que era un delincuente juvenil. "El pequeño mocoso cree que es Rocky Marciano (un amigo de mi padre)". Decía mi padre. "Se enfrenta contra cualquiera".

Estoy convencido de que a los niños a los que les gusta pelear –no intimidar, sino pelear– les agradan dos cosas: golpear y ser golpeado. Ambos producen una excitación, un subidón. Mis peleas se volvieron más controladas cuando fui a los campamentos de verano y descubrí el boxeo. Como recuerdan, el campamento tenía un ring de boxeo y algunos de los monitores eran boxeadores bastante buenos y maestros de la "dulce ciencia".

Unos seis meses después de mi operación de corazón, retomé el boxeo con seriedad. Contraté a un entrenador de boxeo profesional, Rob Radford, quien sigue siendo mi amigo hasta hoy. Ya había empezado un trabajo serio y un entrenamiento de saco ligero y pesado cuando contraté a Rob; pero bajo su tutela, empecé a boxear otra vez. Primero con el juego de pies y boxeando con un contrincante imaginario, después entrenando sin golpear y posteriormente boxeando con golpes de verdad, aunque Rob intentaba evitar pegarme en el pecho. Por supuesto, nos poníamos casco, pero ni Rob ni yo reprimíamos los golpes, como lo atestiguan mis dos retinas desprendidas que requirieron una operación más adelante. Después de varios meses de trabajo y de entrenamiento, Kid Scar estaba preparado para la pelea.

Yo interpreté el papel de Kid Scar. Rob interpretó el del Cincinnati Hammer. Una enfermera del hospital era la presentadora de la pelea. La hija más pequeña de Pam, Kathy, interpretó a la chica en bikini con el letrero redondo y también fue una de las mujeres sexys de Giuseppe Thomaso. Una stripper de un club local desempeñó el papel de la otra dama de Giuseppe y fue la única persona del elenco a la que se le pagó por sus servicios. Joe Thoma, mi asociado de lentes de contacto, desempeñó el papel de Giuseppe. P.J. Jackson – un antiguo campeón de los Golden Gloves – hacía de él mismo.

Kid Scar y el Cincinnati Hammer existen sólo en el celuloide y en mi imaginación. Yo escribí el guion, incluyendo las entrevistas previas y las posteriores a la pelea, la historia de vida de Kid y el guion, golpe a golpe, para el comentarista de la primera fila.

Para tranquilizar a mi familia de que me había recuperado plenamente de la cirugía a corazón abierto en 1994, escribí y produje una película de una pelea épica en la que yo era el boxeador profesional, "Kid Scar". (Con el permiso de Dennis Gray Video Graphics)

También seleccioné la música y la entretejí con la acción con la ayuda de un sonidista. Entonces sucedió que Richard Tucker estaba cantando su aria más importante de *Pagliacci* mientras la ráfaga de golpes noqueaba hasta el olvido al Hammer. Contraté un cineasta profesional para grabar la pelea montada.

En resumidas cuentas, Rob y yo boxeamos durante treinta minutos el día que grabamos la pelea y editamos ese material en tres asaltos. Hicimos las escenas de boxeo lo más realistas posible. La escena del sangrado al final del segundo asalto fue fácil de representar. Me puse un cordón del color de la piel del que colgaba una cápsula opaca del mismo tono llena de pintura roja, la cual se rompería al mínimo contacto.

Las resplandecientes imágenes del Kid y del Hammer peleándose parpadearon desde una gran pantalla en un gran salón de baile que alquilé en mi club de campo para la gran noche del Kid. Más de cien invitados presenciaron la pelea, gritaron, rieron y aplaudieron. Me gusta pensar que después de uno o de dos tragos, los que vieron la lucha con una mirada empática pensaron durante uno o dos segundos que estaban presenciando una lucha de verdad. Mi esposa estaba encantadoramente avergonzada por mi esfuerzo exagerado que bordeaba la comedia y a veces cruzaba al territorio de la ridiculez para derrotar los miedos de mis hijos. Invité a los médicos, a los anestesiólogos y a las enfermeras que estuvieron, aunque fuera tangencialmente involucrados, en mi cuidado durante y después de mi operación de bypass. Asistió todo el elenco, incluyendo la stripper, que pasó esa noche de forma obligada viendo en vez de siendo vista. Nuestros dos hijos que todavía vivían en Cincinnati estaban ahí, por supuesto. Mi hija lloró y mi hijo se rió. Invité a varios boxeadores locales y al periodista deportivo que cubría las noticias de boxeo para el *Cincinnati Enquirer*. Todos asistieron y todos aullaron.

Después de que la pelea terminó, hubo una magnífica cena buffet con entrecot, con langostas, con camarones, con diversos postres y con barra libre. En resumidas cuentas, la filmación y la fiesta me costaron más de $20,000 dólares. Hice copias del vídeo y envié una a cada uno de mis hijos y a mis dos hermanos. Andy, mi hijo médico, me llamó y me dijo, con mucha emoción en su voz, que estaba aliviado de que estuviera bien. Larry, un veterano de cuatro años de la marina, llamó para decirme que era "un maldito idiota". La lucha fue extraordinaria porque cuando hablaba con mis hijos después de que el Kid tumbara al Hammer, escuchaba a los de antes en sus voces.

La heroicidad de celuloide del Kid y del Hammer, tuvieron ramificaciones beneficiosas más allá de mi familia inmediata. Los doctores que me operaron, el doctor Creighton Wright y el doctor John Flege, me pidieron copias del vídeo. Me dijeron que querían mostrar la pelea a sus pacientes, especialmente a los más jóvenes, para ayudar a convencerlos de que sus vidas no tenían por qué ser asustadizas ni vacilantes después de la cirugía de corazón – sino que podían ser plenas, enérgicas y vitales –.

El Kid no era un santo, pero digan lo que digan de él, era un luchador, un luchador hasta el final; el "hombre en el ruedo" del Coronel Roosevelt, su cara "empañada por el polvo, por el sudor y por la sangre". En mi oficina privada del Hospital Judío sólo colgaron de las paredes dos imágenes de perfil durante veintisiete años, una frente a otra: Richard Tucker y Theodore Roosevelt.

Capítulo Diecisiete

Mi padre, mi madre e Israel

El judaísmo de mi padre arrojaba fuego a su vida – el judaísmo y, por supuesto, Israel, la patria de las personas judías.

Cuando comenzaron a esparcirse las noticias de las atrocidades indescriptibles de los Nazis contra los judíos de Europa, en los círculos judíos estadounidenses, el ánimo de mi padre se volvió sombrío. Su debut triunfal en el Metropolitan Opera House en 1945 coincidió tristemente con los noticieros que mostraban la plenitud de la maldad Nazi en las salas de cine en las que mi padre se sentaba solo durante unas horas de respiro de las exigencias de conversación en los días en que cantaba. Se sentaba en la oscuridad y lloraba por las imágenes parpadeantes de esqueletos humanos vivos y muertos, enterándose con sus conciudadanos de la magnitud de la guerra de Hitler contra los judíos, la guerra principal del demente, según la historiadora Lucy S. Dawidowicz, quien nos cuenta que el odio de Hitler hacia los judíos era tan incontenible que los escasos vagones de trenes que podían haber llevado a los soldados alemanes al frente, llevaban, en su lugar, a judíos a las cámaras de gas porque a veces la guerra contra los Aliados tenía un papel secundario frente a la guerra contra los judíos en la orquesta de la muerte de Hitler.

"Intentaron matarnos a todos". Nos contaba mi padre a mis hermanos y a mí durante la cena cuando yo era un niño. "Y si no fuera por Estados Unidos lo habrían logrado".

Mi madre nunca vio más triste a mi padre que en 1945 y en 1946, cuando los detalles del Holocausto empezaron a emerger, y nunca lo vio más feliz que en 1948, cuando se constituyó el Estado de Israel. "Su padre daba saltos de alegría, me agarró y empezó a bailar". Nos contó después.

Esa yuxtaposición de terror y de aleluya, el camino de las almas perdidas desde los campos de exterminio de Hitler hasta la tierra prometida de Dios en tan sólo tres años, a Richard Tucker le parecía el milagro más auténtico del siglo veinte. Hasta su muerte, mi padre fue un sionista comprometido. Dicho milagro era lo que él entendía como el derecho de los judíos del mundo a una tierra en cumplimiento del pacto de Dios después de su diáspora de 2.500 años en lugares en los que no los querían. Antes de 1948, escuchábamos a nuestros padres cantar en la sinagoga "El próximo año en Israel, el próximo año en Jerusalén", un ensalmo ritualista que tenía mucho de sueño, pero poco de esperanza. Pero cuando la esperanza se hizo realidad, la alegría de mi padre no tuvo límites y no pudo esperar a viajar a Israel y hacer su parte para asegurarse de que la patria sobreviviera y prosperara.

La primera vez que fui con mi familia a Israel cuando era un niño, recuerdo que mi padre empezó a cantar espontáneamente cuando el piloto anunció que el avión había entrado en el espacio aéreo *israelí*, primero calladamente y después con potencia y con alegría. Después, los demás pasajeros se unieron a él, un avión lleno de virtuosos, con sus corazones alegres por la potencia de la frase: "espacio aéreo israelí".

Incluso en la cumbre de la carrera de mi padre, no hubo un año sin que él pasara al menos dos semanas en Israel durante el verano. Cantaba en sinagogas, actuaba en salas de conciertos y de ópera, y nunca cobró ni un centavo. Si Israel estaba en guerra cuando él estaba allí, insistía en ir al frente para cantar a los soldados, incluso una vez viajó en un jeep del ejército cuando sus compañeros del Met se negaron a correr el riesgo. También visitaba hospitales militares y pasaba algunos momentos con cada uno de los heridos. Visitaba los barrios más pobres de Israel y daba conciertos para recaudar fondos para los indigentes. Siempre lo conmovieron las aflicciones de los niños y prestaba su nombre y su voz para recaudar fondos para organizaciones que apoyaban a los niños discapacitados, sin hogar y ciegos, incluso dando dinero de su bolsillo para dárselo a esas víctimas especiales.

De regreso en Estados Unidos, sus esfuerzos por Israel eran constantes. Cada año, el Estado de Israel patrocinaba varias campañas de bonos en el Madison Square Garden. Entre quince y veinte mil asistentes contribuían con varios millones para Israel, y mi padre siempre organizaba su calendario para donar su tiempo y cantar en esos eventos, siempre como el artista principal.

Nosotros nos sentimos muy orgullosos cuando nos enteramos de que nuestro padre había conocido y se había sentado con gente como David Ben–Gurion, Golda Meir y Abba Eban; pero para él, los peces gordos (incluido él) eran la atracción secundaria. El acontecimiento principal era la oportunidad para los judíos estadounidenses de todas las clases sociales de participar con oraciones y con dinero para el compromiso justo de la resurrección de Israel. Él creía que a menos que los judíos americanos adoptaran a Israel con fervor y de que lo apoyaran con sus voces y con sus bolsillos, Israel no podría sobrevivir; entonces las buenas obras de Harry Truman y de otras autoridades idealistas del gobierno estadounidense no habrían servido para nada.

Israel amaba a mi padre a cambio, lo amaba por su filantropía privada, por su recaudación pública de fondos, por sus peregrinaciones anuales y por sus impresionantes logros en la ópera – de hecho, él pudo haber sido el primer cantor judío reconocido en la historia de la ópera que cantó en el escenario del Metropolitan Opera House –. Eso no era una mera mentalidad provinciana por parte de Israel, ya que Israel sabía que su supervivencia en el Medio Oriente dependía del camino de los judíos al éxito y a su relevancia en Estados Unidos. Así que cuando mi padre murió, todo Israel se entristeció y lo lamentó.

Mi padre estaba eternamente agradecido porque los Estados Unidos hubieran ayudado a conceder el regreso milagroso de su gente a Sion, y parte de su americanismo denotaba su agradecimiento. Pero su americanismo precedía a su sionismo y hacía eco de los himnos al trabajo duro que eran tan antiguos en Estados Unidos como los puritanos y como Ben Franklin. Él veía en los valores americanos los aspectos de los valores judíos de perdón y de misericordia – en jerga estadounidense, el evangelio de la segunda oportunidad –. Él creía fervientemente que todos deben pagar por sus pecados a Dios y a la sociedad – pero consideraba que una vez que han sido pagados, los pecados no deben perseguir ni atormentar –. Ser forzado a pagar una y otra vez, a pagar infinitamente, le parecía erróneo a mi padre. Pero la imposición del pago una y otra vez cuando no había un pecado, la imposición contra los padres judíos y después contra sus hijos a través de los siglos por el crimen de ser judíos, le parecía tanto monumentalmente erróneo como impío. Si hubiera leído la Constitución federal, habría estado satisfecho por sus escritos de proscripción y de confiscación, una prohibición que resonaba con la esencia de su odio judío de la iconografía Nazi de números tatuados y de estrellas amarillas marcadas. Para él, el Holocausto era la ilustración más perniciosa de la historia de pérfida maldad funcionando en el arco más amplio imaginable, un paisaje lunar de maldad en el que los seres humanos viajaban más lejos de Dios de lo que nunca habían viajado.

El Duro Trato

La fe de mi padre siempre le importó más que su voz y estuvo profundamente angustiado toda su vida de que su posesión más sagrada pudiera, en las mentes y en las manos de hombres malvados, marcar a inocentes de todas las edades con una mancha tan atroz que ni siquiera la tortura, la humillación, la inanición o la muerte de seis millones de ellos pudiera saciar el odio demoníaco consentido por sus captores. Horrorizado hasta la médula por los actos de los Nazis, su vida retrocedió cuando fue testigo de la injusticia en todas sus formas y apretó la mandíbula frente a ella. Para él, la justicia era el equivalente laico a las demandas de los profetas de que los judíos llevaran vidas honestas. Decía a sus hijos que no siempre tenían que ser practicantes para ser judíos, pero que no podían ser judíos a menos de que fueran honestos y de que vivieran de manera que le gustara a Dios. Algo fundamental para la fe de mi padre era su certeza de que Dios siempre estaba mirando – y juzgando –.

Ese formidable acontecimiento geopolítico en 1948 fue, para mi padre, la escena final de una saga de cuatro mil años de promesas, de esclavitud, de dispersión y de regreso. Los judíos comprenden "una cadena dorada" que se remonta a hace cuatro milenios, me decía mi padre a menudo. Él estaba horrorizado por las consecuencias del Holocausto porque el inmenso desierto de la muerte Nazi redujo la cadena a seis millones de valiosos eslabones. El Holocausto sin duda intensificó la demanda de mis padres de que sus hijos se casaran con mujeres judías, para "forjar nuevos eslabones en la cadena dorada", insistían.

Recuerdo que mi hermano pequeño, Henry, una vez preguntó a mi padre. "¿Qué pasa si me enamoro de una chica que no es judía? Quiero casarme con la mujer que ame".

"¿Quién eres?" Bramó mi padre. "¿Quién eres para romper la cadena judía?"

Cuando mi padre se tranquilizó, le dijo a Henry que si se enamoraba profundamente de una mujer no judía, debía casarse con la elección de su corazón. "Pero", dijo aumentando otra vez el tono de su voz, "será mejor que elijas a una buena mujer, a una mujer honesta. Una mujer como tu madre, una mujer que te de hijos honestos".

Era tan fuerte el amor de mi padre por mi madre que elegí empezar la historia de mi relación con mi padre narrando sobre su rabia incontrolable por una broma de infancia peligrosa que cometí a costa de mi madre. Medio siglo después, todavía puedo sentirlo persiguiéndome desde la casa hasta el garaje, dando vueltas alrededor del coche para agarrarme como un depredador, silbando maldiciones y prometiendo matarme si me agarraba.

No fui el único hijo que experimentó la cólera de mi padre por lo que él percibía como un trato degradante o insultante hacia mi madre. Una noche durante la cena, mi hermano Barry se sentó mirando a su plato, moviendo su cena en círculos, y nada de su comida parecía encontrar el camino hasta su tenedor, el cual parecía imantado para repeler la comida.

Mi padre se dio cuenta del ritual de Barry y sus ojos se estrecharon. "¿Qué le pasa a la cena por la que tu madre sudó sobre la estufa para prepararla?" Le preguntó a Barry en un tono que claramente me comunicaba a mí – y, con suerte, a mi hermano mayor – que esa era la única ocasión para escapar ileso de la situación.

Barry se llevó un bocado pequeño a la boca masticándolo interminablemente, y los ojos de mi padre se estrecharon aún más por la masticación cuidadosa de Barry. Barry tragó y entonces dijo: "La comida de mamá está muy sosa".

El flujo de leche del vaso de mi padre atrapó a Barry con una descarga en la boca, un relámpago blanco arrojado desde la mano de Jehová por el pecado imperdonable de Barry de insultar a su madre. Henry y yo nos quedamos boquiabiertos hasta que mi padre se levantó y se fue de la mesa. Después nos reímos una y otra vez. (Durante varios años, me hacía un bigote con mi dedo índice cuando veía a Barry y le preguntaba: "¿tienes leche?")

Con mis hermanos Henry (*izquierda*) y Barry (*derecha*)
en un evento en honor a mi padre en Jerusalén en 2012.
(De la colección personal de David N. Tucker)

El Duro Trato

Unos años después de que mi padre muriera, mi madre recibió una llamada del gran maestro, Zubin Mehta, diciéndole que él y el Estado de Israel querían hacer honor a la carrera operística de su esposo y a sus contribuciones a Israel. El señor Mehta era un indio de nacimiento del subcontinente. Visitó Israel cuando era joven, lo que fue el comienzo de una relación que duraría toda la vida. Aunque ocupó cargos de dirección de orquestas por todo el mundo, le encantaba la Orquesta Filarmónica de Israel, la elevó a una relevancia mundial y se convirtió en el director musical de por vida en 1981.

El señor Mehta le contó a mi madre sus planes. La Filarmónica de Israel daría un concierto en memoria de mi padre en el majestuoso Auditorio Mann (renombrado como el Auditorio Charles Bronfman en 2013) en Tel Aviv. El señor Mehta sería el director de orquesta y Luciano Pavarotti cantaría. También le sugirió que nombrara a un artista para esculpir un busto de Richard Tucker, el cual sería presentado en una ceremonia especial y ubicado de forma permanente en la Sala de Honor del Auditorio Mann, al lado de los bustos de Arturo Toscanini y de Israel Stern.

Mi madre estaba emocionada. Nos pidió a Lynda y a mí que la acompañáramos a Tel Aviv. Encargó la tarea del busto al famoso Milton Hebald, quien había creado el gran busto de mi padre que se encuentra en un pedestal en el Parque Richard Tucker, frente al Lincoln Center. La magnífica imagen de Hebald fue enviada desde Roma hasta Israel a tiempo para la celebración.

Volamos desde el JFK en un vuelo nocturno de la aerolínea El Al a principios de julio de 1979 y planeamos quedarnos una semana. Yo estaba cansado por el agotador horario que me impuse las semanas previas para poder tomar tiempo libre, así que me dejé caer contra la ventana del asiento y me quedé dormido rápidamente. Mientras dormía, una azafata preguntó por los altavoces si había un doctor a bordo para ayudar en una emergencia. Después me enteré de que mi madre saltó de su asiento y gritó que su hijo era médico, por lo que podía ayudar. Mi madre me pinchó en las costillas con un codo muy afilado gritándome para que me despertara y fuera al frente del avión porque alguien necesitaba un médico. Al no responder lo suficientemente rápido, mi madre me sacó del asiento y me empujó hacia la parte frontal del avión. Mientras caminaba hacia la cabina del piloto, recuerdo haberme preguntado por qué era yo el único doctor en un avión que llevaba ¡trescientos judíos! Despejé mi cabeza del sueño y atendí exitosamente la emergencia médica. Al regresar a mi asiento, me quedé asombrado al pensar que había señales y presagios que viajaban en ese avión bajo la apariencia de un pasajero enfermo.

Fue un vuelo glorioso para mi madre. Estaba volando a Israel para ser testigo de cómo la patria religiosa de su marido hacía honor a su grandiosa carrera operística, y durante el viaje fue bendecida con la oportunidad de anunciar al piloto y a un avión lleno de judíos de Nueva York que su hijo era médico. Pero me pareció que había algo más que su orgullo materno en el aire durante ese vuelo nocturno a Israel. Mi tumulto de tiempo atrás con mi padre por sus sueños y por mi destino se había desvanecido con el paso del tiempo y de los acontecimientos, pero nunca quedó zanjado con palabras cariñosas de resolución entre nosotros dos. Fueron las palabras de Sara Tucker – su grito jubiloso desde el asiento 8B, su voz llena de amor y de orgullo maternal porque su hijo, el médico, estaba en el avión y podía ayudar – las que enterraron irreversiblemente, en lo más profundo, cualquier vestigio de discordia que pudo haber quedado en mí sobre la marcha forzada por mi padre hacia una carrera médica. Todas las piezas del complicado rompecabezas de la vida de mi madre se alinearon en el avión esa noche: Israel, la ópera, la medicina, su marido y su hijo; los acordes principales de su vida en perfecta armonía.

El concierto de la noche de sábado del 7 de julio fue un éxito. Lo habían publicitado muy bien ya que el tributo de la orquesta y, por extensión, de Israel (la orquesta era estatal) a Richard Tucker en el Auditorio Mann, estaba atascado hasta la bandera. Zubin Mehta dirigió con una belleza furiosa, mientras que Pavarotti, en el pico de su esplendor, cantó de forma fascinante. (Previamente se había programado que la entrevista de Pavarotti con Bob Simon de *Sesenta Minutos* se transmitiría al día siguiente. En su entrevista, el señor Pavarotti habló con admiración sobre mi padre y dijo que era "su inspiración").

Después del concierto, hubo una cena para nuestra familia, para Mehta, para Pavarotti y para otras eminencias, en el apartamento de un israelí adinerado. Uno de los invitados era el israelí Itzhak Perlman, el violinista virtuoso que nunca actuaba de pie porque la polio lo confinó en su infancia a una silla de ruedas.

En una noche de un calor opresivo en Tel Aviv, el señor Pavarotti y yo hicimos lo que mi madre ordenó, llevamos al señor Perlman en su silla subiendo los tres pisos de escaleras. Nos sentamos con el señor Perlman durante toda la cena y recuerdo que dijo varias veces lo orgulloso que estaba de que Richard Tucker hubiera sido judío.

La tarde siguiente, el busto de mi padre fue presentado en el Auditorio Mann. Antes de mostrarlo, hubo una fiesta de cócteles. Yo estaba hablando con varios miembros de la Filarmónica y del gobierno israelí cuando me di cuenta de que mi madre mantenía una animada conversación con Luciano Pavarotti. Fui hacia ellos, estaban hablando sobre el tenis. Al parecer, Pavarotti era un ávido jugador a pesar de su peso, así que estaba buscando jugar con alguien. Mi madre estaba ofreciendo a su hijo para jugar con el gigante de la ópera al día siguiente. Yo me inventé varios compromisos y, afortunadamente, el señor Pavarotti dijo: "Quizás en otra ocasión". Le dio las dos manos a mi madre y se fue. Cuando mi madre me preguntó: "¿Qué planes?" Le dije que no tenía ninguno, pero que la última cosa que quería en ese viaje para hacer honor a mi padre era ser testigo de que el pesado señor Pavarotti cayera muerto por un ataque al corazón jugando tenis conmigo.

Los invitados se sentaron para la presentación del busto. El señor Pavarotti insistió en sentarse al lado de Lynda. Ella tenía treinta y cinco años y era hermosa, y el gran tenor tenía la reputación de ser un mujeriego. Los asientos estaban cerca unos de otros, pero no lo suficientemente cerca para explicar la presión de la pierna del señor Pavarotti contra la de Lynda. Ella se cambió de lugar discretamente y después me comentó que estaba convencida de que Pavarotti le estaba coqueteando.

Varias personas hablaron antes de descubrir el busto. Pavarotti habló tan emotivamente sobre mi padre que Lynda le perdonó completamente su pecadillo. Mi madre habló elocuentemente sobre el amor de mi padre hacia Israel. El busto hecho por el señor Hebald fue entonces descubierto, recibiendo un prolongado aplauso, y se colocó en su lugar de honor al lado del de Arturo Toscanini y del de Isaac Stern. Nos estábamos quedando en un hermoso hotel junto a una playa del Mediterráneo en Herzliya, un barrio a las afueras de Tel Aviv, así que pasamos el resto de la semana nadando, haciendo turismo y rememorando a mi padre. Incluso, le conté a mi madre una promesa que hice a mi padre y que no cumplí.

No recuerdo exactamente el contexto de nuestra conversación, pero mucho antes de que mi padre muriera, me pidió que fuera a la sinagoga cada noche durante un año desde el día de su muerte para recitar el Kaddish de los dolientes en su memoria. Intenté mantener la promesa de recitar el Kaddish todos los días durante un año. Durante un mes, iba desde la oficina o desde el hospital a la sinagoga más cercana y después de los servicios, volvía al trabajo. No me reconfortaban ni me consolaban las palabras de la oración de los dolientes, así que empecé a resentirme con Dios por la insistencia de su grandeza en los tiempos de mi mayor pérdida. Decidí que dejaría ese ritual vacío en su cuadragésima repetición, eligiendo conscientemente la longitud de la inundación bíblica y el número de años que los judíos tenían que deambular por el desierto para marcar mi último Kaddish consecutivo. Pero no he dejado de recitar el Kaddish cada año en el aniversario de la muerte de mi padre en los cuarenta y dos años desde su muerte.

Cuando mi padre murió, mi madre nos preguntó a cada uno de sus hijos qué queríamos quedarnos de sus las cosas personales. Yo le pregunté si podía quedarme con su sujeta billetes (él nunca llevaba una billetera) y con su bolsa de tefilín. El sujeta billetes contenía su dinero doblado, sus tarjetas de créditos, su permiso de conducir y una foto de mi madre. Quería esos dos artículos porque mi padre los tocaba cada día. Si lo hubiera pensado más, habría recordado las palabras de Jesús de "darle al César lo que es del César y a Dios lo que es de Dios", ya que uno de esos dos artículos denotaba la profunda fe religiosa de mi padre y el otro su poderosa presencia secular al marchar con seguridad a través de la vida con un éxito majestuoso parecido al del César. Utilizo el sujeta billete de mi padre hasta hoy y nunca llevo billetera.

Unos meses después, mi madre me preguntó si quería tener el libro de oraciones matutinas de mi padre. Cuando lo hojeé por primera vez, me di cuenta de que había tres imágenes insertadas en oraciones particulares: la primera era de su esposa, la segunda de su padre y de su madre y la tercera de mi esposa, Lynda. Contemplé con gozo la foto de mi novia adolescente y recordé con felicidad cuánto la quería mi padre. Al ver su foto evoqué cómo mi padre iba a limpiar nuestro apartamento cuando Lynda estaba embarazada de Larry y cómo la llamaba los días de lluvia para asegurarse de que si salía, se pusiera un impermeable y botas de agua. Desde ese día hasta ahora, leo mis oraciones todas las mañanas del libro de oraciones de mi padre, poniéndome el kipá del bar mitzvah de mi hijo mayor, el cual guardo en la bolsa de tefilín de mi padre.

<hr />

Aunque los antiguos sabios rabínicos tenían la intención de que el Kaddish sirviera para reconectar con el Dios Todopoderoso a los dolientes y a los judíos que sufrían, fue la música de Richard Tucker la que con el tiempo me reconectó con mi padre. Después de un año sin su música (porque no podía soportar escucharla), me encontré a mí mismo queriendo escuchar cantar a mi padre otra vez. Empecé a escuchar las grabaciones de sus actuaciones por la noche cuando llegaba de trabajar. Ponía mis favoritas, a veces hasta bien entrada la mañana, cuando corría a trabajar sin dormir, pero no cansado, sino energizado, exaltado por su voz. Escuché *La forza del destino* de Giuseppe Verdi, donde mi padre interpretaba a Don Alvaro, el general que accidentalmente mata al padre de su amada, busca misericordia divina en un monasterio y entonces, en un duelo, hiere mortalmente al hermano de su amada, quien apuñala hasta la muerte a su hermana antes de morirse. Escuché a *Andrea Chénier* de Umberto Giordano, donde mi padre interpretaba a un poeta adinerado durante la Revolución Francesa, el cual intentó convencer a sus compatriotas de clase alta de tratar a los pobres con compasión, sólo para ser ejecutado con su amada en la guillotina por las multitudes en quienes había depositado su fe. Pero sobre todo, escuché a *Pagliacci* de Ruggero Leoncavallo, donde mi padre interpretó a Canio, el payaso que, enloquecido por los celos, mata a su esposa y a su amante y entonces cuenta lastimosamente a su público en el escenario que *La commedia è finita!* (la comedia ha terminado).

El papel de Canio era tan demandante que mi padre esperó hasta el final de su carrera para interpretarlo en el escenario por primera vez en el Met. Cuando mi madre vio cuánta energía requerían las exigencias de ese papel, le rogó que no se subiera al escenario para interpretar a Canio muy a menudo por miedo a que le matara. Su primera actuación en 1970 fue el punto culminante de la temporada y la emoción fue tan grande, que el público estaba lleno de estrellas de la ópera que hicieron la fila como los demás para tomar sus asientos. Al parecer, mi padre estaba agotado y bañado en sudor después de la trágica escena final, tan cansado que tenía que sentarse durante un minuto detrás del escenario con el fin de reunir fuerzas para saludar al acabar la obra. Él hizo *Paggliaci* al menos media docena de veces ese año en el Met.

Incluso, una vez recibió una carta personal de un eminente crítico de ópera en la que le decía que su actuación era demasiado emotiva y que le rogaba que no interpretara ese papel con una intensidad tan peligrosa. El crítico le confió a mi padre que había dado el extraordinario paso de escribirle esa carta por respeto y por preocupación por su salud. Hasta el final de su vida, mi madre estuvo convencida de que la exigencia física del papel de Canio contribuyó significativamente al infarto mortal de mi padre en 1975.

Pronto me di cuenta de que mi colección privada de grabaciones sólo arañaba la superficie del número de obras de mi padre. Le pregunté a mi madre sobre la extensión de su colección y me enteré de que él tenía copias de muchos conciertos y de óperas de todo el mundo. Lynda y yo fuimos a Nueva York un fin de semana e hicimos copias de todo. También me enteré de que el Met tenía un archivo musical de casi todas las actuaciones de mi padre allí, archivo del cual amablemente me permitieron adquirir copias. Pasé un año escuchándolas y catalogándolas, entonces decidí que llevaría la voz de mi padre a mi trabajo, tanto en mi oficina como en la sala de operaciones del hospital.

Seleccioné mis obras favoritas de sus óperas y de sus conciertos, casi todas piezas clásicas, pero también algunas canciones de musicales y de clásicos americanos. Muchos de mis pacientes eran judíos, así que me aseguraba de incluir parte de los cantos de mi padre, especialmente sus conmovedoras rendiciones de las festividades judías. También elegía algunas de sus inolvidables actuaciones con los grandes de la ópera, incluyendo a Robert Merrill, a Roberta Peters, a Joan Sutherland, a la hermosa Risë Stevens y a Renata Tebaldi. Contraté a un sonidista profesional para convertir las grabaciones a cintas y él trabajó con el arquitecto de mi nuevo edificio de oficinas para instalar un sistema de música que pudiera escucharse en la gran sala de espera, en las consultas, en mi oficina privada y en la oficina trasera de Pam. También tenía cintas de Elvis Presley, de Frank Sinatra y de otros artistas populares contemporáneos, pero casi todo el tiempo, apretaba los botones de Richard Tucker en mi tocadiscos personal, de lo cual nadie se quejó nunca.

Mi consultorio siempre estaba muy ocupado. Yo era el único médico, así que las estancias en la sala de espera podían ser bastante largas. Pronto se corrió la voz sobre mi nuevo sistema de sonido y sobre la música de mi padre, y las quejas sobre las largas esperas desaparecieron casi por completo. Uno de mis pacientes sugirió que cambiara el nombre de mi consultorio a "Tucker y Tucker", sugerencia que me agradó. ¿Podría renombrarlo a "Tucker e Hijo, Ópera y Oftalmología?" Nunca cambié el nombre, pero estoy agradecido de que finalmente trabajé con mi padre.

La mayoría de mis pacientes de cirugía recibían anestesia local, así que estaban sedados o adormecidos, pero aun así despiertos. Como la mayoría de los pacientes quirúrgicos, estaban nerviosos, algunos bastante ansiosos y unos cuantos francamente asustados, era una práctica habitual poner música de fondo en la sala de operaciones para relajarlos. Antes de operar, yo preguntaba al paciente si quería escuchar jazz, pop, rock and roll o música clásica. Casi todos pedían escuchar a Richard Tucker.

Uno de ellos me respondió una vez: "Pon la música de tu padre. Quiero que estés feliz".

Nuestro viaje a Israel fue un punto álgido en la recuperación de mi madre del profundo pozo de desolación en el que había caído después de la muerte repentina de mi padre. Ella había estado desconsolada durante al menos un año, llorando hasta quedarse dormida cada noche, me contó. Lynda viajaba de Cincinnati a Nueva York casi cada mes para estar con ella y yo iba a verla siempre que podía. Ella también iba a Cincinnati al menos una vez al mes para ver a sus nietos. El enorme agujero en su corazón le quitó su ánimo y su vitalidad, era como si ese órgano herido solamente lograra bombear sangre cristalina que podía mantener la vida física, pero que, a falta del nutriente de la esperanza, no pudiera reestablecer su espíritu o sacarla de ese terrible lugar. Pero gradualmente regresó la esperanza y ella empezó a crear una vida independiente, aun así amarrada a la memoria de Richard Tucker.

El Duro Trato

Mi madre empezó a viajar normalmente con amigas, iba a Europa al menos una vez al año, se enamoró de Palm Beach, compró una casa de invierno allí e iba a Cincinnati al menos cuatro veces al año. A Lynda le encantaban esas visitas y las dos se llevaban por turnos como hermanas o como madre e hija. Una vez al año durante esas visitas, se acercaba a mi oficina para hacerse un examen de los ojos y Pam la trataba como si fuera una visita de la realeza. En cada visita al consultorio dejaba sobre el escritorio una docena o más de gafas graduadas que de alguna manera había acumulado desde el año anterior. Desarrollamos un ritual vodevilesco sobre su gran cantidad de ayudas visuales. Le preguntaba con qué gafas veía mejor y ella decía: "David, tú eres el médico. Debes averiguarlo". Cuando estaba en Nueva York, pasaba bastante tiempo con sus otros dos hijos.

Puesto que el mundo de la ópera de Nueva York no podía olvidar a Richard Tucker, tampoco olvidaba a su esposa. Le otorgaban amor y respeto como la viuda de Richard Tucker. Jimmy Levine, quien se convirtió en el director musical del Met al año siguiente de la muerte de mi padre y Joseph Volpe, quien se convertiría en el director general, siempre se aseguraban de que ella estuviera invitada a las óperas en las que mi padre había dejado una huella singular. A través de mi padre, ella se había vuelto muy amiga de varias eminencias de la ópera y todos querían seguir viéndola después de la muerte de él. Así que cuando estaba en Nueva York, su listado de acompañantes de ópera y de tipo social incluía a personas como Plácido Domingo, Luciano Pavarotti, Robert Merrill, junto con su esposa, y Roberta Peters, entre otros. Al recuperar su vitalidad – y con su atrayente personalidad – empezó a labrar su propio papel independiente como Sara Tucker, la gran madrina de la ópera. Mucho de eso tuvo que ver con la Fundación de Música de Richard Tucker, la cual ella, su hijo Barry y Herman Krawitz (el anterior director general adjunto del Met con el señor Rudolph Bing) ayudaron a establecer poco después de la muerte de mi padre. Dicha fundación se comprometía a perpetuar el legado de Richard Tucker y a promover la carrera de jóvenes estadounidenses cantantes de ópera. Ella fue la presidenta de la fundación hasta su muerte.

Aunque su hijo Barry contribuyó sobremanera al éxito de la fundación como vicepresidente, mi madre no era una figura decorativa. Desde el principio ella marcó el rumbo de una fundación que no ha flaqueado en cuarenta años. Estaba guiada siempre por dos principios.

El primero era la importancia de los recordatorios físicos para mantener vivo el recuerdo de su marido. Si tiene alguna duda de la exactitud de su visión, tome en cuenta el Monumento a Lincoln y a Jefferson y las miles de otras estatuas y monumentos que veneran a hombres y a mujeres estadounidenses que salpican el paisaje del país. Así es que mi madre seleccionó el retrato de mi padre que está colgado en la sala de honor del Metropolitan Opera House; seleccionó al artista que esculpió el gran busto de mi padre que está en un pedestal de granito en el Parque Richard Tucker al lado del Lincoln Center, el mismo artista que después esculpiría el busto que está al lado del de Toscanini y del de Isaac Stern en el Auditorio Charles Bronfman de Tel Aviv; y escogió personalmente a James Drake – un estimado autor de biografías de grandes de la ópera como Rosa Ponselle y Lily Pons – para escribir la biografía de la vida y de la carrera de mi padre.

El segundo, e incluso más importante principio, era seguir con el compromiso de mi padre con los jóvenes cantantes de ópera, las promesas y la "nueva sangre". Decía él. Aunque a menudo sólo les impartía el aceite de ricino del trabajo duro a ellos, nunca los ignoraba. Desde el principio, el trabajo más importante que hizo la fundación fue promover las carreras de jóvenes y talentosos cantantes estadounidenses con becas y con premios en metálico.

Hasta hoy, un momento destacado de la temporada de ópera de Nueva York es la Gala Anual Richard Tucker, donde los grandes de la ópera y los jóvenes ganadores cantan para un público cautivado, en un auditorio con lleno total. Después de la muerte de mi madre, Barry se convirtió en el presidente y llevó a la fundación a niveles sin precedentes. Se estima que aproximadamente un 20 por ciento de la plantilla de cantantes del Met de cualquier año está formado por ganadores de la Fundación Richard Tucker.

Lynda había dejado la escuela de enfermería porque nuestros hijos empezaron a llegar, con lo que mi padre veía como una frecuencia alarmante, nueve meses después de nuestro matrimonio. Poco después de que muriera mi padre, ella mantuvo una promesa personal de volver a la escuela de enfermería. Se puso en contacto con la Universidad de Cincinnati y ellos acordaron aceptar todos sus créditos de la Escuela de Enfermería de Cornell. Asistió a clases por la noche y recibió su título de enfermera en 1980.

Lynda empezó a trabajar en el Hospital de Niños, donde ayudó a establecer un asilo pediátrico llamado *Star Shine*. También fue una de las fundadoras y enfermeras principales de un programa patrocinado por el Centro Comunitario Judío de Cincinnati para el cuidado de pacientes con Alzheimer, nombrado acertadamente *Day by Day*. Las inclinaciones naturales y su corazón tierno, pero fuerte, la llevaron hacia el amoroso cuidado de los moribundos – niños moribundos, jóvenes adultos moribundos y personas mayores moribundas –.

Los médicos curan, y mi experiencia ha sido que ellos son los más incómodos y los menos efectivos cuando la curación es imposible y la muerte es certera. Lynda se comprometió a llenar ese vacío al hacer de esas semanas o meses finales tan reafirmantes como fuera posible. Obtuvo certificados en cuidado oncológico, en cuidados de hospicio y en cuidados paliativos, y dedicó el resto de su carrera (y todavía lo hace) a los pacientes cuya certeza es la muerte por cáncer y por otras enfermedades terminales. La pasión de Lynda porque sus pacientes mueran con dignidad – rodeados de sus seres queridos en su casa o en un cálido hospicio y no en una solitaria habitación de hospital bañada del hedor a muerte – la hizo mi aliada en el desacuerdo con mi hermano mayor por la lucha de mi madre con una leucemia aguda. Fue una discusión que Lynda y yo estábamos destinados a perder.

En 1984, mi madre empezó a quejarse por teléfono sobre una creciente fatiga y apatía. Le sugerí que concertara una cita con su médico, pero ella lo demoró. Cuando por fin fue, varias semanas después, se enteró de la terrible noticia de que padecía una leucemia aguda. Le conté a mis hermanos que el diagnóstico de leucemia aguda en adultos era una sentencia de muerte de acción rápida, pero no compartí esa terrible información con mi madre. Ella quería luchar contra la enfermedad con cada recurso médico disponible, incluyendo medicamentos experimentales debilitantes. Ingresó al Hospital Mount Sinaí y pasó la mayor parte de sus últimos nueve meses allí en una habitación individual pequeña, conectada a varios tubos. Perdió todo su pelo y su piel se volvió tan frágil como un pergamino hasta consumirse y llegar a pesar menos de cien libras.

Sin usar la palabra *hospicio* (tenía la connotación de la palabra de un desertor en la década de los ochenta), Lynda y yo le rogamos a mi madre, dos meses antes de su muerte, para que fuera a Cincinnati y viviera con nosotros. Lynda habría dado el mundo para conferirle a mi madre, a quien quería sin reservas, la tierna compasión que daba a personas extrañas.

Mi madre no nos escuchaba. "Puedo vencer esto", decía, "y los mejores médicos están en Nueva York".

Era una visión que mis hermanos compartían. Yo rogué a Larry para que me ayudara a convencer a mamá para que dejara el hospital y viniera a casa con Lynda y conmigo. Si ella quería quedarse en Nueva York, Lynda le dijo que se iría a su apartamento en Manhattan para estar con ella las 24 horas del día.

Mi madre y mi hermano mayor no hacían caso. "El hospital es su mejor opción". Decía Barry.

"¡Los doctores la tratarán hasta que la maten!". Grité a mi hermano mayor.

Ella murió unas semanas después en una habitación de hospital estéril que había sido su casa durante gran parte del año. Los horribles meses de su declive demostraron una vez más que el final de la vida de una persona no cuenta para nada comparado con la vitalidad que la precedió.

Aunque casi todas estas páginas son sobre mi relación con mi padre, no puedo sobreestimar la importancia del amor de mi madre en mi vida. Me llevaría otro libro para relatar todas las ocasiones divertidas y a veces aterradoras en las que ella escondía mis negligencias de juventud de mi furioso padre y cómo me protegía de su rabia cuando se enteraba de las mismas a pesar de todo.

Este es mi recuerdo favorito de mi madre. Recordarán que me expulsaron del Yeshivá en Crown Heights, en Brooklyn, en quinto año por atacar físicamente al rabino y ella fue a reunirse con el rabino principal para defender mi caso. Le dijo que en el fondo yo era un buen chico, que era inteligente y que sería exitoso si me daban una oportunidad más.

El rabino le respondió: "De una buena nos libramos al echarlo. Su hijo no es nada más que un delincuente juvenil abocado a una vida de violencia y de crimen".

Mi madre se levantó y se fue.

Doce años más tarde, de camino a mi graduación en Cornell, mi madre pidió al conductor que se detuviera primero en el mismo Yeshivá de Brooklyn. En los años transcurridos, mi padre se había vuelto un neoyorquino famoso y cuando la secretaria acompañó a mi madre a la misma oficina del rabino principal, mi enemigo aduló a la esposa de Richard Tucker, extendiéndole la mano y ofreciendo una silla.

Mi madre declinó tanto su mano como la silla y entonces anunció al director con rabia y con orgullo en su voz: "El delincuente juvenil que echaste hace doce años hoy se gradúa de la Escuela de Medicina de Cornell. Su nombre es doctor David Tucker".

Salió de la oficina, con el antiguo punto resuelto, y volvió con mi padre a la limusina que la llevó a uno de los días más felices de su vida.

CAPÍTULO DIECIOCHO

David Nello, el retorno

Cumplí sesenta años en 2001 y estaba en la cumbre de mi carrera, viendo a más pacientes, realizando cirugías más complejas y ganando más dinero del que jamás soñé ganar con la medicina. Unos quince años antes, vendimos la casa que Marvin Warner nos había ayudado a financiar, la casa en la que festejamos después de que dos de nuestros hijos recibieran el bar mitzvah, entonces compramos una granja renovada de 10.000 pies cuadrados y la reacondicionamos hasta que llegó a ser mi favorita de todas nuestras casas. Era una casa abierta y soleada con cancha de tenis, con jardines infinitos y con un invernadero que restauré para disfrutar de mi pasión recientemente descubierta por la magia y por la belleza de la horticultura. Fue la casa en la que celebramos la boda de mi hija, la casa en la que la señorita de Las Vegas se quitó la ropa.

Llevaba veintisiete años siendo jefe del Departamento de Oftalmología del Hospital Judío. Había dejado mi huella, educado a mis hijos y tenía suficiente dinero en el banco – así que si moría, Lynda y mis hijos tendrían seguridad económica –.

Una mañana de domingo, Lynda caminó hasta mi invernadero para decirme que era infeliz en Cincinnati y que quería que nos mudáramos de regreso a la costa este para estar más cerca de nuestra hija casada y de nuestra nieta, Sara Ruby. A Lynda nunca le gustó la Ciudad Reina y los más de treinta años que habitó allí en realidad fueron una adaptación a mí y a mi carrera. Después de que ella empezara a trabajar, veía cada vez menos a sus amigas cercanas y en su tiempo libre, nunca le gustó jugar al golf, al tenis o dar vueltas por el club cotilleando o jugando cartas. Después de todo, nuestros hijos se habían ido, el trabajo de Lynda dominaba su vida y creía que su profesión en el cuidado de hospicio tenía posibilidades prometedoras en Connecticut o en Nueva York.

Nuestra hija, Jackie, se había mudado recientemente con su marido y con su hija a Greenwich, Connecticut, Lynda quería estar cerca de ellos – pero no tan cerca como para ser un estorbo –. Había investigado lugares y había decidido que Westport – cerca de Nueva York, a treinta minutos de Greenwich y cerca del agua como a ella siempre le gustó – era perfecto. Me dijo que había leído que F. Scott Fitgerald había escrito *El Gran Gatsby* allí y que el "East Egg" y el "West Egg" se podían ver en un día claro si uno iba a la playa de Compo y miraba hacia el este.

Le dije a Lynda que consideraría retirarme y mudarme a la costa este con dos condiciones: teníamos que vender nuestras casas de Cincinnati y de California. Y necesitaba tiempo para entregar mi consultorio a mi socio, Howard Bell (el esposo de Pam). Después, podíamos irnos a Connecticut.

Durante cuarenta años, Lynda había dado prioridad a mis necesidades en cada paso del camino. Conseguí que se quedara en Cincinnati, por lo menos dos veces anteriormente, persuadiéndola y engatusándola, a veces con engaños, y convirtiendo su amor hacia mí en mi arma contra sus demás necesidades profundas. Esa vez, no habría manipulación ni daría evasivas. Esa vez (quizás por primera vez), la trataría tan bien como la quería. Así que le dije que podíamos mudarnos a Connecticut y que ella debía ponerse en contacto con agentes de bienes raíces para realizar la transición – probablemente en seis meses, estimé –. Tenía miles de pacientes activos, le recordé, y tenía que asegurarme de que mis pacientes estuvieran contentos con Howard y con el nuevo joven oftalmólogo que tendría que contratar para llenar el vacío después de mi retiro.

"¿Retiro?" Soltó Lynda. "No te estoy pidiendo que te retires, sólo que nos mudemos a Connecticut. ¿No quieres unirte a un consultorio en Connecticut o en Nueva York o abrir tu propio consultorio?"

"No, Lynda". Respondí. "Si nos mudamos a Connecticut, primero me jubilaré".

No había nada maquiavélico sobre esa doble apuesta, y desde luego no estaba conspirando para frustrar su deseo de mudarse con imágenes sombrías de un retiro infeliz y miserable en nuestros años dorados. Le dije que no había pensado en jubilarme hasta que me preguntó si nos podíamos mudar a Connecticut; pero tan pronto como me lo preguntó, el retiro me pareció algo que quería hacer. Le dije que estaba seguro de que encontraría una vida plena en Connecticut y que no necesitaba trabajar más para que disfrutáramos el tipo de vida que queríamos llevar en la costa este. Ella se fue del invernadero y empezó a llamar a los agentes inmobiliarios.

Es una pregunta interesante el porqué, sin nunca haber pensado ni una sola vez en el retiro, decidí jubilarme cuando Lynda solo me pidió que nos mudáramos. Parte de la explicación tiene que ver con mi ego. Había sido jefe del Departamento de Oftalmología de uno de los mejores hospitales durante veintisiete años y no tenía ningún interés en dar marcha atrás en escala profesional ni si quiera un peldaño más abajo. Así mismo, aunque todavía estaba en la cumbre de mis habilidades quirúrgicas, ya había entrado en mi sexta década y sabía que mis nervios de hielo y mis manos firmes como una roca no durarían para siempre. Había escuchado muchas historias de pacientes y de enfermeras (nunca de médicos, los últimos en enterarse) sobre este o aquel doctor que había cometido un error, que se había equivocado, que se le había olvidado algo y que debía retirase antes de hacer daño a alguien. Había observado de cerca el declive de las habilidades de Barney Sakler y nunca quise ser el blanco de los chismes, de las burlas ni del desprecio. Decidí que me retiraría en la cumbre, a donde creía que pertenecía, y a la cual no correría el riesgo de aferrarme demasiado tiempo. Mi padre también murió pronto, pero murió en la cumbre y pensaba eso también.

También había otras cosas que quería hacer. Me había interesado casi obsesivamente en la historia de mi religión, curiosamente porque la encontré muy decepcionante cuando murió mi padre. Muchos de los académicos rabínicos del Hebrew Union College de Cincinnati eran mis pacientes y, por su sugerencia, empecé a reunirme de forma privada con ellos para descubrir lo que me había perdido y por qué mi gente, durante siglos, encontró el consuelo del Kaddish que a mí me había eludido. Desde ese origen doloroso, me obsesioné con aprender todo lo que podía sobre la historia de los judíos y sobre las enseñanzas de la Torá. El deseo de Lynda de mudarnos y nuestra seguridad financiera abrían la posibilidad de dedicar un tiempo generoso a esa empresa.

Y, asombrosamente, ahí estaba David Nello para vérselas conmigo. Lynda había sido, toda la vida, admiradora de Paul Newman, así que me dijo, intentando venderme Westport, que Paul y su esposa, Joanne Woodward, eran grandes mecenas del Teatro local.

"Creo que sería divertido sentarnos entre el público y ver las actuaciones. Son bonitas y famosas", dijo. "Seguro que otras grandes estrellas del cine actúan allí durante el verano".

Cuando me dijo eso, mis pensamientos se desviaron no hacia el público, sino hacia el escenario. Sin un esfuerzo consciente de mi parte, David Nello empezó a removerse desde su letargo cadavérico. Apenas había pensado en él desde que había caído del cielo a la tierra hacía treinta y cinco años. ¡Pero después de todo Nello no había muerto! Le dije a Lynda que quizás podría hacer pruebas para el Teatro de Westport y para otros lugares de Connecticut. Sabía que todavía podía cantar y estaba seguro de que podía actuar. También le dije que estaba contento de que la ciudad que había elegido estuviera a corta distancia de Nueva York y de Broadway. Mi mujer me miró como si estuviera loco y continuó con su búsqueda de casa.

Los seis meses que le aseguré a Lynda que me llevaría dejar mi consultorio en Cincinnati resultaron ser más de dos años. Por supuesto, hubo buenas razones para el retraso y yo aburrí a Lynda con su enumeración. Le debía a mis pacientes quedarme un poco más; Howard y yo no habíamos encontrado un joven oftalmólogo que tomara mi lugar en el consultorio. Pronto dejaría la oftalmología para siempre y me estaba resultando difícil cerrar la puerta después de que se fuera el último paciente. Le dije esas cosas y más, en mis viajes de fin de semana a Westport, pero no le dije que me estaba costando mucho decir adiós a Pamela Bell.

Excepto en mi año con Joe Levin, Pam había estado a mi lado durante toda mi carrera profesional en Cincinnati. Fue mi implacable aliada durante mis guerras con Barney Sakler y con su esposa, y siguió siendo mi aliada incondicional desde entonces. Su lealtad estaba hecha de las cosas con las que los poetas hacen rimas. Había visto a sus tres hijos crecer, su marido, Howard, se volvió un gran amigo y, con el tiempo, mi socio en el consultorio; *y ella una vez me enseñó sus pechos de forma juguetona en la sala de operaciones.*

Aunque otras tres atractivas enfermeras se unieron a la diversión, mis miradas ese día fueron sobre todo a Pam. Fue un acto desenfadado de intimidad de su parte, estoy seguro, pero aun así un acto de intimidad, una breve recreación de intercambio físico en su mayor parte inocente que forjó otra conexión en la cadena de profesionalismo, amistad, lealtad y afecto en la que nuestras vidas se habían entrelazado durante más de tres décadas.

¿Estoy siendo melodramático sobre el tierno simbolismo asociado con que ella me mostrara sus pechos? Quizás. Pero déjenme contarles una historia sobre mi padre y Risë Stevens, la hermosa mezzosoprano cuya ascensión y largos años en la cumbre coincidieron con los de mi padre, una cantante maravillosa con quien mi padre cantó en repetidas ocasiones. Su *Carmen* – la historia del perdidamente enamorado Don José, quien abandona su honor, a su novia y sus deberes militares por la gitana, Carmen, y después la mata en un ataque de furia cuando ella le deja plantado por otro – fue interpretada durante muchos años en el Met y se consideraba el punto álgido de la temporada de ópera de Nueva York. Mi padre amaba la voz pura de la señora Stevens y su capacidad para actuar, además estaba fascinado con su belleza imponente.

Recuerdo una noche yendo a casa en limusina con mi padre y con mi madre después de una actuación con la señora Stevens. Le pregunté a mi padre dónde encontraba la aterradoramente violenta pasión para representar la agonía de Don José. Sin volver su cabeza, dijo recordándolo con una sonrisa en su cara: "Los pechos de Risë, David. Me quedo mirando sus pechos. Me inspiran a amar y después a matar".

Después de casi tres años, estuve finalmente preparado para irme de Cincinnati. Tanto el hospital como Pam querían organizar una gran fiesta y Pam ganó. Invitó a muchos doctores y a muchas enfermeras del Hospital Judío, a todos los administradores y a la directora ejecutiva, una mujer capaz que, una década antes aproximadamente, había reemplazado al director que me había contratado. Ella me regaló un cuenco de Tiffany grabado en nombre del hospital, me agradeció por todos los años de servicio al lugar y a la comunidad y mencionó que había sido el jefe con mayor permanencia de todos los departamentos médicos en la larga historia del Hospital Judío. Creo que sus palabras eran sinceras y no que me estaba diciendo de alguna manera que era momento de seguir adelante.

Cuando me tocó hablar, dije a mis compañeros y amigos que les debía un agradecimiento por la oportunidad de proteger un regalo de Dios, la vista de miles de pacientes a los que tuve el privilegio de tratar.

La fiesta duró hasta bien pasada la medianoche, Lynda y yo, en ese momento sin hogar en Cincinnati, pasamos la noche con los Bell. Pam estaba despierta a la mañana siguiente cuando nos estábamos preparando para irnos. Le dije adiós a Pam y nos marchamos hacia las siete de la mañana. Lynda estaba sonriendo feliz cuando nos fuimos. Pam me llamó más tarde a Connecticut para decirme que estaba dolida por mi escueta despedida.

El camino de Cincinnati hasta Westport duraba trece horas, Lynda se durmió casi todo el camino. No fue sólo por la fiesta y por empacar todo, sino porque sus dos últimos años habían sido extenuantes.

Alrededor de un año después del período prometido de transición de seis meses, Lynda me dijo que podía hacer lo que quisiera, pero que ella se iba a Connecticut. Conseguimos una casa en Westport en 2002 y ella se mudó. Yo volaba los fines de semana cuando pensaba que podía encajarlo en mi calendario, pero no lo suficiente como para satisfacer a mi esposa. De hecho, ella pasaba más fines de semana en Cincinnati que yo en Connecticut.

El Visiting Nurse and Hospice del condado de Fairfield la contrató después de una entrevista basándose en su currículum dorado y en su experiencia en cuidado oncológico y de hospicio. Ella ofrecía casi toda su experiencia de cuidado de enfermos terminales en las casas de los pacientes, pero a veces en el menos acogedor e impersonal entorno del hospital. Lamentablemente, la casa no siempre era un entorno ideal para el cuidado de enfermos terminales, ya fuera porque el paciente vivía solo sin nadie que interviniera cuando la enfermera no estaba, porque los demás miembros de la familia eran demasiado mayores o demasiado débiles para ayudar o, si podían ayudar, no querían porque lo encontraban muy difícil o muy doloroso. La tercera alternativa, grandes instalaciones residenciales de cuidados a enfermos terminales, no proporcionaba habitaciones privadas y las escenas de muerte a menudo ocurrían en presencia de extraños moribundos y de sus familias.

Fue entonces, cuando Lynda empezó a dedicar la mayor parte de su tiempo libre y de su energía a recaudar fondos para una cuarta alternativa, una pequeña casa hospicio residencial donde cada paciente tendría una espaciosa habitación privada. (La construcción para la Casa Hospicio del Condado de Fairfield comenzó en 2015, la culminación de más de una década de esfuerzo prodigioso por parte de Lynda y de algunos de sus asociados).

El trabajo de Lynda durante los dos últimos años había sido duro y doloroso, ella sólo pudo volver a descansar mientras íbamos en coche hacia nuestra nueva casa.

Mientras conducía, empecé a pensar en lo que quería hacer durante el resto de mi vida. Empecé con pensamientos pequeños y felices. Quería tirar mi despertador y levantarme cuando me provocara. Pensé en tomar café en el patio mientras leyera la edición de Nueva York del *Times*, no la edición nacional. Por consejo de mi hermano mayor, habíamos ingresado al Club de Campo Rolling Hills en Wilton, Connecticut, así que estaba ansioso por jugar al golf de manera regular por primera vez en mi vida.

Pensé en mis estudios religiosos. La mayor parte de rabinos importantes y académicos del Hebrew Union College de Cincinnati habían sido mis pacientes y ya me habían invitado a regresar a Cincinnati tanto como quisiera para continuar con nuestras tutorías personales sobre la historia y la religión del judaísmo. También pensé en matricularme en clases de la filial del Hebrew Union College en Nueva York. Pero casi todo el tiempo durante el viaje a Connecticut, pensé en David Nello y en cuán lejos podría llevarme.

Durante nuestras dos primeras semanas en Westport, Lynda me llamaba tres o cuatro veces al día, preguntándome qué estaba haciendo. "Leyendo el periódico" y "trabajando en el jardín" eran dos de mis respuestas habituales.

"¿Estás aburrido?" Me preguntaba Lynda. "¿Estás deprimido?"

"No". Respondía yo.

"¿Qué estás haciendo ahora?" Me preguntaba.

"No mucho". Solía decir. "sólo relajándome".

En realidad, no me estaba relajando. Estaba tramando –tramando el regreso de Nello. Podía estar en el ático mirando mi viejo y mohoso baúl lleno de partituras amarillentas o estar en el piano cantando "Stardust", "Younger Than Springtime" o "Love Is a Many-Splendored Thing", la canción que canté para Skitch Henderson en mi última audición hacía cuarenta años. También podía estar en el patio (para no rayar los suelos de madera), bailando claqué con mis viejos zapatos de claqué que me alegraba no haber tirado años atrás.

Al mes de estar en Westport, recuperé mi ritmo y le dije a Lynda que quería cantar o actuar en uno de los teatros locales. Ella me miró como alguien acostumbrado a tolerar excentricidades de una persona querida. Cuando le solté un día que Westport sólo estaba a *cuarenta y cinco minutos de Broadway*, sonrió por mi alistamiento con George M. Cohan, pero me dijo que debía buscar ayuda psiquiátrica.

Lynda y yo en 2017, sujetando una foto que nos tomaron en nuestro banquete de bodas en 1963 (Con permiso de Lynn Hernandez Studios)

El Duro Trato

Una semana después, cuando Lynda llegó a casa temprano del trabajo, yo ya estaba vestido y preparado para salir. Llevaba pantalones gris carbón, una americana azul y un jersey de cuello alto que hacía juego con los pantalones.

"¿A dónde vas?" Preguntó Lynda.

"Al Teatro de Westport". Le respondí.

"¿Qué están dando allí?"

"Nada. Quiero ver a la directora artística para hablar sobre una audición".

"Qué bien", dijo ella. "¿Cuándo te dijo que te daría una prueba?"

"Todavía no lo ha hecho", le contesté. "Se lo voy a pedir hoy".

Esta vez me miró como alguien que está acostumbrado a tolerar la demencia de un ser querido y se fue a la habitación para cambiarse.

No salió nada de mi aparición en el Teatro de Westport, excepto un bochorno para Lynda. Cuando conseguí arrinconar a la directora, ella me preguntó: "¿Qué puedo hacer por ti?"

Yo le dije: "Puedo cantar, puedo bailar y estoy en Celebrex".

De camino a casa, Lynda me preguntó sobre lo que dije de Celebrex.

"¿Recuerdas los cómics judíos en el Catskills que corrían al escenario y cantaban 'una pequeña canción, un pequeño baile, un poco de agua en tus pantalones'? Una compañía farmacéutica lo cambió, supongo que para atraer a los bailarines envejecidos con artritis".

"Me gusta más la original". Fueron las últimas palabras de Lynda de camino a casa.

Cuando estaba viviendo solo en Cincinnati, investigué los teatros y las salas locales de Connecticut, en dicha pesquisa reconocí el nombre de Steven Karp, quien era mencionado como el fundador y el productor del Stamford Theatre Works en Connecticut. Lo busqué en internet y efectivamente era el Steve Karp que había sido uno de mis compañeros de clase en la Universidad Tufts. Lo llamé por teléfono, me dijo que se acordaba de mí de Tufts y, que recordaba que cantaba. Le dije que había ido a la escuela de medicina después de Tufts, que me había dedicado a la oftalmología durante más de treinta años en Cincinnati, que me había retirado y mudado a Connecticut y que estaba buscando un comienzo en un teatro regional.

"Ven a mi teatro". Tronó. "Tendré aquí a mi director artístico".

Programamos una hora para la semana siguiente. La última cosa que Steve me dijo antes de colgar fue que había venerado a mi padre.

Yo estaba sonriendo cuando colgué el teléfono. Le pregunté a Lynda si debía ponerme traje o una chaqueta deportiva para mi prueba. Ella me respondió que me pusiera una camisa de fuerza.

Me dediqué de lleno a prepararme, así que aprendí algunas canciones napolitanas de memoria, junto con varias canciones de musicales. "¿Pero y si quieren verme actuar?" Me pregunté. Puesto que posiblemente estaría allí solo con Steve y con el director artístico, quizás podrían empujarme al escenario bajo un foco para leer varios soliloquios. Así que me aprendí de memoria mi selección favorita de Teddy Roosevelt, su discurso sobre el hombre en la arena; el párrafo de "mejor de los tiempos, peor de los tiempos" de H*istoria de dos ciudades* de Charles Dickens; y el conmovedor discurso del rey de "nosotros, una banda de hermanos" para reunir a sus soldados antes de la Batalla de Agincourt de *Enrique V* de Shakespeare.

A la semana siguiente llegué al teatro con mi material en los brazos, Steve me recibió en la puerta. Dijimos nuestros saludos iniciales e intercambiamos recuerdos durante unos veinte minutos. Después fuimos adentro, donde Steve me presentó a su director artístico.

"¿Es usted el tipo que me va a hacer la prueba?" Pregunté. Cuando dijo que sí (aunque con una pequeña interrogación en su voz), salté sobre el escenario y empecé a cantar.

Steve gritó desde su silla, casi riéndose. "David, vuelve aquí". Lo que curiosamente me impulsó a cambiar de cantar a una de mis lecturas dramáticas. Cuando me gritó que bajara del escenario y que fuera a sentarme, acaté la orden con hombros caídos.

"David", dijo, "si estás comprometido con el teatro, puedo ayudarte. Pero antes de cantar, de bailar o de leer, tienes que escucharme. El teatro es un asunto serio. En el teatro, sólo tienes una oportunidad frente a un público en directo. Te llevará tiempo desarrollar tu oficio. Trabajaré contigo. Tomará por lo menos dos años, quizás con algún papel pequeño aquí y allá después de un año. Pero tienes que acogerlo en serio. Tomemos algo. Después te vas a casa, lo piensas y me llamas en unos días".

De camino a Westport desde Stamford, yo estaba aturdido por la impaciencia. "Trabajar conmigo durante dos años", había dicho mi amigo, el empresario local. Dos años no era tanto tiempo. Broadway y la televisión estaban llenos de personajes tardíos. Perry Como era barbero antes de ser cantante. Rodney Dangerfield vendió revestimientos de aluminio hasta pasados sus cuarenta años. Myron Cohen fue vendedor en la industria textil hasta los cincuenta años. La ópera era probablemente imposible, pero era todavía relativamente joven y guapo (al menos según mis enfermeras) y sabía que todavía podía cantar. Seguí conduciendo, tarareando canciones de mi repertorio. Podía cantar. Podía actuar. Incluso podía bailar. Todavía era el vivo retrato de mi padre. Quizás podía interpretarlo a él en una película biográfica sobre su vida.

Cuarenta años atrás, Giacomo Lauri-Volpi le había dicho a mi padre que me dejara con él durante un año. "Haré de su hijo un buen tenor".

Prometió. Las tareas titánicas de la escuela de medicina y de la práctica de medicina dejaron a David Nello poco espacio para maniobrar, incluso para respirar. En algún momento de la escuela de medicina, Nello perdió su importancia para mí, muerto y enterrado – seguramente enterrado demasiado profundamente como para resucitar, incluso si quería, que no era el caso –. Por eso, su resiliencia me tomó por sorpresa. Lo vi como una oportunidad final de escapar de la sombra de mi padre. No podía creer lo que estaba pensando. La resurrección de pensamientos de sombras paternales y de escapes filiales me sorprendió más que la liberación al estilo Houdini de David Nello de entre las filas de los muertos.

Conduje algunos kilómetros más con una canción en mis labios y con una risita en mi garganta; después, en un santiamén, la euforia desapareció y fue reemplazada por una sorpresa desconcertante de haber perdido el sentido común. ¿Realmente me había memorizado la primera página de *Historia de dos ciudades*? ¿De verdad me había aprendido la disertación de Teddy Roosevelt sobre la vida ardua? ¿En serio había subido sobre un escenario del teatro Stamford creyendo que alguien, especialmente mi compañero de universidad Steve Karp, estaría interesado en escucharme recitar mis textos históricos o literarios?

Mis risitas estallaron en carcajadas a todo pulmón, esta vez riéndome de mí mismo. Me vi saltando sobre el escenario con los brazos llenos de partituras, Charles Dickens y Teddy Roosevelt, preguntando frenéticamente: "¿Qué quiere primero, Dickens o 'Stardust'?" Y me reí por mi ridiculez hasta que se me saltaron las lágrimas de la risa. Quizás Steve sólo me estaba siguiendo la corriente; quizás pensaba que con trabajo podía llegar a los teatros locales. No importaba. Al día siguiente lo llamé, le agradecí por su tiempo y compartimos unas risas por la histeria del día anterior. Lo que merecía más reflexión de mi padre en mi camino a casa era la parte sobre el "escape de la sombra de mi padre" de mi ensueño en la Autovía Merritt. Durante el resto del viaje a casa, pensé en mi padre, en sombras y en luz.

La sombra que pensaba que mi padre había puesto sobre mí era de mi propia creación, la ineludible construcción de un niño de fuerte voluntad que contemplaba la majestuosidad de un padre famoso. Hacía tiempo que había desterrado el pensamiento de que la influencia de mi padre me hubiera constreñido a los conductos adecuados para él, mas quizás no adecuados para mí, pero las olas de discordia entre los niños y sus padres son anchos y largos. Concluí de camino a casa que la oportunidad de dejar Cincinnati y de volver a la costa este le dio a David Nello el aliento suficiente para salir a la superficie de su profunda y olvidada cripta. Por desgracia para Nello, lo volvieron a matar, esta vez para siempre, esta vez, mientras conducía a casa por la Autovía Merritt, asesinado por mi propia risa ante el hilarante pensamiento de su resurrección y por la inundación de recuerdos felices de mi propio padre, quien nunca fue de sombras, sino de colores brillantes y de luz.

"Que se haga la luz". Demandó Dios, levantando el puño a la noche infinita incluso antes de que la humanidad tomara su primer aliento. "Que se haga la luz". Me dijo a mí mi padre, abriendo sus brazos hacia mí para bendecirme, sintiéndose honrado de que hubiera decidido propagar el regalo de la visión a varias generaciones. "Que se haga la luz". Rezó mi padre con su esposa y con sus hijos pequeños a su lado, para que las lámparas en el templo de Jerusalén resplandecieran para siempre, una luz sagrada para los judíos de todo el mundo. "Que se haga la luz". Recé yo mientras miraba a través de mi lámpara oftalmológica el ojo enfermo que sucumbía a la oscuridad y mientras invocaba a Dios para que mis habilidades y mi conocimiento pudieran dar marcha atrás a las sombras y para que pudiera haber luz otra vez para mi paciente.

Ninguna otra vocación más que la que elegí podría haberse desarrollado tan naturalmente desde la luz y el color de la presencia de mi padre en mi vida. Rubin Ticker, después Ruby para su mujer y para sus amigos cercanos – rubí, la gema más brillante, el nombre adecuado para un hombre que amaba a las rosas y a los petirrojos –. Richard Tucker, entonces Rubin, el cantor ante cuyos feligreses se quedaban cautivados y expectantes, seguros por su fe de que en las alas de su voz poderosa y pura, su arrepentimiento volaría a los oídos de Dios; seguros de que la luz entraría en sus vidas y de que la oscuridad y el pecado serían desterrados por las súplicas para su perdón. Ruby Tucker, ahora Richard, el gigante que iluminó teatros de ópera de todo el mundo con un resplandor incandescente raramente, o nunca, arrojado por otras leyendas de los escenarios de ópera. Durante cuarenta años, había arrojado mi propia luz a miles de ojos dañados e hice lo posible para que vieran mejor o para que vieran de nuevo. Que se haga la luz, transmitida de Dios a Richard Tucker y de Richard Tucker a mí.

Seguí conduciendo y hablé en voz alta una vez más, queriendo compartir con Nello los pensamientos de mi padre sobre él. "Mi padre amaba tus agallas, pero veía en ti una distracción peligrosa, un desvío hacia una luz diferente –las resplandecientes y parpadeantes luces donde los más especiales actúan como dioses para que el resto de nosotros miremos embelesados –. La luz de mi padre, pero no mi luz, que rugió a mi madre en la cocina hacía treinta años. Para su hijo, habría una luz mejor. La luz de aprender y de curar, la luz más brillante que él creía que había en el fondo de su maravilloso corazón – no parpadeante, sino constante y duradera".

"Nello". Dije en voz alta mientras conducía a casa. "Fuiste mi mejor compañía. Descansa en paz, mi buen amigo".

Printed in the United States
By Bookmasters